高等学校经济类创新规划教材

政治经济学

Political Economics

梅金平　舒刚　主编

WUHAN UNIVERSITY PRESS
武汉大学出版社

图书在版编目(CIP)数据

政治经济学/梅金平,舒刚主编 .—2 版. —武汉: 武汉大学出版社,2015.2(2015.12 重印)
高等学校经济类创新规划教材
ISBN 978-7-307-15294-6

Ⅰ.政… Ⅱ.①梅… ②舒… Ⅲ.政治经济学—高等学校—教材 Ⅳ.F0

中国版本图书馆 CIP 数据核字(2015)第 036655 号

责任编辑:范绪泉　　责任校对:汪欣怡　　版式设计:马　佳

出版发行: **武汉大学出版社** (430072　武昌　珞珈山)
(电子邮件: cbs22@ whu. edu. cn　网址: www. wdp. com. cn)
印刷: 武汉珞珈山学苑印刷有限公司
开本:720×1000　1/16　印张:21　字数:366 千字　插页:1
版次:2008 年 10 月第 1 版　　2015 年 2 月第 2 版
2015 年 12 月第 2 版第 2 次印刷
ISBN 978-7 -307-15294-6　　定价:35.00 元

前　言

为适应高等院校经济学及相关专业政治经济学教学的需要，我们组织编写和修订了这本政治经济学教材。

新教材的编写体现了精练、通俗易懂和适应社会新形势的原则，在内容上进行了以下方面的调整和改进：一是进一步完善了政治经济学“资本主义”的内容，特别是加强了“垄断资本主义”部分；二是对政治经济学“社会主义”部分进行了较大范围和较大程度的改进，不仅在每章的结构上作了调整，而且注入了很多新思想和新内容；三是强化了“社会主义经济制度的建立及其根本任务”的内容，使得政治经济学不再是资本主义部分和社会主义部分分割的两块，而是将资本主义部分和社会主义部分连成一个整体；四是增加了第 11 章“社会主义的对外开放”这一重要内容；五是在每章正文内容之后，增加了相关的阅读材料，以便读者加深对每章内容的理解，满足他们进一步学习的需要。我们相信本教材的使用能够进一步提升政治经济学的教学效果，增强政治经济学课程的魅力。

本教材由中南财经政法大学经济学院梅金平教授和国家教育行政学院舒刚博士主编，具体编写分工如下：梅金平教授负责教材提纲的写作，并参与了本书第 1 章到第 6 章，以及第 8 章、第 10 章的编写工作；舒刚博士具体负责本书第 7 章、第 9 章、第 11 章、第 12 章的编写工作，并负责整理编写了全书各章的补充阅读材料，最后协助第一主编对全书进行统稿和定稿。

需要说明的是，本教材的编写是在参考卫兴华、顾学荣主编《政治经济学原理》，吴树青等主编《政治经济学（社会主义部分）》，曾国平、王春兰主编《政治经济学》，洪功翔主编《政治经济学新编》，奚广庆主编《邓小平理论》以及其他相关文献资料的基础上完成的，因此本书的出版亦有这些学界同仁的功劳。

本教材的编写和出版一如既往地得到了武汉大学出版社的大力支持，财经分社社长范绪泉博士提供了诸多帮助，在此表示诚挚谢意。由于笔者水平有限，本教材不免存在一些缺点和不足，恳请学界同仁和广大读者不吝指正，以便使本书不断得以完善，联系方式：Email：suker@ naea. edu. cn.

梅金平

2015 年 2 月

目　　录

第1章 导 论

1.1 政治经济学的产生和发展

1.1.1 政治经济学的产生

迄今为止，人类社会进行物质资料生产的实践活动有200多万年的历史。在经济实践活动的基础上萌发出经济观点，到形成一些经济思想和某些经济理论，也经历了两千多年的时间。而从理论上概括和阐明社会生产、分配和交换关系及其经济运行规律的政治经济学则是近几百年的事情。

1. “经济”的最初含义

“经济”一词在我国古代汉语中就已经出现。隋人王通著作中有“皆有经济道”之句，明朝冯琦编著了《经济类编》一书。其含义是“经邦济世”、“经国济民”，即治理国家、拯救庶民的意思。而在西方文献中，最先使用“经济”一词的是古希腊思想家色诺芬（约公元前430—前354年）。他在《经济论》一书中，首次把奴隶主组织和管理奴隶制经济用“经济”一词来概括，意指家庭管理。现代西方文献中“经济”一词的含义就是从希腊文“家庭管理”演变而来的。

2. 经济学的出现

可供研究的文献资料表明，经济学的出现是奴隶社会产生以后的事情。奴隶社会在残酷剥削和奴役奴隶的基础上发展了奴隶社会的生产力和文化，而在奴隶社会文化普遍发展的基础上产生了反映奴隶主阶级利益的经济思想。色诺芬《经济论》的问世表明西方出现了经济学。此后，亚里士多德（公元前384—前322年）在其所著的《政治学》一书中详细探讨了经济学的对象和任务，认为“经济学”是研究家务，即奴隶主的经济问题，他的这种观点在欧洲流行了近两千年。欧洲封建社会的全部精神生活为僧侣所控制，并表现为宗教的经院哲学形式，因此中世纪的经济思想常常是神学论著的一个独特部分。虽然早在奴隶社会和封建社会，经济学原理就被一些思想家所重视，并对许多重要的经济现象和过程作过考察，但是经济学只是作为一门统一科学的某些要素，远未形成一门独立的科学。

3. 政治经济学的产生

政治经济学作为一门独立的社会科学，是随着资本主义生产方式的产生和发展而逐渐形成的。

15世纪末到17世纪中叶，在欧洲流行的重商主义，对资本主义生产方式进行了最早的理论探讨。法国重商主义代表人物安·德·蒙克莱田（1575—1622年），在其1615年出版的《献给国王和王太后的政治经济学》一书中，最早使用“政治经济学”这一名词。他以“政治经济学”为书名，目的在于表明他所论述的经济问题已经超出了家庭管理的范围，而是涉及国家或社会的经济问题。随后“政治经济学”一词被广泛使用，表示对整个社会经济问题的研究。重商主义最早冲破自然经济束缚，开始从宏观上考察社会经济现象，并提出了一些经济政策，为资本主义生产方式的确立与成长创造了重要的理论前提，也为资产阶级政治经济学的产生准备了条件。但是，由于这种理论探讨仅局限于流通过程，并且只就考察到的经济现象作些肤浅的解释，未能揭示社会经济关系的本质。因此，重商主义理论只是资产阶级政治经济学的“前史”。

使政治经济学成为一门独立科学的是资产阶级古典政治经济学。它产生于17世纪中叶，完成于19世纪初期。古典政治经济学在英国是由威廉·配第（1623—1687年）创始，亚当·斯密（1723—1790年）集其大成，大卫·李嘉图（1772—1823年）最后完成的。资产阶级古典政治经济学的主要任务是批判封建社会的经济制度，阐明资本主义生产和分配的规律，为促进资本主义发展服务。古典政治经济学的主要贡献是：把理论研究的重点从流通领域转向生产领域，并在一定程度上研究了资本主义生产的内部联系，提出了劳动创造价值的观点，继而接触到剩余价值问题。但是，由于受到世界观和阶级立场的局限，古典政治经济学的劳动价值理论是不完善的，古典经济学家们都没有考察剩余价值的来源和实质，从而不能揭示资本主义经济的本质，不能把资本主义理解为历史发展中的过渡形式，而把它看做是合乎人性的、合乎自然的、绝对和永恒的社会生产方式，其理论上的缺陷和错误也是不可避免的。

18世纪末到19世纪初，产业革命的发展使机器大工业成为资本主义工业的主要形式，无产阶级作为独立的政治力量开始登上历史舞台，资本主义社会的阶级矛盾和阶级斗争日益公开化和尖锐化，资产阶级需要对资本主义经济制度进行辩护的理论，于是，资产阶级庸俗政治经济学便应运而生，并于19世纪30年代取代古典政治经济学而占据统治地位。庸俗政治经济学抛弃或歪曲劳动价值理论，发展了古典政治经济学的庸俗成分；不研究经济现象的内部联系，而是根据资本主义经济的表面现象，制造出各种各样的“理论”来为资本主义经济制度作辩护。

1.1.2 马克思主义政治经济学的创立及其根本变革

马克思主义政治经济学，是资本主义生产方式在许多国家中确立，资本主义内在矛盾日益暴露，工人运动有了迅速发展，迫切需要科学的革命理论进行指导的历史背景下产生的。

19世纪40年代，资本主义生产方式已经在西欧各主要国家确立了统治地位，资本主义所固有的矛盾，即生产社会化和资本主义私人占有制之间的矛盾日益暴露出来，生产过剩经济危机的爆发和周期性重演，表明资本主义生产关系已经开始阻碍生产力的发展。随着资本主义的发展，社会财富日益集中在少数资本家手中，资本主义社会的阶级矛盾和阶级斗争日益尖锐，工人运动迅速发展，表明无产阶级已经作为一支独立的政治力量，登上了政治舞台，因而迫切需要用科学的革命理论来武装自己的头脑。

当时，流行于工人运动中的是各种形形色色的空想社会主义理论，如法国空想社会主义者圣西门的实业制度和傅立叶的协作社制度、英国空想社会主义者欧文的合作公社等。空想社会主义无情地批判了资本主义社会制度，揭露了资本主义社会的矛盾和种种罪恶，提出了一系列关于未来社会的美好设想。但是，由于空想社会主义不能认识社会发展的客观规律，不了解资本主义雇佣劳动制度的本质，因而不可能找到以新的社会制度来代替资本主义社会制度的正确途径和社会力量。空想社会主义者否认无产阶级反对资产阶级的阶级斗争，试图通过宣传、实验等途径，来实现社会制度的变革，当然，这只是一种无法实现的空想，只能把工人运动引入歧途。

创立真正科学的革命理论的历史使命，是由马克思和恩格斯来完成的。19世纪中叶，马克思和恩格斯在无产阶级革命的基础上，改造和发展了由古典政治经济学奠定基础的劳动价值论，并在这个基础上创立了剩余价值学说，创立了马克思主义政治经济学。

马克思主义政治经济学的创立，使政治经济学发生了划时代的根本变革。主要表现在以下方面：第一次从一切社会关系中划分出生产关系，证明生产关系是一切社会关系中最根本最本质的关系；第一次明确指出政治经济学所要研究的不是物，而是物掩盖下的人与人之间的关系，这种关系在阶级社会中表现为阶级关系；创立了许多新的经济范畴，并解决了前人未曾解决的问题，第一次真正揭示了社会经济发展的规律，建立了政治经济学的科学体系。

1.1.3 马克思主义政治经济学的发展

马克思主义政治经济学既是一门代表无产阶级利益和具有鲜明阶级性的科学，又是一门不断发展的科学。马克思主义政治经济学正是在不断发展中显示了自己强大的生命力。

马克思主义政治经济学之所以是不断发展的科学，首先在于它提供的不是现成的教条，不是让人们背诵的教义，而是进一步研究的出发点和供这种研究使用的方法。马克思在他那个时代所得出的个别结论可能会随着时间的推移和社会实践的变化而过时，但马克思观察与分析经济现象的世界观和方法论却是常青的，这正是我们坚持马克思主义的真谛。其次，马克思主义政治经济学没有、也不可能穷尽政治经济学的一切科学真理，不可能提供解决一切问题的现成答案。对于不同时代的任务，对于不同的问题，只能运用马克思主义政治经济学提供的世界观和方法论加以完成和回答，这本身就意味着马克思主义政治经济学的丰富和发展。

100多年来，马克思主义政治经济学始终没有停止过它的发展，一代又一代的马克思主义者运用马克思主义政治经济学所提供的世界观和方法论，根据自己时代的要求，对社会经济生活进行了大量的理论思考，提出了创造性的理论和观点，丰富和发展了马克思主义政治经济学。

从马克思主义政治经济学的发展历史看，第一个丰富和发展了马克思主义政治经济学的是列宁。列宁根据资本主义发展的新变化和新特点，提出了帝国主义是资本主义发展最高阶段的著名论断，从而把资本主义明确划分为自由资本主义和垄断资本主义两个阶段，建立了帝国主义或垄断资本主义理论。同时，列宁还通过对资本主义经济政治发展不平衡的深刻分析，得出了社会主义革命可能首先在一个国家或数个国家取得胜利的论断，突破了马克思和恩格斯关于社会主义革命只有在大多数先进资本主义国家同时发生变革才能取得胜利的结论。在此正确理论的指导下，列宁带领俄国人民建立了第一个社会主义国家。

毛泽东把马克思列宁主义的普遍真理与中国革命的具体实践相结合，创立了“毛泽东思想”，指引中国革命取得了胜利，实现了马克思列宁主义同中国实际相结合的第一次历史性飞跃。邓小平根据当代资本主义发展的新特点和社会主义经济体制改革的实际情况，提出了建设中国特色社会主义理论（“邓小平理论”），使中国的社会主义建设事业走上了适应生产力发展的新轨道，实现了马克思列宁主义同中国实际相结合的第二次历史性飞跃。江泽民同志集中全党的智慧，提出了“三个代表”重要思想，继承和发展了马克思列宁主义、毛泽东思想和邓小平理论，进一步丰富和发展了马克思主义政治经济学。以胡锦涛同志为总书记的中共中央在科学总结社会主义现代化建设实践经验的基础上提出了“科学发展观”，实现了中国共产党在社会主义现代化建设指导思想上的与日俱进，为丰富和发展马克思主义政治经济学作出了新的贡献。

1.2 政治经济学的研究对象和任务

1.2.1 物质资料的生产是政治经济学研究的出发点

物质资料的生产，是指人们以一定方式结合起来改造自然和创造物质资料的过程。物质资料的生产是人类社会存在和发展的基础。这是因为：首先，人类要生存，要有吃、穿、住、用、行等方面的物质生活资料，而要取得这些物质资料，就必须从事物质资料的生产；其次，只有物质资料的生产发展了，人们的政治、文化、科技、教育等活动才能得到发展，从而人类社会才能得以发展。可见，作为人类社会存在和发展基础的物质资料生产，是人类社会最基本的实践活动，是政治经济学研究的出发点。

人们为了进行物质资料生产，必须进行劳动，而一切劳动过程都必须具备三个简单的要素：劳动、劳动对象和劳动资料。劳动是指具有一定劳动能力和劳动技能的人在生产过程中有目的的活动。人的劳动与动物寻求生存资料的本能活动的不同之处在于：动物只是适应自然界，依赖自然界，从自然界寻求现存的可供生存的东西，而人类劳动则是一种有目的、有计划的生产活动；动物不会制造工具，人的劳动则是从制造和利用工具开始的。劳动对象是人们在生产过程中把自己的劳动加于其上的一切东西。劳动对象有两类：一类是没有经过劳动加工的自然物，如原始森林、地下矿藏等；另一类是劳动的生产物，如织布用的棉纱、制造机器用的钢材等，这类劳动对象通常叫做原料。劳动资料是人们在生产过程中用以影响和改变劳动对象的一切物质资料。劳动资料中最主要的是生产工具，其次还包括生产过程中除劳动对象和生产工具以外所必需的一切物质条件，如土地、建筑物、道路、桥梁等。劳动资料，特别是其中的生产工具，反映了人类生产的发展水平，是经济发展不同阶段的重要标志。正如马克思所说："各种经济时代的区别，不在于生产什么，而在于怎样生产，用什么劳动资料生产。劳动资料不仅是人类劳动力发展的测量器，而且是劳动借以进行的社会关系的指示器。"①

人的劳动、劳动对象和劳动资料，是任何劳动过程都必须具备的三个基本要素。其中，人的劳动是生产中的主观要素，起着能动的主导作用；劳动对象和劳动资料的总和叫做生产资料，是生产中的客观要素，是物质资料生产必备的物质条件。随着社会生产和劳动过程的发展，还会逐渐加入一些新的要素，如科学技术、经济信息、经营管理等，它们在生产中将发挥越来越重要的作用。物质资料的生产过程，就是上述要素在一定形式下有机结合起来，改造自然和创造满足人类生存和发展需要的物质资料的过程。

1.2.2 社会生产关系是政治经济学研究的对象

在物质资料的生产过程中，人们既要同自然界发生关系，又要在人和人之间发生一定的关系。人和自然的关系表现为生产力，人和人之间的关系表现为生产关系。任何社会的生产，都包括生产力和生产关系两个方面。

生产力是人们进行物质资料生产的能力，它反映人和自然的关系，体现人们改造自然和征服自然的水平。在生产力的构成中，包含着人的因素和物的因素。人的因素是指具有一定劳动能力和劳动技能的、并实现物质资料生产的劳

① 马克思. 资本论（第1卷）[M]. 北京：人民出版社，1975：204.

动者，它在生产力中起着根本性的作用。物的因素是指生产资料，其中生产工具起着重要作用。任何社会的生产力都由劳动力、劳动对象和劳动资料三个实体性因素所构成，现代生产力则还要包括运筹性因素和渗透性因素等非实体性因素。运筹性因素包括科学管理、结构设计和布局决策等，渗透性因素主要是指科学技术。当科学技术运用于生产时，便成为生产力。而且生产力越发展，科学技术的作用越重要。马克思正是从这个意义上说："生产力中也包括科学。"① 在现代社会生产中，科学技术会渗透到人的劳动能力之中，提高他们的素质和劳动技能，增强他们改造和征服自然的能力；科学技术还会渗透到生产资料之中，产生新的生产工具，扩大劳动对象的范围，优化劳动对象的质地，形成先进的工艺过程；科学技术也会渗透到生产力的运筹性因素之中，实现经营管理的科学化和资源配置的合理化，从而有力地促进社会生产力的进步和发展。

邓小平把马克思主义基本原理同当代科技发展的实际相结合，进一步得出了"科学技术是第一生产力"② 的科学结论。为什么说科学技术是第一生产力？首先，科学技术已经成了现代生产力发展的决定性因素。现代生产力的所有构成因素，都渗透着科学技术的作用，而且是乘数作用，科学技术越先进，这种乘数作用就越大。其次，科学技术成了生产的前导，具有急增性和扩展性。一般认为，19 世纪以前，科学与生产的关系，大体表现为生产—技术—科学；20 世纪以后则表现为科学—技术—生产。今天，虽然生产仍然是科学发展的基础，但无数事实表明，科学已成为生产的前导。再次，科学技术是解决人类生存和发展的根本手段。当代人类社会正面临着危及自身生存和发展的人口、资源、生态环境等重大难题，这些难题的最后解决都要依靠科学技术的进步来推动生产力的发展。

生产关系是指人们在社会生产过程中所结成的相互关系，也叫经济关系。它是各种社会关系中最基本的关系，政治关系、文化关系等各种社会关系都受生产关系的支配和制约。生产关系有狭义和广义之分。狭义的生产关系是指人们在直接生产过程中结成的关系，如现代化生产过程中工人上下线关系等。广义的生产关系是指包括生产、分配、交换、消费诸关系在内的生产关系体系。

① 马克思，恩格斯. 马克思恩格斯全集(第 46 卷)(下)[M]. 北京：人民出版社，1979：211.

② 邓小平. 邓小平文选（第 3 卷）[M]. 北京：人民出版社，1993：274.

政治经济学所研究的生产关系，不仅包括直接生产过程中的关系，而且包括社会生产全过程的关系，也就是人们在社会生产总过程中所建立的各方面的经济关系的总和。

社会生产总过程中的生产、分配、交换和消费之间，存在着相互联系、相互制约的辩证关系。首先，直接生产过程起着决定性的作用。这包括两个方面的含义：一方面，生产的内容和数量决定分配、交换和消费的内容和数量；另一方面，生产的社会形式即生产关系决定分配关系、交换关系和消费关系。其次，分配、交换和消费也不是完全被动的，它们也会反作用于生产。如果分配、交换和消费适应于生产，就会促进生产的发展；反之，就会阻碍生产的发展。

生产关系的基础是生产资料所有制，生产资料所有制就是生产资料属于谁所有、使用、支配等，生产资料所有制决定生产关系的性质。对生产资料的一定占有方式以及生产资料与劳动者的结合方式，是人们进行物质资料生产的前提，生产、分配、交换和消费关系在很大程度上是由这种前提决定的。所以，生产资料所有制是生产关系性质的首要标志。同时，生产资料所有制总是要通过生产、分配、交换、消费诸方面的关系才能得以实现。迄今为止，人类社会已经经历了五种不同类型的生产关系，即原始社会的生产关系、奴隶社会的生产关系、封建社会的生产关系、资本主义的生产关系和社会主义的生产关系。

政治经济学研究生产关系，既要揭示生产关系的本质和运动规律，也要重视研究经济体制和经济运行机制。经济体制是一定社会生产关系的具体形式和对经济活动进行组织和管理的具体制度。经济运行机制是经济机体内决定和影响经济运行的各种要素及其相互联系、相互制约的机理和作用方式。政治经济学在研究和揭示生产关系的本质时，结合对一定的经济体制和经济运行方式进行研究和分析，有助于从比较具体的经济运动过程和趋势中更好地把握社会经济制度的运动发展规律，也使政治经济学研究对象更加丰富和完善。

1.2.3 研究生产关系必须联系生产力和上层建筑

马克思主义政治经济学研究生产关系不是孤立地进行的，而是紧密结合生产力和上层建筑的发展状况来研究生产关系的。

生产力和生产关系是社会生产不可分割的两个方面。在社会生产中，生产力是生产的物质内容，生产关系是生产的社会形式，两者相互联系、相互依存的有机结合和统一，构成社会的生产方式。生产力和生产关系的相互关系是：

生产力决定生产关系，生产关系对生产力具有反作用。

生产力决定生产关系，概括地说表现在两个方面：第一，有什么样的生产力就有什么样的生产关系，或者说生产力的状况如何，就决定或要求有什么样的生产关系与之相适应。人类社会经历的各种生产关系，都是由一定生产力的发展状况决定的。第二，生产力的发展变化，决定生产关系的发展变化。首先，生产力决定生产关系的部分质变。在一定生产关系根本性质不变的前提下，随着生产力的发展，生产关系会在某些方面或某些环节上，或者在实现形式上出现不适应生产力发展要求的情况，这就要求对生产关系作必要的调整。其次，生产力决定生产关系变化的程度。生产关系必须而且只能适应生产力的状况而变化，如果超越生产力的状况，过早地变革生产关系，反而不利于生产力的发展。

生产关系对生产力有巨大的反作用。适应生产力性质的生产关系会推动生产力的发展；不适应生产力性质的生产关系，会阻碍生产力诸要素之间矛盾的合理解决，从而对生产力的发展起着消极的甚至破坏的作用。

在生产力和生产关系的对立统一关系中，生产力是最革命最活跃的要素，经常处在不断变化之中，社会生产的发展变化总是由生产力的发展变化开始的。而生产关系则具有相对稳定性。当生产力的发展尚未超出生产关系所能容纳的限度、后者与前者基本适应时，生产关系保持相对稳定；当生产力的发展要求打破与自身基本不相适应的旧生产关系的桎梏时，生产关系或迟或早要发生变革，为新的生产关系所取代。因此，生产关系一定要适合生产力的状况是人类社会发展的普遍规律。生产力和生产关系的辩证关系，决定了政治经济学必须从生产力和生产关系的矛盾运动中来研究生产关系。

在一定社会形态中，占主导地位的生产关系的总和，构成该社会的经济基础。建立在经济基础之上的政治、法律制度和社会意识形态，构成社会的上层建筑。经济基础和上层建筑存在着辩证统一的关系：一方面，经济基础决定上层建筑。有什么样的经济基础，就有什么样的上层建筑。随着经济基础的变化，上层建筑或迟或早地相应发生变化。另一方面，上层建筑对经济基础具有反作用。适应新的经济基础而建立起来的上层建筑，能够保护和促进新的经济基础的形成、巩固和发展；而旧的上层建筑则维护旧的经济基础，阻碍新的经济基础的形成和发展。因此，政治经济学必须在经济基础和上层建筑的相互作用和矛盾中来研究生产关系及其运动变化，否则就不能了解生产关系变化所需要的社会政治条件，就不能适时地变革上层建筑，以适应生产关系发展的需要。

1.2.4 政治经济学研究的任务是揭示经济运动的规律

在社会物质资料生产、分配、交换和消费过程中存在纷繁复杂的经济现象，而在这些经济现象的背后却有着共同的、普遍的、起经常性作用的东西，这就是经济现象运动和发展的必然联系和发展趋势，也就是经济规律。经济规律是经济现象和经济过程内在的、本质的、必然的联系，它体现了经济现象和经济过程发展的必然趋势。政治经济学的研究任务就在于揭示经济现象和过程运动的规律。

经济规律按其发生作用历史时期的长短可分为三种类型：第一，在一切社会经济形态中起作用的共有经济规律。这是人类各个社会经济形态中的经济运动过程共同本质的体现，如生产关系一定要适合生产力状况的规律。第二，在某几个社会经济形态中起作用的共有经济规律。它们是某几个社会经济形态中经济运动过程共同本质的体现，如价值规律。第三，在某一特定社会经济形态中起作用的经济规律。它们是某一社会经济形态中经济运动过程特殊本质的体现，如资本主义社会的剩余价值规律。

经济规律同自然规律一样，具有客观性，是不以人的意志为转移的。这是因为：第一，任何经济规律都是在一定的客观经济条件下产生和发挥作用的，并随客观经济条件的变化而变化。所谓客观经济条件，主要是指一定社会的生产力和生产关系的状况。第二，任何经济规律都是不以人的意志为转移的。人们既不能消灭、废除和改造经济规律，也不能创造或制定经济规律。

经济规律具有客观性，要求人们必须尊重经济规律，按照它的要求办事。但是，承认经济规律的客观性，并不是说人们在经济规律面前是无能为力的。相反，人们可以充分发挥自己的主观能动性，认识和利用客观经济规律。人们认识经济规律的目的，在于利用经济规律能动地改造世界，为社会谋福利。在认识客观经济规律的基础上，根据其运动趋势和要求，安排自己的经济活动，达到在实践中更好地实现经济利益的目的。人们对客观规律认识得越全面、越深刻，行动就越自由，就越能发挥人的主观能动性。

经济规律也有不同于自然规律的特点。首先，自然规律大多是长久不变的，而绝大多数经济规律则不是长久不变的。经济规律只在一定的经济条件的基础上产生和发生作用，一旦这种经济条件消失，这些经济规律也随之消失。其次，自然规律存在和发生作用，同人的社会活动无关，而经济规律是不可能离开人的社会经济活动而存在并发生作用的。因为经济规律是人们经济活动和经济关系运动的规律，离开了人们的经济活动，也就不存在经济规律。再次，在阶级社会中，生产关系表现为阶级之间的利益关系，认识和利用经济规律，具有阶级性，这也是经济规律与自然规律之间的不同之点。

1.3 马克思主义政治经济学的方法

科学的研究方法是建立科学的政治经济学理论体系的重要手段。马克思主义政治经济学的基本方法，总的来说是唯物辩证法，具体地说要运用科学的抽象法和逻辑与历史相统一的方法。此外，对政治经济学的研究，还需要运用和借鉴现代科学的某些方法。

1.3.1 唯物辩证法

唯物辩证法是建立在唯物主义基础之上的辩证方法，它是马克思主义政治经济学的基本方法。

马克思主义政治经济学方法的唯物主义基础，是指在研究经济关系，揭示经济运动规律的时候，不是从观念出发，而是从事实出发，强调研究必须充分地占有材料，根据客观实际材料进行分析研究，从现象到本质，从形式到内容，以揭示经济运动的规律。

马克思主义政治经济学的辩证方法，就是矛盾分析方法。具体地说就是要运用对立统一规律、量变质变规律和否定之否定规律来研究政治经济学。运用对立统一规律来研究政治经济学，就是要研究经济现象和经济过程中所包含的矛盾，揭示矛盾双方所处的状态，寻求解决矛盾的方法和途径。只有这样，才能揭示经济发展过程的状况和动力及进一步发展的趋势，才能掌握社会经济关系的本质及其变化。例如，只有通过对生产力和生产关系矛盾双方的研究，才能说明一种社会形态内部由不成熟到成熟的发展变化过程，以及一种社会形态被另一种社会形态代替的历史必然性，也才能说明同一社会形态在其不同阶段生产关系的自我调整或改革的原因和必然性。运用量变质变规律来研究社会经济现象和过程，就是要在分析社会经济发展的过程中，局部的量变积累到何种程度才能达到质变，并对经济过程的发展产生什么样的影响。只有运用量变质变规律来研究社会经济现象和经济过程，才能更好地理解社会经济发展的必然趋势。运用否定之否定规律来研究社会经济现象和经济过程，就是要揭示出社会经济的发展绝不会停留在某一阶段上，而是要经历一个由低级到高级的发展过程。社会经济的变化过程，经过否定之否定，螺旋式向前发展，表面上看来似乎是回到了原来的出发点，实际上是发展到包含着新的内容的更高阶段。

运用唯物辩证法建立和发展马克思主义政治经济学，必须坚持一切从实际出发，理论和实际相结合的原则。要从中国和世界经济生活的实际出发，运用马克思主义政治经济学的基本理论和方法，创造性地研究和解决各种新问题，而不是企图从马克思主义政治经济学中寻找解决问题的现成答案。把马克思主义当作教条是错误的；否认马克思主义的基本原则和方法，认为马克思主义过时了也是错误的。

1.3.2 从具体到抽象和抽象到具体的科学抽象法

科学的抽象法是唯物辩证法的具体运用，是从具体到抽象的研究方法和从抽象到具体的叙述方法的统一。

运用从具体到抽象的方法来研究社会经济现象和经济过程时，要求必须以实践为前提，以大量占有材料为基础，通过去粗取精，去伪存真，由此及彼、由表及里的过程，撇开其假象和与考察目的无关的内容，撇开那些次要的、非本质的因素，把经济现象的本质完整地抽象出来。马克思说："分析经济形式，既不能用显微镜，也不能用化学试剂。二者都必须用抽象力来代替。"① 例如，在分析商品价值时，运用抽象法，从商品交换的社会经济现象中，抽象掉商品的使用价值和生产商品使用价值的具体劳动，揭示出商品价值是凝结在商品中的抽象劳动的本质规定。

运用从抽象到具体的叙述方法，就是要运用通过研究得出的经济关系的本质和规律，通过经济范畴进行理论叙述。但是，这种叙述不是对经济现象和经济过程作简单的描述，而是对它进行深刻的和科学的说明。例如，马克思主义政治经济学在占有大量实际材料的基础上，首先揭示出资本主义生产的实质是剩余价值的生产，剩余价值是资本主义经济关系中抽象的、本质的范畴，然后运用剩余价值范畴说明其具体的形式，如产业利润、商业利润、利息、地租等。所以，叙述方法同研究方法正好相反，它是从本质到现象、从抽象到具体、从一般到个别、从简单到复杂的演绎过程。正如马克思所说，研究方法和叙述方法是思维过程的两条道路，"在第一条道路上，完整的表象蒸发为抽象

---

① 马克思．资本论（第1卷）［M］．北京：人民出版社，1975：8.

的规定；在第二条道路上，抽象的规定在思维行程中导致具体的再现”①。

1.3.3　逻辑和历史相统一的方法

政治经济学中的逻辑方法，是指在研究社会经济现象时，按照经济范畴的逻辑关系，从比较简单的经济关系和经济范畴，逐步上升到比较复杂的具体的经济关系和经济范畴，阐明社会经济现象和经济过程的逻辑发展进程。政治经济学历史方法，则是指在研究社会经济现象和经济过程时，要遵循历史发展的实际进程来探求社会经济发展规律。

研究政治经济学，必须坚持逻辑与历史相统一的方法。具体要求体现在两个方面：一方面，运用历史方法研究社会经济现象和经济过程时，必须排除历史发展进程的偶然现象和因素以及各种曲折过程，从复杂的、曲折的历史资料中揭示出社会经济发展的规律性。另一方面，逻辑的进程要符合经济发展的历史进程，是社会经济发展历史过程的反映。例如，马克思主义政治经济学，从商品生产和商品流通出发来研究资本主义经济关系，从简单价值形式开始研究价值形式的发展和货币的起源与本质，都是逻辑方法和历史方法相统一的具体运用。前者，依循着由商品到货币再到资本的进程展开的逻辑分析，正好反映了历史上商品形式由低级向高级发展以及货币转化为资本的历史进程。后者，从简单价值形式发展到货币形式，是历史发展的过程，也是逻辑的推论过程，在这里，历史的起点和终点同逻辑的起点和终点是一致的。

1.3.4　对现代科学和经济方法的借鉴

现代科学发展的重要特征之一是自然科学和社会科学之间在一些理论和研究方法上的相互渗透和融合。因此，政治经济学的研究有可能也应该运用和借鉴现代科学的某些理论和方法。

数学是研究事物数量关系变化的科学。社会经济关系不能简单地用数学公式来表示，但离开了数学分析，也不能准确地说明经济关系的实质及其变化。政治经济学在研究社会经济现象时，不仅要研究经济现象质的变化，而且要研究经济现象量的变化。因此，要运用数学方法对某些经济现象进行研究。例如，马克思主义政治经济学对劳动生产率与商品价值量关系问题、货币流通

---

① 马克思. 政治经济学批判［M］// 马克思，恩格斯. 马克思恩格斯全集（第2卷）. 北京：人民出版社，1966：215.

量问题、剩余价值率问题、工资水平问题、资本周转速度问题、利润率问题、利息率问题以及地租与地价的关系问题等的研究，都运用了数学分析的方法。

系统分析方法也是政治经济学研究中可供运用的一种方法。系统方法是指用系统观点去研究社会经济活动，把研究对象放在由多要素构成的系统的形式之中，从整体出发，从系统与要素、要素与要素、结构与功能、系统与周围环境之间的相互关系、相互作用和相互制约中，对之进行考察和辩证分析，以达到最优处理问题的一种研究方法。

系统方法作为一门独立的方法论科学，是20世纪中叶以来，随着自然科学和社会科学的发展而逐步形成的。但是，在人们追溯系统思想的发展史时，总要不约而同地提到马克思及其光辉著作《资本论》。美国的D. 麦奎因和T. 安贝吉在“马克思和现代系统论”一文中认为，马克思的“理论工作的主要部分可以看做是富有成果的现代系统方法研究的先声”。波兰的希通卡把马克思称之为“社会科学中现代系统方法的始祖”。前苏联的一些学者则认为“《资本论》是运用系统性原则的第一部科学著作”①。我国的钱学森、王寿云也认为，“系统思想是辩证唯物主义的内容，绝不是国外一些人所说的那样，是20世纪中叶的新发现和现代科学技术独有的创造”②。

一般认为，把研究对象看做一个有机整体是系统方法的核心。马克思主义政治经济学（资本主义部分），无论是对各种不同层次的经济范畴的分析，还是对资本主义社会经济形态的考察，都是把它们当作一个有机的整体来系统地进行研究和理解的。例如，为了彻底揭开商品价值的秘密，就把商品放在交换过程的整体中，即放在一种普遍联系的系统中进行考察，从而科学地探明了商品价值质的规定性和量的规定性，为揭示剩余价值的秘密奠定了坚实的理论基础。又如，为了揭示资本主义社会经济形态产生、发展和必然灭亡的规律，并将其在精神上再现出来，马克思主义政治经济学运用系统方法解决了形成完整理论体系需要解决的一系列重大问题，即：用什么方法来建立理论体系、用什么范畴作为逻辑起点、什么是整个范畴体系占统治地位的范畴以及这个范畴体系应该有什么样的结构等，最终建立了一个完整而庞大的理论体系。这一理论体系把资本主义经济这一社会有机体所具有的目的性、结构、功能、动力、运

① 转引自章士嵘．资本论的逻辑［M］．长沙：湖南人民出版社，1985：331.

② 钱学森等．系统思想和系统工程［M］．长沙：湖南人民出版社，1982：77.

行原理和运行机制等要素及其内在联系在精神上再现出来。

在政治经济学的研究中，还可以借鉴和运用现代经济学中的一些方法。例如实证分析、均衡分析、边际分析等方法，以及总量与个量分析方法、静态与动态分析方法等。

对现代科学和现代经济学中某些方法的运用和借鉴，只是作为对政治经济学研究的根本方法的补充，必须以马克思主义的唯物辩证法为基础、前提和出发点。对现代科学和现代经济学方法的运用和借鉴要服从于研究的目的和任务。

1.4 学习马克思主义政治经济学的意义

政治经济学是马克思主义的重要组成部分，是马克思主义理论最深刻、最全面、最详细的证明和运用。学习马克思主义政治经济学具有重要的理论意义和现实意义。

1.4.1 树立共产主义世界观的思想武器

马克思主义政治经济学通过对资本主义生产关系及其运行规律的研究，得出资本主义基本矛盾是生产社会化和生产资料资本主义私人占有之间的矛盾。这个矛盾在阶级关系上表现为无产阶级和资产阶级的对立；在生产上则表现为个别企业的有组织性和整个社会生产的无政府状态、生产无限扩大的趋势和劳动人民购买能力相对缩小之间的对立。这个矛盾贯穿资本主义社会发展始终，资本主义生产方式越是发展，越是占统治地位，社会的生产和资本主义占有的不相容性也就越加鲜明地表现出来。经济危机的爆发正是资本主义基本矛盾发展的必然结果。马克思认为，经济危机至少证明这两点："一方面，资本主义生产方式暴露出自己无能驾驭这种生产力。另一方面，这种生产力本身以日益增强的威力要求消除这种矛盾，要求摆脱它作为资本的那种属性，要求在事实上承认它作为社会生产力的那种性质。"① 正是在上述事实的基础上，马克思得出了资本主义必然灭亡和社会主义必然胜利同样不可避免的结论。当代资本主义尽管发生了这样或那样的变化，但始终没有改变人类社会发展的总趋势。

---

① 马克思，恩格斯. 马克思恩格斯全集（第3卷）[M]. 北京：人民出版社，1995：751.

学习马克思主义政治经济学，有助于我们深化对人类社会历史发展规律的认识，坚定共产主义理想和信念。

1.4.2 社会主义建设的实践指南

马克思主义政治经济学虽然直接研究的是资本主义经济制度，但它同时也揭示了生产社会化条件下商品经济运行的规律，这些规律对于社会主义市场经济建设同样具有指导意义。如劳动价值理论、剩余价值理论、资本积累理论、资本循环和周转理论、社会资本再生产理论、平均利润和生产价格理论、商业资本和商业利润理论、借贷资本和利息、资本主义地租理论等，只要抽象掉资本主义生产关系的特殊规定性，这些理论对于社会主义市场不但是适用的，而且也应该是必不可少的实践指南。

1.4.3 学好经济科学的理论基础

社会物质资料生产是一个非常复杂的过程和体系，与此相适应，研究社会物质资料生产的经济学科也就门类繁多。但是，无论是何种特殊门类的经济学科，都必须以马克思主义政治经济学作为理论基础。尽管各个特殊门类的经济学研究对象和研究方法不同，但作为经济科学，它们的研究无一例外地要受到社会生产关系的制约，它们要想成为真正的经济科学，就必须以马克思主义理论和方法为指导。只有真正学好了马克思主义政治经济学，才能为学好其他特殊经济学打好基础，也才能为干好实际经济工作奠定基础。

本章小结

1. 政治经济学作为一门独立的社会科学，是伴随资本主义生产方式产生和发展而逐渐形成的。15 世纪末到 17 世纪中叶，在欧洲流行的重商主义对资本主义生产方式进行了最早的理论探讨。使政治经济学成为一门独立科学的是资产阶级古典政治经济学，它产生于 17 世纪中叶，完成于 19 世纪初。古典政治经济学在英国是由威廉·配第创始，亚当·斯密集大成，大卫·李嘉图最后完成的。18 世纪末到 19 世纪初产生并在 20 世纪 30 年代取代古典政治经济学的庸俗政治经济学不研究经济现象的内部联系，而是根据资本主义经济的表面现象，制造出各种各样的理论来为资本主义经济制度辩护。19世纪40年代，流行于工人运动中的空想社会主义理论无情批判了资本主义社会制度，提出了关于未来社会的美好设想，但是由于空想社会主义不能认识社会发展的客观规律，不能找到以新的社会制度代替资本主义制度的正确途径和依靠力量，因而只是一种无法实现的空想。创立真正科学的政治经济学的历史使命，是由马克思和恩格斯来完成的。19世纪中叶，马克思和恩格斯在无产阶级革命的基础上，改造和发展了由古典政治经济学奠定基础的劳动价值论，并在此基础上创立了剩余价值理论，创立了马克思主义政治经济学，实现了政治经济学历史上的根本变革。

2. 马克思主义政治经济学既是一门代表无产阶级利益的具有无产阶级性质的科学，又是一门不断发展的科学。马克思主义政治经济学不是现成的教条，而是进一步研究的出发点和供这种研究使用的方法。其精髓是运用它所提供的世界观、基本原理和方法论对不同时代的任务和问题作出不同的研究和回答，因而马克思主义政治经济学在本质上是一门不断发展的理论。在马克思主义政治经济学的发展历程中，列宁、毛泽东、邓小平、江泽民和胡锦涛等一代代马克思主义者做出了重要贡献。

3. 马克思主义政治经济学是研究社会生产关系及其发展规律的科学，这是由马克思揭示资本主义经济制度产生、发展和灭亡的运动规律这一时代任务决定的。社会生产关系是人们在物质资料生产过程中结成的相互关系，包括由生产、分配、交换和消费相联系构成的体系。研究生产关系必须联系生产力和上层建筑，只有这样，才能正确揭示它的变化和发展规律。

4. 生产力决定生产关系是人类社会最基本、最普遍的经济规律。生产力的发展变化必然引起生产关系的相应变化。不论是人类社会各种不同性质生产关系的更替和发展，还是同一性质生产关系的发展和成熟，都是由生产力的发展状况决定的。那些不适合生产力发展要求的过时的生产关系和超越生产力发展要求人为建立的生产关系，都会阻碍生产力的发展，迟早会被适应生产力发展要求的生产关系所替代。因此，评判生产关系先进和落后的根本标准，归根到底是看其对生产力发展的作用。

5. 马克思主义政治经济学实现了方法论上的革命，建立了辩证唯物主义和历史唯物主义方法，成为政治经济学的方法论基础。运用辩证唯物主义和历史唯物主义建立和发展马克思主义政治经济学，必须坚持一切从实际出发、理论联系实际的原则。研究政治经济学，还必须运用科学抽象法，坚持逻辑与历史统一的方法。此外，还需要借鉴和运用现代科学与西方经济学的某些方法。

关键术语

政治经济学　生产力　生产关系　生产资料所有制
经济体制　经济基础　上层建筑　经济规律
唯物辩证法　科学抽象法

思考题

1. 马克思主义政治经济学是如何创立和发展起来的？
2. 为什么说物质资料生产是人类社会存在和发展的基础？
3. 马克思主义政治经济学研究的对象和任务是什么？
4. 怎样理解经济规律的客观性和人的主观能动作用？
5. 经济规律有哪些不同于自然规律的特点？
6. 怎样认识马克思主义政治经济学的研究方法？
7. 学习马克思主义政治经济学的意义是什么？

补充阅读

不要把自己排斥在政治经济学大门之外

许多没有涉猎过政治经济学的人，往往以为政治经济学是一门深奥无比的学问，望而却步；或者认为政治经济学这玩意纯粹是理论家们的事，与自己无关。其实，政治经济学并不是那么高不可攀，更不是和自己毫无关系的。

从理论上说，政治经济学是研究一定的社会生产关系及其发展规律的学问。那么什么是生产关系呢？马克思说得十分清楚：

"人们在生产过程中不仅同自然界发生关系，他们如果不以一定方式结合起来共同相互交换其活动，便不能进行生产。为了进行生产，人们便发生一定的联系和关系，只有在这些社会联系和社会关系的范围内，才会有生产。这种在生产过程中结成的人和人之间的社会关系，就叫生产关系。"①

斯大林把生产关系概括为三个方面：(1) 生产资料所有制的形式；(2) 与此产生的各个社会集团在生产中的地位和他们的相互关系；(3) 以生产资料的所有制形式和人们在生产中的地位为转移的产品分配形式。生产关系的这三个方面，以生产资料的所有制形式最为重要，它是整个生产关系的基础。生产关系的性质，就是取决于生产资料掌握在谁的手里，归谁所有；而生产关系的性质，又决定着社会的性质。人类社会发展依次出现的原始社会、奴隶社会、封建社会、资本主义社会和社会主义社会，都是依据生产资料所有制形式不同划分的。不仅如此，人类社会中各种阶级，也是根据对生产资料的占有情况不同来划分的。在资本主义社会，生产资料掌握在资本家手中并借此剥削雇佣劳动者，就是资产阶级；而除了自己的劳动力以外一无所有并靠出卖劳动力为生的人就是无产阶级。关于这一点，列宁说得很清楚：所谓阶级，就是这样一些集团，他们在一定社会生产体系中所起的地位不同，对生产资料的关系不同，在社会劳动组织中所起的作用不同，因而领得自己所支配的那份社会财富的方式和多寡也不同；所谓阶级，就是这样一些集团，由于它们在一定社会经济结构中所处地位不同，其中一个集团能够占有另一个集团的劳动。

在生产过程中，人与人之间确立了一定的相互关系。这种相互关系的性质是由生产资料所有制的形式决定的。在资本主义社会，生产资料属于资本家私人所有，这就决定了资本家和工人之间是一种压迫和被压迫、剥削和被剥削的关系。恩格斯指出："要强迫人们去从事任何形式的劳役，那就必须设想这一强迫者掌握

① 马克思，恩格斯．马克思恩格斯选集(第1卷)[M]．北京：人民出版社，1975：362.

了劳动资料，他只有借助这些劳动资料才能使用被奴役者。”①

分配形式同样是由生产资料所有制的形式决定的。在资本主义社会，由于生产资料掌握在资本家手中，因此工人创造的剩余价值就必然被资本家无偿占有；而工人只能得到维持劳动力再生产所必需的生活资料。

通过对生产关系的分析，我们发现，事实上我们每个人总是生活在一定的生产关系之中，脱离一定生产关系的人在地球上是找不到的。政治经济学研究生产关系，实际上就是在研究我们自己的事情。因此，我们谁都不应该把自己排斥在政治经济学的大门之外。

另外，通俗地看，政治经济学是研究国家管理经济事务的学问。国家管理的经济事务如国家经济增长、就业、收入分配、宏观调控等，表面上看，这些事务和我们每个人的联系不大，但实际上，国家管理经济事务也是和我们每个人紧密相联的。如国家通过中央银行加息以控制货币供给就会给我们每个人的经济生活造成影响。加息使企业信贷紧张或者负担加重；加息使消费者消费压缩，企业和消费者的经济活动都受到影响，最后必然是整个国民经济降温，因此并有了加息的政治经济学。诸如此类的例子很多，如户籍制度改革的政治经济学、城市限制外来民工就业的政治经济学、中国渐进式改革的政治经济学等，都研究相关方面的国家事务与我们每个人经济生活之间的联系。

——根据马克思、斯大林相关著作整理（题目为编者所加）

① 马克思，恩格斯．马克思恩格斯选集（第3卷）[M]．北京：人民出版社，1975：201.

第2章 商品和货币

2.1 商品经济的产生和发展

2.1.1 商品经济的产生

商品经济是以商品生产和商品交换为内容的，直接以交换为目的而进行生产的经济形式。商品经济是商品生产和商品交换的总称。

商品经济是与自然经济相对立的经济形式。自然经济是同生产力水平低下和社会分工不发达相适应的自给自足的经济形式。商品经济是在自然经济基础上逐渐产生的，具有不同于自然经济的重要特征。（1）自然经济是自给自足的经济，商品经济是以交换为目的的经济。（2）自然经济封闭保守，商品经济开放进取。（3）自然经济使生产力停滞不前，商品经济促使生产力迅速发展。

商品经济不是从来就有的经济形式，而是人类社会发展到一定阶段的产物。在漫长的原始社会中，社会生产力水平十分低下，人们按年龄和性别的自然分工进行集体劳动和简单协作，没有社会分工。当时，生产工具极为简陋，劳动生产率很低，产品在维持人们自身生存的最低需要之外，几乎没有剩余，既不可能，也没有必要进行产品的交换。直至原始社会末期的第一次社会大分工以前，产品交换都只是一种极为偶然的现象，只是氏族公社之间，偶然把本氏族所生产的极少量多余产品同别的氏族生产的多余产品相交换。这种交换还只是商品交换的萌芽形式，还不存在真正意义的商品生产和商品经济。

原始社会末期的第一次社会大分工，形成了畜牧部落和其他部落之间的分工。这时，交换成为比较经常的现象，但还没有真正意义上的商品生产。随着社会生产力水平的提高，金属工具的出现，产生了第二次社会大分工，即农业和手工业的分工，同时，以氏族为单位的集体劳动逐渐被以家庭为单位的个体劳动所代替，原始公社的生产资料公有制，逐渐转变为个体家庭私有制。在此基础上，商品交换进一步发展，出现了以市场交换为目的的商品生产。到了原始社会末期和奴隶社会初期，又出现了第三次社会大分工，产生了专门从事商品交换的商人阶层。随着奴隶社会私有制的形成和发展，商品经济也得到了进一步发展。

从商品经济产生的历史条件可以看出，商品经济的产生和存在需要两个基本条件：一是生产力的发展和社会分工，二是生产资料和劳动产品属于不同的所有者。

社会分工是指社会劳动划分和独立化为不同的行业和部门。社会分工是在生产力发展的基础上出现的。随着生产力的发展，社会分工得以产生和发展，形成了专门生产各种不同产品的生产者和行业。不同行业的生产者，为了满足自身生产和生活的多方面需要，必须互通有无，因而产生了相互交换产品的要求。社会分工越发展，生产专业化程度越高，交换的要求就越广泛。

社会分工是商品经济产生和存在的一般基础和条件。没有社会分工这个条件，是不可能产生商品经济的。但是，仅仅存在社会分工还不能决定商品经济的存在。商品经济的产生和存在还需要第二个条件，这就是生产资料和劳动产品属于不同的所有者，这是商品经济产生和存在的决定性条件。生产资料和劳动产品的不同所有者，是各自具有自身经济利益的经济主体。为了维护自身的经济利益，他们在相互交换产品时，必然要求遵循等价交换的原则，因而劳动产品必然采取商品的形式，产品的生产和交换必然采取商品生产和商品交换的形式，从而导致商品经济的产生。在人类社会发展的历史上，这个决定性条件是伴随着生产资料私有制的产生而出现的。

2.1.2 商品经济的发展

商品经济萌芽于原始社会末期，经过奴隶社会和封建社会，到了资本主义社会和社会主义社会，发展成为最普遍、最一般的经济形式。商品经济至今已有 5000—7000 年的历史。商品经济发展的历史证明，它是人类社会经济发展的必经阶段。它不属于社会经济制度的范畴，同社会经济制度之间也不存在必然的联系，因而可以存在于不同的社会经济形态之中。在现实经济生活中，商品经济又总是存在于某种特殊的社会经济制度之中，与之相结合而运行，打上该社会经济制度的烙印而各具特点。迄今为止，历史上已经出现过三种类型的商品经济：简单商品经济、资本主义商品经济和社会主义商品经济。

三种商品经济形式既相联系，又有区别。从三种商品经济形式的联系来看，简单商品经济、资本主义商品经济和社会主义商品经济都是商品经济，具有商品经济共同的特征、共同的规律和共同的运行机制。在社会经济发展进程中，它们之间既有某种"承先启后"的历史联系，又常常是同时存在于社会经济发展的某一特定阶段。它们并非彼此孤立地同时存在于社会经济发展的某一特定阶段，而是相互依存、相互交错、相互影响、相互制约地同时并存和运行着的。

从三种商品经济形式的区别来看，三种商品经济的主要区别在于生产资料所有制形式不同。简单商品经济和资本主义商品经济都是私有制的商品经济，但两者之间又有区别：简单商品经济是建立在生产资料的个体私有制和个体劳动基础上的商品经济；资本主义商品经济则是建立在生产资料资本主义私有制基础之上、资本家剥削雇佣劳动的商品经济。简单商品生产者是劳动者，资本家是剥削者。社会主义商品经济是同社会主义基本经济制度结合在一起的，是社会主义制度下的商品经济，无论同简单商品经济相比较，还是同资本主义商品经济相比较，都具有明显不同的特征。

简单商品经济是资本主义商品经济的历史前提。在简单商品经济条件下，小商品生产者之间不断地开展竞争，经常发生贫富两极分化的现象。小商品生产者的这种两极分化，在一定历史条件下导致资本主义生产关系的产生，简单商品经济发展为资本主义商品经济。在社会主义社会中，商品经济也是居于统治地位的经济形式。我国正处于社会主义初级阶段，商品经济还不发达，而商品经济的充分发展是社会经济发展不可逾越的阶段。因此，我国必须大力发展商品经济，以促进社会生产力的快速发展。

2.2 商品及其属性

2.2.1 商品的二因素：使用价值和价值

商品是用来交换的劳动产品，具有使用价值和价值两个因素或两种属性。

1. 使用价值

使用价值是商品能够满足人们某种需要的属性或商品对人的有用性。作为使用价值，商品首先是一个靠自己的属性来满足人的某种需要的有用物。物的有用性使物成为使用价值，但这种有用性不是悬在空中的，它寓于物的本身之中。商品的使用价值离开了商品体就不存在。因此，商品使用价值这一概念，有时是指物的有用性，有时又是指有用物自身。例如，我们既可以说铁、小麦、金刚石等有使用价值，又可以说铁、小麦、金刚石等是使用价值。

每一种有用物都可以从质和量两个角度来考察。从质的方面看，不同的物由于其物理、化学、生物等自然属性不同，而具有不同的用途；即使是同一种有用物也是许多属性的总和，因而在不同方面有用，具有多种多样的使用价值。物的多种使用价值，是随着人类社会的发展、科学技术的进步以及人们知识和经验的不断丰富而陆续地被发现的。一些原来以为没有用的东西现在发现它们有用了，有些原来只有一种用途的东西现在发现它们具有多种用途。例如煤，起初只知把它作燃料来使用，后来，在科学技术发展的基础上，人们逐渐发现了煤具有很多新的用途：可以从中提炼化工原料，用来制染料、药品、合成纤维等。从量的方面看，为了衡量有用物的量，需要一定的社会尺度。有用物的性质不同，计量尺度也不相同；在不同的国家或同一国家的不同历史时期，计量同种有用物的社会尺度也可能有所不同。

不论财富的社会形式如何，使用价值总是构成财富的物质内容。物所具有的使用价值属性，不会随社会经济关系的变化而变化。人们从商品使用价值中，分辨不出它是哪种社会制度下的产物，使用价值本身并不反映社会生产关系。

使用价值本身不是政治经济学的研究对象，但是，在我们所要考察的社会形式中，使用价值是交换价值的物质承担者，因此我们对商品的分析不能不涉及使用价值。没有使用价值的东西，不能进入交换过程，便不具有交换价值，不会成为商品。有使用价值的物通过交换时便有了交换价值。在这里，商品的使用价值充当了一定经济关系的物质承担者。因此，以社会生产关系为研究对象的政治经济学就不能不涉及使用价值。正如马克思所说："作为使用价值的使用价值，不属于经济学的研究范围。只有当使用价值本身是形式规定的时候，它才属于后者的研究范围。它直接是表现一定的经济关系即交换关系的物质基础。"①

2. 交换价值和价值

使用价值只是商品必须具有的一个因素或一种属性，有用物要成为商品，还必须通过交换，用来交换的物品从而具有交换价值。交换价值"首先表现为一种使用价值同另一种使用价值相交换的量的关系或比例"②。例如：

1 只羊 = 2 把斧子

在这里，2 把斧子就是 1 只羊的交换价值。在现实经济生活中，这个比例随着时间和地点的不同而不断改变，此时此地 1 只羊换 2 把斧子，彼时彼地 1 只羊可能换 1 把斧子或 3 把斧子。因此，从现象来看，商品的交换价值好像是偶然确定的，不存在商品所固有的、内在的决定交换价值的东西。其实不然，不同商品之所以可按照一定量的比例相交换，表明它们之间存在着某种共同的东西，在质上是相同的，因而在量上才可以比较。

这个"共同的东西"是什么呢？它不可能是商品的几何的、物理的、化学的或其他的自然属性。因为自然属性决定商品的使用价值，而商品交换必然是不同使用价值之间的交换。如果把商品的使用价值撇开，商品体就只剩下一个属性，即劳动产品这个属性。进一步分析还会发现，如果把商品的使用价值撇开了，生产商品的劳动的具体形式也消失了，即牧民劳动、农民劳动、铁匠劳动、织布劳动等的具体形式消失了，各种劳动不再有什么差别，全都化为相同的人类劳动，即抽象劳动。可见，抽象劳动就是商品中所包含的"等同的东西"或"内容"，而凝结在商品中的抽象人类劳动就是商品价值。不同商品之所以在量上可以互相比较，是由于它们之间存在着共同的东西，这种共同的东西就是价值。因此，价值是交换价值的基础和内容，交换价值是价值的表现形式。

---

① 马克思．政治经济学批判［M］//马克思，恩格斯．马克思恩格斯全集（第 13 卷）．北京：人民出版社，1975：16.

② 马克思．资本论（第 1 卷）［M］．北京：人民出版社，1975：49.

3. 商品是使用价值和价值的矛盾统一体

商品不仅具有使用价值和价值两个因素，而且是使用价值和价值的矛盾统一体。一方面，商品的使用价值和价值是统一的，二者缺一就不能成为商品。价值的存在要以使用价值的存在为前提，没有使用价值的东西就不会有价值；使用价值是价值的物质承担者，价值寓于使用价值之中。另一方面，使用价值和价值又是不同的、矛盾的。使用价值作为商品的自然属性，反映的是人与自然的关系；价值则作为商品的社会属性，反映的是商品生产者之间的社会关系。而且，商品使用价值和价值还存在矛盾。一切商品，对于生产者来说，重要的是其价值，而不是使用价值；而对于消费者来说，重要的是使用价值，而不是价值。生产者要得到商品的价值，必须放弃其使用价值；消费者要得到商品的使用价值，就要支付其价值。商品内在的使用价值和价值的矛盾，只有通过商品交换才能解决。

2.2.2 体现在商品中的劳动二重性：具体劳动和抽象劳动

商品的二因素是由生产商品的劳动二重性决定的。劳动二重性是指具体劳动和抽象劳动。

1. 具体劳动

生产商品的劳动，从一方面看，它是具体劳动。具体劳动是生产不同使用价值的劳动。不同商品具有不同的使用价值，是由不同的具体劳动生产出来的。例如，木制品是由木匠劳动生产的，铁制品是由铁匠的劳动生产出来的。具体劳动是根据劳动的目的、操作方式、对象、手段和结果的差别来划分的。

具体劳动是人类生活的永恒范畴。生产使用价值的具体劳动，和使用价值一样，是和人类社会一起存在的。任何时候人类社会都要生产出多种多样的使用价值来满足人们各方面的需要，这就必须有各种各样的具体劳动。“劳动作为使用价值的创造者，作为有用劳动，是不以一切社会形式为转移的人类生存条件，是人和自然之间的物质变换即人类生活得以实现的、永恒的自然必然性。”①

---

① 马克思．资本论（第1卷）[M]．北京：人民出版社，1975：56.

具体劳动并不是它所生产的使用价值即物质财富的唯一源泉，使用价值是自然物质和劳动这两种要素的结合。正像威廉·配第所说，“劳动是财富之父，土地是财富之母”①。

2．抽象劳动

生产商品的劳动，从另一方面看，又是抽象劳动。抽象劳动是指撇开劳动的具体形式、无差别的一般人类劳动。生产商品的劳动，不管其具体形式如何千差万别，它们都是人类劳动力的支出，即都是人们体力和脑力的支出。抽象劳动体现着商品生产者之间的经济关系，是劳动的社会属性，是形成商品价值的实体。

3．具体劳动和抽象劳动的关系

具体劳动和抽象劳动不是各自独立存在的两种劳动或两次劳动，而是生产商品的同一劳动的两个方面，它们在时间上和空间上都是统一的。正如马克思所说：“一切劳动，从一方面看，是人类劳动力在生理学意义上的耗费；作为相同的或抽象的人类劳动，它形成商品价值。一切劳动，从另一方面看，是人类劳动力在特殊的、有一定目的的形式上的耗费；作为具体的有用劳动，它生产使用价值。”②

4．劳动二重性理论是理解政治经济学的枢纽

劳动二重性学说是马克思的重大贡献，是理解马克思主义政治经济学的枢纽。

首先，劳动二重性学说为彻底科学的劳动价值学说奠定了基础。劳动创造价值的观点，最先是由威廉·配第提出来的，但他没有详细论证。亚当·斯密继承了这一观点，并作了进一步发展，但他的劳动价值理论是二元的，经常在两种不同的价值规定之间摇摆不定，不免陷入困境。大卫·李嘉图批判了斯密的二元论，始终坚持劳动创造价值的观点，又使劳动价值学说得到了更大的发展。但是，由于李嘉图世界观和方法论的缺陷，特别是由于他不懂得劳动二重性，最终还是不可能把劳动价值学说建立在彻底科学的基础之上。他不能回答

① 马克思．资本论（第 1 卷）[M]．北京：人民出版社，1975：57.
② 马克思．资本论（第 1 卷）[M]．北京：人民出版社，1975：60.

牧民的劳动和铁匠的劳动不相同，怎么能创造同一性质的价值并在量上可以互相比较的问题。马克思创造性地分析了生产商品的劳动二重性，论证了劳动为什么和在什么条件下采取价值这种形式，从根本上揭示了价值的本质，解决了资产阶级古典政治经济学在劳动价值学说方面的重大难题，从而把劳动价值学说建立在彻底科学的基础之上。

其次，劳动二重性学说为剩余价值学说奠定了科学基础。如果没有劳动二重性学说，就不能正确认识商品的两个因素，更不能认识劳动力这一特殊商品的特殊使用价值和价值，也就不能揭示剩余价值生产的秘密。如果没有劳动二重性学说，就无法理解具体劳动如何转移生产资料价值，抽象劳动如何创造价值和剩余价值，就无法理解资本主义生产过程是劳动过程和价值增殖过程的统一。如果没有劳动二重性学说，也不可能区分不变资本和可变资本，更不可能用剩余价值率来揭示资本家对工人的剥削程度。

最后，劳动二重性学说，为解决政治经济学中一系列重大理论问题提供了理论依据。马克思运用劳动二重性学说，建立了彻底科学的劳动价值学说和剩余价值学说，区分了不变资本和可变资本，并在此基础上建立了资本有机构成学说，为资本积累学说、社会资本再生产学说、平均利润生产价格学说、地租学说等的建立提供了科学的理论依据，最终使马克思主义政治经济学成为一个完整的彻底科学的理论体系。

2.2.3　商品的价值量

商品价值不仅有质的规定性，即价值是什么的问题，而且有量的规定性，即价值量的大小问题。

1. 商品价值量由生产商品的社会必要劳动时间决定

商品价值是由什么决定的呢？既然商品价值是凝结在商品中的人类劳动，所以，商品的价值量就应用它所包含的劳动量来计量。而劳动量是用劳动的持续时间，如多少小时、多少日等来计量的。商品的价值量同生产该商品所耗费的劳动时间成正比例。那么，这是否意味着一个人越懒，越不熟练，制造商品花费的时间越多，他的商品价值就越多呢？当然不是。因为形成价值实体的劳动是相同的人类劳动，即社会必要劳动，而不是个别劳动。因此，只有社会必要劳动时间才能决定商品的价值量。什么是社会必要劳动时间呢？马克思指出："社会必要劳动时间是在现有的社会正常的生产条件下，在社会平均的劳动熟练程度和劳动强度下制造某种使用价值所需要的劳动时间。"① "现有的社会正常的生产条件"，一般是指当时某个生产部门大多数产品生产已经达到的技术装备水平。"社会平均的劳动熟练程度和劳动强度"，是指中等水平或部门平均水平的劳动熟练程度和强度。

社会必要劳动时间是在商品生产者的背后通过市场竞争而自发地形成的，是不以商品生产者的个人意志为转移的。因此，生产某种商品的社会必要劳动时间，人们是无法事先计算出来的。无论生产商品的个别劳动时间是多少，商品都只能按社会必要劳动时间来出售。

2. 商品价值量同简单劳动和复杂劳动的关系

生产商品的劳动有简单劳动和复杂劳动之分。简单劳动是指不需要经过专门训练，每个普通的正常人都能从事的劳动。复杂劳动是指经过专门训练，具有一定的技术专长的劳动。区分简单劳动和复杂劳动的标准，不是固定不变的。随着科学技术的进步和人类自身的发展，简单劳动和复杂劳动的标准都在提高，过去的复杂劳动可能变为现在的简单劳动，现在的复杂劳动可能变为将来的简单劳动。在不同的国家或同一国家的不同历史时期，简单劳动和复杂劳动的标准也是不同的。但是，在一个国家的一定时期中，简单劳动和复杂劳动的规定还是一定的。

商品价值量由社会必要劳动时间决定，而形成商品价值量的劳动是以简单劳动为尺度的。复杂程度不同的劳动生产的商品价值量不同，是通过把一定量的复杂劳动化为多倍的简单劳动来实现的。复杂劳动是自乘的或多倍的简单劳动，复杂劳动创造的价值等于多倍的简单劳动创造的价值。复杂劳动折合为简单劳动的比例，是在生产者背后由社会过程决定的。

3. 商品价值量同劳动生产率的关系

劳动生产率是劳动生产的效率。劳动生产率的高低有两种计算方法：一是用劳动者在单位劳动时间内生产的产品的数量计算；二是用生产单位产品所耗费的劳动量计算。在同一劳动时间内生产的产品数量越多，或单位产品所包含的劳动量越少，劳动生产率就越高；反之，劳动生产率就越低。

劳动生产率是由多种因素决定的，其中包括：劳动者的平均熟练程度，科

① 马克思. 资本论（第 1 卷）[M]. 北京：人民出版社，1975：52.

学的发展水平和它在生产中的应用程度，生产过程的社会结合，生产资料的规模和效能，以及自然条件等。在现代社会中，科学技术的进步及其在生产中的应用，对劳动生产率的提高，具有决定性的作用。自然条件对农业和采矿业等劳动生产率的影响也十分明显。

劳动生产率越高，生产一种物品所需要的劳动时间就越少，凝结在该物品中的劳动量就越小，该物品的价值就越小。相反地，劳动生产率越低，生产一种物品的必要劳动时间就越多，该物品的价值就越大。因此，商品价值量与劳动生产率的关系是：单位商品的价值量与包含在商品中的社会必要劳动量成正比，而与生产这一商品的劳动生产率成反比。

2.2.4 简单商品经济的基本矛盾

简单商品经济就是以个体私有制和个体劳动为基础的商品经济。简单商品经济存在着一系列矛盾，如使用价值与价值的矛盾、具体劳动与抽象劳动的矛盾、私人劳动与社会劳动的矛盾等。其中，私人劳动与社会劳动的矛盾是简单商品经济的基本矛盾。

由于生产资料私有制和社会分工的存在，简单商品经济中商品生产者的劳动必然具有私人劳动和社会劳动二重属性。私人劳动是在简单商品经济中生产商品的劳动所具有的私人性质。在生产资料私有制的简单商品经济中，每个商品生产者都是私有者，他们独立地进行商品生产活动，生产什么，生产多少，如何生产等都是他们私人的事情，由他们自己决定；他们的劳动产品也归他们私有。社会劳动是在简单商品经济中生产商品的劳动所具有的社会性质。在以个体私有制为基础的简单商品经济中，存在着社会分工，每个商品生产者只从事某一种商品的生产，而其需要却是多方面的，这就必然要求同其他商品生产者交换所生产的商品。因此，商品生产者之间是相互联系、相互依存的，彼此交换所生产的商品，每个商品生产者都是在为社会提供劳动，他们的劳动属于社会总劳动的一部分，是社会劳动。

在简单商品经济中，商品生产者生产商品的劳动，作为私人劳动，生产什么，生产多少，以及怎样生产，都由其自己决定，劳动产品也归他们自己占有；作为社会劳动，其产品必须提供给社会，因而要求该产品对别人有用，其劳动能得到社会的承认。这就形成了私人劳动与社会劳动的矛盾：如果某一商品生产者生产的商品不符合社会的需要，全部卖不出去，那么他的劳动就不被社会所承认，其私人劳动就不能转化为社会劳动；如果某一商品生产者所生产的商品有一部分卖不出去，那么他的劳动就有一部分不被社会所承认，就有一部分私人劳动不能转化为社会劳动；如果某商品生产者生产某种商品的劳动时间，多于社会必要劳动时间，即使其产品符合社会需要，但也只能按社会必要劳动时间销售，其多花的劳动时间也不被社会所承认，私人劳动也不能全部转化为社会劳动。

私人劳动与社会劳动的矛盾是简单商品经济的基本矛盾。这是因为：第一，简单商品经济的其他矛盾都根源于私人劳动与社会劳动的矛盾。私人劳动和社会劳动的矛盾，只有通过商品交换才能得到解决。而要进行商品交换，就必须比较和计量交换双方商品的劳动量，从而就必须把各种不同质的具体劳动还原为同质的抽象劳动。所以，在私有制商品经济中，具体劳动和抽象劳动的矛盾是同私人劳动和社会劳动的矛盾相联系的。至于内部使用价值和价值的矛盾，则是由具体劳动和抽象劳动的矛盾决定的。第二，简单商品经济中，私人劳动与社会劳动的矛盾决定着商品生产者的命运。商品生产者的私人劳动能否转化为社会劳动，或能在多大程度上转化为社会劳动，决定着商品生产者在竞争中的地位，从而决定着他们的命运。第三，私人劳动和社会劳动的矛盾，决定私有制商品经济产生和发展的全过程。

2.3　货币的起源、本质与职能

2.3.1　价值形式的发展和货币的起源

商品具有使用价值和价值二因素，因而也就具有使用价值和价值两种表现形式。商品的使用价值形式，是指商品的性状、性能和用途，这是直观的、易于把握和理解的。商品的价值是凝结在商品中的抽象劳动，是看不见、摸不着的，它只能通过商品与商品的交换关系表现出来。价值的表现形式就是交换价值。价值形式的发展经历了四个阶段。

1. 简单的或偶然的价值形式

一种商品的价值偶然地、简单地表现在与它交换的另一种商品上，从而出现了简单的或偶然的价值形式。用等式表示为：

1 只绵羊 = 2 把斧子

这一价值形式虽然简单，但却隐藏着一切价值形式的秘密，对它的分析也最为困难。在 1 只绵羊 = 2 把斧子这一价值形式中，等式两端的商品处于不同的地位，起着不同的作用。绵羊处于相对价值形式，它的价值只能借助于斧子相对地表现出来。斧子处于等价形式，用自己的使用价值体现绵羊的价值。

相对价值形式和等价形式是同一价值形式的两极。两者既互相依赖、互为条件，又互相排斥、互相对立。一方面，如果没有相对价值形式，等价形式便不会存在；如果没有等价形式，相对价值形式也不可能存在。所以，两者是互相依赖、互为条件的。另一方面，两者又是互相排斥、互相对立的。同一商品不能同时处在价值形式的两极。当一个商品在同一个价值表现关系中处于相对价值形式时，它就不能同时处在等价形式；当它处于等价形式时，便不能同时处于相对价值形式。

作为等价形式，具有以下三个特点：第一，使用价值成为价值的表现形式；第二，具体劳动成为抽象劳动的表现形式；第三，私人劳动成为社会劳动的表现形式。

在简单价值形式下，商品价值作为无差别的抽象人类劳动的凝结还没有充分地表现出来，因此，价值形式需要进一步发展。

2. 总和的或扩大的价值形式

一种商品的价值表现在与它相交换的一系列商品上，是许多个简单价值形式的总和或简单价值形式的扩大。用等式表示为：

$$1\text{ 只绵羊} = \begin{cases} 2\text{ 把斧子} \\ 1\text{ 件上衣} \\ 3\text{ 公斤茶叶} \\ \text{若干其他商品} \end{cases}$$

相对于简单价值形式，扩大的价值形式是一大进步。由于绵羊的价值表现在一系列商品上，这些商品成为特殊等价物时，因而商品价值的表现从质上说就第一次真正表现为无差别的人类劳动的凝结；从量上说也第一次真正由社会必要劳动量决定，消除了价值量决定的偶然因素。但是，扩大的价值形式也有缺点。在这种价值形式中，商品有一系列价值表现，但却没有一个共同的、统一的、一般的价值表现，还没有社会公认的、共同的等价形式，因而商品相对价值表现仍然是不完全、不充分的。因此，商品的价值形式必须随着商品交换的发展而不断发展。

3. 一般价值形式

一切商品的价值共同表现在从商品世界中分离出来充当一般等价物的商品身上。用等式表示就是：

$$\left.\begin{array}{l}2\text{ 把斧子}\\1\text{ 件上衣}\\3\text{ 公斤茶叶}\\\text{若干其他商品}\end{array}\right\}=1\text{ 只绵羊}$$

一般价值形式与扩大的价值形式相比，发生了根本性的变化：第一，商品价值的表现是简单的。在扩大的价值形式中，一种商品的价值要表现在许多商品上；在一般价值形式中，商品的价值只表现在一种商品上了。第二，商品价值的表现是统一的。在扩大的价值形式中，每种商品都有自己的价值表现系列，不同的商品有不同的价值表现系列，没有统一的价值表现；在一般价值形式中，一切商品的价值都统一地表现在同一种商品上。

在一般价值形式阶段，从商品世界分离出来专门充当一切商品的等价物的商品，成为一般等价物。作为一般等价物的商品的使用价值，是一切商品共同的价值形式。它在商品世界中作为价值的代表出现，同时也就是作为一般人类劳动的化身而存在。现在，每种商品只要能够换成一般等价物，它所包含的劳动就得到了社会承认。商品所有者只要将自己的商品换成一般等价物，就可以再用它来换取自己所需要的任何商品，克服了扩大价值形式中的许多缺点，促进了商品交换的发展。但是，一般价值形式也有不足之处。在一般价值形式中，一般等价物还没有固定在某一种商品上，充当一般等价物的商品常常因时因地而异。在历史上，充当过一般等价物的商品多种多样，如羊、贝壳、毛皮、盐、铜、铁等都曾充当过一般等价物的角色。这就不利于商品交换的进一步扩大和发展。价值形式进一步向前发展为货币形式。

4. 货币形式

一切商品的价值都通过金（银）来表现，金（银）便成了货币。货币形式的等式是：

$$\left.\begin{array}{l}2\text{ 把斧子}\\1\text{ 件上衣}\\3\text{ 公斤茶叶}\\\text{若干其他商品}\end{array}\right\}=1\text{ 克黄金}$$

从一般价值形式到货币形式，没有发生本质的变化，在这两种价值形式中，处于等价形式的商品都是一般等价物。唯一的进步在于：在货币形式中，一般等价物已经固定地由商品金（银）来充当了。金（银）从此成为唯一的充当一般等价物的商品，一般等价物不再因时因地而异，取得了时间上的稳定性和地区上的统一性，适应了商品交换发展的需要。

价值形式发展的过程表明，货币的起源和产生是商品内在矛盾发展的结果，是商品交换发展到一定阶段的必然产物，归根到底是生产力发展和社会分工扩大的必然结果。

2.3.2 货币的本质

货币产生以后，整个商品世界分为两极：一极是各种各样的商品，它们都有各种特殊的使用价值；另一极是货币，它作为价值的化身而存在。可见，货币产生以后，商品内在的使用价值和价值的矛盾，就发展成为外在的商品和货币的矛盾。一切商品，只要换成了货币，其使用价值和价值的矛盾就得以解决，商品的价值就得到了实现，商品生产者的私人劳动就实现为社会劳动。可见，货币的出现有利于解决商品交换的困难，有利于商品经济的发展。但是，从某种意义上说，货币的产生也可能加深商品经济的内在矛盾。因为，如果商品不能转换为货币，生产商品的私人劳动就得不到社会的承认，商品的价值不能实现，商品使用价值与价值的矛盾就无法解决。

货币是固定充当一般等价物的商品，体现着商品生产者之间的社会关系。货币之所以能够充当一般等价物，表现其他一切商品的价值，首先是因为它本身也是商品，具有价值。金和银本身原来也是商品世界中的一员，只是在后来，它排斥其他一切商品充当等价物而独占了这一职能。金和银的自然属性，如同质性、易分割、不易变质、体积小、便于携带等，最适合于充当货币材料。所以，“金银天然不是货币，但货币天然是金银”①。

2.3.3　货币的职能

货币的本质体现在它的职能中。在发达的商品经济中，货币具有五种职能：价值尺度、流通手段、贮藏手段、支付手段和世界货币。其中，价值尺度和流通手段是货币最基本的职能。

1. 价值尺度

货币的价值尺度职能，是指货币作为表现和衡量一切商品价值量大小的社会尺度。货币之所以能够用来衡量一切商品的价值，执行价值尺度职能，是因为货币本身也是商品，也有价值。正如尺子之所以能够度量其他物品的长度，是因为尺子本身也具有一定的长度一样。

商品的价值用货币来表现就是商品的价格。价值是价格的基础，价格是价值的货币表现。商品价格的变动既可以由商品价值的变动引起，也可以由货币价值的变动引起。在供求平衡条件下，商品价格的变动，同商品本身的价值变动成正比，而与货币价值的变动成反比。

货币在执行价值尺度的职能时，可以是观念上的货币，并不需要现实的货币。这就是说，为了表明某种商品的价格，并不需要现实的货币材料摆在商品旁边，只需要在头脑中用观念的货币衡量一下便可，也可以通过价格标签、语言、手势等来表示商品的价格。

各种商品不同的价值量，表现为不同的货币量。这就要求货币自身有一个确定的计量单位，以计量货币自身的、不同的量。这种货币自身的计量单位和它的等分叫做价格标准。不同的国家有不同的货币单位，因而有不同的价格标准。例如，中国历史上用白银作货币材料，曾用“两”作为货币单位，“两”又等分为“钱”、“分”等。价格标准不是货币的一个独立的职能，而是为执行价值尺度的职能而派生出来的一种技术性的规定。

---

① 马克思，恩格斯．马克思恩格斯全集（第23卷）[M]．北京：人民出版社，1972：107.

2．流通手段

货币的流通手段职能，就是货币充当商品交换媒介的职能。以货币为媒介的商品交换，就是商品流通。作为流通手段的货币，不能是观念的货币，必须是现实的货币。

货币作为商品流通媒介的不断运动，叫做货币流通。货币流通是由商品流通引起的，并为商品流通服务。商品流通是货币流通的基础。

货币作为流通手段发挥职能，需要在流通过程中不断运动。而为了使货币有效地执行流通手段的职能，在一定时期内，流通领域就需要有一定数量的货币。那么，一定时期流通过程中究竟需要多少货币量才合适呢？这是由货币流通规律决定的。货币流通规律就是一定时期内商品流通过程中所需要的货币数量的规律。一定时期内流通中所需要的货币数量取决于三个因素：一是参加流通的商品数量。流通中待售的商品数量越大，所需的货币数量就越多；反之，需要的货币数量就越少。二是商品价格水平。商品价格水平越高，流通中需要的货币数量就越多；反之，需要的货币数量就越少。第一、第二因素的乘积就是商品价格总额。三是货币流通速度。同一单位货币流通速度越快，实现一定商品价格总额所需要的货币数量就越少；反之，需要的货币量就越多。

一定时期内流通中所需要的货币数量，与商品价格总额成正比，而与同一单位货币流通速度成反比。因此，货币流通规律用公式表示为：

$$\begin{matrix}\text{一定时期内流通中}\\\text{所需要的货币量}\end{matrix}=\frac{\text{商品价格总额（商品数量×商品价格）}}{\text{同一单位货币流通速度（次数）}}$$

作为流通手段的货币，最初是采取金属条块的形式。不同的金属条块，成色和重量各不相同，每次交易，都需对其进行鉴定，很不方便。于是逐渐出现了铸币，即具有一定形状、重量、成色和面值的金属货币。如我国古代的刀币、布币、五铢钱和近代的银元等都是铸币。

随着铸币在流通中的逐渐磨损，出现了不足值的铸币，不足值的货币能够同足值的铸币一样执行流通手段的职能。于是又出现了用贱金属铸造的辅币，使其在流通和磨损较快的小额买卖范围内充当流通手段。铸币逐渐变成了价值符号或金属货币的象征。这就意味着可以用相对地没有价值的东西，例如纸票代替金属货币来执行铸币的职能。于是出现了纸币。纸币是由国家发行，作为法定流通手段的货币符号，它代表金属货币执行流通手段职能。

纸币出现以后，便有了纸币流通规律，其内容是：纸币的发行限于它象征地代表的金（或银）的实际流通数量。这就是说，如果纸币的发行量相当于商品流通中所需的金属货币量，则纸币与金属货币具有同等购买力；如果纸币的发行量超过了商品流通中所需的金属货币量，则单位纸币所代表的金属货币量就会减少，纸币就会贬值，物价就会上涨。纸币发行量超过商品流通所需金属货币量所引起的纸币贬值现象，叫做通货膨胀。

货币作为流通手段，使商品交换分解为卖和买两个过程，打破了商品交换在时间和空间上的限制。人们可以在出售商品后，过些时候再购买商品；可以在此地出售商品，再到别的地方购买商品，从而促进商品经济的发展。但是，货币作为流通手段，也产生了新的矛盾，导致卖和买脱节，从而使生产相对过剩的经济危机具有形式上的可能性。这种可能性要发展为现实，必须有整整一系列的关系，从简单商品流通的观点来看，这些关系还根本不存在。

3. 贮藏手段

货币作为贮藏手段的职能，是指货币作为社会财富的一般代表，退出流通过程并贮藏起来。货币成为贮藏手段是货币的性质决定的。作为一般等价物，货币可以购买一切商品，货币的这种质的无限性和量的有限性，使人们贮藏货币的欲望没有止境。

作为贮藏手段的货币必须是足值的金属货币或金银制品。在金属货币流通的条件下，货币作为贮藏手段，具有自发调节货币流通量的作用。

4. 支付手段

货币作为支付手段的职能，是指在商品赊购赊销过程中的延期支付，以及用于清偿债务或支付赋税、租金、工资等职能。货币作为支付手段，一方面加速了商品流通，另一方面又使商品经济的矛盾进一步加深。因为支付关系的发展，会形成一连串的债权债务关系，如果其中一个不能按期付款，就会出现连锁反应，造成整个债务关系的混乱。这就加深了经济危机的可能性。

货币作为支付手段职能产生以后，流通中所需的货币量就会发生变化。因为在一定时期内，赊购赊销的商品部分不需要动用货币；而前一期赊购赊销的商品却需要在本期内支付；在相互支付时还会彼此抵消一部分。因此，这时的货币流通规律公式变为：

$$\begin{array}{c}\text{一定时期流通中}\\\text{需要的货币量}\end{array}=\frac{\begin{array}{c}\text{待售商品}\\\text{价格总额}\end{array}-\begin{array}{c}\text{赊销商品}\\\text{价格总额}\end{array}+\begin{array}{c}\text{到期支付}\\\text{价格总额}\end{array}-\begin{array}{c}\text{相互抵消}\\\text{支付总额}\end{array}}{\text{同一单位货币流通速度（次数）}}$$

5. 世界货币

货币作为世界货币职能，是指货币越出国内流通领域，在世界市场上执行一般等价物的职能。只有直接以重量计算的贵金属，才能充当世界货币。

世界货币的职能，一是作为国际购买手段，购买外国商品；二是作为国际支付手段，平衡国际贸易差额；三是作为社会财富的代表，从一国转移到另一国，如支付战争赔款、输出资本、向国外存款等。

货币的五种职能，并不是同时具有的，只有价值尺度和流通手段的职能是货币一产生就具有的，因而是货币的最基本的职能，其余三种职能是在基本职能的基础上，随着商品经济的发展而产生和发展的。

2.4 商品经济的基本规律

2.4.1 价值规律是商品经济的基本规律

在商品经济条件下，商品生产和商品交换形式复杂多变，但是商品和商品交换不以人的意志为转移，而是受客观规律支配的。马克思科学地揭示出，价值规律支配了商品生产和商品交换的全过程，价值规律是商品经济的基本规律。

价值规律的基本内容和要求是：商品的价值量由生产商品的社会必要劳动时间决定，商品交换以价值量为基础，实行等价交换。

价值规律是多种社会共有的经济规律，商品经济在什么社会经济形态中存在，价值规律就在什么社会存在并发生作用。迄今为止，价值规律已有5000—7000年历史。原始社会末期、奴隶社会、封建社会、资本主义社会和社会主义社会，都存在过商品生产和商品交换，都有价值规律存在并发生作用，只是不同的历史阶段，价值规律作用的范围和形式不同罢了。

按照价值规律的要求，在商品交换中，价格应该与价值相一致。但是，在实际的交换过程中，价格经常与价值不一致，价格与价值相一致只是偶然的现象。这是因为，商品价格除了受价值的决定外，还受供求关系的影响。在供求平衡时，价格与价值是一致的。当某种商品供过于求时，价格就降到价值以下；反之，当某种商品供不应求时，价格就涨到价值以上。这就是说，随着商品供求关系的变化，价格时而高于价值，时而低于价值。价格总是围绕价值上下波动的。

商品价格经常偏离价值并围绕价值上下波动的现象，不仅不是对价值规律的否定，而且正是价值规律发生作用的形式。正如马克思所说："价格和价值量之间的量不一致的可能性，或者价格偏离价值量的可能性，已经包含在价格形式本身中。但这并不是这种形式的缺点，相反地，却使这种形式成为这样一种生产方式的适当形式，在这种生产方式下，规则只能作为没有规则性的盲目起作用的平均数规律来为自己开辟道路。"① 这是因为：第一，从同一商品的价格波动来看，价格不可能永远高于或低于价值，它总是围绕价值上下波动的，说明价格是受价值制约的。第二，从不同商品的价格波动来看，各种商品的价格无论怎样波动，总是以各自的价值为基础的。例如，自行车由于供不应求价格猛涨，而轿车却由于供大于求价格猛跌，但是，无论如何，轿车价格总会比自行车价格高得多。这说明商品供求只影响其价格，对商品价格起决定作用的仍然是它的价值。第三，从商品交换的较长时期来看，一种商品的价格此时涨到其价值以上，彼时又落到其价值以下，涨落部分可以互相抵消，其平均价格同价值还是一致的。

以等价交换为核心的价值规律，同任何别的客观规律一样，是事物发展的一种必然趋势，并不排除实际交换中价格同价值的偏离，相反，价值规律正是通过价格围绕价值的波动为自己开辟道路而得到贯彻的。

2.4.2　价值规律在私有制商品经济中的作用

价值规律在私有制商品经济中的作用，主要有如下三个方面：

第一，价值规律自发地调节生产资料和劳动力在社会生产各部门之间的分配比例。在任何社会，特别是在以社会化大生产为基础的社会中，社会再生产的顺利进行客观上要求将生产资料和劳动力按照一定比例分配到社会生产的各个部门。因为在社会资源有限的情况下，如果资源不能进行合理分配，一方面会造成某些部门得不到发展，另一方面也会造成资源的浪费。在商品经济条件下，按比例分配生产资料和劳动力的客观要求，是通过价值规律的作用得到实现的。

价值规律的这种调节作用，是通过竞争和价格波动以及与此相联系的供求关系的不断变动而实现的。在商品经济中，各自独立的商品生产者难于事先了

① 马克思. 资本论（第 1 卷）[M]. 北京：人民出版社，1975：120.

解市场的需求状况，他们只有通过产品的涨价或跌价才亲眼看到社会需要什么、需要多少和不需要什么，并据此来确定自己的生产方向和生产规模。商品生产者的这种自发行为，客观上起着调节社会生产的作用。当某些商品供不应求时，价格上涨，商品生产者有利可图，投入这些部门的社会经济资源便会增加，产品的供给也会增加；当某些商品供过于求时，价格下跌，对商品生产者不利，投入这些部门的社会经济资源就会减少，产品的供给也会减少。

价值规律对社会生产的调节作用，只能从较长时期中价格的不断涨落以及相应的生产的扩大或缩小的平均趋势中体现出来，而不能从价格的一次变动所引起的生产的一次扩大或缩小中得到体现。因为，“在这里，价值规律不过作为内在规律，对单个当事人作为盲目的自然规律起作用，并且是在生产的各种偶然变动中，维持着生产的社会平衡”①。

第二，价值规律刺激生产技术的改进和劳动生产率的提高。在商品经济条件下，商品是按照由社会必要劳动时间决定的社会价值进行交换的。如果有的商品生产者改进了技术，提高了劳动生产率，那么他生产的商品个别价值就低于社会价值，在商品按社会价值出售时，较少的个别价值化为较多的社会价值，由此获得较多的收益；反之，生产技术落后，劳动生产率低，商品的个别价值就会高于社会价值，在商品按社会价值出售时，较多的个别价值只能化为较少的社会价值，因而只能获得亏本。只有劳动生产率中等，商品的个别价值与社会价值一致的商品生产者，才获得社会平均的收益。因此，商品生产者为了降低生产商品的个别价值，必须不断改进技术，改善经营管理，提高劳动生产率，从而促进了社会生产力的发展。

但是，在私有制商品经济条件下，价值规律的这种作用是有限的。这是因为，首先使用先进技术和生产经营方法的商品生产者，为了保持自己在竞争中的优势，往往要对先进的生产技术和生产经营方法保守秘密，阻碍新技术的推广和生产经营的改善，从而妨碍生产力的发展。

第三，价值规律促使商品生产者两极分化。在私有制商品经济条件下，不同商品生产者生产的主客观条件存在着较大的差别，这就决定了他们生产商品的个别价值也有较大的差别。商品个别价值低于社会价值的商品生产者，不仅收益多，而且在竞争中处于有利地位；相反，商品的个别价值高于社会价值的商品生产者，在竞争中就容易被挤垮。这就不可避免地造成商品生产者之间的

---

① 马克思．资本论（第3卷）［M］．北京：人民出版社，1975：995.

两极分化：有的发财致富，有的贫困破产。

价值规律促使商品生产者两极分化，在一定历史条件下，导致简单商品经济向资本主义商品经济的过渡。在封建社会末期，一部分富有的小商品生产者积累了大量货币资本，采取雇佣劳动方式从事生产经营，从而转化为资本家；而大量破产的小商品生产者则沦为雇佣工人，从而导致资本主义生产关系的产生。在资本主义制度确立以后，商品生产者之间的两极分化仍将继续存在，进一步促进资本主义经济的发展。

本章小结

1. 商品经济是以商品生产为内容、以交换为目的的经济形式，商品经济是商品生产和商品交换的总称。商品经济不是从来就有的，而是人类社会发展到一定阶段的产物。商品经济产生必须具备两个条件：一是分工基础上生产力的发展；二是生产资料属于不同的所有者。

2. 商品具有使用价值和价值两个基本属性。使用价值是商品的自然属性，价值是商品的社会属性，商品是使用价值和价值的矛盾统一体。生产商品的劳动具有二重性，即具体劳动和抽象劳动，具体劳动和抽象劳动不是二次劳动，而是生产商品同一劳动的两个方面。具体劳动生产商品的使用价值，抽象劳动形成商品的价值。

3. 商品价值量由生产商品的社会必要劳动时间决定，商品价值量与生产商品的劳动生产率成反比。

4. 在简单商品经济条件下存在多种矛盾，私人劳动和社会劳动的矛盾是简单商品经济的基本矛盾。私人劳动和社会劳动的矛盾只有通过商品交换才能得到解决。

5. 货币是商品交换发展到一定程度的产物。货币从现象上看是物，但本质上反映的商品生产者之间相互交换劳动的关系。在发达的商品经济条件下，货币有价值尺度、流通手段、储藏手段、支付手段和世界货币五种职能。

6. 价值规律是商品经济的基本规律。价值规律的基本要求和内容是：商品交换以价值量为基础，实行等价交换。价值规律发生作用的基本形式是价格围绕价值上下波动。

关键术语

商品经济　使用价值　交换价值　价值　社会必要劳动时间
个别劳动时间　劳动生产率　具体劳动　抽象劳动
私人劳动　社会劳动　相对价值形式　等价形式
货币　价值尺度　流通手段　支付手段货币流通规律
价值规律

思考题

1. 自然经济和商品经济的区别是什么？

2. 人类历史上已经出现过哪三种商品经济？它们的联系和区别是什么？

3. 商品二因素和劳动二重性是什么关系？

4. 劳动生产率与商品价值量的关系是什么？

5. 为什么说私人劳动和社会劳动的矛盾是简单商品经济的基本矛盾？

6. 货币的起源、本质和职能是什么？

7. 价值规律的内容、核心、作用及实现形式是什么？

补充阅读

价值规律是一个伟大的学校

价值规律是商品经济的基本规律，不管什么社会形态，只要有商品生产和商品交换，价值规律就必然发生作用。

价值规律是“天生的平等派”和“无形的指挥棒”。作为“天生的平等派”，说明了商品的价值量不是由生产商品的个别劳动时间决定，而是由生产商品的社会必要劳动时间决定，社会必要劳动时间作为商品价值决定的标准，对每个商品生产者都是平等的；而作为“无形的指挥棒”，则是说明价值规律的作用发挥，如自发调节劳动力和生产资料在社会各部门之间的分配比例、刺激生产技术的改进和劳动生产率的提高以及促使商品生产者两极分化等都是无形的指挥棒，价值规律调节市场价格的涨落，成为商品生产者了解市场供求情况的晴雨表。

商品经济是资本主义逻辑和历史的起点，研究资本主义生产关系必须从分析商品开始。正如马克思所说："资本主义生产方式占统治地位的财富表现为庞大的商品堆积，单个商品表现为这种财富的元素形式，因此，我们的研究就从商品开始"。① 商品经济并不是资本主义社会特有的经济现象，它已经有好几千年历史了。但是，只是到了资本主义历史阶段，商品经济才发展到它的顶峰。在资本主义社会，由于一切都成了商品，商品生产和交换的程度和范围极大，因而价值规律就好像一匹奔腾的野马，在最广阔的天地里驰骋，使人们无法驾驭。正因为如此，人们往往容易把价值规律看成资本主义特有的东西，否认或贬低它在社会主义经济中应起的作用，把它看成社会主义经济的异己力量。社会主义经济建设的实践证明，否定或者忽视商品经济和价值规律在社会主义经济发展过程中的作用是错误的。

关于价值规律在社会主义经济制度下的作用，斯大林曾经明确指出：价值规律可以教育经济工作人员合理地进行生产，并使他们遵守纪律；教育他们精确地计算生产量，并且同样精确地估量生产中的现实物，而不去侈谈凭空想象出来的"大概数字"；教育他们寻求、发现和利用生产内部潜在的后备力量，而不去糟蹋他们；教育他们不断改进生产方法，降低生产成本，实行经济核算，并使企业能够赢利。

毛泽东也十分重视价值规律在社会主义条件中的作用。他指出：价值规律是一个伟大的学校，只有利用它，才有可能教会我们的几千万干部和几万万人民，才有可能建设我们的社会主义和共产主义。否则，一切都不可能。在这里，毛泽东把是否利用价值规律提到了能否建成社会主义和共产主义的高度。事实证明，

① 马克思．资本论（第1卷）［M］．人民出版社，1975：47.

在社会主义社会，正确运用价值规律是十分重要的，否定和忽视价值规律的作用，必然会阻碍和破坏社会主义经济建设。

——根据马克思、斯大林、毛泽东相关著作整理，题目为毛泽东同志对价值规律的认识

第3章 剩余价值的生产与资本积累

3.1 货币转化为资本

3.1.1 资本总公式及其矛盾

资本最初总是表现为一定数量的货币，但是货币本身并不就是资本。作为商品流通媒介的货币与作为资本的货币是有区别的。这种区别在静态中看不出来，只有从动态中，即从流通过程中才能清楚地表现出来。作为商品流通媒介的货币，其流通公式是：商品—货币—商品，即 W—G—W。而作为资本的货币的流通公式是：货币—商品—货币（增大的），即 G—W—G′。这两个公式在形式上既有相同之处又有明显区别。二者的相同之处是：都包含着卖(W—G)、买（G—W）两个互相对立的阶段；在卖和买的阶段上都是商品与货币的对立；两种流通都需要三个当事人，即买者、卖者、既是买者又是卖者登场，才能完成一个流通过程。二者的区别在于：买卖两个阶段的次序相反，商品流通是先卖后买，资本流通是先买后卖。流通中的媒介物不同，商品流通以货币为媒介，它使两种不同的使用价值交换成功；资本流通则以商品为媒介，使支出的货币重新收回来。流通的起点和终点不同，商品流通的起点和终点都是商品，而资本流通的起点和终点都是货币。

商品流通和资本流通不仅有形式上的区别，而且更重要的是，它们在内容和目的上都有本质的区别。

第一，两种流通的内容和目的不同。商品流通的实际内容是两种具有相同价值量的不同使用价值的交换，是为买而卖，其目的是为了得到所需要的使用价值；在资本流通中，两极都是同质的货币，是为卖而买，整个流通过程是货币与货币相交换。但两极货币的价值量是不等的，否则流通就毫无意义了。所以，收回比投入更多的货币，即预付资本的价值增殖，才是资本流通的实际内容和目的。因此，资本流通公式实际上应该是：G—W—G′，其中，G′=G+ΔG。ΔG 是原预付货币额的一个增殖额。资本流通的目的正是为了获取这个 ΔG。马克思把这个增殖额叫做剩余价值。资本就是能够带来剩余价值的价值。

第二，两种流通在运动限度上不同。商品流通的目的是取得自己所需要的使用价值。因此，商品生产者一旦买到了自己需要的商品，这一运动也就终止。而资本流通的目的是为了价值增殖。资本每一次运动的结果，货币在量上都增加了，但仍然是一个有限的量。资本运动的目的是价值增殖，资本一旦停止了运动，就不能使价值增殖。因此，资本的运动是无止境的。资本家只有不断地把货币投入流通，才能不断地增殖，如果资本家把货币从流通中抽出，贮藏起来不再投入流通，无论贮藏多久，也不会增加一个价值原子，货币也不会成为资本。资本家是资本的人格化，作为资本运动的有意识的承担者，它的全部活动，只是获取剩余价值的无休止的运动。

资本流通公式 G—W—G′似乎仅适用于商业资本的运动，其实对其他资本形式的资本也都适用。产业资本和借贷资本的运动，不过是在这一公式基础上的补充和简化。“因此，G—W—G′事实上是直接在流通领域内表现出来的资本的总公式。”① 所以，马克思将它称之为资本的总公式。

从形式上看，资本总公式与价值规律是相矛盾的。因为根据价值规律的要求，商品价值是在生产过程中产生的，在流通中，商品按照等价交换的原则进行交换。在流通中，价值的形式发生了变化，但价值量并不发生变化，投入流通有多大价值量，从流通中取回的价值量仍然是多大。但是，资本的总公式却显示，资本在运动中确实发生了价值增殖，带来了剩余价值。资本在流通中，既遵循等价交换的原则，又发生价值增殖。这就是资本总公式的矛盾。

要解决资本总公式的矛盾，关键在于说明剩余价值是在什么条件下，从哪里产生的，也就是要说明货币到资本的转化是如何实现的。

首先，剩余价值不能从流通中产生。在商品流通过程中，不论是等价交

① 马克思. 资本论（第1卷）[M]. 北京：人民出版社，1975：177.

换，还是不等价交换，都不能产生剩余价值。在等价交换的情况下，流通不能产生剩余价值，这是显而易见的。在商品流通中，等价交换的结果，只是使商品价值形态发生了变化，即由商品形态变为货币形态，再由货币形态变为商品形态，其价值量是不会发生变化的。在不等价交换的情况下，不论是贵卖还是贱买，都不会产生剩余价值。在商品交换过程中，交换双方的地位是平等的，他们除了对自己的商品有权处置之外，没有任何其他特权。而且，商品生产者是买者和卖者的统一，作为卖者，他可以把他的商品贵卖给别人，因而获得比别人多的收入；但当他作为买者时，别的卖者也可以将其商品贵卖给他，这样，他原来多得的收入又会失去。反过来，作为买者，他可以通过贱买别人的商品赚钱；但他作为卖者时，别的买者也可以贱买他的产品，那么，他原先所赚的钱也将作为卖者而失去。"因此，剩余价值的形成，从而货币转化为资本，既不能用卖者高于商品价值出卖商品来说明，也不能用买者低于商品价值购买商品来说明。"①

假定社会上有一个只买不卖、光消费而不生产的阶级，商品生产者可以向这个阶级高价出卖商品而获利。但是，这个阶级用来购买商品的货币，必然是依靠某种特权从商品生产者手中白白拿走的，现在商品生产者向他们高价出售商品，只不过是再从他们手中骗回被这个阶级白白拿走的货币而已。

即使有些商品所有者善于投机取巧，总是使他的同行受骗，能够始终一贯地做到贱买又贵卖，也不能说明剩余价值的真正来源。这种情况对他个人而言，是赚钱了。但从整个社会看，价值总量没有增加。所以，马克思说："可见，无论怎样颠来倒去，结果都一样。如果是等价交换，不产生剩余价值；如果是非等价交换，也不产生剩余价值。流通或商品交换不创造价值。"②

其次，剩余价值不能不从流通中产生。剩余价值不能从流通中产生，那么，离开流通能不能产生剩余价值呢？也不行。因为流通过程是商品所有者相互关系的总和。在流通之外，商品生产者只同自己的商品发生关系，他可以用自己的劳动去创造价值，但不能创造剩余价值，不能使货币转化为资本。因此，"剩余价值不能从流通中产生，又不能不从流通中产生。它必须既在流通中又不在流通中产生。"③

---

① 马克思．资本论（第1卷）[M]．北京：人民出版社，1975：183.

② 马克思．资本论（第1卷）[M]．北京：人民出版社，1975：186.

③ 马克思．资本论（第1卷）[M]．北京：人民出版社，1975：188.

3.1.2 劳动力成为商品是货币转化为资本的前提

货币转化为资本，意味着能带来剩余价值，即实现价值增殖。从资本总公式G—W—G′来看，价值增殖不可能发生在G—W阶段的货币上，因为在这里，货币作为购买手段或支付手段，只是实现它所购买或支付的商品的价格，并不发生自身价值的变化；也不可能发生在W—G阶段上，即商品的再度出卖上，因为商品交换是按等价原则进行的，这一交换只是使商品从自然形态转化为货币形态，价值量并不发生变化。因此，价值增殖这种现象只能发生在流通的第一阶段所购买的商品上。但不是发生在这种商品的价值上，而是发生在这种商品的使用价值上。这就是说，货币所有者必须在流通领域内找到一种特殊商品，对它的使用能够创造出新价值，或者说，它的使用价值本身具有成为价值源泉的特殊属性。这种特殊的商品就是劳动力。因此，劳动力成为商品是货币转化为资本的前提。

劳动力是人的劳动能力，是劳动者生产某种使用价值时所运用的体力和智力的总和，它存在于活的人体中。劳动力成为商品，必须具备两个条件。第一，劳动者在法律上有人身自由，是自己劳动力的所有者，可以把它当作商品出卖，并且是按一定时间一次一次地出卖劳动力，而不是一次卖完。第二，劳动者除了劳动力之外，一无所有，既没有生产资料，也没有生活资料，只能依靠出卖劳动力为生。“货币所有者要把货币转化为资本，就必须在商品市场上找到自由的工人。这里所说的自由，具有双重意义：一方面，工人是自由人，能够把自己的劳动力当作自己的商品来支配，另一方面，他没有别的商品可以出卖，自由得一无所有，没有任何实现自己的劳动力所必需的东西。”① 劳动力成为商品的两个条件，是在封建社会后期逐渐形成的，是前资本主义的社会生产力和生产关系矛盾运动发展的结果。因此，劳动力商品是一个历史范畴。

劳动力商品同其他商品一样，也具有价值和使用价值。但劳动力商品又有不同于一般商品的特殊性。劳动力商品的价值和其他商品价值一样，也是由生产和再生产该商品的社会必要劳动时间决定。因为劳动力是存在于活的人体之中的，劳动力的生产和再生产，要以人这个活的个体存在为前提，要保持劳动力，劳动者就要消费一定的生活资料。因此，生产劳动力商品的社会必要劳动时间，就转化为生产劳动者维持劳动力所必需的生活资料的劳动时间。主要包

---

① 马克思. 资本论（第1卷）［M］. 北京：人民出版社，1975：192.

括：第一，维持劳动者生存所必需的生活资料的价值；第二，劳动者养活家属和子女，以延续补充劳动力所必需的生活资料的价值；第三，劳动者教育、训练的费用。

劳动力价值决定还有其特殊性，即它还包含着一个历史和道德的因素。劳动力价值的决定，不仅取决于劳动者的生理需要，而且还与社会经济和文化发展状况以及各国特殊的自然和社会条件相关。劳动者总是生活在一定的国家或一定的历史时期中，不同的国家或同一国家的不同历史时期，由于社会经济和文化的差异，以及发展的历史阶段不同，劳动者的物质和精神需要也就不同，劳动力价值也就不同。但是，在特定国家、一定的时期内，劳动者所必需的生活资料的基本种类和平均数量是一定的，从而劳动力的价值，又总是可以确定的。同时，劳动力价值有一个最低限度，那就是维持劳动者生存不可少的生活资料价值。如果劳动力的价格降低到这个限度以下，就意味着劳动力只能在萎缩的状态下维持其生产与再生产。

劳动力商品的使用价值是劳动，劳动是价值的源泉。因此，劳动力使用价值与一般商品使用价值不同的特点就在于：一般商品在使用或被消费时，其价值或逐渐转移到新商品中去，或随使用价值的消失而消失，不会创造出任何新的价值来；劳动力的使用价值就是劳动，它不仅能创造出新价值，而且能创造出大于劳动力本身的价值。这部分超过劳动力价值的价值就是被资本家无偿占有的剩余价值。资本家购买劳动力商品正是看中它的使用价值的这种特点。他在劳动力市场上，根据等价交换的原则按劳动力价值购买了劳动力商品，通过对劳动力的使用来获得剩余价值，从而使货币发生增殖，转化为资本。

3.2　剩余价值的生产过程

3.2.1　劳动过程和价值增殖过程

资本主义生产过程具有二重性：一方面是生产使用价值的劳动过程；另一方面又是生产剩余价值的价值增殖过程。资本主义生产过程是劳动过程和价值增殖过程的统一。

1. 劳动过程

资本主义生产过程，首先是生产使用价值的劳动过程。撇开各种特定的社会形式来加以考察，劳动过程表现为劳动者通过自己有目的的劳动，运用劳动资料，作用于劳动对象，生产出能够满足人们某种需要的使用价值的过程。劳动过程是人类生存永恒的自然条件，是一切社会形态所共有的。

但是，劳动过程总是在一定生产关系下进行的。劳动过程一旦与资本主义生产关系结合起来就具有新的特点。第一，工人在资本家的监督下劳动，他的劳动属于资本家。劳动力已经作为商品出卖给资本家了，劳动力的使用即劳动就不再属于工人，而属于资本家了，劳动者必须按照资本家的意志进行劳动，接受资本家的监督。第二，劳动产品归资本家所有。从资本家的立场看，劳动力同生产资料一样，都是他从市场上购买回来的、属于他的生产要素，两者结合，生产出的劳动产品自然是属于资本家所有。

2. 价值形成和价值增殖过程

资本主义生产过程，同时又是价值增殖过程。生产使用价值并不是资本家的最终目的。资本家生产使用价值，只是因为使用价值是交换价值的物质承担者。资本家所关心的是商品的价值，而且是大于其预付资本价值的价值，实现价值增殖。价值增殖过程是资本主义生产过程的本质特征。对资本主义的价值增殖过程的分析，必须以对价值形成过程的分析为基础。

根据劳动二重性原理，在商品生产条件下，一方面，工人的劳动作为具体劳动创造了新的使用价值，同时把消耗的生产资料价值转移到新产品中去。另一方面，工人的劳动作为抽象劳动又创造了新价值。价值形成过程就是生产资料价值转移和活劳动创造新价值的过程。新商品的价值包括工人具体劳动转移的生产资料价值和工人抽象劳动创造的新价值两个部分。例如，某资本家的皮鞋厂，一个工人一天劳动 8 小时生产 1 双皮鞋，需消耗皮革等各种生产资料共 10 元；每小时活劳动创造新价值 1 元，工人 1 天的劳动力价值为 8 元。那么，这双皮鞋的价值是：在生产过程中，通过工人的具体劳动转移过来的生产资料旧价值 10 元，加上工人 8 小时抽象劳动创造的新价值 8 元，一共是 18 元。这就是价值形成过程。

一双皮鞋的价值正好与资本家预付资本的价值相等，按照等价交换的原则把皮鞋卖出去，资本家只能收回预付资本价值，而得不到剩余价值，这是资本家不能接受的。资本家是人格化的资本，他不仅要收回预付资本，而且要获得剩余价值。

要生产剩余价值，就必须使工人劳动创造的新价值大于劳动力价值，这就要工人劳动更长的时间。在上例中，工人 1 天劳动 8 小时创造的新价值，正好等于工人 1 天的劳动力价值。但资本家用 8 元购买的是工人 1 天的劳动力，拥有 1 天劳动力的使用权，他决不会只让工人 1 天劳动 8 小时，他会要工人劳动更长的时间。我们假定资本家要工人 1 天劳动 16 小时，可以生产两双皮鞋，共消耗各种生产资料价值 20 元，劳动力的价值仍为 8 元。资本家垫付资本的价值总额为：20 元+8 元=28 元。两双皮鞋的价值包括：工人的具体劳动转移过来的生产资料旧价值 20 元，工人 16 小时的抽象劳动创造的新价值 16 元，共 36 元。按其价值出售，资本家得到货币 36 元，与他所预付的资本价值 28 元相比，增加了 8 元，这 8 元就是剩余价值。价值形成过程转变为价值增殖过程，货币转化为资本。由此可见，价值增殖过程就是超过一定点而延长了的价值形成过程。

对资本主义生产过程的分析说明，雇佣工人的劳动时间分为必要劳动时间与剩余劳动时间两部分：必要劳动时间是再生产劳动力价值的时间，即再生产维持工人生活所必需的生活资料的价值的时间。剩余劳动时间，是为资本家生产剩余价值的时间。工人在必要劳动时间内所付出的劳动叫必要劳动；工人在剩余劳动时间内所付出的劳动叫剩余劳动。在资本主义制度下，雇佣工人的劳动时间总是要超过必要劳动时间的，劳动力价值与劳动力在使用时创造的价值，是两个不同的量。资本家购买劳动力，也正是看中了这个价值差额。剩余价值生产的秘密也就在这里。所以，剩余价值就是雇佣工人劳动创造的、被资本家无偿占有的、超过劳动力价值的价值。雇佣工人的剩余劳动是剩余价值的唯一源泉。

对资本主义生产过程的分析说明，资本总公式的矛盾在这里得到了解决。如前所述，从形式上看，资本的总公式似乎是同价值规律相矛盾的，在这里，通过对资本主义生产过程的分析，发现这个形式上的矛盾解决了。货币转化为资本，既在流通中又不在流通中。在流通中，资本家从市场上购买到了劳动力这个特殊商品，为剩余价值生产提供了决定性的条件；而剩余价值则是在生产过程中生产出来的。

3.2.2　资本的本质：不变资本和可变资本

在现实生活中，资本总是表现为一定数量的物，如货币、厂房、机器、原料、商品等。但是，这些物本身并不就是资本。这些物只有在资本主义生产关系下，被资本家用来作为剥削雇佣工人的手段时，才成为资本。因此，资本不是物，而是一定历史阶段上的社会生产关系，即资本家剥削工人的剥削关系。

正如马克思所说："资本不是一种物，而是一种以物为媒介的人和人之间的社会关系。"① "生产资料和生活资料，作为直接生产者的财产，不是资本，它们只有在同时还充当剥削和统治工人的手段的条件下，才成为资本。"②

马克思还通过形象的比喻，说明了资本是一定的关系。"黑人就是黑人，只有在一定的生产关系下，他才成为奴隶。纺织机是纺织的机器，只有在一定的关系下，它才成为资本。"③ 可见，资本是一个历史范畴，它体现资本家剥削工人的关系。

资本在生产过程中采取生产资料和劳动力两种不同形态，它们在剩余价值生产中的作用是完全不同的。根据资本不同部分在价值增殖过程中的不同作用，马克思把资本区分为不变资本和可变资本。

不变资本是以生产资料形式存在的那部分资本，一般用 c 表示。作为不变资本的生产资料，是剩余价值生产不可缺少的物质条件，其价值在生产中，通过工人的具体劳动转移到新产品中去，价值量并没有发生任何变化。正是在这个意义上，马克思称之为不变资本。

可变资本是以劳动力形式存在的那部分资本，一般用 v 表示。这部分资本，是资本家以劳动力价值或工资的形式支付给工人的。由于劳动力在生产过程中能创造新价值，而且能创造出比自身价值更大的价值，使价值量发生变化。所以，马克思将其称之为可变资本。可见，可变资本是直接带来剩余价值的。

把资本区分为不变资本和可变资本，是马克思的重要理论贡献，有着十分重要的意义。它清楚地表明，剩余价值不是预付总资本带来的，也不是不变资本带来的，而是可变资本带来的，雇佣工人的剩余劳动是剩余价值的唯一源泉。

3.2.3 剩余价值率和剩余价值量

前面已经考察了剩余价值的来源和本质，现在进一步从量的方面来考察剩余价值。

资本主义条件下，资本家的预付资本包括不变资本（c）和可变资本（v）

---

① 马克思. 资本论（第1卷）[M]. 北京：人民出版社，1975：834.

② 马克思. 资本论（第1卷）[M]. 北京：人民出版社，1975：835.

③ 马克思，恩格斯. 马克思恩格斯全集(第1卷)[M]. 北京：人民出版社，1975：362.

两个部分，经过资本主义生产过程，价值增殖了，带来了剩余价值（用 m 表示）。可见，商品的价值就包括 c、v、m 三个部分。其中的剩余价值是直接由可变资本带来的，被资本家无偿占有的。剩余价值与可变资本的比率就是剩余价值率，它反映了资本家对工人的剥削程度。用 m′代表剩余价值率，则计算剩余价值率的公式就是：

$$m' = \frac{m}{v}$$

如前所述，可变资本或劳动力价值是由工人在必要劳动时间内所付出的必要劳动再生产出来的；剩余价值是工人在剩余劳动时间内的剩余劳动创造出来的。所以，剩余价值与可变资本之比就等于剩余劳动与必要劳动之比，或剩余劳动时间与必要劳动时间之比。这样，剩余价值率的公式又可以表示为：

$$m' = \frac{\text{剩余劳动时间}}{\text{必要劳动时间}} \text{或} \ m' = \frac{\text{剩余劳动}}{\text{必要劳动}}$$

剩余价值量是雇佣工人在剩余劳动时间所创造的价值总量。剩余价值量的大小取决于两个因素：一是剩余价值率的高低，二是可变资本的多少。用 m 代表剩余价值量，则剩余价值量的公式为：

$$m = v \cdot m'$$

剩余价值率越高，剩余价值量就越多；可变资本量越多，剩余价值量也越多。由此可见，资本家要获得更多的剩余价值，有两个办法：一是要增加可变资本量，雇佣更多的工人；二是要提高剩余价值率，即提高对工人的剥削程度，从每个工人身上榨取更多的剩余价值。其中，第一种方法要受到个别资本量的限制，在其资本总量一定的情况下，资本家总是想方设法加强对工人的剥削，通过提高剩余价值率来增加剩余价值量。

3.2.4　剩余价值生产的两种方法

资本家提高对工人剥削程度的具体方法多种多样，概括起来有两种基本方法：绝对剩余价值的生产和相对剩余价值的生产。

1. 绝对剩余价值生产

在必要劳动时间不变的条件下，通过延长工作日而生产的剩余价值，叫做绝对剩余价值。假设原来工作日长度为 12 小时，其中，必要劳动时间和剩余劳动时间各占 6 小时。这时，剩余价值率为：

$$m' = \frac{6\text{ 小时剩余劳动时间}}{6\text{ 小时必要劳动时间}} = 100\%$$

现在，必要劳动时间不变，仍为 6 小时，工作日由原来 12 小时延长到 15 小时，这就意味着剩余劳动时间由原来 6 小时延长到 9 小时。这时，剩余价值率为：

$$m' = \frac{9\text{ 小时剩余劳动时间}}{6\text{ 小时必要劳动时间}} = 150\%$$

为了榨取更多的剩余价值，资本家总是力图延长工作日。工作日长度虽然是一个可变量，但它只能在一定限度内变动。工作日的最低界限是无法确定的，如果把必要劳动时间作为工作日的最低界限，则资本家就无从获得剩余价值。资本主义生产的性质决定了必要劳动只能是全部工作日的一部分。工作日的最高界限受到两个因素的制约：第一，生理界限。一昼夜 24 小时内，劳动者必须有一部分时间用来满足生理上的需要，如吃饭、睡觉、休息等，才能保持正常的劳动能力来为资本家劳动，这部分时间就构成工作日延长的生理界限。第二，道德界限。劳动者生活在一定的社会里，必须要有一定的时间满足社会生活和精神生活的需要，如读书看报、照看家庭、参加社交活动、文体活动等。由于生理界限和道德界限具有很大的伸缩性，因而工作日长度也具有很大的伸缩性。

资本家是人格化的资本，其本性是永无止境地追求剩余价值。他既然按照劳动力价值购买了一天的劳动力使用权，他就有权力要求工人在一天内为他多劳动，总是尽量地延长工作日，他认为这是他作为商品买者的权利。工人要求在正常的工作日内劳动，反对资本家过度地延长工作日，他认为这是他作为商品卖者的权利。假定在劳动量适当的情况下一个正常工人平均能劳动 30 年，那资本家每天支付给工人的劳动力的价值应当是他的总价值的$\frac{1}{365\times30}$或$\frac{1}{10950}$。但是如果资本家每天尽量延长工作日，结果在 10 年内就消耗尽工人的劳动力，而每天支付给工人的仍然是他的劳动力总价值的$\frac{1}{10950}$，而不是$\frac{1}{3650}$，那就只支付了工人劳动力日价值的$\frac{1}{3}$，因而资本家每天就偷走了工人劳动力商品价值的$\frac{2}{3}$。这样，资本家就违反了商品交换规律。“于是这里出现了二律背反，权利同权利相对抗，而这两种权利都同样是商品交换规律所承认的。在平等的权利之间，力量就起决定作用。”① 在资本主义社会里，实际工作日的长度，是由资产阶级和工人阶级两个阶级的力量对比来决定的。当资产阶级力量比较强大而工人阶级还无力反抗时，无产阶级被迫接受较长的工作日；当工人阶级力量逐渐强大并对资产阶级的剥削进行有效反击时，资产阶级则被迫接受缩短工作日的要求。长期以来，工人阶级为缩短工作日同资产阶级进行着不懈的斗争。

2. 相对剩余价值生产

相对剩余价值是在工作日长度不变的条件下，通过缩短必要劳动时间，相对地延长剩余劳动时间而生产的剩余价值。假设，原来工作日长度为 12 小时，必要劳动时间与剩余劳动时间各占 6 小时。则剩余价值率为 100%；现在，工作日长度保持不变，仍为 12 小时，必要劳动时间由 6 小时缩短为 3 小时，则剩余劳动时间就由原来的 6 小时相对延长为 9 小时。这时，剩余价值率为：

$$m' = \frac{9\text{ 小时剩余劳动时间}}{3\text{ 小时必要劳动时间}} = 300\%$$

可见，在工作日长度不变的条件下，缩短必要劳动时间可以相对地增加剩余劳动时间，提高剩余价值率。

相对剩余价值生产的关键是如何缩短必要劳动时间。而要缩短必要劳动时间，就必须降低劳动力价值，因为必要劳动时间是工人生产和再生产劳动力价值的劳动时间。而劳动力价值是由维持工人及其家属生活所必需的生活资料价值决定的，这些生活资料的价值与生产它们的劳动生产率成反比。所以，要降低生活资料的价值，就必须提高生活资料生产部门的劳动生产率，还要提高为生活资料生产部门提供生产资料的生产部门的劳动生产率。可见，缩短必要劳动时间，生产相对剩余价值，是整个社会提高劳动生产率的结果。个别企业提高劳动生产率并不能产生相对剩余价值。

个别资本主义企业，率先采用新技术，提高劳动生产率，可以获得超额剩余价值。超额剩余价值是劳动生产率较高的资本主义企业，其商品的个别价值低于社会价值而获得的剩余价值。例如，皮鞋生产部门，一般生产水平是，1 个工人在 1 个工作日（8 小时）内可以生产 1 双皮鞋，共消耗各种生产资料价值 10 元，工人 8 小时劳动新创造价值 8 元，工人一天的劳动力价值 4 元。则

---

① 马克思. 资本论（第 1 卷）[M]. 北京：人民出版社，1975：262.

每双皮鞋的社会价值为 10 元+8 元 = 18 元。剩余价值为 4 元。

假定某个皮鞋厂，率先采用新技术，使劳动生产率提高了 1 倍，每个工人 8 小时内可以生产 2 双这样的皮鞋。每双皮鞋的个别价值 = $\frac{(10\text{ 元}\times 2+8\text{ 元})}{2}$ = 14 元，但它仍然能按每双 18 元的社会价值出售。这样，工人每生产 1 双皮鞋就能够为资本家带来 4 元的超额剩余价值。追逐超额剩余价值是各个资本家提高劳动生产率的直接目的。

超额剩余价值的获得，对个别资本家来说是暂时的、不稳定的。某个资本主义企业率先采用某种新技术提高劳动生产率，并因此获得了超额剩余价值的行为，必然引起同行业的其他企业竞相仿效，从而导致整个生产部门劳动生产率的提高和商品社会价值的下降，最先提高劳动生产率的企业的超额剩余价值随之消失，谁还想获得超额剩余价值，就必须进一步提高劳动生产率。追逐剩余价值的内在动力和竞争的外在压力，会迫使每个资本家为追逐超额剩余价值而竞相改进生产、采用新技术，导致整个社会劳动生产率普遍提高，劳动力价值下降，必要劳动时间缩短，剩余劳动时间相对延长，相对剩余价值产生。由此可见，相对剩余价值生产是各个资本家在追求超额剩余价值的过程中实现的。追逐超额剩余价值是各个资本家改进生产技术、提高劳动生产率的直接动机；相对剩余价值则是各个资本家竞相追逐超额剩余价值的结果。

超额剩余价值也属于相对剩余价值的范畴。它是率先采用新技术、提高劳动生产率的个别企业的工人必要劳动时间的缩短和剩余劳动时间相对延长的结果。个别企业改进技术，提高劳动生产率，工人的劳动效率必然提高，而生产力特别高的劳动，在相同时间内可以创造出更多的价值，但工人的劳动力价值却是一个已经确定了的量。这就意味着必要劳动时间缩短，剩余劳动时间相对延长。

超额剩余价值与相对剩余价值又有区别。主要有三点：第一，超额剩余价值是个别企业提高劳动生产率，使商品个别价值低于社会价值的结果；相对剩余价值则是整个社会提高劳动生产率，降低劳动力价值的结果。第二，超额剩余价值只有个别先进企业的资本家获得；相对剩余价值则是整个资本家阶级共享的。第三，超额剩余价值是各个资本家提高劳动生产率的直接动机和目的；相对剩余价值则是各个资本家竞相追逐超额剩余价值、提高劳动生产率的结果。

3. 绝对剩余价值生产和相对剩余价值生产的关系

绝对剩余价值生产和相对剩余价值生产，是生产剩余价值和提高剩余价值率的两种基本方法，它们既有区别，又有联系。两者的区别主要在于：绝对剩余价值生产只同工作日长度有关，即在劳动生产率一定的情况下，通过绝对延长工作日，生产剩余价值和提高剩余价值率；相对剩余价值生产是假定工作日长度已定，通过提高劳动生产率来改变必要劳动与剩余劳动的比例，生产剩余价值和提高剩余价值率。同时，两者又有着密切的联系。绝对剩余价值生产是剩余价值生产的一般基础，只有把工人的工作日绝对延长到必要劳动时间以上，资本家才能无偿占有剩余劳动，获得剩余价值。绝对剩余价值生产又是相对剩余价值生产的起点，只有在工作日已分割为必要劳动时间和剩余劳动时间的基础上，资本家才能通过提高劳动生产率来缩短必要劳动时间和相对延长剩余劳动时间，生产相对剩余价值。

资本主义发展初期，生产以手工劳动为主，绝对剩余价值生产是资本家采取的主要方法。随着生产技术的进步和劳动生产率的提高，相对剩余价值生产逐渐成为主要的方法。相对剩余价值生产经历了三个发展阶段：简单协作、工场手工业和机器大工业。这三个阶段，一方面是社会生产力不断发展，劳动生产率不断提高的过程；另一方面又是资本主义生产关系不断发展，资本对雇佣劳动的剥削不断加强，相对剩余价值生产不断扩大的过程。

3.2.5　剩余价值规律是资本主义的基本经济规律

剩余价值规律是资本主义的基本经济规律。正如马克思所说：“生产剩余价值或赚钱，是这个生产方式的绝对规律。”① 它的主要内容和基本要求是，资本主义生产的目的是追逐剩余价值，达到资本主义生产目的的手段，是不断扩大和增加对工人剩余劳动的榨取。

剩余价值规律是资本主义的基本经济规律。这是因为：

第一，剩余价值规律决定着资本主义生产的实质。资本主义生产的目的，不是为了满足社会需要，而是为了追求剩余价值，这是由生产资料的资本主义私有制决定的一种客观必然性。

第二，剩余价值规律决定了资本主义生产的一切主要方面和主要过程。资本主义生产的各个方面，包括生产、流通、分配和消费，都服从于追求剩余价值的目的，受剩余价值规律支配。资本主义生产是为了创造剩余价值，资本主义流通是为生产剩余价值作准备和实现剩余价值，资本主义分配实质是瓜分剩

---

① 马克思. 资本论（第 1 卷）[M]. 北京：人民出版社，1975：679.

余价值。在资本主义社会，雇佣工人的消费从属于剩余价值生产，资本家的个人消费也受剩余价值生产的制约。

第三，剩余价值规律也决定着资本主义生产方式产生、发展和灭亡的全过程。社会化大生产是资本主义制度战胜旧的经济制度的物质基础。在追求剩余价值的动机驱使下，资本家扩大生产规模，改进技术，提高劳动生产率，使资本主义在它统治的不到100年的时间内，创造出来的生产力比以往一切时代创造的全部生产力还要多。但与此同时，资本家对工人的剥削不断加强，限制着市场需要的扩大，因而使生产和消费经常处于对抗的矛盾中。当矛盾发展到一定程度必然爆发经济危机。经济危机极大地破坏社会生产力，表明资本主义制度的历史局限性。

3.3 资本主义工资

3.3.1 工资是劳动力价值或价格的转化形式

在现实资本主义经济生活中，雇佣工人在资本家的工厂里劳动，资本家在工人劳动之后按劳动时间或劳动成果支付工资，劳动的时间越长或成果越多，支付的工资也越多。这就给人一种假象，好像工人出卖的不是劳动力而是劳动，工人的全部劳动都得到了报酬，工资似乎是劳动的价值或价格。

实际上，劳动和劳动力是两个不同的概念。工人出卖的是劳动力而不是劳动。劳动不是商品，因而没有价值和价格。第一，劳动要能当作商品在市场上出卖，它必须在出卖之前就独立存在。但是，工人与资本家在流通过程发生交换关系时，他的劳动活动还不存在。工人的劳动是在交换关系结束之后进行的，但这是在资本家监督下进行的劳动，它已不属于工人，工人已无权把劳动当作商品来出卖。第二，商品价值是人类一般劳动的凝结，价值量的大小由社会必要劳动时间来决定，如果劳动是商品，劳动的价值就由劳动来决定，这是毫无意义的同义反复。第三，如果说劳动是商品，工资是劳动的价格，根据等价交换原则，资本家应把工人劳动创造的全部新价值付给工人。这样，资本家就不能得到剩余价值，资本主义生产也就不存在了。因此，劳动不是商品，它没有价值或价格。工人出卖的是劳动力，资本主义工资是劳动力的价值或价格的转化形式。

由于劳动力的价值或价格转化为工资，表现为劳动的价值或价格，就消除了工作日中划分为必要劳动时间和剩余劳动时间、有酬劳动和无酬劳动的痕迹，仿佛工人的全部劳动都表现为必要劳动或有酬劳动，因而掩盖了资本主义剥削关系。马克思透过工资的表面现象揭示了工资的本质，从而科学地说明了资本家对雇佣工人的剥削关系。

3.3.2　资本主义工资的基本形式

资本主义工资的具体形式是多种多样的，基本的形式有两种：计时工资和计件工资。

计时工资是按工人的劳动时间支付的工资，如月工资、周工资、日工资、小时工资等。这种工资形式实际上是按照劳动时间的长短来支付的劳动力的价值。考察计时工资，不仅要看工资额的大小，而且还要结合工作日的长短，劳动强度的大小等因素进行综合考虑。因为，在工资额一定的情况下，资本家还可以通过延长工作日和提高劳动强度等办法来加强对工人的剥削。

为了说明计时工资形式下工人受剥削的程度，马克思借用了“劳动价格”这一术语，特指工人每小时的劳动力价格。

$$\text{劳动价格}=\frac{\text{日计时工资额（劳动力日价值）}}{\text{工作日小时数}}$$

劳动价格与日工资额成正比，与工作日长度成反比。在劳动量已定的情况下，计时工资额的大小取决于劳动价格的高低；在劳动价格已定的情况下，计时工资额的大小取决于劳动量的多少。

计件工资是按照工人所完成的合格产品数量或作业量来计算的工资。这种工资形式进一步掩盖了工资的本质。第一，工资的多少是按完成产品的数量来计算的，完成产品数量越多工资越高，好像工人出卖的不是劳动力而是物化在产品中的劳动。第二，工人劳动能力越强，生产产品越多，工资越高，好像工资的高低不是由劳动力价值决定，而是由工人的劳动效率来决定的。

计件工资实际上是计时工资的转化形式。计件工资的计算公式是：

$$\text{一件产品的工资额}=\frac{\text{日计时工资}}{\text{日产量}}$$

计件工资形式更有利于资本家加强对工人的剥削。计件工资是资本家克扣工人工资的手段，资本家可以借口产品的质量不合格而克扣工资；计件工资是资本家迫使工人提高劳动强度、延长工作日的手段，产品数量多工资越多，工人不得不自动地延长工作日，提高劳动强度；计件工资也为推行资本主义家庭劳动和包工形式奠定了基础，使工人蒙受资本家和包工头的双层剥削；计件工资还加剧了工人之间的竞争，影响工人阶级的内部团结。所以，计件工资是最适合于资本主义的工资形式。

3.3.3 名义工资、实际工资和相对工资

前面分析了资本主义工资的本质和形式，下面进一步分析工资量的变化及其发展趋势。工资量的变化在名义工资和实际工资的差别上表现最为明显。

名义工资也称货币工资，是工人出卖劳动力所得的货币额。在资本主义社会，名义工资有不断提高趋势。实际工资是工人用货币工资能买到的生活资料和服务的数量。名义工资与实际工资的关系可用公式描述为：

$$实际工资=\frac{名义工资}{物价指数}，其中物价指数=\frac{报告期物价水平}{基期物价水平}$$

物价指数是一个统计学的指标，大于100表示物价上涨，小于100表示物价下跌，等于100表示物价稳定。当生活资料价格等条件不变时，名义工资提高，实际工资也提高；名义工资下降，实际工资也下降。但实际工资的变化，不仅受名义工资的影响，还受物价水平、房租水平、税负轻重等许多因素的影响。因此，实际工资常与名义工资不相一致。如果名义工资不变，价格水平上升，则实际工资下降；如果名义工资增加，价格水平也上升，但价格水平上升速度高于名义工资上升速度，实际工资依然会下降。真实地考察资本主义社会工人的实际生活状况，不能仅看名义工资的高低，更应看实际工资水平的高低。在资本主义社会，实际工资也呈不断提高的趋势。但是：第一，实际工资的提高幅度低于名义工资提高幅度；第二，实际工资的提高并不意味着工人受剥削程度的减轻。

考察工资量的变化，还要了解相对工资的变动情况。相对工资是工人的工资与资本家的剩余价值相比较的相对量，也叫做比较工资。工资和剩余价值都是工人在劳动中创造的新价值，在新价值量一定的情况下，工资量增长了，剩余价值量就会减少；反之，剩余价值量增加了，工资量就会减少。从一个较长的时期来看，相对工资呈下降趋势。相对工资的下降反映了资本家与工人在经济利益上的根本对立。

3.3.4 工资的国民差异

工资的国民差异是指各个国家工资水平存在的差异。

分析工资的国民差异，首先要分析造成工资国民差异的因素。工资是劳动力价值或价格的转化形式，因此，在比较工资国民差异的时候，要全面考虑决定劳动力价值量变化的一切因素，包括：工人生活资料的数量和价格；工人的教育费用；妇女劳动和儿童劳动的作用；劳动生产率高低；工作日长短；劳动强度强弱等。

比较工资的国民差异，还要进行必要的换算。首先要将工作日长度不同的日工资换算成工作日长度相同的日工资。因为只有工作日长度相同的日工资才能进行比较。其次要将计时工资换算成计件工资。这样才能反映出不同国家劳动强度和劳动生产率的差别。此外，还要根据价值规律在国际市场上的应用来比较工资的国民差异。从劳动强度来看，商品的国际价值取决于世界平均的劳动强度，强度较大的国民劳动比强度较小的国民劳动，会在同一时间内生产出更多的价值，表现为更多的货币。从生产效率来看，生产效率较高的国民劳动在世界市场上也被算作强度较大的劳动。

通过比较我们看到的一般情况是：发达资本主义国家，由于社会经济发展水平较高，传统的生产水平较高，劳动力价值中教育训练费用较多，加上工人的劳动强度和平均熟练程度也较高，因而其工资水平要高于不发达国家工人的工资水平。但发达国家工人的相对工资水平又要低于不发达国家工人的相对工资水平。同时，还要看到，发达国家的物价水平较高，税负较重，住房、就医、上学等所需费用也较多，因而其实际工资水平并不像名义工资水平所表现的那么高。

3.4　资本积累

3.4.1　社会再生产

任何社会都不能停止物质资料的生产，因而社会生产总是连续不断、周而复始地进行的。每个新的生产过程，都是前一个生产过程的更新和重复。这种经常更新和不断重复的生产过程，就是社会再生产过程。

社会再生产从内容上看，包括物质资料的再生产和生产关系的再生产两个方面。物质资料的再生产包括生产资料和生活资料的再生产。每一个物质资料生产过程都需要消耗一定的生产资料和生活资料，同时又生产出一定的生产资料和生活资料，为下一次生产准备物质条件。这种物质资料的再生产是不以社会形态为转移的。社会再生产同时又是生产关系的再生产。每一次生产过程又都是在一定的社会生产关系下进行的，生产不断地重复，原来的生产关系也不断地被再生产出来。因此，任何社会的再生产都是物质资料的再生产和生产关系的再生产的统一。

社会再生产从规模上看，可以分为简单再生产和扩大再生产。简单再生产是指生产在原有的规模上重复进行。就是说，新生产的产品只能补偿已经消耗掉的生产资料和生活资料。扩大再生产是指生产在扩大的规模上不断进行。就是说，新生产的产品在补偿已消耗掉的生产资料和生活资料之外，还有多余的，可以为生产规模的扩大提供物质条件。简单再生产是扩大再生产的基础和出发点，只有先维持生产的原有规模，才能在此基础上来扩大生产的规模。如果连原有规模的生产都无法维持，扩大再生产就无从谈起，因而扩大再生产包括了简单再生产。

扩大再生产按其实现的方式，可分为外延的扩大再生产和内涵的扩大再生产。外延的扩大再生产，又叫粗放的扩大再生产，是指单纯依靠增加资本、生产资料和劳动力等生产要素的数量来扩大生产规模。内涵的扩大再生产，又叫集约的扩大再生产，是指依靠技术进步、改善生产要素质量和提高劳动生产率来扩大生产规模。在现实经济生活中，纯粹的外延扩大再生产和纯粹的内含扩大再生产都是不存在的，两者一般是相互联系、结合进行的，但在不同的时期和条件下，会以某种类型的扩大再生产为主。

3.4.2 资本主义简单再生产和扩大再生产

1. 资本主义简单再生产

资本主义简单再生产，就是资本家把工人创造的全部剩余价值都用于个人消费，生产在原有规模上重复进行。

假定资本家预付资本5000元，其中不变资本c为4000元，可变资本v为1000元，剩余价值率m′为100%，不变资本价值在一年内全部转移到新产品中去。经过一年生产，资本家年终可获得的剩余价值m为1000元，新商品的价值总和=4000c+1000v+1000m=6000。

第二年如果资本家把1000m全部用于个人消费，则投入生产的资本仍然是5000元，在其他条件不变的情况下，第二年生产商品价值总和仍然为4000c+1000v+1000m=6000。

对资本主义简单再生产过程的分析，可以看到某些从一个孤立的生产过程中看不到的特征。

首先，可变资本是由工人自己生产出来的，不是资本家养活工人，而是工人养活自己。从孤立的生产过程看，资本家购买劳动力的可变资本是资本家预付的，好像是资本家养活了工人。如果从再生产的角度来加以分析，这种假象就会立即消失。资本家这个生产过程购买劳动力所预付的可变资本，不过是工人上个生产过程所创造的新价值的一部分，新价值的另一部分则被资本家无偿占有了。

其次，全部资本都是由工人生产出来的，工人不仅养活了自己，而且养活了资本家。资本主义生产过程开始时，资本家所预付的资本，似乎与工人的无酬劳动无关。但是，即使从简单再生产的角度来分析，也可以看出，资本家所投入的全部预付资本，都是由工人所生产的剩余价值转化而来的。在上面的例子中，资本家最初预付 5000 元资本，工人每年生产出 1000 元剩余价值，在简单再生产条件下，1000 元剩余价值被资本家全部用于个人消费，5 年之后，资本家消费的剩余价值总量为 5000 元，相当于最初的预付资本量。现在资本家手中仍然存在的 5000 元资本实际上就是工人 5 年内生产的剩余价值转化而来的。

再次，工人的个人消费也是从属于资本的。从一个孤立的生产过程来看，工人的个人消费是在生产过程以外进行的，似乎与资本主义生产过程无关。但是，从再生产过程看，工人的个人消费成了资本主义再生产过程中的一个要素。因为工人的个人消费可以把生产中所消耗的劳动力再生产出来，为资本主义生产提供重要的生产要素和资本剥削的源泉。“工人的个人消费一方面保证他们维持自己和再生产自己，另一方面通过生活资料的耗费来保证他们不断重新出现在劳动市场上。”①

2. 资本主义扩大再生产

资本主义再生产的特征是扩大再生产。资本主义扩大再生产就是资本家把剩余价值的一部分合并到原有的资本中去，使生产在扩大的规模上重复进行。

例如，资本家第一年垫付 10000 元资本，其中 8000 元用来购买生产资料，2000 元用来购买劳动力，剩余价值率为 100%。经过一年生产（假定生产周期

---

① 马克思. 资本论（第 1 卷）[M]. 北京：人民出版社，1975：629.

为一年)，生产出的产品价值=8000c+2000v+2000m=12000 元。

第二年资本家进行扩大再生产，因此资本家必须把剩余价值 2000 元分为两部分（假定各占一半），其中 1000 元用于个人消费，1000 元转化为资本。如果追加资本的有机构成不变，则 800 元用来购买追加的生产资料，200 元用来购买追加的劳动力。第二年的预付资本为 11000 元，即 8800c+2200v，如果剩余价值率不变，仍为 100%，到第二年年末，生产产品的价值为 8800c+2200v+2200m=13200 元，生产规模扩大了，资本家得到的剩余价值更多了。

以此类推，以后各年，资本家都将剩余价值的一部分转化为资本，资本数量不断增加，生产规模不断扩大，剩余价值不断增多。

对资本主义扩大再生产的分析，可以进一步认识资本主义生产方式的特征。第一，对资本主义扩大再生产的分析发现，不仅资本家的全部资本是工人创造的，而且他用于扩大再生产的追加资本，一开始就全部是资本化的剩余价值；第二，资本家用于扩大再生产的追加资本，不仅是剥削工人无酬劳动的结果，而且是进一步扩大对工人剥削的手段；第三，劳动力商品的买卖关系，实质上是资本家用无偿占有工人劳动的一部分，来换取更大量的工人的活劳动。

3.4.3 资本积累的实质和影响因素

1. 资本积累的实质

把剩余价值当作资本使用，或者说，把剩余价值再转化为资本，叫做资本积累。剩余价值是资本积累的唯一源泉，资本积累又是扩大再生产的重要源泉。资本积累的实质是：资本家利用无偿占有的剩余价值，扩大生产规模，进一步无偿地占有更多的剩余价值。

在资本主义社会，资本积累有其客观必然性。首先，资本主义剩余价值规律必然驱使资本家不断地追逐剩余价值。对剩余价值的无限贪求，是推动资本家进行资本积累的内在动力。其次，资本主义竞争规律迫使资本家进行资本积累。资本主义竞争是以经济实力为基础的，为了在竞争中立于不败之地，资本家不得不把剩余价值转化为资本，以扩大生产规模和提高自身的竞争力。因此，竞争是迫使资本家不断进行资本积累的外在压力。

2. 影响资本积累的因素

剩余价值是资本积累的唯一源泉，在剩余价值分割为积累基金和消费基金的比例一定的条件下，资本积累的多少就取决于剩余价值量的大小。因此，凡是影响剩余价值量大小的因素，都会影响资本积累量的大小。主要包括：

（1）对劳动力的剥削程度。在可变资本数量一定的条件下，对劳动力剥削程度越高，工人创造的剩余价值量就越多，资本积累的规模就越大。

（2）社会劳动生产率水平的高低。商品价值量与生产它的劳动生产率成反比，社会劳动生产率提高，单位商品价值量下降，这种情况会从多方面增加资本积累量：社会劳动生产率提高，劳动力商品价值下降，增加相对剩余价值，扩大资本积累规模；社会劳动生产率提高，劳动力和生产资料的价值都会下降，同量资本可以买到更多的生产要素，剥削更多的工人，获得更多的剩余价值，增加资本积累量；社会劳动生产率提高，商品价值下降，同量剩余价值表现为更多的商品，资本家可以在不减少甚至增加个人消费的情况下增加积累量；社会劳动生产率提高，会使资本家以效率更高、价格更便宜的生产资料取代旧的生产资料，以扩大生产能力，生产更多的产品和剩余价值，增加资本积累的量。

（3）所用资本和所费资本之间差额的大小。所用资本是指投入生产并在生产过程中发挥作用的全部资本。所费资本是指每次生产过程中实际消耗并转移到新产品中去的资本。在所用资本中，一部分是以劳动资料（如机器、设备、厂房等）的形式存在的，劳动资料的价值在生产过程中不是被一次性地消耗掉，而是根据其物质上的磨损程度逐步转移到新产品中去的。因此，所用资本要大于所费资本，两者之间形成一个差额，这个差额的大小主要取决于劳动资料在生产资料中所占的比例以及劳动资料的使用年限。劳动资料的比例越大、使用年限越长，每年转移到新产品中去的生产资料价值就越少，所用资本和所费资本之间的差额就越大。劳动资料的价值虽然在逐步向新产品中转移，但其使用价值，在其完全报废之前始终作为一个整体在完整地发挥着作用。所以，所用资本和所费资本之间的差额越大，劳动资料像阳光、空气等自然力一样为生产提供的无偿服务就越多。其结果，对单个资本来说，能带来超额剩余价值，对整个资本家阶级来说，能产生相对剩余价值，因而都能增加资本积累的量。同时，在这些劳动资料完全报废之前，资本家还可以把每年转移的劳动资料的价值，以折旧费的形式提出，用于扩大生产规模，增进资本积累。所用资本和所费资本之间的差额越大，用折旧费扩大生产规模、增加剩余价值生产、增进资本积累的可能性也越大。

（4）预付资本量的多少。在劳动力剥削程度一定的情况下，资本家预付的资本越多，可变资本量也相应越多，可以雇佣更多的工人，带来更多的剩余价值，增加资本积累量。

3.4.4 资本主义积累的一般规律

1. 资本有机构成及其发展趋势

资本积累一方面使资本数量不断地增加，另一方面又使资本的构成发生变化。资本构成可以从物质形式和价值形式两个方面加以考察。

从物质形式看，资本是由一定数量的生产资料和劳动力构成，两者之间保持着一定的比例。这种比例一般是由一定时期的生产技术水平决定的：生产技术水平越高，每个劳动力所装备和运用的生产资料越多；反之，就越少。生产资料与劳动力之间的这种比例，会随生产技术和劳动生产率的变化而变化。这种由生产技术水平决定的生产资料和劳动力之间的比例，就是资本的技术构成。从价值形式看，资本是由以生产资料形式存在的不变资本和以劳动力形式存在的可变资本两个部分构成的。不变资本和可变资本之间的比例，就是资本的价值构成。资本技术构成与价值构成之间存在着密切的关系。一般来说，资本的技术构成决定着资本的价值构成；资本价值构成则反映着资本技术构成的变化。为了表达这种关系，我们把由资本技术构成决定并且反映技术构成变化的资本价值构成，叫做资本有机构成。除了各个资本家的个别资本有机构成外，把一个部门内许多单个资本的构成加以平均就得出这个生产部门的总资本的构成。把一切生产部门的平均构成加以总平均，就得出一个国家的社会资本的构成。

在资本积累过程中，社会资本有机构成一般呈不断提高的趋势。资本主义发展的初期，由于生产技术水平提高缓慢，扩大再生产是在资本有机构成基本不变的条件下进行的。随着产业革命的兴起和社会化大生产的确立，相对剩余价值生产成为资本主义剥削的主要手段，资本积累不断增进。资本积累必然伴随着生产技术水平和劳动生产率的提高，使每个劳动力所推动的生产资料的数量不断增长，从而使不变资本增长的速度快于可变资本增长的速度，导致资本有机构成不断提高。资本有机构成不断提高是资本主义发展的必然趋势。

2. 资本积聚和资本集中

资本有机构成的提高，一般要以单个资本的增大为前提。单个资本增大是通过资本积聚和资本集中两种形式实现的。

资本积聚是单个资本依靠剩余价值的资本化来不断增大自己的资本总额。资本积聚是资本积累的直接结果，资本积累越多，资本积聚的规模越大；资本积聚又是资本积累的条件，资本家手中积聚的资本越多，就越能扩大生产规模，带来更多的剩余价值，从而增加资本积累的规模。资本积聚有两个明显的特点：第一，在其他条件不变的情况下，资本积聚受到社会财富增长的限制。第二，社会资本分散在许多资本家手里，资本家越多，同量社会资本积累所引起的积聚就越分散，而且积聚起来的资本还容易分裂。资本积聚的这两个特点，使单个资本的增大受到限制，突破这种限制的形式就是资本集中。

资本集中是已经形成的若干单个资本的合并。资本集中的方式主要有两种：一是在资本主义竞争中，大资本吞并小资本而成为更大的资本；二是通过联合，采取组织股份公司的形式组成大资本。促进资本集中有两个最有力的杠杆，即竞争和信用。大资本凭借各种优势，在竞争中打败和吞并中小资本，形成更大的资本；中小资本为了在竞争中生存下来，也会相互联合，组成较大的资本与大资本抗衡。信用制度的发展，一方面促进了中小资本的联合，使它们组成巨大的股份公司，另一方面，把许多分散在社会上的小资本吸引到大资本手中，增强大资本的竞争能力。与资本积聚不同，资本集中既不受社会财富增长的限制，也不会引起社会资本总量的增加，但它能在短时期内使单个资本迅速增大。资本积聚和资本集中的联系在于：资本积聚促进资本集中，资本集中加速资本积聚。

3. 相对过剩人口的形成

在资本积累的过程中，资本有机构成不断提高的直接结果，形成了相对过剩人口。首先，资本积累和资本有机构成的提高导致可变资本在总资本中的比重相对减少，资本对劳动力的需求减少。主要表现为两种情况，一是原有资本有机构成提高了，不再需要原来那么多的工人，一部分工人被解雇；二是追加资本有机构成比原有资本有机构成高，与原有资本相比，追加资本为劳动者提供的就业机会相对减少。其次，在资本积累过程中，劳动力的供给却日益增加。由于生产技术进步和机器的广泛使用，许多生产操作简单化了，导致大量妇女、儿童加入劳动者行列；在竞争中破产的中小资本家、手工业者和农民也沦为雇佣工人。可见，相对过剩人口是资本主义制度的必然产物，是资本主义特有的人口规律。

相对过剩人口同时也是资本主义生产方式存在和发展的必要条件。第一，相对过剩人口的存在，可以随时调节和满足不同时期资本对劳动力的需要；第二，大量失业工人的存在，有利于资本家加强对在业工人的剥削。

资本主义社会相对过剩人口主要有四种形式：一是流动的过剩人口。这是指在城市中时而被解雇时而被雇佣的过剩人口，他们经常处于就业和失业彼此交替的流动状态。二是潜在的过剩人口。这是指农村的过剩人口，他们虽然有少量的生产资料，形式上没有失业，但生活困难，随时准备转入城市，加入失业者队伍。三是停滞的过剩人口。这是指那些没有固定的职业靠打短工维持生活的劳动者。四是结构性的过剩人口。这是指那些科学知识和劳动技能老化、不能适应新的科学技术在生产中应用的要求而失去工作的劳动者。

4．资本主义积累的一般规律和历史趋势

资本积累必然引起资本积聚和资本集中，引起资本有机构成的提高，引起相对过剩人口的产生。资本积累一方面是资本家的财富积累，另一方面是无产阶级失业、贫困的积累。这种由资本积累引起的资产阶级财富的积累和无产阶级贫困积累之间的内在的本质的必然联系，就是资本主义积累的一般规律。无产阶级的贫困是资本主义积累的必然结果。

资本积累是在资本主义生产方式的基础上进行的，资本主义生产方式的建立，必须具备两个基本条件：一是有资本主义生产所必需的大量货币财富；二是有大量失去生产资料和生活资料而又具有人身自由的劳动者。这两个条件的形成过程也就是资本的原始积累过程。

资本原始积累是通过暴力迫使生产者和生产资料相分离的过程，也是以自己劳动为基础的私有制的解体过程。对农民土地的掠夺，是迫使生产者转化为雇佣工人的主要方式，是形成资本原始积累过程的基础。这种方式以 15 世纪末英国的“圈地运动”最为典型。对货币财富的掠夺是资本原始积累的重要因素，包括用武力征服殖民地、贩卖奴隶、贩卖鸦片等。总之，“资本来到世间，从头到脚，每个毛孔都滴着血和肮脏的东西”。①

① 马克思．资本论（第 1 卷）［M］．北京：人民出版社，1975：829.

资本主义生产方式的产生和发展，把原来分散、孤立和规模狭小的个体生产变成了社会化大生产，在资本积累过程中，生产社会化得到进一步发展。主要表现在：第一，生产资料的使用进一步社会化。随着资本积累和生产规模的扩大，不断涌现的机械化、自动化的生产资料必须由许多人共同使用才能进行生产。第二，生产过程进一步社会化。社会分工越来越细，生产越来越专门化，生产部门或企业之间的联系越来越紧密，生产过程往往要由许多人共同劳动才能完成。第三，劳动产品进一步社会化。由于社会分工程度提高，国际国内市场日益扩大，产品是由许多部门、许多企业共同完成，满足国内外市场的需要。

生产的社会化，要求实行生产资料公有制。但是，随着资本的积累，生产资料却越来越集中在少数人手里。这就产生了生产的社会化和生产资料资本主义私人占有制之间的矛盾。这就是资本主义的基本矛盾。资本主义基本矛盾的尖锐化，表现为不断爆发周期性的经济危机，表明资本主义生产关系越来越不适应生产力发展的要求。客观上要求消灭资本主义私有制，建立生产资料社会主义公有制。资本积累过程，一方面为社会主义生产关系的建立准备了物质条件；另一方面也为资本主义制度的灭亡准备了掘墓人——无产阶级。资本主义私有制的丧钟就要敲响了，剥夺者就要被剥夺了，这就是资本积累的历史趋势。

本章小结

1. 资本最初表现为一定数量的货币，但是货币本身并不就是资本。当作商品流通媒介的货币与当作资本的货币是有区别的。这种区别在静态的时期是看不出来的，只有从动态中，即从流通中才能清楚地表现出来。在流通中，资本与货币不仅有运动形式上的差别，而且还有运动内容和运动实质上的差别。

2. 资本是能够带来剩余价值的价值。剩余价值不能从流通中产生，又不能不从流通中产生，它必须既在流通中又不在流通中产生。货币转化为资本的前提条件是劳动力成为商品。

3. 劳动力成为商品以后，同其他商品一样具有使用价值和价值。但是劳动力商品又有其特殊性。劳动力商品的价值表现为养活劳动力本人及其家庭所需要的生活资料的价值，劳动力商品的价值包含一个历史和道德的因素。劳动力商品的特殊性在于它具有特殊的使用价值，劳动力商品在使用过程中能够创造出大于自身价值的价值，成为剩余价值的源泉。

4. 资本主义生产过程是一个劳动过程和价值增殖过程的统一。作为劳动过程，生产出使用价值；作为价值增殖过程，生产出剩余价值。生产剩余价值是资本主义生产的目的和实质。

5. 剩余价值是由雇佣工人创造的、被资本家无偿占有的超过劳动力价值以上的那部分价值，它不是资本家全部预付资本的产物，而是可变资本的产物。剩余价值率是剩余价值与可变资本的比率，反映资本家对工人的剥削程度。绝对剩余价值和相对剩余价值是资本主义提高剥削程度的两种方法。

6. 资本主义制度下的工资是劳动力的价值或价格的转化形式。劳动力价值或价格转化为工资，掩盖了资本主义的剥削关系。工资的主要形式有计时工资和计件工资，此外还有名义工资和实际工资等。

7. 资本积累是把剩余价值当作资本来使用，或者剩余价值的资本化。资本积累的客观必然性首先在于资本家对剩余价值的无限追求，其次在于资本主义竞争的外在压力。资本积累是扩大再生产的前提，扩大再生产又可能生产更多的剩余价值，更多剩余价值又有利于资本积累。资本积累的多少取决于剩余价值量的大小，因此只要能够影响剩余价值大小的因素都会影响资本积累。

8. 资本积累的后果是：一方面造成资本有机构成提高和资本家财富积累，另一方面引起相对人口过剩。资本有机构成是指由资本技术构成决定的并且反映资本技术构成变化的资本价值构成，通常用 C : V 表示。伴随资本积累的进行，资本有机构成具有提高的趋势。资本家财富积累通常通过资本积聚和资本集中两种方式进行。另一方面，资本积累必然引起相对人口过剩。相对人口过剩既是资本主义制度的必然产物，又是资本主义生产方式存在和发展的必要条件。资本积累的过程，一方面为社会主义生产关系的建立准备了条件；另一方面也为资本主义制度的灭亡准备了掘墓人——无产阶级。资本主义私有制的丧钟就要敲响了，剥夺者被剥夺，这就是资本积累的历史趋势。

关键术语

劳动过程　价值形成过程　价值增殖过程　资本
不变资本　可变资本　剩余价值　剩余价值率
绝对剩余价值　相对剩余价值　超额剩余价值
剩余价值规律　工资　计时工资　计件工资
名义工资　实际工资　相对工资　工资的国民差异
社会再生产　资本主义简单再生产　资本主义扩大再生产
资本积累　资本有机构成　资本积聚　资本集中
相对过剩人口

思考题

1. 为什么说劳动力成为商品是货币转化为资本的前提？
2. 划分不变资本和可变资本的依据和意义何在？
3. 相对剩余价值是怎样产生的？
4. 如何理解工资的本质？
5. 资本积累的客观必然性和影响资本积累规模的主要因素是什么？
6. 资本积聚和资本集中的关系是什么？
7. 为什么说相对过剩人口既是资本主义制度的必然产物，又是资本主义生产方式存在和发展的必要条件？
8. 怎样正确理解资本主义积累的一般规律和历史趋势？

补充阅读

相对剩余价值生产的三个阶段

资本主义生产的发展，带来了社会生产力的空前增长。但是，这些增长的生产并不是为了人类的幸福，而是为了资本家能够榨取更多的剩余价值。相对剩余价值的生产，就是随着资本主义数百年的发展而逐步加强的。这种加强相对剩余价值生产的历史过程，可以分为简单协作、工场手工业和机器大工业三个阶段。

简单协作阶段：简单协作就是许多人同时在同一个生产过程中，或者在不同的但又相互联系的生产过程中有组织地共同进行劳动。简单协作是资本主义生产的出发点，这是因为简单协作比以往的个体小生产具有很多的优越性。首先，简单协作可以创造出一种新的生产力。简单协作看上去只是单个劳动力的总和，其实，共同劳动创造的生产力是单个的力量所不能比拟的。比如拉船，如果说10个人分开拉，船怎么也动不了，但是10个人一起拉，船立刻前行。其次，简单协作可以扩大劳动的空间范围，从而可以完成在个体劳动情况下不能完成的工作。比如修筑铁路、开凿运河等。再次，简单协作会使劳动者产生一种竞争心和特有的精神振奋，从而使劳动效率得到提高。马克思指出："一个骑兵连的进攻力量或一个步兵团的抵抗力量，与单个骑兵分散展开的进攻力量的总和或单个步兵分散展开的抵抗力量的总和有本质的区别，同样，单个劳动者的力量机械总和，与许多人共同完成同一不可分割的操作所发挥的力量有本质的差别。在这里，结合劳动的效果要么是个人劳动无法达到的，要么是长时间内，或者小范围内达到的。这里的问题是不仅通过协作提高了个人生产力，而且是创造了一种新的生产力，这种生产力本身必然是集体力。"① 此外，协作还使资本家大大节约了生产资料的支出。盖一座容纳许多人做工的厂房以及相应的仓库开支，虽然比过去的小作坊来得多，但这并不需要按人数的比例来增加。

简单协作虽然可以提高劳动生产率，但是，由于在简单协作的时候仍然是手工劳动为主，并且沿用小生产方式，所以劳动生产率的提高很有限。资本家为了榨取更多的剩余价值，必然采用新的方法。于是，在简单协作的基础上，就产生了工场手工业。

工场手工业阶段：工场手工业是一种在企业内部实行分工和以手工劳动为基础的资本主义生产方法。从16世纪中叶开始，工场手工业在英国一直占据了200多年的统治地位。工场手工业虽

① 马克思．资本论（第1卷）[M]．北京：人民出版社，1975：362.

然以手工劳动为基础，但是，由于实行了分工，它能够进一步提高劳动生产率。第一，实行分工后，工人长期从事一种专门性的劳动，另一方面，又把精力集中在有限的操作上。第二，由于每个工人只从事专门工作，劳动更加紧张，时间节约，因而可以生产更多产品。第三，适应专门工作的需要，劳动工具也日益专门化，这对提高劳动生产率具有重要作用。可见，由简单协作到工场手工业，是劳动生产发展上的一大进步，这一进步所带来的劳动生产率的提高，使资本家获得的剩余价值大大增加了。

既然企业内部的分工协作可以提高劳动生产率，那么也就意味着在企业与企业之间实行分工协作，能够进一步达到提高劳动生产率的效果。在当代资本主义国家中，企业之间普遍实行了分工协作，使劳动生产率获得了大大的提高。

由于工场手工业仍然是以手工劳动为基础的，所以，劳动生产率的提高还受到种种限制。比如体力不够、技术不熟等，就会影响到劳动生产率的提高。18 世纪 30 年代开始的产业革命，把工场手工业推向了机器大工业。

机器大工业阶段：18 世纪的最后几十年，英国的许多发明使机器生产成为可能。如蒸汽机、纺织机等的发明，都促使英国在生产方法上发生根本的革命，其他一些资本主义国家也相继通过产业革命，先后由工场手工业过渡到机器大工业。

机器的使用，使社会发生了巨大的变化。首先，机器的使用，突破了劳动者生理器官上的限制，使得一个劳动者能够同时操作许多工具，并且完成过去手工劳动不能胜任的工作。其次，机器的使用，摆脱了对自然的依赖，开辟了利用蒸汽、煤气、电力等能源的可能。最后，机器的使用，改变了生产的工艺流程和劳动组织形式：人力被自然力代替了；劳动者千百年来凭经验生产的常规为对自然有意识的运用代替了；劳动者之间的协作为机器本身的协作代替了。这一切都使资本主义生产过程有了根本的改观，劳动生产率获得了千百倍的增长。

在资本主义条件下，机器的使用，并没有给工人阶级带来福音，而是使工人阶级受到更加残酷的剥削，把工人阶级推向贫困和痛苦的深渊。一方面，机器的使用，不仅使工场手工业时期的工人受到排挤，而且使大量的中小生产者破产，加入到工人阶级的队伍中来；与此同时，由于机器简化了操作过程，资本家能够雇佣大量妇女和儿童，这样就会出现劳动力的绝对过剩。工人要么接受降低工资，要么立刻离开工厂。另一方面，机器的使用，还加重了雇佣工人对资本的隶属。在工场手工业时期，工人大都同农村保持联系，但是，机器却完全割断了工人同农村的联系，这就使他们失去了独立生产一种产品的可能。所以，在机器大工业的条件下，工人除了向资本家出卖劳动力以外，别无生计，这样，资本主义的雇佣劳动制度便得到了真正的巩固和发展。

——根据马克思《资本论》第一卷第四编《相对剩余价值的生产》相关内容整理

第4章 资本的流通过程

资本的生产过程生产剩余价值，资本的流通过程实现剩余价值。本章讲的资本流通过程，是包括资本生产过程和流通过程在内的资本运动过程。它既包括单个资本的循环和周转，也包括社会总资本的再生产和流通。

4.1 资本循环

4.1.1 产业资本循环的三个阶段和三种职能形式

所谓资本循环，是指资本的运动从一种形式出发，经历购买、生产和销售三个阶段，相应地变换三种职能形式如货币资本、生产资本、商品资本三种职能形式，实现价值增殖，最后回到原来出发点的运动。考察资本如何在循环运动中发生价值增殖问题，要以产业资本为对象。产业资本，是指投放在工业、农业、运输业和建筑业等物质资料生产部门的资本，是能够实现价值增殖的资本。

1. 产业资本循环的第一阶段和资本职能形式

产业资本循环的第一阶段为购买阶段。在购买阶段，产业资本家以购买者的身份在市场上出现，用货币（G）购买生产资料（P_m）和劳动力（A），为生产准备条件。用公式表示就是：

$$G—W\begin{cases}P_m\\A\end{cases}$$

从形式上看，由 G—W 的转化，只是一般的商品流通过程。但是，从物质内容上看，它却是产业资本运动的第一个阶段。因为资本家用货币购买到的不是一般的商品，而是能够生产剩余价值的生产资料和劳动力。其中，生产资料是生产剩余价值的物质条件，劳动力则是剩余价值的源泉。

这里的 G 既是货币，又是资本；既执行货币的职能，又执行资本的职能。作为一般的货币，它执行的是流通手段和支付手段职能，用以购买生产资料及支付工人工资。作为货币形式的资本即货币资本，它的职能是购买生产资料、劳动力，为生产剩余价值做准备。货币之所以同时成为资本，是因为它购买到了劳动力这个商品，而劳动力这种特殊商品的使用价值是剩余价值的唯一源泉。

货币资本是产业资本运动的第一种职能形式。这个阶段对货币资本职能的要求是，要能够买到生产资料和劳动力，而且，生产资料和劳动力不但在质上要能够相适应，在数量上也要符合一定的比例，这种数量上的比例关系，是由一定数量的劳动者所提供的剩余劳动量来决定的。也就是说，生产资料的数量不仅要能够用来吸收劳动者提供的必要劳动，而且还必须足够用来吸收劳动力所提供的剩余劳动，如果购买的生产资料过少，就会出现停工待料。反之，购买的生产资料过多，就会出现生产资料积压，资本效能不能充分发挥，这都不利于提高企业经济效益。

在资本循环的第一阶段，产业资本的数量并没有发生变化，只是形式发生了变化，由一定数量的货币资本转化为一定数量的生产资料和劳动力，这种以生产要素形式存在的资本就是生产资本。

2. 产业资本循环的第二阶段及相应的资本职能形式

产业资本循环的第二阶段为生产阶段。在这个阶段上，产业资本家把生产资料和劳动力结合起来，进行资本主义生产。生产过程结束，原有的生产资料和劳动力被消耗掉，同时生产出一定数量的商品，这个商品中已经包含一定数量的剩余价值。这个阶段用公式表示为：

$$G—W\begin{cases}P_m\\A\end{cases}\cdots P\cdots W'$$

公式中的 P 代表生产过程，虚线表示流通过程的中断，W′代表生产出来的、包含剩余价值的商品。

在这个阶段，生产资料和劳动力既发挥一般生产要素的作用，又发挥生产资本的作用。这是因为，生产资料和劳动力是任何社会形态进行物质财富生产所不可缺少的生产要素，凡是要进行生产，两者必须结合起来使用。和货币一样，它们本身并不是资本，但是，在生产资料和劳动者分离的资本主义社会的历史条件下，劳动力是作为商品卖给了生产资料的所有者——资本家。在资本主义社会，生产资料和劳动者是在资本家的手中实现了强制结合，资本雇佣劳动，两者结合的方式与方法取决于资本所有者的意志。所以，只有在资本主义生产关系条件下，由生产资料和劳动力的特殊结合方式，才使生产资料和劳动力成为资本——生产资本的存在形式。生产资料和劳动力的结合，不仅生产了新产品，转移了旧价值，而且创造了包含剩余价值的新价值。

在这个阶段，产业资本形式再次发生了变化，从生产资料、劳动力变成了商品。这种以商品形式存在的资本叫做商品资本。

3. 产业资本循环的第三个阶段及相应的资本职能形式

产业资本循环的第三个阶段为销售阶段。在这个阶段，资本家作为销售者，重新出现在市场上，把雇佣工人生产出来的包含有剩余价值在内的商品销售出去，实现预付资本价值和剩余价值。这一阶段可用公式表示如下：

$$W'—G'$$

从形式上看，W′—G′似乎和一般商品流通没有区别，都是商品变成货币，商品的价值没有发生变化。但是，这里的商品是资本主义生产过程的产物，它包含着剩余价值，体现了资本对雇佣劳动的剥削关系，正因为这样，决定了W′不仅是商品，而且是商品资本，也决定了 W′—G′不仅是商品的价值形式变化的过程，而且是资本价值和剩余价值实现的过程。

在销售阶段，资本执行的是商品资本的职能，即销售商品，实现商品中的预付资本价值和剩余价值。销售结束，资本的价值形式回到了资本运动的起点货币资本。然而，这时的货币资本 G′要大于运动起点的货币资本 G，其差额就是剩余价值。当资本顺利通过销售阶段，就意味着第一个循环过程的结束，第二个循环过程的开始。

通过以上分析我们得出，产业资本循环就是产业资本从一种形式出发(这里表现为货币资本)，顺序经过购买、生产和销售三个阶段，依次采取货币资本、生产资本和商品资本三种职能形式，使价值增殖，最终又回到原来的出发点的运动过程。整个过程用公式可以表示为：

$$G—W\left\langle\begin{matrix}P_m\\A\end{matrix}\right.\cdots P\cdots W—G'$$

产业资本运动的上述三个阶段中，第一阶段和第三阶段为流通过程，第二阶段为生产过程，因此，资本循环是生产过程和流通过程的统一，其中起决定作用的是生产过程，剩余价值就是在这一过程被生产出来的。但是，资本的循环也离不开流通过程，在流通领域，资本的价值没有发生变化，但资本的形态发生了变化。流通过程的职能是为生产剩余价值做准备，同时实现生产过程中已经生产出来的价值和剩余价值。离开了流通过程，剩余价值的生产就失去了条件和结果。

4.1.2 产业资本循环是三种职能形式循环的统一

1. 产业资本循环包含三种职能形式循环

产业资本循环是一个连续不断的运动过程。这一运动过程表明产业资本的循环有三种形式，即货币资本的循环、生产资本的循环和商品资本的循环。用公式表示为：

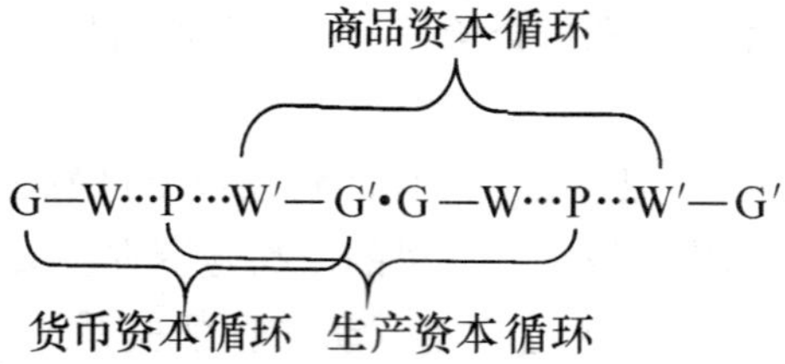

货币资本循环。货币资本循环就是以货币资本为出发点和回归点的运动。货币资本循环是产业资本循环的一般形式。货币资本循环是从货币资本 G 的垫付开始的，依次通过购买阶段、生产阶段和销售阶段，经过资本增殖，又回到货币资本 G′的过程。它的起点和终点是两个流通阶段，中间是生产阶段。用公式表示就是：

$$G—W\cdots P\cdots W'—G'$$

生产资本循环。生产资本的循环是以生产资本在生产过程发挥职能作用为出发点，依次通过生产、销售和购买三个阶段，又回到生产资本的过程。用公式表示就是：

$$P\cdots W'—G'\cdot G—W\cdots P$$

商品资本循环。商品资本的循环是以商品资本为出发点，依次通过销售阶段、购买阶段、生产阶段三个阶段，经过资本增殖，又回到商品资本运动的过程。用公式表示就是：

$$W'—G' \cdot G—W \cdots P \cdots W'$$

2．产业资本循环是产业资本三种职能形式循环的统一

产业资本循环不仅具有三种形式，而且是三种循环形式的统一。产业资本的三种循环形式，从内容上讲，都是以价值增殖为目的，这个共同点反映了产业资本的实质。同时，它们在运动形式上，又有各自的特点和片面性，如果孤立考察某种循环形式，就只能反映资本运动某一方面的特征，而不能全面反映资本主义现实。

货币资本循环的特点是：循环的起点和终点都是货币资本，所以货币资本循环最明显地表现了资本运动的目的和动机是价值增殖，表明了资本主义生产的本质特征，所以它成为产业资本循环的一般形式。货币资本循环也表现出它的片面性，即在货币资本循环中，是两个流通过程夹着一个生产过程，生产过程表现为整个循环过程的中间环节，成为流通过程媒介，这就造成一种假象：仿佛价值是在流通中产生的，价值增殖好像是货币本身的一种能力，正如马克思说的，“货币资本也就表现得好像是能够孵生货币的货币”，“货币资本的循环，是产业资本循环的最片面的，从而最明显和最典型的表现形式”①。

生产资本循环的特点是：第一，循环的起点和终点都是生产过程，而流通过程（W′—G′·G—W）为媒介，这就清楚地表明了剩余价值来源于生产过程，充分体现了生产所起的决定性作用。第二，生产资本的一次循环就表明了资本主义生产过程是再生产过程，因为循环中已经增殖了的货币资本 G′并不是作为循环的终结而退出循环过程，而是必须继续投入流通，购买下一次生产过程所需的生产要素。第三，生产资本循环的起点和终点都是生产资本 P，而货币资本 G′表现为转瞬即逝的暂时形态，造成一种假象：似乎资本家生产目的不是为了追求剩余价值，而是为了不断扩大再生产，是为了更多更好地生产。

商品资本循环的特点是：第一，循环的起点和终点都是包含有剩余价值的商品资本 W′，W′不是流通过程的结果，而是生产过程的结果。第二，商品资本循环起点的价值是已经增殖了的资本价值，它包含预付资本价值和剩余价值。第三，商品资本循环的前两部分都是流通过程，最后是生产过程。所以在

① 马克思．资本论（第2卷）[M]．北京：人民出版社，1972：69.

这个循环中，商品买卖的流通过程占据首要地位。第四，商品资本的循环不仅包括资本价值的流通，而且包含剩余价值的流通；不仅包括生产消费，而且包括个人生活消费；不仅包括价值补偿，而且包括实物补偿。这种情况表明，商品资本循环得以正常进行的首要条件就是这些商品全部被消费（包括生产消费和个人消费），否则循环过程就会遭到破坏。但是，商品资本循环形式也存在一定的片面性。因为在这种循环形式中占据首要地位的是流通过程，是商品的实现和消费，这就造成一种假象：好像资本主义生产不是为了榨取剩余价值，而是为了满足社会需要。

因此，只有把产业资本三种循环形式统一起来考察，才能全面了解资本运动的实质。

4.1.3 产业资本正常循环的条件

以上对产业资本循环的分析是假定全部产业资本在一定时间内只采取一种职能形式，如首先全部采取货币资本形式，然后全部转化为生产资本形式，最后又全部转化为商品资本形式。这样的假定，是为了对产业资本在循环中需要依次经过的阶段和采取的职能形式进行分析。但是，这样的假定同现实的产业资本的循环是不相符合的，因为它不能保证产业资本循环的连续进行。

实现产业资本连续不断地循环，必须具备两个条件：

第一，产业资本三种职能形式在空间上的并存性。这是指产业资本的三种形式要按一定比例在空间上并存，也就是将资本分为三部分，同时并存于货币资本、生产资本和商品资本形式上，一部分作为货币资本用于购进生产资料和劳动力，一部分作为生产资本投入生产过程，还有一部分作为商品资本以商品的形式在出售。如果资本家把全部资本只投在某一种形式上，那就势必出现要么只有生产过程，要么只有流通过程的局面，其结果必然是无法实现再生产的连续性。

第二，产业资本三种职能形式在时间上的继起性。这就是说，要使产业资本连续不断地循环，资本家不仅要把总资本分成三个部分，同时并存于货币资本、生产资本、商品资本，而且每一种职能形式都必须依次经过三个阶段，不停地进行各自的循环。当货币资本转化为生产资本的时候，生产资本必须转化为商品资本；商品资本也必须同时转化为货币资本。也就是说，产业资本的每一个部分都要不停地循环运动，不论哪个部分的循环发生停顿，都会使整个循环中断。

以上两个条件互为条件，互相制约。并存性是继起性的前提和基础，没有并存性也就没有继起性；继起性又是并存性的保证。只有三种职能形式都能够连续不断地循环，才能保持三种职能形式在空间上的并存性。

然而，上述产业资本正常循环的条件，在资本主义制度下不可能是经常具备的。资本主义社会各种对抗性矛盾的存在，使资本循环顺利进行的客观条件经常遭到破坏。

4.2　资本周转

资本循环不是一次性的行为，而是连续不断的运动过程。这种不断重复、周而复始的资本循环过程就叫做资本周转。资本循环与资本周转既相联系，又有区别。从联系来看，两者都是资本的流通形式，都包含着资本运动的三个阶段和三种职能形式。从区别来看，资本循环重点考察产业资本一次循环运动过程，揭示资本正常循环的条件；而资本周转则重点考察资本运动的速度问题，揭示资本周转快慢对资本增殖的影响。

4.2.1　资本的周转时间和周转次数

资本周转速度的快慢，可以用周转时间和周转次数来表示。资本周转时间，是指资本完成一次循环运动所需要的时间，它等于资本的生产时间和流通时间的总和。资本处在生产领域的时间，是资本的生产时间，资本处在流通领域的时间，是资本的流通时间。各个部门，由于生产的产品以及生产和流通的具体条件不同，资本的周转时间也各不相同。一般说来，重工业部门比轻工业部门的资本周转时间长，农业中的林业比种植业的资本周转时间长。

资本周转次数，是指在一定时间内资本运动所经历的次数。这一定时间，通常以“年”作为自然计量单位。假定以 U 代表资本周转的计量单位“年”，以“u”代表一定数量资本周转一次所需要的时间，以 n 代表资本周转的次数，那么一年内资本周转次数的公式是：

$$n=\frac{U}{u}$$

例如，某单个资本周转一次需要 3 个月时间，那么一年内它的周转次数是 4 次；另一个资本周转一次只需要 1 个月时间，它在一年内的周转次数就是 12 次。由此可见，在一定时间内，资本周转一次的时间越短，周转次数越多，周转速度就越快；反之，资本周转一次的时间越长，周转次数越少，周转速度就越慢。资本的周转速度与资本的周转时间成反比，资本的周转速度与资本周转次数成正比。

4.2.2 生产资本的构成：固定资本和流动资本

资本周转速度的快慢，除了取决于周转时间的长短或资本周转次数的多少以外，还取决于生产资本的构成。生产资本的构成，按其价值周转方式的不同，可以分为固定资本和流动资本。

固定资本是指以机器、设备、厂房、工具等劳动资料形式存在的生产资本。这部分生产资本从物质形态上看，是一次性全部投入生产过程，并在较长的时间内反复使用。其价值按照其在使用过程中的磨损程度，一部分一部分地转移到新产品中去，产品出售后又一部分一部分地收回。未转移的部分，仍然停留在原来的物质形式上。固定资本的物质形态在其价值全部转移到产品中去之前，始终保持原来的形态，直到全部失效后才一次性更新。正是根据这部分生产资本的实物形态在生产过程中保持不变，而其价值一部分一部分地转移到新产品中去，并逐渐周转回到产业资本家手中的特点，把它叫做固定资本。

流动资本是指以原料、燃料、辅助材料等劳动对象形式存在的和以劳动力形式存在的那部分生产资本。这部分生产资本的物质要素在生产过程中一次性全部消耗，它们的价值也随着物质形态的消耗一次性全部转移到新产品中去，并随着产品的出售一次性收回。以劳动力形式存在的资本，其价值是以工资的形式支付给了工人，工人将其用于购买消费资料，不是转移到新产品中去，而是在生产过程中由雇佣工人的活劳动重新创造出来的。但其价值周转方式与原料、燃料、辅助材料是一样的，也是一次性全部投入生产过程，并随着商品的销售一次性全部收回。因此，以劳动力形式存在的资本也属于流动资本。

固定资本和流动资本都属于生产资本。两者的区别在于：一是价值周转方式不同。固定资本价值分多次转移到新产品中去；而流动资本价值则是一次性全部转移到新产品中去。二是周转时间不同。固定资本周转时间长；流动资本周转时间短。三是回收方式和期限不同。固定资本是一次性预付，多次收回，回收期长；流动资本是一次性预付，一次性收回，回收期短。四是物质更新方法不同。固定资本在发挥作用的期限内，不需要不断购买或更新；而流动资本，无论是原材料，还是劳动力，都要在实物形式上不断更新。

需要指出的是，只有生产资本才能划分为固定资本和流动资本，因为只有生产资本才发生价值的转移。货币资本和商品资本只是在流通领域起作用，只存在价值形态的变化，是流通资本，不涉及价值的转移问题。

生产资本既可以划分为固定资本和流动资本，也可以划分为不变资本和可变资本。这两种划分是根本不同的。首先，划分的依据不同。划分固定资本与流动资本的依据是资本价值周转方式的不同；而划分不变资本与可变资本的依据是资本在剩余价值生产过程中所起的作用不同。其次，划分的目的不同。固定资本与流动资本的划分，是为了揭示生产资本的不同部分对资本周转速度从而对剩余价值生产的不同影响；而不变资本与可变资本的划分，则是为了揭示可变资本是剩余价值的真正源泉，从而揭示资本主义剥削的秘密。再次，划分的内容不同。不变资本中的劳动资料（包括厂房、机器、设备和工具）属于固定资本；不变资本中的劳动对象（包括原料、燃料和辅助材料）属于流动资本。可变资本属于流动资本。具体情况如表 4-1 所示：

表 4-1

<table>
<tr><th>按在剩余价值生产中的作用划分</th><th>生产资本的各个部分</th><th>按价值周转方式划分</th></tr>
<tr><td rowspan="2">不变资本</td><td>机器、厂房、设备等</td><td>固定资本</td></tr>
<tr><td>原材料、燃料、辅助材料</td><td rowspan="2">流动资本</td></tr>
<tr><td>可变资本</td><td>工资</td></tr>
</table>

固定资本的价值是按照它的磨损程度逐渐地转移到产品中去的。固定资本的不同组成部分，由于其磨损快慢不同，周转速度也不同。固定资本的磨损，分为有形磨损和无形磨损两类。固定资本的有形磨损是指固定资本在物质要素上的损耗。造成物质磨损的原因有两个：一是由于固定资本在生产过程中的使用。固定资本在使用过程中的损耗与固定资本使用的强度和持续时间成正比。二是由于自然力作用。例如，厂房和机器设备的木质部分会腐朽，金属部分会生锈，砖瓦会风化，等等。固定资本的无形磨损，也叫精神磨损，它是指机器设备等在它们的有效使用期间内，由于技术进步而引起的价值上的损失。技术进步引起固定资本精神磨损也有两种情况：一是随着生产技术进步和劳动生产

率的提高，生产同样的机器设备所需要的社会必要劳动时间减少，因而使原有的固定资本贬值；二是由于出现了更先进、效能更高的机器设备，引起了原有固定资本的贬值。这两种情况都会使资本家遭受一定的经济损失。为了避免或减少这种损失，资本家往往总是千方百计地提高固定资本的利用率，减少和弥补固定资本的无形损耗。

为了保证固定资本各个物质要素在一个较长的使用期内，能够正常地发挥作用，需要对它进行维护和修理，即通常所说的维修。为此就必须有追加的劳动和资本，也就是说，要支付维持费和修理费。维持费是对机器设备进行加油和清洗等方面的费用。这种费用在性质上既不同于固定资本，也不同于流动资本，但作为一种经常性支出，算作流动资本。一般按年均计算，分摊到产品中去，并用销售商品的收入来补偿。固定资本的修理，指的是真正的修理，而不是指大修理。大修理实际上是局部更新，不是真正的修理。真正的修理是指机器使用中突然遇到损伤而要进行的修理。这种修理和固定资本的维持一样，也要追加资本和劳动，其费用也按一定时期平均计算，分摊到产品价值中去。

为了保证再生产的正常进行，固定资本实际使用寿命结束时，必须进行固定资本的更新。为此，就要不断地把固定资本转移到产品中去的价值从商品的销售收入中提取出来，以折旧费的形式加以积累。每年提取的折旧费与固定资本原始价值的比率叫做折旧率。

4.2.3 预付资本的总周转

由于生产资本的不同部分价值转移方式的不同，因此它们各自的周转速度也就不同。固定资本周转速度大大慢于流动资本周转速度。并且，固定资本的不同组成部分的周转速度也不一样。预付资本的总周转速度就是预付资本各部分的平均周转。其计算公式如下：

$$预付资本总周转速度=\frac{固定资本年周转价值总额+流动资本年周转价值总额}{预付总资本}$$

例如，某企业的全部预付资本为 100 万元，其中：厂房价值为 20 万元，平均可用 20 年；机器设备价值为 50 万元，平均可用 10 年；工具价值为 10 万元，平均可用 5 年；流动资本为 20 万元，一年周转 6 次。则：

$$固定资本年周转价值总额=20\times\frac{1}{20}+50\times\frac{1}{10}+10\times\frac{1}{5}=8\ （万元）；$$

流动资本年周转价值总额 $=20\times6=120$（万元）；

预付资本的总周转速度 $=\frac{8+120}{100}=1.28$（次/年）

由此可见，预付资本总周转速度取决于两个因素：一是固定资本和流动资本各自的周转速度。在其他条件不变的情况下，固定资本与流动资本各自的周转速度越快，总周转速度也就越快。二是固定资本、流动资本的比例。由于固定资本的周转速度总是慢于流动资本，因此，预付总资本中固定资本比重越大，总周转速度越慢；流动资本比重越大，总周转速度越快。

4.2.4　生产时间和流通时间

资本的周转时间是指资本周转一次所需要的全部时间，包括生产时间和流通时间两部分。

1. 生产时间

生产时间是资本处在生产阶段内的时间，也就是从生产资料和劳动力进入直接生产阶段开始到生产出产品为止的时间。它包括劳动时间、自然力对劳动对象独立发生作用的时间、生产资料的储备时间及停工时间。

劳动时间是劳动者运用劳动资料作用于劳动对象生产出某种产品所需要的时间。只有这一部分时间才创造价值与剩余价值，因此它是生产时间中最重要的部分。劳动时间的长短取决于两个因素：一是产品的性质。不同生产部门，由于生产的产品性质不同，劳动时间的长短也各不相同。如果生产过程和产品比较复杂，其劳动时间一般较长，反之则较短。例如，生产一张桌子，只需要几个小时，而生产一艘远洋轮船却需要一年或几年。二是生产技术水平。在产品性质既定的条件下，技术水平高的企业，需要的劳动时间较短，反之较长。自然力对劳动对象独立发生作用的时间是劳动过程中断，劳动对象受自然力作用的时间。例如，农作物的自然生长时间、酿酒的发酵时间等。生产资料的储备时间是为了保证再生产的正常进行需要事先储存一定数量的原材料的时间。储存的原材料，虽然已进入生产领域，但还没有投入劳动过程直接发挥作用，这种储备的必要界限是既不能造成积压，又不能出现停工待料的现象，生产资料储备时间取决于购买生产资料的难易程度、距离市场的远近和运输工具的发展程度。停工时间是正常检修机器设备或工人必要休息而停止发生作用的时间。

自然力对劳动对象独立发生作用的时间以及生产资料储备时间、停工时间属于非劳动时间，这部分时间虽然不创造价值和剩余价值，但是能创造或保护使用价值，它们不是劳动时间，但属于生产时间。原因是虽然劳动过程中断，但产品未最终完成或生产过程未最终完结，因此这部分时间还是属于生产时间的一部分。

2．流通时间

流通时间是资本处在流通阶段的时间，它包括购买时间和销售时间两部分。购买时间是货币资本转化为生产资本的时间，销售时间是商品资本转化为货币资本的时间。流通时间对资本周转速度会产生直接影响，尤其是其中的销售时间影响最大，因而销售时间在流通时间中具有关键作用。

影响资本流通时间的因素主要有三个：一是商品生产地点与销售市场距离的远近。一般说来，产销地点距离近，销售时间就会短，资本周转速度也就快；反之，则慢。二是交通运输和通讯条件的好坏。交通运输和通讯发达、运输工具和通讯设备先进、运输和通讯快捷，流通时间特别是销售时间就短，资本周转速度就快；反之就慢。三是市场供求状况。销售市场状况是繁荣还是萧条，需要量是增加还是减少，都会影响销售时间的长短。供应渠道是否畅通，商品供应是否适销对路，都会影响购买时间的长短。此外，产品质量的好坏、价格的高低、企业的形象以及产前、产中、产后的服务状况等，都会对流通时间的长短、资本周转速度的快慢产生一定程度的影响。

4.2.5 加快资本周转速度对剩余价值生产的影响

1．加快资本周转速度可以节省预付资本量，特别是节省流动资本量

假设某企业每个月生产都需要投入流动资本 3 万元。如果流动资本一年周转一次，那么完成全年生产任务共需投入流动资本 36 万元；如果流动资本周转速度提高为一年周转四次，即一个季度周转一次，全年只需投入流动资本 9 万元，一年可节省 27 万元预付资本。所以，资本周转速度越快，维持同样生产规模所需要的预付流动资本就越少，节省下来的流动资本就用于扩大再生产。对于固定资本来说，提高资本周转速度，既可避免由于无形磨损而造成资本价值上的损失，又可以提高固定资本价值的利用率，有助于加快固定资本的更新，从而促进企业技术革新。

2. 加快资本周转速度可以增加年剩余价值量，提高年剩余价值率

年剩余价值量是资本家全年所得到的剩余价值总量，它等于资本周转一次所得到的剩余价值与可变资本周转速度的乘积。如果用 M 表示年剩余价值量，则其计算公式可以表示为：

$$M = m \cdot n$$

从上面的公式可以看出，年剩余价值量与可变资本的周转速度成正比。这是因为，预付资本周转速度越快，其中的可变资本周转速度也就越快。可变资本周转速度越快，全年实际发挥作用的可变资本就越多，在剩余价值率不变的情况下，带来的年剩余价值量也就越多。

年剩余价值率是年剩余价值量和预付可变资本的比率。以 M′代表年剩余价值率，则其计算公式：

$$M' = \frac{M}{v} = \frac{m \cdot n}{v} = m' \cdot n$$

可见，年剩余价值率同样与可变资本的周转速度成正比。

年剩余价值率与剩余价值率是两个完全不同的概念。首先，两者表示的关系不同。剩余价值率是在一次生产过程中，工人创造的剩余价值与可变资本的比率，它表示资本家对工人的剥削程度。年剩余价值率是年剩余价值量与预付可变资本的比率，它表示预付资本在一年中的增殖程度。其次，在量上有所不同。一般说来，年剩余价值率大于剩余价值率。只有当预付可变资本周转速度小于或等于一年周转一次，年剩余价值率才会小于或等于剩余价值率。

4.3　社会总资本的再生产和流通

4.3.1　社会资本再生产的核心问题和理论前提

1. 社会资本及其运动

社会资本是相对于个别资本而言的。在资本主义社会，由于生产资料的私有制，生产资料被不同的相对独立的资本家或资本家集团拥有。每个生产经营单位的资本在再生产过程中独立发挥作用，完成循环和周转，实现自己的价值增殖。这种独立地进行循环和周转、独立发挥其职能的资本就是个别资本。资

本主义私有制决定了各个个别资本相互分离、相互独立；社会分工又使它们相互联系、相互依存。任何一个资本主义企业，一方面要同那些为他提供生产资料的企业发生联系，另一方面又要同那些消费他们产品的企业发生联系。这种相互联系、相互依存的所有个别资本的总和就是社会资本。

为实现价值增殖，每一个个别资本都必须不断地进行循环和周转。个别资本的循环和周转就是个别资本的运动。相互交错、互为条件的所有个别资本运动的总和就构成了社会资本的运动，社会资本的运动就是社会资本的再生产和流通。与个别资本运动相比，社会资本运动具有以下特点：

首先，社会资本运动不仅包括生产消费以及与之相适应的资本流通，而且包括个人消费以及与之相适应的一般商品流通；而个别资本运动只包括生产消费和资本流通，不包括工人和资本家的个人消费以及与此相适应的一般商品流通。这是因为，在个别资本运动中，工人用工资和资本家用剩余价值购买生活资料的过程，并不是资本的流通过程，而是在个别资本运动之外进行的一般商品流通过程。但从全社会看，工人和资本家购买消费资料的过程，同时也就是那些生产消费资料的资本家出卖商品的过程，即把他们的商品资本转变为货币资本的过程。

其次，社会资本运动，不仅包括预付资本价值的运动，而且包括剩余价值的全部运动；而个别资本的运动只包括预付资本价值的运动，不包括剩余价值的全部运动。这是因为，剩余价值用于资本家个人消费的部分，是在个别资本运动之外进行的，只有用于追加资本的那一部分剩余价值才包括在个别资本的运动之中。但是，从社会资本运动的角度看，剩余价值无论是用于资本家的个人消费，还是用于资本积累，都包括在社会资本运动之中。

再次，社会资本运动不仅考察价值补偿，而且考察实物补偿；个别资本运动只考察价值补偿，不考察实物补偿。在研究个别资本运动时，我们通常假定企业能够在市场上购买到所需要的生产资料和劳动力，工人和资本家能够购买到所需要的消费资料，也就是对实物补偿不做研究。但是，在研究社会资本运动时，不仅要研究价值补偿，还要研究实物补偿。因为，社会资本已经包括了全部个别资本，它所需要的生产资料和消费资料，必须从它本身的产品中得到补偿。

2. 研究社会资本再生产问题的出发点

研究社会资本再生产，必须以社会总产品为出发点。社会总产品是指社会在一定时期（通常为一年）内物质生产部门所生产出来的全部物质资料。撇开对外贸易，并且假设我们要考察的是纯粹的资本主义经济，社会总产品就是社会总商品资本。从价值上看，社会总产品的价值由所消耗的不变资本价值、可变资本价值和剩余价值三个部分组成；从实物上看，社会总产品按其最终用途的不同，可以分为生产资料和消费资料两大类。既然社会总产品既包括用于生产消费的生产资料，又包括用于个人生活的消费资料，符合社会资本运动的特点和内容，因此，研究社会资本再生产只能以社会总产品为出发点，以商品资本循环公式作为考察社会资本运动的直接对象。商品资本循环公式是：

$$W'—G'\begin{cases} G—W\left\langle\begin{matrix}P_m\\A\end{matrix}\right. \cdots P\cdots W'—G' \\ g-w \end{cases}$$

3．社会资本再生产的核心问题

从社会总产品出发考察社会资本运动，核心问题是社会总产品的实现问题。社会总产品的实现包括价值补偿和实物补偿两个方面。所谓价值补偿，就是指把社会总产品销售出去，以补偿资本家在生产中耗费的不变资本和可变资本，并取得剩余价值。所谓实物补偿，就是指资本家要能够买到在社会生产过程中消耗掉的以及扩大再生产所需要追加的生产资料；资本家和工人要能够买到所需要的消费资料。

社会总产品的实现问题是社会资本再生产的核心问题。首先，社会总产品的价值补偿是社会资本再生产顺利进行的前提。社会资本再生产要顺利进行，最基本的条件是社会总产品必须全部销售出去，只有这样，才有可能重新购买再生产所需要的生产资料和劳动力。如果社会总产品不能或不能全部销售出去，生产这些产品所消耗的资本价值不能或不能全部得到补偿，资本主义再生产就无法顺利进行。其次，社会总产品的实物补偿是社会资本再生产能否顺利进行的关键。社会资本再生产运动要正常进行，最起码的条件是要保证上一个生产过程所消耗的生产资料和消费资料能够得到补偿和替换，否则，社会再生产过程就会发生中断或者萎缩。最后，社会总产品实现问题，归根到底是保持市场供求平衡问题。只有在市场供求平衡的条件下，社会总产品才能全部实现价值补偿和实物补偿。而保持市场供求基本平衡是社会资本再生产的中心问题。

4. 社会资本再生产的理论前提

为了考察社会总产品的实现及其所需要的条件，首先就要分析社会总产品的构成情况，以及与此相适应的社会生产的划分，即确立社会再生产的理论前提。

马克思从实物形式和价值形式两个方面来分析社会总产品的构成，并提出了考察社会资本再生产的两大理论前提。第一，社会总产品，从价值形态上分为不变资本 c、可变资本 v 和剩余价值 m 三个组成部分；第二，社会总产品，从实物上分为生产资料和消费资料两大类。同社会总产品的实物构成相适应，整个社会生产部门也可以分为两大类：所有生产生产资料的部门归为一类，叫做生产资料生产部类，简称第一部类，用“Ⅰ”表示；所有生产消费资料的生产部门归为一类，叫做消费资料生产部类，简称第二部类，用“Ⅱ”表示。

社会总产品的实物构成和价值构成，以及社会生产分为两大部类的原理，是马克思再生产理论的两个基本理论前提。马克思正是以这两个基本原理作为前提，科学地解决了社会总产品按价值和实物实现的一系列问题，从而为科学地揭示社会资本再生产和流通的规律性奠定坚实的理论基础。

4.3.2 社会资本的简单再生产

1. 简单再生产条件下社会总产品的实现过程

资本主义再生产的特征是扩大再生产，但是简单再生产是扩大再生产的基础和出发点，它包含了再生产的一般规定性，把简单再生产条件下社会总产品的实现问题分析清楚了，扩大再生产的实现问题也就不难解决了，因此，考察社会资本再生产的实现问题，要从简单再生产开始分析。

为了便于分析社会资本再生产过程，揭示实现社会资本再生产运动的规律性，需要排除一些非本质的次要因素，因此需要预先提出几点必要的假设：（1）假设考察的是纯粹的资本主义经济，整个社会只有资本家和工人两个阶级；（2）生产周期为一年，全部不变资本价值在一年内全部转移到新产品中去；（3）全部商品都按价值出售，不考虑商品价格与价值不一致的问题；（4）假设没有对外贸易，全部社会产品都在一国范围内得到补偿和实现。

为了更好地分析简单再生产条件下社会总产品的实现过程和实现条件，假定第一年年初社会总资本为 7500 货币单位，其中，5000 个资本用于第一部类，用来生产生产资料；另外 2500 个资本用于第二部类，用来生产消费资料。假定两大部类的资本有机构成都是 4 : 1，则两大部类年初的资本及其构成如下：

$$\text{Ⅰ}\ 4000c+1000v$$

$$\text{Ⅱ}\ 2000c+500v$$

假设两大部类的剩余价值率都为 100%，到第一年年终，两大部类生产出来的产品价值及其构成可用图式表示如下：

$$\text{Ⅰ}\ 4000c+1000v+1000m=6000$$

$$\text{Ⅱ}\ 2000c+500v+500m=3000$$

为了使第二年的简单再生产能够继续进行，两大部类所生产的总价值 9000 的产品必须全部实现价值补偿和实物补偿。社会总产品的实现是通过以下三个方面的交换关系和交换过程进行的。

首先是第一部类内部的交换。第一部类总产品中的 4000c，在实物上是由各种生产资料构成，在价值上代表本部类已消耗掉的不变资本价值。为了维持简单再生产，生产中消耗了的 4000c 必须用新生产出来的生产资料来补偿和替换，而这 4000c 在实物形态上就是生产资料。因此，这部分产品的价值补偿和实物替换，可通过第一部类内部各部门各企业之间的交换而得到实现。

其次是第二部类内部的交换。第二部类总产品中的产品 500v+500m，在实物上由各种消费资料构成，在价值上分别代表本部类预付可变资本价值和剩余价值。在简单再生产条件下，这两部分最终都是用于工人和资本家个人消费的，它必须用消费资料进行补偿，而这 500v+500m 在实物上都是消费资料。因此，这部分产品可以通过第二部类内部交换得到实现。

最后是两大部类之间的交换。通过上述两个部类内部的交换，第一部类还剩下 1000v+1000m 的产品没有实现。这部分产品的实物形式是生产资料，只能用于生产消费，而第一部类本身所需要的生产资料已经通过第一部类内部交换解决了。因此，这部分产品只有卖给第二部类，才能实现价值补偿。同时，这部分产品在价值上代表本部类的可变资本价值和剩余价值，是用于第一部类的工人和资本家个人生活消费的，需要用消费资料来补偿，这只有向第二部类购买才能得到。第二部类还剩下 2000c 的产品没有实现。这部分产品的实物形态是消费资料，只能用于生活消费，而本部类工人和资本家所需要的消费资料已经通过本部类内部交换得到了，只有卖给第一部类，才能实现价值补偿。同时，这部分产品在价值上代表第二部类生产中消耗的生产资料价值，需要用生产资料进行实物补偿，这只有向第一部类购买才能得到。所以，第一部类只要用Ⅰ1000v+1000m与Ⅱ2000c进行交换，就可以使这两部分产品同时实现价值补偿和实物补偿。

通过上述三个方面的交换，两大部类生产的总价值9000的产品全部实现价值补偿；两大部类的资本家也都得到了再生产所需要的生产资料；两大部类的工人和资本家也都得到了其所需要的消费资料。这样，简单再生产就可以继续进行了。上述社会总产品的实现过程可表示如下：

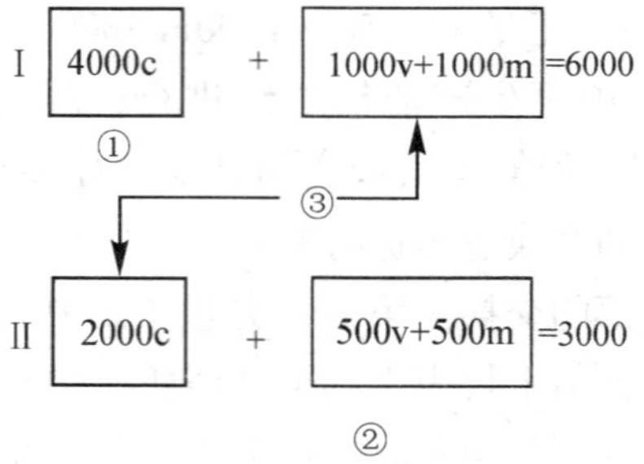

2．社会资本简单再生产的实现条件

从上述社会资本简单再生产条件下社会总产品的实现过程可以看出，三种交换关系中，关键在于两大部类之间的交换，只有第一部类的工人和资本家所需要的消费资料的价值总额恰好等于第二部类所需要的生产资料的价值总额，社会总产品才能全部实现价值补偿和实物补偿。由此得出了社会资本简单再生产条件下社会总产品的基本实现条件：第一部类的可变资本和剩余价值之和，必须等于第二类的不变资本。用公式表示是：

$$\text{Ⅰ}(v+m)=\text{Ⅱ}c$$

这个条件表明，在社会资本简单再生产条件下，社会生产两大部类之间存在着互为条件、互相依存的内在联系。即第一部类提供给第二部类的生产资料同第二部类对生产资料的需求之间，第二部类提供给第一部类的消费资料同第一部类对消费资料的需要之间，必须保持平衡。也就是说，两大部类之间必须保持一定的比例关系。这种比例关系说到底是由社会对生产资料与消费资料需求的比例决定的。两大部类之间只有比例合理，结构协调，社会资本简单再生产才能顺利进行。如果Ⅰ(v+m)>Ⅱc,则第一部类所生产的生产资料中就会有一部分得不到价值补偿，同时第一部类工人和资本家所需要的消费资料不能得到满足；如果Ⅰ(v+m)<Ⅱc,则第二部类所生产的消费资料就不能全部实现价值补偿，同时第二部类资本家所需要的生产资料不能全部得到补偿。在这两种情况下，社会资本的简单再生产都不能正常进行。所以，Ⅰ(v+m)=Ⅱc 是社会资本简单再生产的基本实现条件。

从Ⅰ(v+m)=Ⅱc 这个基本实现条件中可以引申出另外两个实现条件：

(1) Ⅰ(c+v+m)=Ⅰc+Ⅱc。这个等式是在基本实现条件的等式两边同时加上Ⅰc 得到的，它反映第一部类生产资料生产与两大部类对生产资料需求之间的内在联系，即第一部类生产的生产资料的价值总和，必须等于两大部类所消耗的不变资本价值的总和，同时第一部类所生产的生产资料在使用价值上还必须与两大部类对于生产资料的需求相符合。如果满足不了这个条件，社会资本简单再生产就不可能顺利进行。如果Ⅰ(c+v+m)<Ⅰc+Ⅱc,则两大部类消耗的不变资本不能在物质形式上得到补偿，原有的生产规模也不能恢复；如果Ⅰ(c+v+m)>Ⅰc+Ⅱc 则第一部类的一部分产品无法实现，简单再生产也不能顺利进行。

(2) Ⅱ(c+v+m)=Ⅰ(v+m)+Ⅱ(v+m)。这个等式是在基本实现条件的等式两边同时加上Ⅱ(v+m)而得到的。它反映第二部类消费资料生产与两大部类的工人和资本家对消费资料需求的内在联系，即第二部类生产的消费资料价值总和，必须等于两大部类的可变资本价值与剩余价值的总和，同时第二部类所生产的消费资料在使用价值上还必须与两大部类对于消费资料的需求相符合。如果满足不了这个条件，社会资本简单再生产同样不可能顺利进行。如果Ⅱ(c+v+m)<Ⅰ(v+m)+Ⅱ(v+m),将出现消费资料不足；如果Ⅱ(c+v+m)>Ⅰ(v+m)+Ⅱ(v+m),将出现消费资料过剩，第二部类产品不能完全实现。无论哪种情况，简单再生产都无法顺利进行。

上述公式，体现了社会资本简单再生产过程中，两大部类之间以及两大部类内部都应遵循的基本比例关系。这些基本的比例关系从不同侧面反映了社会资本简单再生产的规律性，即社会生产与社会消费之间、社会生产两大部类之间、生产资料生产与生产消费之间、消费资料生产与生活消费之间、供给与需求之间，在使用价值和价值两方面都必须保持一定的比例关系，只有这样，社会生产和生活才能得以正常进行。这正是马克思再生产理论所揭示的基本内容。

4.3.3 社会资本的扩大再生产

1. 社会资本扩大再生产的前提条件

马克思是以外延扩大再生产为对象考察社会资本的扩大再生产的。为了实现外延扩大再生产，资本家必须把剩余价值的一部分积累起来，作为追加资本投入生产。然而，要使生产规模扩大，仅有货币积累是不够的，还要有相应的物质条件，即社会要能够提供可供追加的生产资料和劳动力。其中，可供追加的劳动力不成问题，因为资本主义社会存在着大量的相对过剩人口，问题是社会能否提供满足追加劳动力需要的消费资料。由此，我们便得到了扩大再生产的两个前提条件：

第一，第一部类所生产的生产资料，除了补偿两大部类消耗的生产资料，维持简单再生产以外，还应有一定的剩余，为两大部类扩大再生产提供追加的生产资料。用公式表示如下：

$$\mathrm{I}(c+v+m)>\mathrm{I}c+\mathrm{II}c$$

或

$$\mathrm{I}(v+m)>\mathrm{II}c$$

第二，第二部类所生产的消费资料，除了满足两大部类原有工人和资本家的消费需要以外，也必须有一定的剩余，以满足两大部类追加劳动力的消费需要。用公式表示如下：

$$\mathrm{II}(c+v+m)>\mathrm{I}\left(v+\frac{m}{x}\right)+\mathrm{II}\left(v+\frac{m}{x}\right)$$

或

$$\mathrm{II}\left(c+m-\frac{m}{x}\right)>\mathrm{I}\left(v+\frac{m}{x}\right)$$

在这里，$\frac{m}{x}$代表剩余价值中资本家用于个人消费的部分，$m-\frac{m}{x}$代表剩余价值中资本家用于资本积累的部分。

2. 社会资本扩大再生产的实现过程

前面我们分析了社会资本扩大再生产所需要的前提条件，这些前提条件仅仅表示具备了扩大再生产的可能性，只有当社会总产品都按照扩大再生产的要求获得实现时，这种可能性才会变成现实。

为了更好地分析扩大再生产条件下社会总产品的实现过程和实现条件，需要重新设计一个符合扩大再生产前提条件的图式。假定第一年年初社会总资本为 7250，其中，5000 个资本用于第一部类，用来生产生产资料，另外 2250 个资本用于第二部类，用来生产消费资料；资本有机构成第一部类为 4∶1，第二部类为 2∶1。则两大部类年初的资本及其构成如下：

$$\text{Ⅰ}\,4000c+1000v$$

$$\text{Ⅱ}\,1500c+750v$$

假设两大部类的剩余价值率都为 100%，到第一年年终，两大部类生产出来的社会总产品及其构成可表示如下：

$$\text{Ⅰ}\,4000c+1000v+1000m=6000$$

$$\text{Ⅱ}\,1500c+750v+750m=3000$$

在这个图式中，Ⅰ(1000v+1000m)>Ⅱ1500c，符合扩大再生产的前提条件，具备了扩大再生产的物质基础。

为了使再生产能够顺利进行，两大部类生产的总价值 9000 的产品同样都要实现价值补偿和实物补偿。与简单再生产不同的是，第二年要进行扩大再生产，资本家不能把全部剩余价值都用于个人消费，必须把剩余价值的一部分用于资本积累。假定第一部类的资本家将剩余价值的一半用于个人消费，剩余价值的另一半则用于积累。再假定追加资本有机构成与原有资本有机构成相同，仍为 4∶1，则用于积累的资本中，有 400 用作追加不变资本（Δc），有 100 用作追加可变资本（Δv）。这样，第一部类在第一年生产出来的全部产品，重新组合如下：

$$\text{Ⅰ}\,4000c+400\Delta c+1000v+100\Delta v+500\,\frac{m}{x}=6000$$

或

$$\text{Ⅰ}\,4400\,(c+\Delta c)\;+1100\,(v+\Delta v)\;+500\,\frac{m}{x}=6000$$

式中，Ⅰ4400（c+Δc）在价值上代表原有不变资本价值和追加不变资本价值，用来购买生产资料。其中 4000c 是用来补偿消耗掉的生产资料，维持简单再生产；400Δc 是用于扩大再生产的追加生产资料。而这部分产品本身就是生产资料，所以这部分产品可以在本部类通过交换实现价值补偿和实物补偿。

Ⅰ1100（v+Δv）+500 $\frac{m}{x}$ 这部分总价值 1600 的产品，其实物形式是生产资料，是第一部类为第二部类生产的，要卖给第二部类资本家。这部分产品在价值上又代表第一部类原有工人工资、追加工人工资和资本家用于个人消费基金，需要向第二部类购买消费资料。这部分产品只有与第二部类的消费资料进行交换才能实现价值补偿与实物补偿。

再看第二部类，Ⅱ1500c 表明第二部类只需要补偿 1500 的生产资料。而第一部类总共为它提供了 1600 的生产资料，多出的 100 生产资料就可以用于第二部类的扩大再生产。为了达到这一目的，第二部类资本家也必须进行资本积累，将剩余价值 750 中的 100 用于追加不变资本（100Δc）。假定第二部类追加资本有机构成仍为 2∶1，则第二部类资本家还必须从剩余价值中拿出 50 用作追加可变资本（50Δv），余下的 600 剩余价值用作资本家个人消费。这样，第二部类全部产品组合如下：

$$\text{Ⅱ}\,1500c+100\Delta c+750v+50\Delta v+600\,\frac{m}{x}=3000$$

或

$$\text{Ⅱ}\,1600(c+\Delta c)+800(v+\Delta v)+600\,\frac{m}{x}=3000$$

其中 $800(v+\Delta v)+600\,\frac{m}{x}$ 分别代表第二部类原有工人、追加工人和资本家和工人个人消费资料价值，它们的实物形态就是消费资料，因而这部分产品可以在第二部类内部各部门、各企业之间的交换得到实现和替换，$1600(c+\Delta c)$ 这部分产品的实物形态是消费资料，并且是第二部类为第一部类生产的消费资料；在价值上代表第二部类消耗的不变资本价值和追加不变资本价值，需要用生产资料进行实物补偿。因而这部分产品只有与第一部类的生产资料进行交换才能得到实现和替换。

以上分析表明，社会资本扩大再生产的实现过程，同简单再生产一样，也是通过三种交换关系而实现的，可以用图式表示如下：

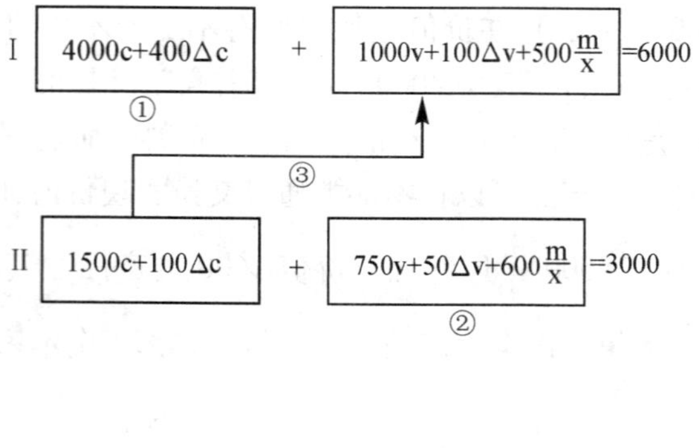

通过上述三方面的交换过程，社会总产品全部都得到实现和补偿；通过两大部类的积累，两大部类第二年年初资本总量增加，这些都为第二年实行扩大再生产创造了条件。在上面图式中，两大部类第二年年初的资本构成分别为：

Ⅰ4400c+1100v

Ⅱ1600c+800v

第一部类资本量第一年年初为5000，到第二年年初增加到5500；第二部类资本量第一年年初为2250，到第二年年初增加到2400。如果剩余价值率不变，到第二年年终，两大部类生产出来的产品价值为：

Ⅰ4400c+1100v+1100m=6600

Ⅱ1600c+800v+800m=3200

结果，社会总资本由第一年的7250，到第二年年初，增加到7900。社会总产品也由上一年的9000单位扩大为9800单位，实现了社会资本的扩大再生产。

3. 社会资本扩大再生产的实现条件

从以上的分析可以看出，扩大再生产的条件下社会总产品的基本实现条件是：第一部类原有的可变资本和追加可变资本，以及本部类资本家用于个人消费的剩余价值，这三者之和必须等于第二部类原有不变资本和追加不变资本的总和。只有具备了这个条件，社会总产品的各个部分才能够全部实现，扩大再生产才能顺利进行。

社会资本扩大再生产的基本实现条件，可用公式表示如下：

$$\text{Ⅰ}\left(v+\Delta v+\frac{m}{x}\right)=\text{Ⅱ}(c+\Delta c)$$

这个条件表明了扩大再生产条件下两大部类之间互为供给、互为需求，互相依赖、互相制约的内在联系。第一部类向第二部类提供的生产资料要正好等于第二部类扩大再生产对生产资料的需求。同时，第二部类向第一部类工人和资本家提供的消费资料也要正好等于第一部类原有工人、追加工人和资本家消费资料的需求。

从扩大再生产情况下社会总产品基本实现条件可以引申出两个实现条件：

（1）$\text{Ⅰ}(c+v+m)=\text{Ⅰ}(c+\Delta c)+\text{Ⅱ}(c+\Delta c)$。这个公式体现了在扩大再生产条件下，生产资料生产同生产消费之间的内在联系，即第一部类提供的生产资料要正好等于两大部类扩大再生产对生产资料的总需求。

（2） $\text{II}(c+v+m)=\text{I}\left(v+\Delta v+\frac{m}{x}\right)+\text{II}\left(v+\Delta v+\frac{m}{x}\right)$。这个公式表示第二部类生产的全部产品的价值必须等于两大部类原有的可变资本价值，加上两大部类追加的可变资本价值以及两大部类资本家用于个人消费的剩余价值总和。这一公式反映了在扩大再生产条件下，消费资料生产同个人消费之间的内在联系，即第二部类生产的全部消费资料必须等于两大部类原有工人、追加工人和资本家对消费资料的总需求。

以上三个实现条件，从不同的侧面反映了扩大再生产过程中社会生产与社会消费之间的内在联系，表明了扩大再生产的情况下社会生产两大部类之间所必须遵循的比例关系。只有满足这些主要比例关系的条件，社会资本的扩大再生产才能顺利实现。

4. 生产资料生产优先增长

以上对扩大再生产的分析，是在假定资本有机构成不变的条件下进行的。在这个假定前提下，不变资本与可变资本的增长速度是相同的，生产资料生产的增长速度也必然和消费资料生产增长速度相同，因此，两大部类是平行地增长，即它们的增长率是一样的。但是，事实上资本主义生产的扩大总是伴随着技术的进步和资本有机构成的提高。列宁把技术进步和资本有机构成提高这一因素引入马克思的社会资本再生产图式，得出了生产资料生产优先增长原理。

资本有机构成的不断提高，意味着在不断增长的社会总资本中，不变资本的比重日益增大，可变资本比重日益下降。因而社会对生产资料需求的增长速度，必然快于消费资料需求的增长速度。这样，在其他条件不变的情况下，生产资料生产的增长速度必然快于消费资料生产的增长速度。这就是生产资料生产优先增长。从第一部类内部来看，要使生产资料生产的优先增长得到保证，就要求第一部类为本部类制造生产资料的生产增长，快于为第二部类制造生产资料的生产增长。这就是生产资料生产优先增长。生产资料生产优先增长，是由技术不断进步和资本有机构成不断提高而引起的经济发展中的一种内在的客观趋势。

我们仍然以马克思再生产图式为例，假定第一年的社会总产品的各个组成部分为：

$$\text{I}\ 4000c+1000v+1000m=6000$$

$$\text{II}\ 1500c+750v+750m=3000$$

假定第一部类的积累率为 50%，即 500m 用作积累，并假定追加资本的有机构成由 4∶1 提高到 9∶1，并假定第二部类的追加资本有机构成由原来 2∶1 提高到 5∶1，这样，两大部类生产出来的全部产品的各个组成部分就要重新组合如下：

$$\text{I}\ 4000c+450\Delta c+1000v+50\Delta v+500\ \frac{m}{x}=6000$$

$$\text{II}\ 1500c+50\Delta c+750\Delta v+10\Delta v+690\ \frac{m}{x}=3000$$

其中 $\text{I}(4000c+450\Delta c)$ 通过第一部类内部交换补偿；$\text{II}\left(750\Delta v+10\Delta v+690\ \frac{m}{x}\right)$ 通过第二部类的内部交换得以实现补偿；第一部类的 $\left(1000v+50\Delta v+500\ \frac{m}{x}\right)$ 与第二部类的（$1500c+50\Delta c$）相交换实现补偿，通过三大交换关系，社会总产品的各个组成部分都得以实现，假定第二年的剩余价值率仍为 100%，那么，第二年生产出来的社会总产品为：

$$\text{I}\ 4450c+1050v+1050m=6550$$
$$\text{II}\ 1550c+760v+760m=3070$$

假定第三年第一部类的积累率为 50%，追加资本的有机构成从 9∶1 提高到 20∶1，第二部类资本有机构成从 5∶1 提高到 10∶1，为了扩大再生产，第三年生产的社会总产品重新组合如下：

$$\text{I}\ 4450c+500\Delta c+1050v+25\Delta v+525\ \frac{m}{x}=6550$$

$$\text{II}\ 1550c+50\Delta c+760v+5\Delta v+705\ \frac{m}{x}=3070$$

通过两大部类的内部交换以及两大部类之间的交换，社会总产品的各个组成部分都得以实现。假定第三年的剩余价值率为 100%，则第三年生产出来的社会总产品为：

$$\text{I}\ 4950c+1075v+1075m=7100$$
$$\text{II}\ 1600c+765v+765m=3130$$

假定第三年第一部类的积累率仍为 50%，追加资本有机构成从 20∶1 提高到 24∶1，第二部类追加资本有机构成从 10∶1 提高到 17∶1，则两大部类的社会总产品的各个组成部分都将重新组合，假定第四年的剩余价值仍为 100%，则根据前面的类推法，可以提出第四年年末的社会总产品为：

$$\text{Ⅰ}\ 5466c+1096.5v+1096.5m=7659$$

$$\text{Ⅱ}\ 1634c+767v+767m=3168$$

根据上面四年的计算，可将社会总产品各部分的增长情况如表 4-2 所示。

表 4-2

		第一年		第二年		第三年		第四年	
		产值	增长率%	产值	增长率%	产值	增长率%	产值	增长率%
社会总产品		9000		9620	6.89	10230	6.34	10827	5.84
Ⅰ（c+v+m）		6000		6550	9.17	7100	8.40	7659	7.87
其中用于	Ⅰ（c+Δc）	4450	11.25	4950	11.24	5466	10.42		
	Ⅱ（c+Δc）	1550	3.33	1600	3.23	1634	2.13		
Ⅱ（c+v+m）		3000		3070	2.33	3130	1.95	3168	1.21

以上分析说明，在资本有机构成提高的情况下进行扩大再生产，两大部类就不再平行发展了。这时，第一部类生产增长的速度快于第二部类；在第一部类内部，制造生产资料的生产资料生产又快于制造消费资料的生产资料的生产。所以列宁说："增长最快的是制造生产资料的生产资料生产，其次是制造消费资料的生产资料生产，最慢是消费资料的生产。"①

生产资料生产优先增长要以技术进步引起资本有机构成提高为前提，离开了资本有机构成的提高，不存在什么生产资料生产优先增长。生产资料生产优先增长是一般趋势，它并不排斥个别时期消费资料生产增长更快。如果出于某些特定的原因，使消费资料生产大大落后，致使两大部类比例关系失调。在这种情况下，消费资料生产应适当加快，甚至可以超过生产资料生产增长速度。

生产资料生产优先增长并不意味着生产资料生产可以脱离消费资料的生产独立地发展，更不意味着生产资料生产比消费资料生产增长越快越好。相反，生产资料的生产还要依赖于消费资料生产，并受其制约。第一，发展生产资料生产，终究不是目的，归根到底是发展消费资料的生产，因而前者的发展必然

① 列宁. 论所谓市场问题. 列宁全集（第 1 卷）[M]. 北京：人民出版社，1984：71.

受到后者的制约。第二，消费资料生产为生产资料生产的发展提供所必需的追加消费资料。如果第二部类不相应地发展，第一部类扩大再生产对消费资料追加需要就无法得到满足，扩大再生产也就无法实现。

4.4　资本主义的经济危机

4.4.1　资本主义经济危机的实质和根源

资本主义再生产过程不断地为周期性经济危机所打断，这是资本主义再生产的重要特点。自从在英国爆发了第一次席卷整个工业部门的经济危机以来，欧美主要资本主义国家，每隔若干年就爆发一次经济危机。在经济危机期间，一方面，大量商品积压，工厂商店倒闭；另一方面，大量工人失业，生活艰难。整个资本主义社会的经济陷入瘫痪和混乱状态。由此可见，资本主义经济危机的实质是生产相对过剩的危机，即生产的商品不是绝对过剩，而是相对于劳动人民有支付能力的需要来说是过剩了。

资本主义经济危机的根源，在于资本主义基本矛盾，即生产的社会化与生产资料资本主义私人占有之间的矛盾。这一矛盾在社会再生产中表现为：

第一，个别企业生产的有组织性与整个社会生产的无政府状态之间的矛盾。资本家为了追求超额利润和在竞争中占据有利地位，必然要加强企业的经营管理，精心组织生产，使企业内部的生产具有很强的计划性和组织性。但是，资本主义私有制决定了各个企业生产什么、生产多少都由企业自行决定。这就使得整个社会的生产处于盲目的、无政府的状态。个别企业越是有组织、有计划，竞争就越激烈，因而社会生产无政府状态就越严重。这种不断加剧的矛盾必然使社会资本再生产的实现条件不断遭到破坏，当社会生产的重大比例严重失调时，就会爆发整个社会范围的经济危机。

第二，资本主义社会生产无限扩大趋势同劳动群众有支付能力的需求相对缩小的矛盾。一方面，对利润的疯狂追求，以及激烈的竞争，驱使资本家进行资本积累，改进技术，扩大生产规模。另一方面，资本家对工人不断加强的剥削，又使工人工资的增长落后于劳动生产率的提高和生产规模的扩大，致使劳动群众有支付能力的需求相对缩小。当这一矛盾严重激化时，就会爆发经济危机。

4.4.2 资本主义经济危机的周期性

在资本主义社会，经济危机每隔若干年就爆发一次，具有周期性特征。资本主义经济危机的周期性是由资本主义基本矛盾运动特点决定的。

资本主义基本矛盾并非自始至终都处于激化状态，而是有时缓和，有时激化。只有当资本主义基本矛盾发展到极其尖锐化的程度，使社会再生产的比例严重失调时，才会爆发经济危机。经济危机使社会生产力严重破坏、社会劳动巨大浪费，自发地、强制地调整社会再生产的比例关系，用破坏和浪费的方式使社会供给与需求的矛盾暂时缓和，资本主义生产也得以摆脱经济危机而重新走向恢复和发展。但是，经济危机只能缓和资本主义基本矛盾，却不能从根本上消除这一矛盾。随着资本主义经济的恢复和发展，资本主义基本矛盾又会重新激化，从而再次爆发经济危机。

经济危机周期性的爆发，使得资本主义再生产也呈现周期性运动特点。从一次危机开始到下一次爆发，就是一个再生产周期，一般包括危机、萧条、复苏、高涨四个阶段。危机是资本主义再生产周期的决定性阶段，是资本主义各种矛盾和冲突的总爆发。这个阶段的特征是：商品积压，物价暴跌，生产下降；企业倒闭，工人失业，劳动人民生活恶化；市场停滞，银根紧缺，利率上升，信用关系破坏，整个社会陷入一片混乱。危机持续一段时间后，由于生产缩减，存货被销毁，积压商品逐渐减少，市场供求矛盾开始缓和，社会生产从危机过渡到萧条阶段。萧条阶段的特征是：生产不再下降，物价停止下跌，失业人数不再增加；但社会购买力仍然很低，商业萎缩，销售困难，整个社会处于停滞状态。复苏阶段的特征是：投资增长，就业增加，社会购买力提高，物价回升，信用活跃。当社会生产逐步恢复到危机前的最高点时，高涨就会到来。高涨阶段又称繁荣阶段，它的特点是：市场兴旺，买卖活跃，物价上升，投资猛增，生产规模不断扩大，就业人数不断增加，呈现一派繁荣景象。当生产发展到一定程度，资本主义各种矛盾又会再度激化，导致新一轮经济危机爆发。

4.4.3 经济危机周期性的物质基础——固定资本的更新

固定资本更新是资本主义经济危机周期性爆发的物质基础。这是因为：

（1）大规模的固定资本更新为资本主义摆脱危机创造了物质条件。在经济进入萧条和复苏时，资本家就会集中进行固定资本更新，增添新的机器设备，采用新技术，以降低成本，增强产品的竞争力。因此，危机是资本家大规模更新固定资本的起点。大规模固定资本更新导致社会对生产资料需求增加，带动了生产资料生产部门的发展。生产资料生产的恢复和发展，使工人就业增加，进而推动消费资料需求增加，又带动消费资料生产的恢复和发展。于是，大规模的固定资本更新，就会推动整个社会生产的恢复和发展，从而使资本主义经济逐步走出危机。

（2）大规模固定资本更新又为下一次经济危机的到来创造了物质条件。大规模的固定资本更新，使生产规模进一步扩大，同时使劳动者有支付能力的需求相对缩小。经过一段时间，日益增长的社会生产就会重新超过劳动群众有支付能力的需求，从而导致新一轮经济危机的爆发。

本章小结

1. 广义的资本的流通过程是包括生产过程和流通过程在内的资本运动过程。它既包括单个资本的循环和周转，也包括社会总资本的再生产和流通。

2. 资本循环是指资本的运动从一种形式出发，经历三个阶段、变换三种职能形式，实现价值增殖，最后回到原来出发点的运动。资本循环不仅包括三种职能形式循环，而且是资本三种职能形式循环的统一。资本循环要顺利进行，必须保持资本循环三种职能形式在空间上并存、在时间上继起。

3. 连续不断的资本循环就是资本周转。考察资本周转与资本循环不同的是，资本循环重在循环过程以及顺利循环的条件，而资本周转考察的重点则是资本运动的快慢以及对剩余价值的影响。资本周转不仅与时间和速度有关，而且与资本的构成有关。资本的构成分为固定资本和流动资本，资本周转是包括固定资本和流动资本周转在内的平均周转。加快资本周转可以节省预付资本总量，特别是预付流动资本量，同时加快资本周转可以增加年剩余价值量，提高年剩余价值率。

4. 社会资本是相互联系相互依赖的个别资本的总和。社会资本运动具有与个别资本运动不同的特点，因此必须对它进行单独考察。社会资本运动的核心问题是社会总产品的实现问题，包括价值实现和实物实现。马克思为分析社会资本再生产提供了两个基本原理。社会资本简单再生产的实现条件是Ⅰ（v+m）＝Ⅱc。社会资本扩大再生产的前提条件是Ⅰ（v+m）>Ⅱc，实现条件是

$$\text{I}\left(v+\Delta v+\frac{m}{x}\right)=\text{II}\ (c+\Delta c)。$$

5. 马克思主义的社会资本再生产理论是为了揭示资本主义生产方式的内在矛盾，说明经济危机的必然性和资本主义生产方式的过渡性。

关键术语

资本循环　　资本周转　　固定资本　　流动资本　　预付资本总周转有形磨损　　无形磨损　　折旧　　年剩余价值率
社会资本　　社会总产品的构成　　社会生产两大部类
经济危机

思考题

1. 产业资本循环经过哪些阶段和采取哪几种职能形式？
2. 为什么产业资本循环是三种循环形式的统一？
3. 产业资本循环顺利进行的条件是什么？
4. 什么是资本周转？它与资本循环有什么联系和区别？
5. 划分固定资本和流动资本的依据是什么？它与划分不变资本和可变资本有什么不同？
6. 影响资本周转速度的因素有哪些？
7. 为什么说考察社会资本再生产要着重分析社会总产品的实现问题？马克思分析社会资本再生产运动的两个理论前提是什么？
8. 社会资本简单再生产的实现条件是什么？

补充阅读

企业的资本是怎样筹集的

资本的生命在于运动，运动的目的在于增殖，对增殖的要求是永无止境的。要做到这一点，资本必须完成最基本的循环运动。对于大多数企业来说，筹集足够的资本是它们完成资本循环运动以至增殖的基本条件。那么，企业是怎么样筹集到足够资本的呢？

第一，通过银行贷款筹集。1985 年 3 月，生产“香雪海”牌电冰箱的苏州电冰箱厂向世界银行贷款 250 万美元，从意大利凯迪公司引进技术设备，次年 8 月投产，生产出 3 种规格的四星级双门电冰箱 3 万台。到 1987 年不仅全部还清贷款，而且还有盈余。1987 年，又向世界银行贷款 1200 万美元，从意大利扎努公司引进年产 40 万台双门、三门豪华电冰箱技术设备，一年半后投产，创汇超过 5000 万美元，是贷款的 3 倍多。

第二，通过企业发展横向联合筹集。1980 年 9 月，上海第二十二服装厂马桥联营厂建立。这是上海市第一家由厂方（上海第二十二服装厂）、农方（上海县马桥乡）与银行（上海市长宁区工商银行）三方联合经营的企业。该企业的资本由三方投资：厂方 30 万元（主要是设备）、农方 45 万元（主要是土建）以及长宁区工商银行 70 万元（主要是流动资金）。由于新产品市场销路好，最后赚钱了。分配方案：厂方 31.5%，农方 55%，银行 13.5%。

第三，利用股份制筹集。厦门同安银城联合啤酒厂建于 1988 年，是个只有几百人的县属小厂，原始资本为 1500 万元，年产啤酒仅 1 万吨。1994 年 6 月，该厂通过定向募集方式，改名为厦门银城股份有限公司。改制后的公司广泛筹集资金，筹集 5000 万股（元）实施啤酒生产的第三期扩建工程，不久，新增 2 万瓶/小时生产能力，企业也随之进入国家大型啤酒生产企业行列。

第四，通过资本市场融资。无锡小天鹅集团股份有限公司（下称“小天鹅”）的前身是一家陶瓷厂，1979 年转产生产洗衣机，取名“小天鹅”。1995 年 11 月 8 日，无锡小天鹅集团股份有限公司成立。成立时的股本，由发起人以经营性净资产7789.04万元，按照1∶0.8的比例折算为6231.4万元，其中，国家股为5768.8万股，公司内部职工250万股，募集资金1亿元。改制后，总股本达到10231.4万股。1995年，小天鹅又通过股权转让，成功吸收国际财团资金4.6亿元。1996年，小天鹅转为社会公众公司，通过发行7000万股B股，又募集资金3亿多元，同年6月，又成功向国外投资者发行7000多万股B股，又募集3亿多元。1997年，它又向社会公开发行6000万股A股，每股12.24元，A股发行后，公司总资产达到20多亿元，净资产达到18亿元。

第五，通过企业并购壮大资本实力。海信集团（下称“海信”）能有今天的成就与它实施企业并购分不开。海信实施企业并购的途径有：(1) 投资控股。1994年2月，淄博电视机厂提出兼并要求，海信看好其设备及生产潜力，双方共同达成协议。海信以货币及无形资产入股，淄博电视机厂以厂房设备入股，分别占有51%和49%的股份。合作当年，销售总额达1.6亿元，第二年达3亿元，利润1000万元。(2) 债权转股权。1993年，海信利用黑白电视机生产场地扩大彩电生产线，这时，山东电讯四厂提出与海信合作，为它生产黑白电视机。海信以债权及设备等有形资产和技术、管理、商标为投入，对方投入建筑、生产设备，共同组建了临沂海信电子有限公司。(3) 异地划拨国有资产。青州无线电变压器厂是一个地方国有企业，生产电视机的各种变压器，它的经营状况良好，与海信有长期供货关系。1993年，该厂提出加盟海信，以建立长期协作关系。海信提出对方必须以资产加盟，即将青州厂的国有资产划拨至海信，形成真正意义上的利益集团。海信的要求被接受，于是，676万元净资产无偿从青州划拨到海信，海信以投资者的身份将其全额投入青州厂，以法人股的形式建立海信全资子公司，并更名青州海信电子有限公司。

——根据国内相关企业资本筹集情况由主编整理

第5章 剩余价值的分割

5.1 平均利润和生产价格

5.1.1 剩余价值转化为利润

1. 成本价格的确立及其意义

按照资本主义方式生产的每一个商品 W 的价值都是由三个部分组成，即不变资本价值（c）、可变资本价值（v）和剩余价值（m），用公式来表示就是 $W=c+v+m$。但是，生产商品使资本家耗费的和生产商品本身所耗费的无疑是两个不同的量。从商品生产本身的耗费来看，c 是物化劳动的耗费，v+m 是活劳动的耗费，c+v+m 是商品生产实际耗费的社会总劳动。而从生产商品使资本家耗费的来看，生产商品所耗费的只是他的预付资本价值 c+v，而商品价值中的 m 部分却不费资本家分文。所以，资本家在计算生产商品的实际费用时，就只计算它所耗费的资本价值。这样，生产商品所耗费的不变资本价值 c 和可变资本价值 v 的总和（c+v）便取得了资本主义的生产费用即成本价格的形式。如果用 k 代表成本价格，那么，成本价格就表示为 $k=c+v$，而商品价值则表示为 $W=k+m$。显然，资本主义的成本价格小于商品价值，两者之间的差额就是剩余价值。

成本价格作为生产商品实际耗费的不变资本与可变资本之

和，它不仅是资本家账簿上的一个重要项目，而且对于资本主义的实际经济生活有着重大影响：

首先，成本价格是资本家赚钱或赔本的分界线。如果商品的出售价格高于成本价格，资本家就能赚钱；反之，商品价格低于成本价格，资本家就会赔本；如果商品价格等于成本价格，资本家就只能保本。

其次，成本价格的高低决定着资本家竞争能力的大小。在其他条件相同的情况下，商品的成本价格越低，竞争能力也就越强；反之，竞争能力就越弱。成本价格的高低与竞争能力的大小存在一种按相反方向变化的关系。正因为如此，每个资本家都非常关心自己商品成本价格的高低，千方百计地采用先进技术，改善劳动组织，节省原材料，加强对工人的剥削，以降低不变资本价值和可变资本价值的消耗。

最后，成本价格的补偿是保证资本主义再生产过程连续进行的最低限度。我们知道，成本价格不过是生产过程中消耗掉的生产资料和劳动力的货币表现。为了使再生产不断进行下去，资本家出售商品的价格至少要补偿成本价格，并从市场上购买相应的生产资料和劳动力，否则连简单再生产也无法维持。正如马克思所指出的那样，成本价格“这个价值部分的独立存在，在现实的商品生产中会经常发生实际影响，因为这个价值部分会通过流通过程，由它的商品形式不断地再转化为生产资本的形式，因而商品的成本必须不断的买回在商品生产上耗费的各种生产要素”①。

不变资本价值和可变资本价值转化为成本价格，使资本主义生产关系神秘化。主要表现在：第一，成本价格抹杀了不变资本和可变资本的区别。在成本价格形态上，无论是不变资本还是可变资本，都同样表现为资本价值耗费，因而不变资本和可变资本在价值增殖过程中的不同作用，在成本价格的掩盖下消失了。第二，成本价格掩盖了剩余价值的真正来源。从成本价格来看，只有固定资本和流动资本的区别，而没有不变资本和可变资本的区别。实际上，资本家只是在固定资本和流动资本的名义下计算成本价格，购买劳动力的可变资本计在流动资本的项目下，并和购买原材料的不变资本部分同样看待。在这里显示出来的只是固定资本和流动资本的区别，而看不见可变资本和不变资本的区别，剩余价值是可变资本创造的本质被掩盖起来了。

---

① 马克思. 资本论（第3卷）[M]. 北京：人民出版社，1975：33.

2．剩余价值转化为利润

随着所费资本转化为成本价格，剩余价值便转化为利润。由于商品价值中的不变资本和可变资本转化为成本价格，剩余价值就表现为所费资本的产物。但是，在资本家看来，仅仅有所费资本还不能生产剩余价值，还必须有全部预付资本的存在。只有全部预付资本，才能进行生产，从而才能生产出剩余价值。因此，剩余价值就被看成全部预付资本的产物了。当剩余价值被看做全部预付资本的产物时，剩余价值就转化为利润。正如马克思所说："剩余价值，作为全部预付资本的这样一种观念上的产物，并取得了利润这个转化形式。"①

利润和剩余价值，本质上是一个东西。剩余价值是利润的本质，利润则是剩余价值的现象形式或转化形式。所不同的是，剩余价值是对可变资本而言的，而利润是对全部预付资本而言的。如果认为剩余价值是可变资本的产物，它就叫剩余价值；如果认为剩余价值是预付总资本的产物，它就转化为利润。如果以 p 表示利润，则商品价值公式 $W=k+m$ 便转化为 $W=k+p$，也就是商品价值=成本价格+利润。

利润掩盖了剩余价值的真正来源，使资本剥削雇佣劳动的关系进一步神秘化。但是，应当指出，剩余价值采取利润形式，绝不是人们主观臆想的结果，它是资本主义生产方式的必然产物。第一，由于资本家预付的不变资本和可变资本采取了成本价格形式，可变资本在价值增殖过程中的特殊作用看不见了，剩余价值就表现为全部预付资本的产物。第二，在资本主义经济中，劳动力价值采取了工资形式，工人干一天活拿一天工资，从表面上看，似乎工人的全部劳动都有报酬，于是，剩余价值就不像是由劳动创造的，而像是由资本所产生的，从而剩余价值必然表现为利润这个转化形式。正如马克思所说："因为在一极上，劳动力的价格表现为工资这个转化形式，所以在另一极上，剩余价值表现为利润这个转化形式。"②

3．剩余价值率转化为利润率

在剩余价值转化为利润的同时，剩余价值率也就转化为利润率。利润率和剩余价值率是同一个剩余价值量相对两种不同的资本范畴计算而产生的不同比

① 马克思．资本论（第3卷）[M]．北京：人民出版社，1975：44.
② 马克思．资本论（第3卷）[M]．北京：人民出版社，1975：44.

率。剩余价值率是剩余价值与可变资本的比率，即 $m'=m/v$；利润率是剩余价值与预付总资本的比率。以 C 代表预付总资本，以 p'代表利润率，则 $p'=m/C$。由于预付总资本（c+v）总是大于可变资本（v），所以利润率（p'）总是小于剩余价值率（m'）。

利润率和剩余价值率不仅在数量上有明显的区别，而且它们所表示的关系也是根本不同的。剩余价值率表示资本家对工人的剥削程度；利润率则表示预付总资本的增殖程度。在预付总资本与利润的关系中，资本不是表现为对劳动的一种榨取关系，而是表现为资本对自身的关系。所以，利润率不仅导致剩余价值来源的进一步神秘化，而且也掩盖了资本对雇佣劳动的剥削程度。

剩余价值率转化为利润率，也是资本主义生产方式的必然现象。首先，资本主义生产的目的，就是为了获得利润。资本家从事生产经营活动的唯一动机和目的，就是为了使价值增殖。利润率愈高说明增殖得愈快。他根本不会去考虑不变资本和可变资本在剩余价值生产中的不同作用。对于资本家来说，“究竟是为了从可变资本取得利润才预付不变资本，还是为了使不变资本增殖才预付可变资本；他究竟是为了使机器和原料有更大的价值才把货币用在工资上，还是为了对劳动进行剥削才把货币预付在机器和原料上；不管人们怎么看，对资本家来说，都是无关紧要的”①。其次，不变资本和可变资本的物质要素，就是生产资料和劳动力，二者缺一，生产都不能进行。所以，只有把二者结合起来，才能进行生产，也才能获得剩余价值，因而资本家总是把 c 和 v 当作一个预付总资本，当作一个整体来考虑和使用，根本不会考虑用来购买劳动力的可变资本在剩余价值生产中的特殊作用。最后，资本家实际获利的程度，不是取决于剩余价值和可变资本的比率，而是取决于剩余价值和预付总资本的比率。“实际上，利润率从历史上说也是出发点。剩余价值和剩余价值率相对地说是看不见的东西，是要通过研究加以揭示本质的东西。利润率，从而剩余价值的形式即利润，却会在现象的表面上显示出来。”②

4. 影响利润率的因素

剩余价值率转化为利润率以后，利润率就成为资本家唯一追求的东西。而

---

① 马克思. 资本论（第 3 卷）[M]. 北京：人民出版社，1975：50.
② 马克思. 资本论（第 3 卷）[M]. 北京：人民出版社，1975：51.

利润率的高低受多种因素影响：

（1）剩余价值率。在预付资本已定的条件下，利润率的大小，取决于剩余价值量的多少；而剩余价值量的多少，又取决于剩余价值率的高低。在其他条件不变的情况下，利润率和剩余价值率成正比例变化。因此，凡是能够提高剩余价值率的一切办法，都会相应提高利润率。

（2）资本有机构成。在预付资本和剩余价值率不变的情况下，一个部门（不是部门内部的个别企业）的平均资本有机构成越低，可变资本在总资本中的比例就越大，利润率就越高；反之，资本有机构成越高，利润率就越低。所以，利润率是同部门平均资本有机构成按相反方向变化的。

（3）资本的周转速度。在剩余价值量和资本有机构成不变的情况下，利润率与资本周转速度成正比。资本周转速度越快，利润率也就越高；反之，利润率则越低。

（4）不变资本使用上的节约。不变资本使用上的节约本身不会带来更多的利润，但是它却会使利润率得到提高。因为在剩余价值量和剩余价值率不变的条件下，不变资本的节约，意味着利润率公式中分母部分数值减少，因而利润率的数值会有一定程度提高。

（5）商品价格的变化。商品价格的变化，特别是其中原材料价格的变化，尽管不会影响资本技术构成的变化，但是，它却会使资本的价值构成发生变化，从而影响利润率的变化。例如，原材料的价格提高了，就会使不变资本部分的价格增加，从而加大了利润率公式的分母部分，因而使利润率下降；反之，利润率就会提高。所以，在其他条件不变的情况下，利润率的高低和原材料的价格成反比。

5.1.2　利润转化为平均利润

1. 利润转化为平均利润的原因

在资本主义社会中，有许多产业部门，他们的资本有机构成和周转速度是不同的，因而就出现了这种现象：等量资本由于投入部门不同，周转时间长短不一，利润率的大小也很不一样。那些投在有机构成较高、周转时间又长的部门的资本由于在同一时间内获得的剩余价值量较少，它们的利润率也就较低。等量资本不能获得等量利润，同资本家投资是为了获得更多利润的目的相违背，也同利润作为预付总资本的产物这一性质相矛盾。首先，利润作为预付总资本的产物，它要求投入生产中的每一个资本价值，不论投在什么样的产业部门，都应得到相同的利润；其次，资本的本性是天生的“平等派”，只要预付资本相等，就要求获得相等的利润。因此，利润的性质和资本的本性决定了利润向平均利润的转化。

2. 利润转化为平均利润的机制

等量资本要求获得等量利润的实现，是资本主义竞争机制发生作用的必然结果。不过，要区分两种不同的竞争：一种是部门内部的竞争，一种是部门之间的竞争。部门内部的竞争形成商品的社会价值，部门之间的竞争使不同的利润率转化为平均利润率。

（1）部门内部的竞争形成商品的社会价值。在资本主义社会，每个生产部门内部都有许多企业，由于各个企业生产条件不同，生产出来的商品的个别价值就各不相同。但是，商品不是按照个别价值出售的，而是按照社会价值出售的。那么，商品的社会价值是怎样形成的呢？它是部门内部生产同样商品的各资本家之间为争夺最有利的生产条件和销售条件、追逐超额利润（超额剩余价值的转化形式）而进行竞争的结果。这种竞争是通过改进生产技术、改善经营管理、加强剥削等手段来实现的。在竞争中，他们互相施加压力，使得商品不能按其个别价值出售，而只能按照统一的社会价值来出售。商品的个别价值平均化为社会价值，正是借助于这种竞争实现的。马克思指出：“竞争首先是在一个部门内部实现的，是使商品的各种不同的个别价值形成一个相同的市场价值和市场价格。”①

假定市场上某种商品的供给和需求一致，生产这种商品的企业有优、中、劣三种生产条件。在一般情况下，中等生产条件企业生产的商品在部门产量中占显著大量，而优等生产条件和劣等生产条件企业生产的商品只占少量并且大体平衡。这样，中等生产条件企业生产的商品的个别价值，就决定了这种商品的社会价值，它等于用全部商品总量去除商品价值总额所得的平均价值。如表5-1 所示：

① 马克思．资本论（第3卷）［M］．北京：人民出版社，1975：201.

表 5-1

生产条件	商品数量（件数）	个别价值（元）		社会价值（元）	
		单位商品	全部商品	单位商品	全部商品
优	10	8	80	10	100
中	80	10	800	10	800
劣	10	12	120	10	100
总计或平均	100	—	1000	—	1000

从表 5-1 可以看出，尽管生产某种商品的企业生产条件有优等、中等和劣等三种类型，但由于中等生产条件的企业生产的商品占显著大量（100 件中占 80 件），而优等企业和劣等企业生产的商品只占少量并且大体平衡（100 件中各占 10 件），这样，中等生产条件企业所生产的商品的个别价值（10 元/件）就决定了这种商品的社会价值（10 元/件），它等于用全部商品总量（100 件）去除商品价值总额（1000 元）所得的平均值。

但是，如果市场上商品的供给和需求总量不变，而劣等生产条件企业生产的商品占显著大量，在这种特殊情况下，商品的社会价值就由劣等生产条件企业的个别价值决定；反之，如果优等生产条件企业生产的商品占显著大量，商品的社会价值便会由优等企业的个别价值决定。但这时，社会价值不会与它们的个别价值完全相等，而只是与它们的个别价值相接近。如表 5-2 所示：

表 5-2

生产条件	社会价值由劣等条件决定			社会价值由优等条件决定		
	产量（件）	单位商品个别价值	全部商品个别价值	产量（件）	单位商品个别价值	全部商品个别价值
优	10	8	80	80	8	640
中	10	10	100	10	10	100
劣	80	12	960	10	12	120
总计或平均	100	—	1140	100	—	860

以上我们是在市场供给和需求一致的条件下考察商品社会价值的形成过

程。由于供求一致，市场价格等于社会价值。实际上，市场供给和需求经常会不一致，因此，市场价格就不等于社会价值，而是围绕社会价值上下波动。市场价格的波动，也是通过市场竞争来实现的。当商品的供给量大于按社会价值能够出售的商品量即供过于求的时候，卖者在竞争中处于劣势，买者处于优势。这时，竞争主要在卖者之间进行，表现为卖者争相出卖商品，使市场价格低于社会价值。反之，当商品的供给量小于按社会价值能够出售的商品量即供不应求的时候，买者在竞争中处于劣势，卖者处于优势。这时，竞争主要在买者之间进行，表现为买者争相购买商品，使市场价格上涨到社会价值以上。

部门内部的竞争形成社会价值以后，商品就按照社会价值决定的市场价格来出售。由于商品的社会价值通常是由这个部门生产的商品的平均价值或中等生产条件下生产的、占这个部门产量大多数的那种商品的个别价值决定的，因此，就使优等生产条件的企业能够获得超额利润。资本家为了追求超额利润而提高利润率，便竭力采用新技术和扩大生产规模来降低商品的个别价值。而部门内大多数企业都采用新技术时，就会使部门平均资本有机构成提高，从而导致利润率下降。所以，各个部门生产的商品，形成不同的社会价值和不同的利润率，不但成为不同的部门之间竞争的基础，同时，它又引起和加剧各个不同部门之间的竞争。

（2）部门之间的竞争形成平均利润率。在资本主义社会，不同的生产部门，由于影响利润率的因素不同，致使各部门利润率存在着很大的差别。资本家为了争夺有利的投资场所，在部门之间展开了激烈的竞争。这种竞争主要是通过资本自由转移来实现的。资本的自由转移，既包括原有资本从利润率较低的部门抽出，转投到利润率较高的部门，也包括新资本向利润率较高的部门的投入。部门之间的竞争，使得各个部门之间不同的利润率趋于平均化，从而形成一个一般利润率，即平均利润率。

那么，资本在不同部门之间的转移，是怎样使不同的利润率转化为平均利润率的呢?

假定社会上有食品、纺织、机械三个不同的生产部门，各部门资本总量都是100，剩余价值率都是100%，不变资本价值全部一次转移到商品中去。这三个部门只存在着资本有机构成的不同。我们要分析的只是由于资本有机构成不同而引起的利润率差别。假定食品工业部门的资本有机构成是70c：30v；纺织工业部门的资本有机构成是80c：20v；机械工业部门的资本有机构成是90c：10v。由于资本有机构成不同，各个部门的商品价值就不一样，它们分别为 130、120、110。如果商品都按价值出售，则食品、纺织和机械部门的资本家会分别获得 30、20、10 的利润，他们的利润率则分别为 30%、20%、10%。在这里我们看到了，食品工业部门的资本有机构成最低，利润率却最高；而机械工业部门的资本有机构成最高，利润率却最低。这两个部门预付资本量相等，但利润率却相差悬殊。如表 5-3 所示：

表 5-3

部门	预付资本	资本有机构成	剩余价值率	剩余价值	商品价值	利润率
食品	100	70c：30v	100%	30	130	30%
纺织	100	80c：20v	100%	20	120	20%
机械	100	90c：10v	100%	10	110	10%

资本家都是唯利是图的，都是力图用同量的资本获取更多的利润。机械工业部门的资本家决不能容忍这种状况继续下去，他们会纷纷抽走资本，转投到食品工业部门。结果，食品制造厂增多，市场上食品产量相应增加。在需求不变的情况下，各类食品逐渐供过于求，价格下跌，利润率下降；市场上的机械工业部门则由于原有的一些资本被抽走，产量下降，市场上的机械产品逐渐供不应求，价格上升，利润率提高。当机械工业部门的利润率提高到食品工业部门利润率以上时，资本又会向相反方向转移。资本的转移和价格的涨落会如此继续下去，使各个部门的利润率大体上趋于平均。结果，各个部门的利润率都是 20%，每个部门的商品都按 120 出售，每个部门的资本家都获得 20 的利润。

部门之间的竞争就形成了平均利润率。等量资本获取等量的利润，是部门之间的竞争所产生的必然趋势。各个部门的资本家按照平均利润率所取得的利润，就是平均利润。随着平均利润率的形成，利润便转化为平均利润。正如马克思指出："通过资本在不同部门之间根据利润率的升降进行的分配，供求之间就会形成这样一种比例，以致不同的生产部门都有相同的平均利润。"① 如表 5-4 所示：

① 马克思．资本论（第 3 卷）[M]．北京：人民出版社，1975：218.

表 5-4

部门	预付资本有机构成	剩余价值	商品价值	平均利润率	平均利润	平均利润与剩余价值之差
食品	70c：30v	30	130	20%	20	−10
纺织	80c：20v	20	120	20%	20	0
机械	90c：10v	10	110	20%	20	+10
合计	—	60	—	—	60	0

从表 5-4 可以看出，平均利润形成以后，各个部门资本家所取得的利润，就不一定等于部门工人创造的剩余价值了。食品工业部门的平均利润比本部门工人创造的剩余价值少 10，而机械工业部门的平均利润却比本部门工人创造的剩余价值多 10，只有纺织工业部门的平均利润与本部门工人创造的剩余价值相等。但是，从整个社会来看，利润总量和剩余价值总量还是相等的。可见，平均利润的形成过程，是不同部门资本家通过竞争重新瓜分剩余价值的过程。从本质上说，平均利润率不过是把社会总资本作为一个整体看待时所得到的利润率，它是社会的剩余价值总额与社会总资本的比率。而按照平均利润率获得的利润，就是平均利润。用公式表示为：

$$平均利润率=\frac{剩余价值总量}{社会总资本}$$

$$平均利润=预付资本\times平均利润率$$

但是，不能把平均利润率理解为各个部门不同利润率的简单平均。因为，平均利润率的水平，不仅取决于各个部门资本有机构成的高低和利润率的高低，还取决于社会总资本在各部门之间的分配比例。在社会总资本中，投在资本有机构成较低的部门中的资本比重越大，平均利润率便越高；反之，平均利润率就越低。如表 5-5 所示：

表 5-5

部门	预付资本	资本有机构成	剩余价值率	剩余价值	平均利润率	平均利润	平均利润与剩余价值之差
食品	500	350c：150v	100%	150	23%	115	−35
纺织	300	240c：60v	100%	60	23%	69	+9
机械	200	180c：20v	100%	20	23%	46	+26

从表 5-5 可以看出，由于资本有机构成较低的食品部门的资本量在社会总资本量中所占的比重较大，因此平均利润率便由原来的 20% 提高到 23%。而食品、纺织和机械三个部门所得的平均利润量以及所得平均利润与所创造的剩余价值之间的差额也不相同，就连资本有机构成属于中等水平的纺织部门也不例外。

平均利润率形成以后，并不排除各部门中少数先进企业仍然可以获得超额利润。因为我们在分析利润转化为平均利润时，是把一个部门作为一个整体来看待的，即是以每一个部门的资本平均有机构成和平均周转速度为前提的，它根本没有否定一个部门内部各个资本主义企业之间依然存在技术装备水平的差别。事实也正是如此，在某一部门内部的各个资本主义企业之间，仍然会有技术装备水平的差别。那些资本有机构成较高，从而劳动生产率较高或者资本周转速度较快的企业，它们生产商品的个别价值低于社会价值，商品按照社会价值出售后，就会获得一定量的超额利润。因此，在平均利润形成以后，部门内部的各个资本家之间仍然存在着追逐超额利润的激烈竞争。

平均利润率规律是剩余价值规律在自由竞争的资本主义时期发生作用的具体形式，它是随着资本主义的发展，取得了统治地位以后，在各方面都为资本在不同部门间的转移提供了社会条件和技术条件时才形成的。资本有机构成在各部门间存在差别，资本能够在部门间自由转移，是平均利润率形成的条件。

5.1.3　价值转化为生产价格

1. 生产价格的形成

随着利润转化为平均利润，价值也就转化为生产价格。所谓生产价格，是指成本价格与平均利润之和，它是商品价值的转化形式。价值转化为生产价格的过程，可用表 5-6 说明。

表 5-6

部门	资本	剩余价值	平均利润	价值	生产价格	生产价格与价值之差
食品	70c+30v	30	20	130	120	−10
纺织	80c+20v	20	20	120	120	0

续表

部门	资本	剩余价值	平均利润	价值	生产价格	生产价格与价值之差
机械	90c+10v	10	20	110	120	+10
合计	——	60	60	360	360	0

从表5-6可以看出，资本有机构成不同的三个部门，存在着不同的利润率，但经过它们之间的竞争和资本的自由转移，这些不同的利润率就转化为一个平均的利润率。由于平均利润率的形成，三个部门的资本家都得到了平均利润，三个部门的商品都形成了统一的生产价格。因此，商品都按生产价格出售。在这种情况下，某个部门的资本家得到的利润，与本部门生产的剩余价值发生了数量上的差别。资本有机构成高的部门（如机械部门）获得的利润，超过了本部门生产的剩余价值；资本有机构成低的部门（食品部门）获得的利润，低于本部门生产的剩余价值；只有资本有机构成居中等水平的部门（纺织部门），获得的利润才与其创造的剩余价值一致。从上表还可以看出，生产价格的形成不是人为的，而是以资本主义部门间的竞争作为机制的。它是随着平均利润率的形成而形成的，是资本家为追求高额利润而竞争的一种必然结果。平均利润率形成了，生产价格也就形成了。生产价格是以平均利润率的存在为前提的。

在生产价格形成以后，各部门的商品就不再按照价值出售，而是按照生产价格出售了。那些资本有机构成高的部门，商品的生产价格高于本部门实际的商品价值；那些资本有机构成低的部门，商品的生产价格低于本部门实际的商品价值；只有那些资本有机构成中等的部门，商品的生产价格才与本部门实际的商品价值相等。这是利润转化为平均利润的表现和结果，也是价值转化为生产价格的一种证明。

生产价格形成以后，商品的市场价格围绕生产价格上下波动。在供求平衡时，市场价格与社会生产价格相一致，刚好实现应得的平均利润；在供过于求时，市场价格低于社会生产价格，平均利润有一部分不能实现；在供不应求时，市场价格高于社会生产价格，不仅能实现平均利润，而且可以获得超额利润。市场价格虽然时高时低，但不会离开生产价格这个轴心太远。

生产价格形成以后，同一个生产部门各个企业生产产品的个别生产价格，与本部门的平均生产价格仍然会有差别。因为生产价格的高低，取决于两个因素：成本价格和平均利润。虽然同量资本的平均利润相同，但那也是经过激烈的竞争得来的，竞争不利就得不到平均利润。同时，各个企业的生产条件不同，个别成本价格也不同，这样就造成了个别企业生产价格与社会生产价格的差异，一些生产条件较好的企业，个别生产价格低于社会生产价格，除了平均利润以外，还可以得到超过平均利润的超额利润；一些生产条件较差的企业，个别生产价格高于社会生产价格，就得不到平均利润。所以，在生产价格形成以后，资本家为了使自己生产产品的个别生产价格低于社会生产价格，追逐超额利润，仍需不断地进行激烈地竞争。

2．生产价格的本质

随着利润转化为平均利润，从而价值转化为生产价格，价值规定的基础就被掩盖起来，似乎价值与生产价格是没有内在联系的对立物。资产阶级古典经济学家正是由于无法解决这个矛盾而陷入困境。而资产阶级庸俗经济学家则以这一表面现象为根据，捏造了所谓“劳动价值理论与生产价格理论存在矛盾”的说法，用以攻击马克思主义政治经济学。他们说，在《资本论》第一卷中讲商品按价值出售，第三卷又讲商品按生产价格出售，两者是互相矛盾的，这是“理论上的破产”，“科学上的自杀”。资产阶级学者之所以把攻击的目标集中在马克思的劳动价值论上，就是因为它是剩余价值理论的基础，是揭露资本主义制度剥削本质的最深刻的理论依据。

其实，马克思的价值学说与生产价格学说之间并不存在任何矛盾，生产价格理论正是以劳动价值理论为基础的。商品按生产价格出售不是对价值规律的否定，而恰恰是价值规律作用的具体形式的发展。这是因为：第一，从个别部门看，虽然资本有机构成高的部门获得的平均利润高于本部门工人创造的剩余价值，资本有机构成低的部门获得的平均利润低于本部门工人创造的剩余价值。但是，从全社会来看，整个资产阶级所获得的平均利润总额和整个工人阶级所创造的剩余价值总额是相等的。平均利润，不过是剩余价值在各个部门资本家之间重新分配的结果。第二，从个别部门看，虽然有些部门生产价格高于价值，有些部门生产价格低于价值。但是，从整个社会看，既然平均利润总额与剩余价值总额相等，生产价格总额也必然与商品价值总额相等。第三，生产价格的变动，归根到底取决于价值的变动，即生产商品的社会必要劳动时间的变动。马克思说："生产价格的变化显然总是要由商品的实际价值变动来说明。"① 如果生产商品的社会必要劳动时间减少了，商品的价值降低了，生产价格也会随之降低；如果生产商品的社会必要劳动时间增加了，商品的价值就会提高，生产价格也会随之提高。由此可见，价值是生产价格的基础，生产价格不过是价值的转化形式。

马克思的生产价格理论，不仅在逻辑上是以劳动价值论为基础的，而且在历史上也是同商品经济发展的进程相一致的。

首先，就思维的逻辑进程来说，生产价格与价值并不是两种毫不相干的对立物，生产价格只不过是价值的转化形式，只有在劳动价值学说的基础上，才能阐明生产价格的形成及其界限。商品按照生产价格出售，绝不是违背或否定价值规律，只是价值规律发生作用的形式有所变化。价值是生产价格的质，生产价格是价值的转化形式。二者本质上并不矛盾，而是统一的。正如列宁所说："在《资本论》第三卷里，解决了在价值规律的基础上形成平均利润率的问题。这样，价格离开价值而使利润平均化这个众所周知的、无可置辩的事实，就为马克思根据价值规律所充分说明了。"②

其次，在历史上，商品价值是先于生产价格的。商品交换和价值规律已经存在5000—7000年。在简单商品生产条件下，商品一直按照价值进行交换，价值是市场价格波动的中心。恩格斯指出："中世纪的农民相当准确地知道，要制造他换来的物品，需要多少劳动时间。……农民和卖东西给他的人本身都是劳动者，交换的物品也是他们个人自己的产品。他们在生产这些产品时耗费了什么呢？劳动，并且只是劳动。他们为补偿工具、为生产和加工原材料而花费的，只是他们自己的劳动力。因此，如果不按照花费在他们这些产品上的劳动比例，他们又怎么能把这些产品同其他从事劳动的生产者的产品互相交换呢？在这里，不仅花在这些新产品上的劳动时间对互相交换的产品量的数量规定来说是唯一合适的尺度；在这里，也根本不可能有别的尺度。"③

在资本主义发展初期，产业资本的自由转移比较困难，因而没有形成社会平均利润率，商品价值也没有转化为生产价格。随着资本主义的发展，特别是资本主义进入机器大工业阶段，价值转化为生产价格的过程才能最后完成。这

① 马克思．资本论（第3卷）［M］．北京：人民出版社，1975：186.
② 列宁．列宁全集（第21卷）［M］．北京：人民出版社，1972：46-47.
③ 马克思．资本论（第3卷）［M］．北京：人民出版社，1975：1016.

时候，一方面，“商品不只是当作商品来交换，而是当作资本的产品来交换。这些资本要求从剩余价值总量中，分得和它们各自的量成比例的一份，或者在他们的量相等时，要求分到相等的一份。”① 另一方面，资本主义生产关系在各个部门已取得了统治地位。随着商品经济和交通运输事业的发达，各生产部门之间的联系日益密切；信用制度的发展及其在竞争中作用的加强；科学技术的发展和各个部门生产技术差别的缩小；行会制度和劳动力自由流动障碍的消除，等等。所有这一切，都为资本和劳动力的自由转移提供了充分条件。只有这个时候，部门之间的竞争才能充分展开，平均利润率才能形成，价值才能转化为生产价格。因此，商品价值看作不仅在理论上，而且在历史上先于生产价格，是完全符合实际历史进程的。正如马克思所说：“商品按照它们的价值或接近于它们的价值进行的交换，比那种按照它们的生产价格进行的交换所要求的发展阶段要低得多。而按照它们的生产价格进行的交换，则需要资本主义的发展达到一定的高度。”②

综上所述，马克思的生产价格理论，体现了逻辑分析和历史进程的高度统一。价值转化为生产价格的学说，正是马克思劳动价值学说和剩余价值学说的继续和发展。只有这一学说才能透过资本主义社会中纷繁复杂的经济现象，揭示资本主义经济生活的本质。

3. 平均利润和生产价格理论的意义

马克思的平均利润和生产价格理论，具有重大的理论意义和革命意义。

（1）平均利润和生产价格理论解决了劳动创造价值与等量资本获得等量利润不能统一这一理论难题。把劳动创造价值同等量资本获得等量利润统一起来说明生产价格，在理论上是一个难题。资产阶级古典经济学家要么固守等量资本获得等量利润而放弃劳动价值论，要么坚守劳动价值论而把生产价格看作例外。总之，不能解决劳动价值论与生产价格之间的现实矛盾。而马克思的平均利润和生产价格理论，科学地阐明了生产价格和商品价值之间的内在联系，解决了资产阶级古典经济学遇到的难题，使劳动价值理论更加完善并立于不败之地，从而最终完成了劳动价值理论。

（2）平均利润和生产价格理论科学地阐明了剩余价值在各个部门资本家

① 马克思．资本论（第 3 卷）[M]．北京：人民出版社，1975：1017.
② 马克思．资本论（第 3 卷）[M]．北京：人民出版社，1975：197-198.

之间重新分配的规律，从而为分析资本主义的企业利润、商业利润、利息和地租等提供了理论前提。因此，平均利润和生产价格理论是马克思劳动价值理论和剩余价值理论的进一步发展。

（3）平均利润和生产价格理论的革命意义，就在于它为无产阶级争取自身解放的斗争提供了理论武器。平均利润形成之后，每个资本家所获得的利润的多少，不仅取决于他对本企业工人的剥削程度，而且也取决于全体资本家对全体工人的剥削程度。平均利润不过是全体工人创造的全部剩余价值在资本家之间的重新分配。资本家在分配剩余价值时，可能矛盾重重。但是在对待工人这个问题上，他们却有着共同的经济利益，那就是如何加强对工人阶级的剥削。正如马克思所说的那样："资本家在他们的竞争中表现出彼此都是虚伪的兄弟，但面对着整个工人阶级却结成真正的共济会团体。"①由此可见，在资本主义社会中，每个企业的工人，不仅直接受本企业的资本家的剥削，而且受整个资本家阶级的剥削。整个资本主义社会的企业，就像一个庞大的股份公司，每个资本家都是这个公司的股东，他们各自按照入股的多少取得相应的利润。工人和资本家的对立是无产阶级和资产阶级的对立，无产阶级要求得自身解放，必须整个阶级团结起来，推翻资产阶级的统治，消灭资本主义制度。

马克思的平均利润和生产价格理论，不仅是批判旧世界的锐利武器，而且对于建设社会主义市场经济也具有重大的指导意义。社会主义经济和资本主义经济具有完全不同的性质和特征，平均利润和生产价格理论作为反映资本主义剥削关系和资本主义经济运动规律的内容，当然不能适用于社会主义经济。但是，社会主义经济也是建立在社会化大生产基础上的市场经济，平均利润和生产价格理论作为反映社会化大生产规律的内容，同样适用于社会主义经济。当前，社会主义各生产部门间资本有机构成不同也会引起利润率上的差别，而建立在公有制为主体的多种所有制经济共同发展基础上的部门和企业，都有自己相对独立的经济利益，因此，在客观上也要求等量资本获得等量利润。以生产价格为基础来制定部门和企业商品的价格，可以使资本有机构成不同的部门和企业利益趋于均等，从而调动各部门的生产积极性，促进技术进步，提高劳动生产率，改善经营管理，加强经济核算，提高经济效益。

---

① 马克思．资本论（第3卷）［M］．北京：人民出版社，1975：221．

5.1.4　平均利润率趋于下降的规律

1. 平均利润率趋于下降的原因

平均利润率趋于下降的规律，是指平均利润率随着社会资本有机构成的提高而趋于下降的客观必然性。在资本主义社会，通过部门之间竞争形成的平均利润率不是固定不变的，从一个较长时期来看，它具有下降的趋势。这不是理论上的假设，而是资本主义发展的实际趋势。这个趋势是与资本主义生产的本质相联系的。

平均利润率下降的根本原因，是社会资本平均有机构成的提高。在资本主义社会里，资本家为了追逐超额利润和取得竞争中的优势，必然要不断地改进技术，提高劳动生产率，这是所有资本主义企业的总趋势。在个别企业提高了劳动生产率的时候，它可以获得超额利润。而当各个部门的资本家都为了获得超额利润而提高劳动生产率时，结果却导致了各个部门平均资本有机构成逐步提高，而各个生产部门资本有机构成的提高，又必然引起社会总资本的平均有机构成提高。资本有机构成的提高，意味着可变资本在社会总资本中的比重下降，不变资本部分的比重上升。假定剩余价值率一定，同量资本获得的剩余价值量就会减少，从而平均利润率也会随之降低。这是资本主义发展的必然趋势，“是劳动的社会生产力日益发展在资本主义生产方式下所特有的表现”①。

平均利润率的下降并不意味着剩余价值率的下降或工人受剥削程度的减轻。因为，利润率的高低虽然与剩余价值率的高低有密切的关系，但是利润率的下降却可以在剩余价值率不变甚至提高的情况下发生。例如，在社会资本有机构成是 60c : 40v 的场合，剩余价值率平均为 100%，平均利润率则为 40%。如果社会资本有机构成提高到 80c : 20v，即使剩余价值率由 100% 提高到 150%，平均利润率也将由原来的 40% 下降为 30%。

平均利润率的下降也不意味着利润量的减少，相反，利润的绝对量还会增加。因为利润量不仅取决于利润率，而且还取决于资本总量。随着资本主义生产的发展和资本积累的增长，社会资本总量在不断增大。在增大了的社会资本中，尽管可变资本的相对量会随着资本有机构成的提高而减少，但其绝对量却在增加。因此，即使剩余价值率不变，剩余价值量和利润量也会增加。事实

① 马克思. 资本论（第3卷）[M]. 北京：人民出版社，1975：237.

上，平均利润率下降和利润量的增大通常是相伴发生的。例如，社会资本由1000万元增加到3000万元，资本有机构成由60c∶40v提高到80c∶20v，在剩余价值率都是100%的条件下，利润率会由40%下降为20%，而利润量却由400万元增加到600万元。对此马克思深刻指出："在生产过程和积累过程的发展中，可以被占有和已经被占有的利润的绝对量都必然会增加。但是，同样一些生产规律和积累规律，会在不变资本量增加时使不变资本的价值同转化为活劳动的可变资本部分的价值相比，越来越迅速增加起来。因此，同样一些规律，会使社会资本的绝对利润量日益增加，而使它的利润率日益下降。"①这两个表面上相矛盾的现象实际上是有内在联系的两个方面。因此，马克思有时把平均利润率趋向下降的规律，也叫做利润率下降而利润量同时增加的规律。

2. 阻碍平均利润率的下降的因素

在资本主义社会中，平均利润率的下降趋势，是从一个较长时期来观察的，是在波浪式的运动中呈现出来的一种倾向，而不是年复一年的直线下降。一般来说，平均利润率下降的速度，比劳动生产率和社会资本有机构成提高的速度要慢得多，特别是在产业革命以后，平均利润率的下降是比较缓慢的。这是因为有一系列的因素阻碍着利润率的下降，使它只是具有一种下降的趋势。这些因素主要是：

第一，对雇佣工人剥削程度的提高。对雇佣工人剥削程度的提高是经常起作用的因素。凡是能够提高对雇佣工人剥削程度的方法，都会增加剩余价值量，从而使平均利润率下降的趋势得到缓和。这些方法包括延长劳动日、提高劳动强度、用女工和童工代替成年工、降低或克扣工资、提高劳动生产率等。

第二，生产资料价值的降低。在资本主义发展过程中，不变资本的绝对量和相对量都会增加，但是，由于社会劳动生产率的提高，不变资本特别是生产资料价值却会相对降低。也就是说，在不变资本的实物数量迅速增加时，不变资本价值并不与生产资料实物数量按同一比例增加。甚至在个别情况下，不变资本各要素的实物量，可以在不变资本价值保持不变或下降时得到增加。这样，就会导致资本价值构成提高速度大大低于资本技术构成提高

① 马克思. 资本论（第3卷）[M]. 北京：人民出版社，1975：244.

速度的事实，其结果就会减弱资本有机构成提高的速度，因而阻碍平均利润率的下降。

第三，大量相对过剩人口的存在。由于大量的相对过剩人口的存在，使资本家有条件把工资压低到劳动力价值以下，相应增加剩余价值量。同时，在使用大量廉价劳动力比使用机器的生产成本还低时，某些生产部门的企业宁可使用手工劳动而不使用机器。在这些部门和企业中，可变资本在社会总资本中的比重较高，工资又低于平均水平，因而剩余价值率和剩余价值量都非常高。而这些部门同样会参加利润率的平均化过程，从而，会阻碍平均利润率的下降。

第四，对外贸易的发展。发达的资本主义国家，通过对外贸易，特别是对经济落后国家的贸易，也会阻碍本国平均利润率的下降。首先，可以获得廉价原料、材料和生活资料，使不变资本的要素价值降低，也使劳动者需要的生活资料变得便宜，从而提高剩余价值率。其次，可以获得倾销商品的市场。经济落后国家商品的成本价格通常较高，发达国家只要按高于本国而低于落后国家的成本价格销售商品，就能获得较高利润。最后，可以获得有利的投资场所。在落后国家投资办厂，利用当地廉价的劳动力和原材料，加之工人工资低，剥削程度较高，因而能获得比国内更高的利润率。

第五，股份资本的大量增加。随着资本主义生产的发展，股份企业越来越多，股份资本占社会总资本的比重也与日俱增。而股份资本并不要求获得平均利润，它只是凭股票取得一定股息，股息一般低于平均利润。这一事实，也能在一定程度上阻碍平均利润率的下降。

从以上分析中我们可以看出，资本主义的发展既存在利润率下降的因素，又有一些起反作用的因素，两者交互作用的结果，不是取消了平均利润率下降的规律，而是说明了平均利润下降规律只是作为一种发展趋势而存在，它的作用，只有经过较长时期才能显示出来。正如马克思所说："一般说来，引起平均利润率下降的同一些原因，又会产生反作用，阻碍、延缓并且部分地抵消这种下降。这些原因不会取消这个规律，但是会减弱它的作用。……所以，这个规律只是作为一种趋势发生作用；它的作用，只有在一定情况下，并且经过一个长的时期，才会清楚地显示出来。"①

① 马克思. 资本论（第3卷）[M]. 北京：人民出版社，1975：266.

5.2 商业资本和商业利润

5.2.1 商业资本

1. 资本主义社会以前诸社会形态中的商业资本

商业资本又叫商人资本，是一种专门经营商品买卖以获取利润的资本。商业资本是一种古老的资本形态。早在原始社会末期和奴隶社会初期，就已经出现了一些专门从事商品买卖的商人阶层，他们积累了一定的货币财富，形成了早期的商人资本。到了封建社会，随着商品货币关系的发展，商人资本也进一步发展，形成了一些大商人，他们掌握了大量的货币财富，对封建国家的经济和政治产生着重要影响。

但是，资本主义社会以前的商人资本根本不同于资本主义社会的商业资本。其区别主要表现在：

第一，产生的条件和资本来源不同。资本主义以前诸社会形态中的商人资本产生于简单商品流通，其资本来源主要是剥削得来的剥削收入和一些富裕农民、手工业者积累起来的货币财富。这些人通过从事商品买卖活动从中渔利，成为职业商人，他们的资本也就成为商业资本。而资本主义社会的商业资本是服务于资本主义商品流通并受资本主义生产方式决定的，商业资本的来源主要是从产业资本中分离出来的一部分资本和资本家积累起来的剩余价值，一部分资本家专门从事商品买卖，成为商业资本家。

第二，作用不同。资本主义以前的商人资本，虽然活动于简单商品流通领域，为买卖双方需要服务，但是，它的发展在一定程度上制约着生产，商业在一定程度上支配着产业。正如马克思所指出的：“在这里，正是商业使产品发展成为商品，而不是已经生产出来的商品以自己的运动形成商业。”① 而资本主义商业资本就不同了，它活动于资本主义商品流通领域，为各产业部门实现价值和剩余价值服务。资本主义商业资本从属于产业资本。

第三，利润来源和取得的方式不同。资本主义以前诸社会形态商人资本的利润，一方面来自无偿占有小生产者创造的一部分价值，另一方面还来自占有

① 马克思. 资本论（第3卷）[M]. 北京：人民出版社，1975：366.

奴隶主、封建主剥削来的一部分剩余产品，其方式主要是低价买进高价售出，依靠商业欺诈发财。而资本主义社会的商业资本则和产业资本一起共同占有雇佣工人创造的剩余价值，并参与整个社会利润的平均化过程。

尽管资本主义以前诸社会形态的商人资本与资本主义的商业资本有着根本区别，但是封建社会末期商人资本的活动及其发展，对资本主义生产关系的产生却起了重要的促进作用。首先，资本主义以前诸社会形态的商人资本的发展，使得大量货币财富集中在少数人的手中，这就为一定量货币转化为生产资本创造了条件。其次，封建社会末期商人资本的发展，商品生产和商品交换范围的扩大，瓦解了自然经济，促进了资本主义生产关系的产生。再次，商人从供给小生产者以原料，收购其产品，发展到直接控制小生产者的生产，并在一定条件下使商人直接转化成产业资本家，这也促进了资本主义生产关系的产生。但是，这里必须指出，商人资本的作用仅仅是促进作用，而不是决定作用。封建生产方式向资本主义生产方式过渡是由封建社会生产方式内在矛盾决定的，而不是由商人资本的发展决定的。单就商人资本来说，它既不能决定一种生产方式向另一种生产方式的过渡，也不能说明这种过渡。我们研究资本主义以前诸社会形态中的商人资本，目的在于更好地把握资本主义条件下商业资本的特点和本质，避免把资本主义以前的商人资本与资本主义的商业资本混淆。

2. 资本主义社会的商业资本

对资本主义商业资本的研究，要从资本循环过程中的商品资本职能形式的分析入手。前面我们假定产业资本循环经过三阶段，采取三种职能形式，全部由产业资本家自己完成，即他不仅要购买生产资料和劳动力，组织和管理生产，而且必须将所生产的全部商品直接出卖给广大消费者。这在资本主义发展初期，也是大体符合实际情况的。因为那时生产规模不大，生产的产品数量有限，市场范围也比较小，手工工场的资本家大多数都有自己的小商店，并在此销售本场的产品，不一定需要专门的商人代为推销商品。随着手工工场的扩大和产量的增加，一方面销售量大增，另一方面有些商品需要运到远处市场销售，因而为经营商业需要增加投资，雇佣更多的工人，花去资本家更多的精力。在这种情况下，如果能使产业资本家摆脱日益增多的商业事务，减少流通资本，相应增大生产资本，就会更有利于产业资本家生产的发展和增加利润。于是，产业资本家迫切需要把商品销售业务交给商业资本家，自己专门从事商品生产。产业资本中的商品资本职能逐渐分离出来而独立化为商业资本就显得非常必要。

那么，在资本主义社会，产业资本中的商品资本职能独立化为商业资本是否可能呢？答案是肯定的。第一，产业资本三种职能形态的差异性，为商品资本分离出来提供了可能性。我们知道，货币资本、生产资本和商品资本都是产业资本循环的特殊形态，它们各自有互相不能替代的特殊职能。这个特殊职能就为资本家之间实行分工提供了客观依据。商品资本的职能是销售商品，实现价值和剩余价值。因此，它完全可以成为商业资本家的专门业务。第二，从社会总资本的运动来看，需要有一部分资本始终处于流通领域，也需要一部分人从事商品买卖活动。既然有一部分资本始终在流通领域中发挥作用，又有相当数量从事商品买卖的流通当事人，那么，这就说明他们具有很大的相对独立性。这种相对独立性就构成了使商品资本独立化为商业资本的客观条件。商品资本和货币资本，可能同生产资本同时并存，因而就有可能使商品资本独立出来成为商业资本。正如马克思所说：“只要处在流通过程中的资本的这种职能独立起来，成为一种特殊资本的特殊职能，并且固定下来，成为一种由分工给予特殊种类资本家的职能，商品资本就成为商品经营资本或商业资本。”①

上述可能性，随着资本主义的发展就变成了现实性。一部分产业资本家分离出来专门从事商业活动，转为商业资本家；还有一部分新起的货币所有者直接投资商业，成为商业资本家。资本主义条件下的商业资本和商业资本家就是这样形成的。

商业资本是从产业资本运动中分离出来的独立资本形式，是商品资本一部分的转化形式，这就是资本主义商业资本的性质。之所以说是一部分，是因为社会总商品中，实际上有一部分是由产业资本家自行销售的。所谓商业资本是从产业资本中分离出来的独立资本形式，是指商业资本不再是产业资本的构成部分，它已经从产业资本中分离出来，并在流通领域中独立发挥作用。尽管它还承担着产业资本中商品资本的职能，但是它终究是产业资本以外的一个独立资本形式。

商业资本独立性的标志在于：第一，推销商品的职能已经不由产业资本家兼任，而由专门的商人来承担，商人和产业资本家之间已经形成一种特殊的社会分工，商业从产业中独立出来了。第二，商业资本有自己独立的投资。至于

① 马克思. 资本论（第3卷）[M]. 北京：人民出版社，1975：298.

这种资本是自有的还是借来的，与问题无关。重要的是必须预付一笔货币资本，以便独立经营商业。第三，商业资本有自己独立的资本运动公式。产业资本循环中商品资本形态的运动为 W′—G′，而商业资本的运动则是 G—W—G′。这就是说，在产业资本循环中，商品销售只表现为商品资本转化为货币资本，而商业资本则表现为商业资本家用自己垫支的货币购买产业资本家的商品，再将商品出卖，收回更多的货币。第四，商业资本有自己独立的目的，那就是要获得与投入商业的资本数量相适应的平均利润。

商业资本的职能，就是商品资本的职能，即推销商品，实现商品的价值和剩余价值。商业资本同商品资本职能的这种同一性，在出现商品销售困难的时候表现得十分明显。商人最先发现商品滞销，他开始少进或不进货，结果直接影响到产业资本家的货币资本向生产资本的转化。这种情况也从反面证明了商业资本的职能就是商品资本的职能。

商业资本执行的职能虽然就是商品资本的职能，但是它在资本主义经济发展中的作用却比商品资本的作用要大得多。这种作用主要表现在两个方面：一方面，商业资本促进了资本主义生产的发展；另一方面，商业资本又加深了资本主义经济的矛盾。

商业资本促进资本主义生产发展的作用表现在：

（1）节省流通资本。商品买卖职能专门由商业资本家执行，比原先由许多产业资本家分散执行所需资本要少得多。从整个社会范围来看，就会节省用于流通领域中的资本，而相应增加用于生产领域的资本，这是有利于促进资本主义经济发展的。

（2）加速了产业资本的周转速度。由于商人独立从事商品买卖业务，产业资本不必把商品直接卖给消费者，只要把商品卖给商人就行了，他的商品资本就转化为货币资本，而且这种买卖不是零星小额交易，而是大宗成批交易。同时，一个商人可以为许多部门的资本家推销商品，这就可以加速产业资本家的商品资本向货币资本转化，因而必然会加速整个产业资本的周转速度，有利于提高利润率。

（3）加快了商品流通的速度。由于商人专门经营商业，业务熟练，对市场销售情况和商品流通渠道比较熟悉，这样，比起过去由产业资本家直接向消费者销售商品要快得多，从而缩短了商品流通时间，加快了商品流通的速度。但是，必须指出，商业资本促进作用的发挥是有一个前提条件的，那就是商业资本的数量没有超过它在社会总资本中应有的比例。否则，就会造成社会资本的浪费，延缓资本周转速度，降低平均利润率。

商业资本对资本主义经济发展的消极作用是：造成市场的虚假繁荣，促使经济危机的爆发。

商业资本从产业资本那里购买商品，虽然使产业资本家的商品资本变成了货币资本，但是，商品并没有最终进入消费领域，而是暂时存在商人手中，在这里就出现了生产和消费脱节的可能性。在资本主义社会中，商业盲目发展，层次增多，辗转买卖，囤积居奇，会造成市场的虚假繁荣。如果在虚假繁荣的背后，虽然商品已经大量积压，但表面的繁荣还在继续刺激产业资本盲目地扩大生产，结果导致大量商品滞留在流通领域，再加上商业资本还可能进行投机活动，加剧社会生产的混乱，必然导致经济危机爆发。正如马克思所说："由于商人资本的独立化，它的运动在一定界限内就不受再生产过程的限制，因此，甚至还会驱使再生产过程越出它的各种限制。内部的依赖性和外部的独立性会使商人资本达到这样一点，这时，内部联系要通过暴力即通过一次危机来恢复。"①

5.2.2 商业利润

商业资本家经营商业，同产业资本家投资于产业一样，目的是为了获得利润。如果无利可图，他宁愿把货币储藏起来，也不会投入流通领域去冒险。因此商业资本作为独立于产业资本之外的一种资本形态，必须为商业资本家带来利润。

有机会接触商业活动的人，一下子就会发现：商业利润是来自商品购买价格和售卖价格之间的差额。这个观念是由商业实践本身直接引出的。产业资本家按生产价格出售商品，从社会角度看，就是按价值出卖。因此，商业利润好像是商品价值以上的加价，是从流通中产生的，是事物的表象，不是事物的本质。在现实商品流通中，商业资本家利用加价取得利润，是资本家取得利润的方式，不能说明商业利润的来源。商业利润的来源，只能是产业工人在生产中创造的剩余价值。马克思指出："因为商人资本本身不生产剩余价值，所以很清楚，以平均利润的形式归商人资本所有的剩余价值，只是总生产资本所生产的剩余价值的一部分。"② 所以，商业利润是产业资本家让渡给商业资本家的

① 马克思．资本论（第3卷）[M]．北京：人民出版社，1975：340.

② 马克思．资本论（第3卷）[M]．北京：人民出版社，1975：314.

一部分剩余价值。

产业资本家之所以要把这一部分剩余价值让渡给商业资本家，是因为商业资本已经从产业资本中独立出来，商人用自己的投资，专门为产业资本家推销商品，承担着商品资本转化为货币资本的职能，其结果就会节省产业资本家的流通资本，减少了流通时间，加速周转速度，因而产业资本家愿意把一部分剩余价值让渡给商业资本家。产业资本家用低于生产价格的出厂价格把商品卖给商业资本家，商业资本家再按生产价格把商品卖给消费者，两者的差额就是商业利润。马克思指出："商业资本之所以能实现利润，只是因为产业资本在商品的价格中实现的并非全部剩余价值或利润。因此，商人的出售价格之所以高于购买价格，并不是因为出售价格高于总价值，而是因为购买价格低于总价值。"①

商业利润的数量多少，不是取决于产业资本家或商业资本家的主观意志，而是取决于产业资本家和商业资本家之间的竞争。商业资本是一种独立运行的职能资本，它经营商业不仅要获得利润，而且要获得平均利润。正如马克思所说："因为产业资本的流通阶段，和生产一样，形成再生产过程的一个阶段，所以在流通过程中独立地执行职能资本，也必须和在不同生产部门中执行职能的资本一样，提供年平均利润。"② 假如商业利润率低于产业利润率，一部分商业资本就会转移到产业部门，引起产业利润率降低；反之，假如商业利润高于产业利润率，一部分产业资本也会转移到商业部门，引起商业利润率的降低。正是通过商业部门和产业部门之间的竞争和资本转移，才使商业利润和产业利润趋于平均化。

商业利润的实现，可用以下例证说明：

假定整个社会一年中垫付的产业资本总量是 720c+180v=900 亿元，剩余价值率是 100%，不变资本的价值一年全部转移到产品中去。那么，这一年生产的商品总价值（总生产价格）就是 720c+180v+180m=1080 亿元，其中剩余价值是 180 亿元，产业平均利润率是 20%。当然，为了销售这些商品，流通中需要有一定的商业资本，例如 100 亿元，这样，社会总资本就增加为 1000 亿元。由于商业部门并不创造价值和剩余价值，但也要参与剩余价值的瓜分，这样 180 亿元的剩余价值，就必须在 1000 亿元社会总资本之间进行平均分配，

① 马克思. 资本论（第 3 卷）[M]. 北京：人民出版社，1975：319.
② 马克思. 资本论（第 3 卷）[M]. 北京：人民出版社，1975：314.

因而平均利润率就降低为18%。按照这个平均利润率，产业资本家应该得到900亿元×18%=162亿元的平均利润，而商业资本家则应该得到100亿元×18%=18亿元的平均利润。所以，产业资本家实际上是按照720c+180v+162m=1062亿元的出厂价格，把商品卖给商业资本家，而商业资本家则按照720c+180v+162m+18m=1080亿元的生产价格卖给消费者。由此可见，商业资本家按照生产价格出售商品，就可以从购买价格和售卖价格的差额中获得平均利润。而这个商业平均利润正是商业资本家从产业资本家那里瓜分到剩余价值的一部分。

商业资本参加剩余价值瓜分以后，生产价格的构成就发生了变化，即生产价格=成本价格（k）+产业利润（p）+商业利润（h）。从公式的变化来看，商业资本瓜分一部分剩余价值，似乎使平均利润率降低，不利于产业资本家。这只是一种表面现象。假设没有商业资本家参加，完全由产业资本家自己经营商业，那只会出现下面两种情况中的一种：或者是在生产资本数量不变的条件下，增加更多的流通资本，这样，由于预付资本数量的增加，必然把利润率降得更低；或者是在总资本数量不变的条件下，改变资本内部构成，减少生产资本量而相应增加流通资本量，这样，就要缩小生产规模，减少剩余价值的生产，也会降低利润率。

值得一提的是，商业资本瓜分到的剩余价值，是商业利润的基本来源。但在商业资本的实际活动中，商人们还利用不等价交换和各种欺诈办法剥削工人和其他劳动人民。他们通过压低收购价格的办法，占有小商品生产者的剩余产品；用抬高物价、短斤少两、以次充好、以假充真等办法，剥削广大消费者。这样，小商品生产者的一部分剩余产品和广大消费者的一部分劳动收入，就成为商业利润的一个经常性的补充。

5.2.3 商业流通费用的性质及其补偿

商业资本家在进行商业活动时，除了需要预付一定数量的资本用于购买商品外，还需要在商品流通过程中支付各种费用，即商业流通费用。资本主义的商业流通费用可以分为两类：一类是生产性的流通费用，另一类是非生产性的流通费用。这两类费用分别是由商品内在的使用价值和价值的运动引起的。费用的性质不同，补偿的方法也不同。

1. 生产性流通费用及其补偿

生产性流通费用是由商品的使用价值运动引起的，包括包装、保管、运输等费用。一切商品，作为使用价值，必须经过交换和分配才能进入消费领域，价值也才能最终实现。在这以前，使用价值的加工、维护、保存和转移等，和使用价值的生产一样重要，是社会经济活动所必需的。这些活动就其性质来说，属于生产过程在流通领域中的继续。因此，用在维护和转移商品使用价值方面的劳动，也是生产性的劳动，不仅耗费的生产资料价值要转移到商品中去，而且耗费的活劳动也会创造价值和剩余价值。这就是说，生产性的流通费用消耗，可以增加商品的价值并为商业资本家提供剩余价值，因而这类流通费用可以从已经提高了的商品价值中得到补偿并带来平均利润。

2. 非生产性流通费用及其补偿

非生产性流通费用与前者是由商品的价值形态变化引起的费用，是纯粹的流通费用。它包括广告费、簿记费、商业信息费和商业职工工资等。它的作用只是售卖商品，使商品形态变为货币形态，并不会使商品价值有丝毫的增加。马克思指出："一切只是由商品的形式转化而产生的流通费用，都不会把价值追加到商品上去。这仅仅是实现价值或价值由一种形式转变为另一种形式所需要的费用。投在这种费用上的资本（包括它所支配的劳动），属于资本主义生产上的非生产费用。"① 这种非生产费用不但不会增加商品价值，而且要耗费物化劳动和活劳动，是社会总价值的一种扣除。但是，要经营商业还必须支付这笔费用，否则，商品资本的职能就实现不了，社会再生产就无法正常进行。为此，对这笔费用还要不断地给予补偿。商业纯粹流通费用只能由剩余价值来补偿。我们知道，在一定时期内，社会总产品的价值是一定的。而社会总产品的价值包括三部分：不变资本、可变资本和剩余价值。其中不变资本价值要用来补偿当年消耗的生产资料价值，当然不能用来补偿纯粹流通费用；可变资本价值要用来补偿生产中的劳动力的消耗，是再生产劳动力所必需的，也不能用来补偿这种商业的费用；这样就只剩下剩余价值这一部分了，只有它才能作为纯粹流通费用的补偿来源。马克思说："这种费用必须从剩余产品中得到补

① 马克思. 资本论（第 2 卷）[M]. 北京：人民出版社，1975：167.

偿，对整个资本家阶级来说，是剩余价值或剩余产品的一种扣除。”①

5.3 借贷资本与利息

5.3.1 借贷资本的形成和本质

借贷资本是生息资本在资本主义社会的一种具体形式。生息资本和商人资本一样，是一种古老的资本形态，在原始社会末期和奴隶社会、封建社会中，生息资本具体表现为高利贷资本；而在资本主义社会里则表现为借贷资本。

借贷资本是适应资本主义经济发展的需要，从产业资本和商业资本运动中分离出来并为职能资本服务的资本形式。产业资本和商业资本在循环与周转中形成了大量暂时闲置的货币资本，主要有：第一，暂时闲置的折旧基金。资本家提取的固定资本折旧基金，在实物尚未更新以前会暂时闲置。第二，暂时闲置的流动资本。用于购买原材料和支付工资等方面的流动资本，在没有购买原料和支付工资以前，也会暂时闲置。第三，暂时闲置的积累基金。用于积累的那部分剩余价值，在还没有达到一定数量，不足以扩大再生产时，也会暂时闲置。资本的本质在于运动，资本只有在运动中才能带来剩余价值，因此，货币资本的所有者在自己不运用这些闲置货币资本时，必然要为它寻找发挥作用的出路。

同时，在资本循环与周转中，还存在着另一种情况：有些资本家缺少货币资本，急需补充货币资本，用于更新固定资本；用于购买原料或支付工资；用于购买新设备，扩大再生产以满足市场需求等。于是，拥有闲置货币资本的资本家，就把它们贷给急需货币资本的资本家去使用，这部分暂时闲置的货币资本就变成了借贷资本。

货币资本的借贷是暂时的和有条件的，到了一定时期，职能资本家必须把借来的资本归还原主，同时还必须将剥削来的剩余价值的一部分以利息形式作为报酬支付给贷方。由此可见，借贷资本是为了取得利息而暂时贷给职能资本家（包括产业资本家和商业资本家）使用的货币资本。这种以货币资本的借贷来获取利息的货币资本所有者就是借贷资本家。借贷资本一方面体现着资本家剥削雇佣工人的关系，另一方面还体现着借贷资本家和职能资

① 马克思. 资本论（第2卷）[M]. 北京：人民出版社，1975：167.

本家之间的关系。

5.3.2　利息和利息率

借贷资本产生以后，资本的所有权与使用权发生了分离。借贷资本家把自己拥有的货币资本贷给职能资本家使用，这种使用不是无偿的。职能资本家在归还贷款时，必须向借贷资本家支付一定数量的利息。可见，利息是职能资本家为取得货币资本使用权而让渡给借贷资本家的平均利润的一部分，是剩余价值的特殊转化形式。

借贷资本所有权和使用权的分离，使平均利润分割为两部分：一部分是借贷资本家凭借资本所有权获得的利息；另一部分是职能资本家行使资本使用权获得的企业利润。企业利润是平均利润扣除借贷利息后的余额，它是在利息存在的条件下，产业利润和商业利润的统称。平均利润分割为利息和企业利润两部分，本来只发生在职能资本家使用借贷资本的场合，但在实际生活中，职能资本家在使用自有资本时，也会把平均利润分割为利息和企业利润两部分。在他们看来，他既是资本的所有者，又是资本的使用者。作为资本的所有者，要获得利息；作为资本的使用者，要获得企业利润。量的分割转化为质的分割，固定化了。

平均利润分割为利息和企业利润，进一步掩盖了资本主义剥削关系，似乎这两种收入的来源都和雇佣劳动无关。借贷资本家所得利息，表现为资本所有权的收入，似乎是资本自身的产物。职能资本家使用借贷资本进行经营，表现为只是依靠自己的经营管理活动来获得企业利润，因而企业利润好像是“监督劳动”的报酬。那么，资本家的管理劳动是否创造价值呢？马克思指出：在资本家的“利润中也包含一点属于工资的东西（在不存在领取这种工资的经理的地方）。资本家在生产过程中是作为劳动的管理者和指挥者出现的，在这个意义上说，资本家在劳动过程本身中起着积极作用。……这种与剥削相结合的劳动……当然就与雇佣工人的劳动一样，是一种加入产品价值的劳动。”①显然，马克思在这里明确肯定资本家作为生产指挥者的劳动，也是形成商品价值的劳动。马克思还指出，在股份制企业中，企业是由专门的经理阶层进行管理的，“管理工资同企业主收入的分离，在这里则是经常的现象”②。综上所

① 马克思. 剩余价值理论［M］. 北京：人民出版社，1975：550-551.

② 马克思. 资本论（第3卷）［M］. 北京：人民出版社，1975：436.

述，一方面应看到，资本家的管理劳动也是创造价值的劳动，另一方面应当肯定，扣除管理工资后的企业利润是来自工人创造的剩余价值。所以，利息和企业利润具有共同的本质，它们都是剩余价值的转化形式。

利息是平均利润的一部分，那么，利息在平均利润中所占的比例是如何决定的呢？在借贷资本总额一定的条件下，利息量的多少是由利息率决定的。利息率是一定时期内利息量与借贷资本量的比率。例如，贷出货币资本10000元，一年获得利息600元，那么，年利息率就是600/10000×100%=6%，习惯称为年利6厘。

利息率的水平是经常变动的，利息率的高低是有一定界限的。它的最高界限是不能等于平均利润率，因为利息是平均利润的一部分，所以在一般情况下，利息率只能低于平均利润率，不能等于更不能超过平均利润率，否则借入资本的职能资本家将得不到企业利润，他就不会借入资本了。利息率的最低界限是必须在零以上，不能等于零，如果等于零，借贷资本家就宁可把货币储藏起来，而不会把货币贷放出去。因此，利息率经常是在平均利润率以下和零以上这个范围内波动。

影响利息率高低的因素主要有两个：第一，平均利润率的高低。在其他条件不变情况下，平均利润率提高，利息率就会提高；反之，平均利润率下降，利息率也会相应地降低。例如，平均利润率和利息率的比例假定为3∶1，当平均利润率为18%时，利息率为6%；如果平均利润率上升到21%，则利息率也升到7%；反之，平均利润率降为12%，则利息率也会降到4%。第二，借贷资本的供求状况和借贷双方的竞争。在平均利润率一定情况下，当借贷资本供大于求时，借贷者之间的竞争会导致利息率下降；反之，借贷资本供不应求时，借方之间的竞争会使利息率上升。

在平均利润率水平一定和借贷资本供求平衡的条件下，利息率由社会习惯和国家法律来决定。借贷资本在借贷资本所有者手中不是职能资本，不在生产和流通中实际发挥作用，借贷资本不能提供一个内在的标准来确定自己在总利润中应占有的比例。因此，在供求平衡时，习惯和法律就成为决定因素。

利息率变动的长期趋势，同平均利润率一样，也具有下降的趋势。这主要因为：第一，平均利润率是决定利息率的最高界限，从长期看，平均利润率有下降的趋势，因而利息率也有下降的趋势。第二，随着资本主义的发展，借贷资本的供给有超过需求的趋势。信用制度的发展，使社会各阶层的货币更容易集中，形成大量的借贷资本。借贷资本供给的增长超过需求的增长，引起利息率下降。

5.3.3 银行资本和银行利润

1. 银行资本

银行是经营货币资本业务的企业。在货币借贷关系中，它充当贷款者和借款者之间的中介；在货币流通中，它经营与货币流通相关的技术性业务，如货币支付结算、货币兑换等，所以，银行是充当货币借贷关系的中介和货币支付中介的企业。在不同社会经济制度下，银行具有不同的性质。在资本主义社会，经营银行的人是资本家，用于经营银行的货币是银行资本，银行从事货币业务目的是参与剥削雇佣劳动者的剩余价值。

所谓银行资本是指资本家为经营银行获取利润而投入的自有资本和通过各种途径集中到银行的货币资本。从资本所有权看，银行资本由两部分构成：一部分是银行资本家投入的自有资本，这部分资本在银行资本中占很小比例。根据世界银行的规定（“巴塞尔协议”），银行自有资本充足率不能低于8%。另一部分是银行借入资本，主要是从社会公众吸收的存款，这部分资本在银行资本中占很大比例。从资本表现形态看，银行资本也由两部分构成：一是现金；二是有价证券，包括商业票据和公债券、各种股票、不动产抵押票据等。

2. 银行利润

资本家经营银行获得的利润称为银行利润。“银行的利润一般地说在于：它们借入利息率低于贷出时的利息率。”① 贷款利息和存款利息的差额，扣除经营银行业务的费用之后，便构成银行利润。产业资本家和商业资本家利用贷款作为资本，从事剩余价值生产或剩余价值实现活动，在自己获取剩余价值的同时，将一部分剩余价值以利息的形式支付给银行资本家。所以，银行利润的实质是产业工人创造的剩余价值。

银行资本家经营银行业务必须获取银行利润，那么银行利润的数量是多少呢？从银行贷出的借贷资本来看，它只能获得利息。但是，银行资本家为经营银行而预付的自有资本，不同于借贷资本家的闲置资本，而是独立投资并发挥作用的资本，同投入其他部门的资本一样，要求获得平均利润。否则，银行资

---

① 马克思. 资本论（第3卷）[M]. 北京：人民出版社，1975：453.

本家就不经营银行，而把资本转入其他部门。在资本主义自由竞争中通过资本在各部门之间的转移，使银行获得的利润接近于平均利润。银行资本虽然只能从贷款利息和存款利息的差额中获取利润，但它以自有资本和借入资本共同参与利息的获取，这就必然使银行自有资本的利润率高于利息率，趋于社会的平均利润率。

3. 资本主义银行体系

现代资本主义银行的种类繁多，结构复杂，构成了一个银行体系。按照银行的经济功能可划分为：商业银行、中央银行和其他专业银行三大类。

商业银行是以经营存款和贷款为主要业务的银行。其特点是：直接与客户发生联系，吸收存款，发放贷款。职能资本家要求借贷资本必须与商业银行联系。

中央银行是资本主义银行体系的核心，它代表国家领导和管理全国的银行和金融机构，制定并执行国家金融政策，管理国家金融市场。中央银行处于银行的领导地位，享有发行货币的权力。同时，中央银行还承担为商业银行票据贴现的功能。因此，中央银行有“国家的银行、银行的银行和发行的银行”之称。

其他专业银行包括：（1）投资银行。专门办理对工商企业的投资和长期信贷业务，满足企业增加投资的需要。（2）储蓄银行。吸收居民小额货币的信用机构。（3）开发银行。包括国际开发银行（简称“世界银行”）、区域性开发银行（如欧洲投资银行、亚洲开发银行等）、国内开发银行等。（4）不动产抵押银行。经营以不动产为抵押的长期贷款，主要业务是发行不动产抵押证券，吸收长期资金，办理以土地、房屋等不动产为抵押的长期抵押贷款。

5.3.4 股份资本和股息

1. 股份资本的形成及其性质

以发行股票的方式集中众多单个资本进行经济活动的资本集团称为股份资本，通过发行股票集中众多单个资本联合经营的企业称为股份公司。股份资本是伴随股份公司的产生而产生的。

股份公司是适应资本主义经济发展需要而产生的。在生产社会化程度不高和企业规模较小情况下，资本主义企业一般采取独资企业或合伙企业的形式。随着技术进步和资本有机构成的提高，创办一个企业所需的资本数额大大增加，单个资本数量有限，无法创办大型企业，于是出现了合股集资经营方式，可见，股份公司是适应社会化大生产的需要产生和发展起来的。资本主义信用制度为股份公司的产生和发展提供了基础。近代股份公司首先产生于海外贸易领域，因为海外贸易需要大量的资本，如1600年英国成立著名的东印度公司，当时筹资68372英镑，共198个股东。从18世纪到19世纪中叶，股份公司在银行业、交通运输业等部门获得较快发展，1820年以后的修建铁路高潮中，铁路企业都采取了股份集资的形式。1870年以后，第二次技术革命带来工业生产基础的变革，先进大型设备的使用，使创办一个企业所需的资本数量大大增加，股份公司在重化工业、制造业等部门迅速发展。到20世纪初，股份公司在经济活动中成为占统治地位的企业形式。股份公司产生后，对资本主义经济发展起了非常重要的作用：首先，它有利于筹集大量资本，加速资本集中，适应大生产的需要。正如马克思所说："假如必须等到积累去使某些资本增长到能够修建铁路的程度，那么恐怕直到今天世界上还没有铁路。但是，集中通过股份公司转瞬之间就把这件事完成了。"① 其次，股份公司是现代企业的一种产权组织形式，实行所有权和经营权相分离，由经过专业培训具有经营才能的经理阶层进行管理，大大提高了经营管理水平，提高了经济效益。

股份公司的组织形式主要有以下几种：（1）股份无限公司。它是由两个以上的股东组建的对公司债务负有无限责任的公司。（2）股份有限公司。它是股东对公司债务以所认购股份数额为限承担有限责任，公司以其全部资产对公司债务承担有限责任；公司公开发行股票，股票在交易所进行交易的公司。（3）股份两合公司。它是由有限责任股东和无限责任股东共同出资组建的公司。（4）有限责任公司。股东对公司债务的清偿责任以投资额为限，公司对债务的清偿责任以其全部资产为限。不公开发行股票，股票不在交易所进行交易，可在公司内部转让，向外转让时须经股东大会许可。

股份公司的治理结构是指为了保证股份公司正常有效运行建立的组织体系。它主要包括股东大会、董事会、监事会以及由董事会聘任的总经理等高级职员。

股东大会是股份公司的最高权力机构，公司的一切重大决策和重要人事任免，都必须通过股东大会的批准才能生效。作为最高权力机关，股东大会主要行使下列职权：（1）选举董事会、监事会成员，决定有关董事、监事的报酬

① 马克思. 资本论（第3卷）[M]. 北京：人民出版社，1975：688.

事项；（2）审议批准董事会、监事会的报告；（3）审议批准公司的年度财务预算、决算方案以及利润分配方案和弥补亏损方案；（4）对公司合并、分立、解散和清算等事项作出决议等。从形式看，每个股东都是公司的主人，都有权参加股东大会，但事实上由于股东大会的表决权是按股计算的，一股一票，而不是一人一票，所以决定大政方针的股东大会，操纵在少数掌握大量股票的大股东手里。为控制股份公司所需要的股票数额，叫做股票控制额。从理论上讲，大股东只有掌握51%的股票，才能控制整个公司。但由于股权分散，许多小股东经常不参加股东大会，因此，大股东只要掌握30%、20%甚至5%的股票，就能控制整个股东大会的决策权。可见，股份公司既是实现资本集中的重要工具，也是大资本控制和支配中小资本的一种形式。

董事会是股东大会闭会期间行使职权的常设机构，是股份公司的权力机构和经营决策机构。董事会对股东大会负责，并行使以下职权：（1）负责召集股东大会，并向股东大会报告工作；（2）决定公司的重大投资方案；（3）制定公司的年度财务预算、决算方案和利润分配或弥补亏损方案；（4）聘任或解聘公司总经理，根据总经理的提名聘任或解聘公司的副总经理、财务负责人，决定其报酬事项等。

总经理组建各种必要的职能机构，聘用各种管理人员，形成以总经理为核心的管理体系，实现董事会制定的战略决策和经营目标。在董事会和经理阶层的关系上，传统体制是“董事会决策，经理层执行”，但这种体制影响重大决策的快速反应和执行能力。美国在20世纪60年代推出了“首席执行官”（Chief Executive Officer）体制。在CEO体制下，董事会的主要功能是选择、考评管理人员，制定激励制度，董事会的一些重大经营决策权让渡给经营者，重大经营决策由CEO为中心的管理层决定。

监事会是股东大会领导下的公司常设监督机构，执行监督职能。它与董事会并立，独立行使对董事会、总经理等高级职员以及整个公司的管理进行监督的职能。

在资本主义制度下，股份公司是私有资本的股份联合企业，它不表示资本归集体所有，而是私有资本经营形式的变化。股份资本实现了资本所有权和经营权的分离，但其私人所有权和剥削雇佣劳动的性质没有改变。股份公司的形成虽然没有改变资本主义私有制的性质，但对财产占有的形式却从单个资本发展到社会资本。因此，马克思说：“这是作为私人财产的资本在资本主义生产方式本身范围内的扬弃。”① 是资本主义生产关系内部的一种调整。这种调整既推动了资本主义生产的发展，又加深了资本主义的矛盾，同时为新的生产方式出现提供了过渡形式。

2. 股票与股息

股票是股份公司发给股东的、借以证明其持有股份数量并用以取得股息的凭证，是股份资本所有权证书。股票代表着股东对股份公司的所有权，这种所有权是一种综合权利，如参加股东大会，投票表决，领取股息或分享红利等。股票的主要特征是：（1）非返还性。购买股票是股东向股份公司的一次性投资，投资者认购股票后，就不能要求公司退股。股东想收回投资，只有把股票转卖他人。（2）流通性。股票虽不能中途返还，但可以随时在证券市场上转让。（3）赢利性。股票是股份所有权的凭证，持有者有权按公司章程规定，定期领取股息和红利。（4）风险性。购买股票是为了获取利益，但同时又是一种风险投资。股票持有者与股份公司是“收益共享，风险共担”，公司盈利多就获利多，盈利少就获利少；企业破产倒闭，股东还要遭受损失。

股票按股东享有权利和承担风险的不同可分为优先股和普通股两种。优先股是对公司资产，利润享有优先权利的股份。优先股有以下特征：（1）优先取得固定的股息。公司在分派股息时优先支付给优先股股东，并且股息数额是预先规定，固定不变的。（2）优先得到清偿。公司倒闭时，优先股股东有权先于普通股股东从拍卖公司财产所得资金中得到清偿。优先股股一般没有表决权，优先股承担的风险较小，对投资者的激励也较小。普通股是享有股东普通权利的股份，普通股的股息是随着公司利润的变动而变动的；公司破产时剩余财产的分配要列在优先股之后；普通股持有者享有股东的基本权利，在股东大会上有表决权、选举权等。

股息是股票持有者凭股票从企业定期获得的收入。股息的分配以投资额为依据，按浮动的或固定的股息率计算。股息之外再分配给股东的收益为红利。股息分配的资金来源是公司的净收益。在净收益中先要根据公司法和公司章程的规定，进行必要的扣除，如法定公积金和任意公积金的提取；董事会决定为指定用途、意外损失准备的提留等。股息的分配须由公司董事会决

① 马克思. 资本论（第3卷）[M]. 北京：人民出版社，1975：493.

议，并提交股东大会审议通过，才能发放。股息的分配形式主要有两种：现金股息和股票股息。股票股息是用增发股票当作股息，一般以增发普通股形式发给普通股股东。股息是企业利润的一部分，它的源泉也是工人创造的剩余价值。

3. 股票买卖与股票价格

股票是能够流通的一种有价证券，可以抵押和买卖。买卖股票的价格称作股票行市。股票之所以能出卖并有价格，主要在于它能够带来股息收入，股票的买卖实际上是买卖获取股息的权利。所以，股票价格不等于股票的票面额，股票价格是股息收入的资本化。也就是说，股票价格要等于这样一笔货币资本，它存入银行所获得的利息，与凭这张股票所领取的股息相等。股票价格的高低取决于股息额和利息率两个基本因素。用公式表示就是：

$$股票价格=\frac{股票票面额\times 股息率}{利息率}$$

假定有一张票面额为 200 元的股票，股息率为 10%，一年领取股息 20 元，当年的存款利息率是 5%，则这张股票价格就是 20/5% = 400 元。公式表明，股票价格同股息额成正比，同利息率成反比。在利息率不变情况下，股息额越高，股票价格越高；股息额越低，股票价格越低。当股息额不变时，利息率越高，股票价格越低；利息率越低，股票价格则越高。另外，由于股息率一般高于利息率，故股票价格一般高于其票面额。

在现实经济活动中，除上述两个基本因素外，还有其他一系列因素影响股票价格：第一，发行股票企业的业绩。企业经营得好，盈利多，股票价格就会上涨；反之，则会下跌。因为企业盈亏直接决定股息量的多少，从而影响股票价格。经营好的公司的股票一般称作绩优股票。第二，股份公司的发展前景。有些公司目前经营状况一般，但从发展前景看，预计将来盈利会大幅上升，该公司股票价格就会上升；反之，则会下跌。一般把发展前景好的股票称作成长型股票。第三，进入股市货币数量的多少。当股息大大高于利息时，投资者感到购买股票比银行存款更有利，会出现大量货币涌入股市，引起股票价格节节上升；反之，当大量货币退出股市时，又会引起股价大幅下跌。第四，政治社会因素。政局稳定，社会安定，经济欣欣向荣，股票价格就上涨；反之就下跌。国内外政治经济局势如总统选举、工人罢工、战争爆发等，政治家、金融家等的政策主张和言论，都可能影响股市。第五，投机者的投机活动。少数投机者利用手中掌握的大量货币，操纵抬高股价，引起股市大起大落。

股票价格与股票票面额不一致，这种情况使创办股份公司的资本家有可能获取创业利润。创业利润是指股份公司创办人出卖股票所得股票价格总额大于实际投资总额的差额。例如，假定某股份公司投资 100 万元，发行 100 万元的股票，一年后获利 10 万元，当时利息率为 5%，100 万元的股票可卖 200 万元，其中 100 万元就是创业利润。可见，在股息率高于利息率的条件下，股票出售价格就会高于其票面额，股份公司创办人就能获取创业利润。但如果新创办的公司经营不好，股息率低于利息率，就不可能得到创业利润。

4. 虚拟资本和实际资本

股份公司和股票的出现，使同一资本似乎取得了双重存在。如 10 万元的股份资本，一方面它是投入公司中的实际资本，表现在厂房、设备及原料上；另一方面，作为资本价值，它又表现在 10 万元的股票上面。股票本身并没有价值，但能给它的所有者带来收入，也能按照一定的价格出卖，所以，对股票持有者来说，好像股票本身就是资本，其实，股票并不是真实的资本，而是由股票收入资本化虚拟出来的虚拟资本。虚拟资本是指以有价证券形式存在，并能给其持有者带来收入的资本。属于虚拟资本的除股票以外，还有公司债券、国家公债券和各种不动产抵押证券等有价证券。

虚拟资本和实际资本在质和量两方面都有明显的区别。从质的方面看，虚拟资本本身没有价值，不在生产过程中实际发挥资本的作用，只不过是资本所有权的证书，是资本的“纸制复本”；而实际资本本身有价值，能在实际生产过程中发挥资本的作用。从量的方面看，第一，虚拟资本总量总是大于实际资本总量。虚拟资本总量等于各种有价证券的市场价格总额，由于有价证券的市场价格一般总是大于其票面额，因而虚拟资本总量大于实际资本总量。第二，虚拟资本量的变化不反映实际资本量的变化。比如，因股票行情上涨引起虚拟资本总量增加，但实际资本总量并未增加；同理，实际资本也不因股票行情下跌引起虚拟资本减少而减少。第三，虚拟资本的增长速度有日益快于实际资本增长速度的趋势。这是由利息率的下降趋势引起有价证券价格上涨，独资或合伙经营的公司不断改组为股份公司等原因引起的。

5.4 资本主义地租

5.4.1 资本主义土地所有制和地租

一切地租都是土地所有权在经济上的实现，是土地所有者凭借土地所有权而获得的一种剥削收入。不同性质的地租和不同形式的土地所有权相联系。因此，分析资本主义地租必须首先了解资本主义的土地所有制。

资本主义土地所有制是从封建土地所有制演变而来的，是资本主义生产方式在农业中发展的结果。列宁把资本主义土地所有制的形成过程归结为两条道路：一条是改良的道路或普鲁士式道路。这条道路是在保留封建土地所有制的基础上，采取改良的办法，使封建土地所有制逐渐演变成资本主义土地所有制。其特点是封建地主通过改革，允许农奴在向地主缴纳大量赎金以后，免除封建农奴义务，并把原来使用的土地交还给地主，从而使农奴转变为自由劳动者，封建地主则逐步转变为资本主义的土地所有者，按资本主义方式经营农业。这条道路在普鲁士表现得最为典型，此外，沙皇俄国、意大利和日本等国家也是这条道路。另一条是革命的道路或美国式道路。这条道路是通过资产阶级革命，彻底摧毁封建地主经济，使小农经济迅速发展起来后又两极分化，从而由农民小土地所有制演变为资本主义大土地所有制。这条道路在美国表现得最为典型，除美国外，法国等国家走的也是这条道路。

资本主义在农业中的发展尽管形式不同，但在本质上都是资本主义土地私有制形成的过程。资本主义土地私有制的特点是：土地所有权与土地经营权相分离；土地所有权与劳动者人身依附关系相分离。在资本主义社会，大土地所有者掌握土地所有权，但他们自己不直接从事农业生产经营，而是将土地租给农业资本家，由农业资本家雇工耕种，从而形成土地所有权与经营权相分离。同时，大土地所有者与农业资本家之间，农业资本家与农业工人之间，除了纯粹经济上的契约关系之外，不存在任何其他关系，不存在封建土地所有制中那种农民对地主的人身依附关系。

资本主义地租是农业资本家为取得土地使用权而交给土地所有者的超过平均利润的那部分剩余价值，是超额利润的转化形式。它体现了土地所有者和农业资本家共同剥削农业雇佣工人的关系，这是资本主义地租的本质。农业资本家投资于农业，如同投资于工业和商业一样，也要获得平均利润，否则他们就不会投资于农业。土地所有者出租土地，必须获得地租，否则他们就不会租出土地。这样，农业资本家从农业工人身上获取的剩余价值，必须大于平均利润，除了他们自己获得平均利润以外，还有一个超过平均利润的超额利润部分，以地租的形式交付给大土地所有者。

资本主义地租和封建地租是有区别的。这种区别主要表现在以下三个方面：第一，资本主义地租体现土地所有者和农业资本家共同剥削农业工人创造的剩余价值的关系；封建地租只体现封建地主对农民的剥削关系。第二，资本主义地租只是农业工人创造的剩余价值的一部分；封建地租则包括农民的全部剩余产品甚至包括一部分必要产品。第三，资本主义地租不存在人身依附关系和经济以外的强制；封建地租则存在人身依附关系和超经济强制。

为了说明资本主义地租的本质，要把地租和租金加以区别。在资本主义制度下，租金是农业资本家在租赁土地期间向土地所有者交纳的全部货币额。真正的地租是为了使用土地本身而支付的货币额，因此，地租只是租金的一部分，租金大于地租。租金包括以下几项：第一，真正的地租。纯粹为了取得土地使用权而支付的那部分货币。第二，土地上固定资产的折旧费和利息。在出租的土地上往往会有一些附属生产设施，如灌溉设备、排水系统和农用建筑等。这些固定资产连同土地一起出租给农业资本家，因此，租金中要包括这些固定资产的折旧费和利息。第三，租金还可能包括农业资本家的一部分平均利润，以及农业工人的一部分工资。在土地所有者索要高额租金的情况下，农业资本家的一部分平均利润会作为租金交给土地所有者。如果农业资本家要保证自己获得平均利润，就会克扣农业工人的一部分工资作为租金交给土地所有者。所以，租金中还可能包括平均利润和工资的扣除部分。

资本主义地租，根据它产生的原因和条件，可区分为级差地租和绝对地租两种形态，下面分别对它们进行考察。

5.4.2　级差地租

不同等级的土地交纳不同级差的地租称作级差地租。资本主义农业中，由于土地肥沃程度不同，所处的地理位置不同，同量资本投入生产条件不同而面积相同的土地，劳动生产率和产量收益也不相同，因而交纳的地租也不同。租种优等地交纳级差地租最多，中等地次之，劣等地则不交级差地租。级差地租是由农产品的个别生产价格低于社会生产价格的超额利润形成的。

级差地租产生的原因是土地经营权的垄断。土地经营权垄断，是指农业资本家在租约期内垄断着土地的经营使用权。这种对土地的经营垄断，是产生级差地租的原因。这是因为：

第一，土地的资本主义经营垄断，使农产品的社会生产价格由劣等地个别生产价格决定，这就使经营优等和中等地的农业资本家都能获得超额利润，交级差地租。在工业中，社会生产价格一般是由中等生产条件决定，因此超额利润只有先进企业可以获得，中等条件企业只能获得平均利润，劣等条件企业则不能获得平均利润。而在农业中，农产品的社会生产价格不是由中等生产条件决定，而是由劣等地的生产条件决定。这是因为优等地和中等地的数量是有限的，只耕种优等地和中等地不能满足社会对农产品的需要，劣等地也必须投入生产。如果农产品的社会生产价格也由中等生产条件决定，经营劣等地的农业资本家就得不到平均利润，就会放弃劣等地的耕种，从而造成农产品供不应求引起农产品价格上升，一直涨到经营劣等地也可以获得平均利润，才有人愿意经营劣等地。因此，农产品的社会生产价格只能由劣等地的生产条件决定。这样，经营优等地和中等地的农业资本家，其农产品的个别生产价格都低于社会生产价格，他们都能获得形成级差地租实体的超额利润。

第二，土地的资本主义经营垄断，使农业中获得的超额利润可以长期稳定地存在。在工业中，少数先进企业通过采用先进技术，可以获得超额利润。但工业中的超额利润是暂时的，不稳定的。因为其他企业在竞争中也争相采用先进技术，一旦先进技术被普及，产品的社会生产价格就会下降，原有的超额利润就会消失。而在农业中，由于土地具有有限性，那些租种了优等地和中等地的农业资本家在一定时期内垄断了这种土地的经营权，别的农业资本家无法再耕种优等地和中等地，不像先进设备那样可以随意添置，从而使优等地、中等地农产品的个别生产价格低于社会生产价格而形成的超额利润，会长期稳定存在。

综上所述，土地的资本主义经营垄断是形成级差地租的超额利润产生的原因，也就是级差地租产生的原因。级差地租的产生和土地私有权没有关系，土地私有权只是农业中的超额利润以级差地租形式从农业资本家手中转入土地所有者手中的原因，而不是级差地租形成的原因。

级差地租的源泉是农业雇佣工人创造的超额剩余价值。从表面看，级差地租似乎来自土地这个自然条件，其实，土地作为自然条件，并不能创造价值和利润，包括超额利润。形成级差地租的超额利润，是耕种优等地和中等地的农业雇佣工人所创造的超额剩余价值。这些雇佣工人的劳动是一种具有较高生产率的劳动，可以在同样的时间内创造出较多的价值，因而能够创造出形成级差地租的超额利润。

级差地租按其形成条件的不同，可分为两种形态：级差地租第一形态（级差地租Ⅰ）和级差地租第二形态（级差地租Ⅱ）。

1．级差地租Ⅰ

级差地租第一形态是由不同地块土地肥沃程度的差别和不同地块土地地理位置的差别等条件而形成的级差地租。它是投入不同地块的各个资本具有不同生产率的结果。

土地肥沃程度不同形成的级差地租Ⅰ。等量资本投入到面积相同但肥沃程度有差别的土地上，各块土地的产量和农产品的个别生产价格就会存在着差别。农产品的社会生产价格由劣等地的个别生产价格决定，优等地和中等地因农产品个别生产价格低于社会生产价格而产生的超额利润，便形成级差地租Ⅰ。如表 5-7 所示。

表 5-7

土地类型	投入资本（元）	平均利润（元）	产量（担）	个别生产价格（元）		社会生产价格（元）		级差地租Ⅰ
				全部产品	每担	每担	全部产品	
优等地	100	20	6	120	20	30	180	60
中等地	100	20	5	120	24	30	150	30
劣等地	100	20	4	120	30	30	120	0

表 5-7 中，在劣、中、优三块土地上都投资 100 元，假定平均利润为 20 元，每块地全部产品的个别生产价格按等量资本获取等量利润的原则计算，都是 120 元。每担农产品的社会生产价格由劣等地的生产条件决定的，为 30 元一担。农产品都按 30 元一担在市场上出售，产量为 5 担的中等地就多出 30 元超额利润，产量为 6 担的优等地就多出 60 元超额利润，用以交付地租，就是级差地租Ⅰ。

土地位置距离市场远近不同形成的级差地租Ⅰ。土地距离市场远近不同，所耗费的农产品运输费用就不相同。距离市场近，交通条件好，运输费用少；反之，则运输费用多。运输费是生产性流通费用，应当加入成本，这就形成了不同的个别生产价格。农产品的社会生产价格由劣等地的生产条件决定，就包括要由距离市场最远，交通条件最差的土地来决定。就是说农产品的社会生产价格，由劣等地的生产成本、运输费用和平均利润三个部分构成。因此，距离市场近、运输费用少的土地，农产品的个别生产价格就低于社会生产价格，由此获得的超额利润，便形成级差地租Ⅰ。如表5-8所示。

表5-8

地块	距离市场远近（公里）	所耗资本（元）			平均利润（元）（p′=20%）	产量（担）	全部产品		级差地租Ⅰ
		生产耗费	运输费用	合计			个别生产价格	社会生产价格	
劣等地	50	100	50	150	30	4	180	180	0
中等地	10	100	10	110	22	4	132	180	48
优等地	5	100	5	105	21	4	126	180	54

2. 级差地租Ⅱ

级差地租第二形态是指在同一块土地上由于连续投资取得高于劣等地的生产率而带来的超额利润所形成的地租。对同一块土地连续追加投资，实行集约化经营，改进技术，改良土壤，使用良种和高效化肥等，就会提高土地的单位面积产量。农产品的社会生产价格由劣等地决定，所以追加投资提高生产率得到的产量，只要比劣等地的产量多，就有超额利润，这部分超额利润形成级差地租Ⅱ。如表5-9所示。

表5-9

土地类别		投入资本（元）	平均利润（元）	产量（担）	个别生产价格（元）		社会生产价格（元）		级差地租Ⅱ
					每担	全部	每担	全部	
劣等地		100	20	4	30	120	30	120	0
优等地	原投入	100	20	6	20	120	30	180	Ⅰ60
	追加	100	20	8	15	120	30	240	Ⅱ120

在表5-9中，优等地上原来投资100元，得级差地租Ⅰ60元，追加100元

投资后，优等地的产量增加了 8 担，社会生产价格仍由劣等地决定，每担 30 元。于是，这 8 担产品的社会生产价格为 240 元，扣除追加投资 100 元和平均利润 20 元，余下 120 元，作为地租交付，就是级差地租Ⅱ。

3．级差地租Ⅰ和级差地租Ⅱ的关系

级差地租Ⅰ和级差地租Ⅱ既有联系，又有区别。

级差地租Ⅰ和级差地租Ⅱ的联系表现在：首先，从历史上看，级差地租Ⅰ先于级差地租Ⅱ产生。在资本主义初期，经营农业主要采用扩大耕地面积的办法，实行粗放经营，因而基本上是级差地租第一形式。随着资本主义经济的发展，人口的增加，对农产品的需求不断扩大，而可开垦的荒地日益减少，这就出现在原有土地上追加投资，改良土壤，提高单位面积产量，实行集约经营，从而导致级差地租Ⅱ迅速发展。其次，从现实经济运动看，级差地租Ⅱ是以级差地租Ⅰ为基础的。因为级差地租Ⅱ的形成，同样要以质量不同的土地同时耕种作为前提，追加投资的生产率只有在高于劣等地生产率的情况下，才能提供级差地租Ⅱ。

级差地租Ⅰ和级差地租Ⅱ的区别表现在：第一，它们形成的条件不同。级差地租Ⅰ和农业的粗放经营相联系，是把各个资本投入不同土地具有不同生产率的结果；级差地租Ⅱ和农业的集约经营相联系，是在原有土地上进行追加投资具有不同生产率的结果。第二，超额利润转化为级差地租的过程不同。形成级差地租Ⅰ的超额利润在订立租约之始就可确定，一般归土地所有者占有。由于地租的数量在签约时已经确定，因此，追加投资带来的超额利润在租约有效期内归农业资本家所有。但到租约期满重新签订租约时，大土地所有者就会提高地租，把追加投资带来的超额利润，以级差地租Ⅱ的形式全部或部分占有。所以农业资本家总是力争签订长期租约，以获取追加投资带来的超额利润；土地所有者则力争缩短租期，好早日获得新增的超额利润。租约期如果太短，农业资本家就不愿进行长期性的投资，而且力求在租约期内收回全部投资利益，就会拼命掠夺地力，造成土地肥力的破坏。

5.4.3　绝对地租

1．绝对地租的形成

在考察级差地租时，曾假定经营劣等地的农业资本家只获得平均利润，不

能获得超额利润，因而不向土地所有者交纳地租。但是，在资本主义土地私有制条件下，租种任何土地，包括劣等地在内，都必须向土地所有者缴纳地租。这种由于土地私有权的存在，租种任何土地都必须缴纳的地租，叫做绝对地租。它是由农产品的社会生产价格低于价值的超额利润转化而成的。

绝对地租形成的条件是农业资本有机构成低于社会平均资本有机构成。在资本主义发展过程的相当长时期内，农业的生产技术落后于工业，农业的资本有机构成低于工业，或低于社会平均资本有机构成，因而同量资本用在农业中可推动更多的可变资本。在剩余价值率相同的情况下，农业部门创造的剩余价值高于工业，农产品价值就会高于其社会生产价格。农产品按照价值出售，其高于社会生产价格而产生的超额利润，便形成绝对地租。下面以表5-10进行说明：

表5-10

生产部门	资本有机构成	剩余价值（m′=100%）	平均利润（p′=20%）	价值	生产价格	绝对地租
工业	80c：20v	20	20	120	120	
农业	60c：40v	40	20	140	120	20

可见，同样投资100元于工业和农业，剩余价值率和平均利润率都相等。只是由于二者的资本有机构成不同，从而使得工业产品的价值和生产价格都是120元。而农产品的价值是140元，生产价格则同样是120元。按照价值出售，其高于生产价格的余额，便转化为绝对地租。

农产品之所以能够按价值出售，并且农产品价值高于生产价格的超额利润部分不参加利润平均化，而是留在农业部门并转化为绝对地租，是由土地私有权的垄断决定的。这是因为：

第一，土地私有权的垄断，使农产品价值高于社会生产价格的余额有可能留在农业部门形成绝对地租。土地私有权的垄断是指农业中有限的土地被私人占有后，别人无法再拥有这块土地。土地私有权的垄断阻碍和排斥资本自由转入农业，所以农业部门创造的剩余价值并不参加全社会的利润平均化过程。这样，农产品就能够按照高于生产价格的价值出售，价值高于生产价格的余额即超额利润就可以保留在农业部门，转化为被土地所有者占有的绝对地租。

第二，土地私有权的垄断，使农产品价值高于生产价格所形成的超额利润必须留在农业部门形成绝对地租。这是因为，在土地私有权垄断的情况下，农业资本家只要耕种土地，就必须交纳地租。这就决定了农产品必须按照高于社会生产价格的价值出售，从而在农业资本家获得平均利润的同时，又有可能向土地所有者交纳绝对地租。

绝对地租是农产品价值的一部分，而农产品的价值，包括剩余价值都是由农业工人创造的，因此，绝对地租的源泉是农业工人所创造的剩余价值的一部分，即超额剩余价值，绝对地租是超额剩余价值的转化形式。它体现着农业资本家和土地所有者共同剥削农业雇佣工人的关系。

2. 绝对地租的发展趋势

应当指出，农业的发展落后于工业，农业资本有机构成低于工业资本有机构成或社会平均资本有机构成，并非固定不变的，而是资本主义发展一定历史阶段的现象。在当代发达资本主义国家，由于科学技术的迅速发展，农业资本有机构成已经接近甚至高于工业资本有机构成，如 1977 年，美国每个农业劳动力使用的生产性资本已达到 12.1 万美元，而工业中每个劳动力使用的生产性资本则不到 10 万美元。虽然农业资本有机构成低于工业的情况已发生变化，但土地私有权的存在，决定了使用土地仍必须交纳绝对地租。

由于农业资本有机构成接近甚至超过工业资本有机构成，因此绝对地租存在的条件已经发生变化。在这种情况下，绝对地租的来源发生了变化，它不再是农产品价值高于其社会生产价格的余额。它的来源，只可能有两个方面，一是把农产品价格提高到其价值以上，“如果由于土地所有权对在未耕地上进行不付地租的投资造成限制，以致谷物不仅要高于它的生产价格出售，而且还要高于它的价值出售，那么，地租就会产生垄断价格”①。二是平均利润和工资的扣除。马克思曾说过：“这一来，土地所有者只好自己耕种这些土地，或者在租金的名义下，把它的租佃者的一部分利润甚至一部分工资刮走。”② 正因为农业资本家不能获得平均利润，所以，在发达资本主义国家中，租借土地的农业资本家逐渐减少，土地所有者自己经营农业的比重增加。

---

① 马克思. 资本论（第 3 卷）[M]. 北京：人民出版社，1975：874.

② 马克思. 剩余价值理论 [M]. 北京：人民出版社，1975：448.

5.4.4 土地价格

在资本主义制度下，土地所有者不仅可以凭借土地所有权攫取地租，而且还可以通过出卖土地获得巨额土地收入。

土地本来是天然存在的东西，并不是劳动产品，因此没有价值。但是，在资本主义社会，随着商品经济的发展，土地也成为买卖的对象，具有价格。土地价格不是土地价值的货币表现，不是土地的购买价格，而是土地所提供的地租的购买价格，是资本化的地租。

土地价格是资本化的地租，也就是说，土地价格应相当于这样一笔货币资本，即把它存入银行所得的利息应当和这块土地所带来的地租相等。因此，土地价格的计算公式是：

$$\text{土地价格}=\frac{\text{地租}}{\text{利息率}}$$

假定某块土地一年能得5000元地租，银行存款利息率是5%，土地价格就是5000元/5%=100000元。可见，土地价格同地租量成正比，土地价格同利息率成反比。

随着资本主义的发展，地租具有不断增长的趋势，而利息率却趋于下降，因此土地价格具有不断上涨的趋势。土地价格上涨不利于资本主义经济的发展。正如马克思所说："在一定的发展阶段，甚至从资本主义生产方式的观点来看，土地所有权也是多余而且有害的。"①

本章小结

1. 按照资本主义生产方式生产的每一个商品的价值都是由三部分组成的，即不变资本价值（C）、可变资本价值（V）和剩余价值（M），用公式表示就是：W=C+V+M。但是，生产商品使资本家耗费的和生产商品本身所耗费的无疑是两个不同的量。从商品生产本身的耗费来看，C是物化劳动的耗费，V+M是活劳动的耗费，C+V+M是生产商品实际耗费的社会总劳动。从资本家的耗

① 马克思，恩格斯．马克思恩格斯全集（25卷）[M]．北京：人民出版社，1975：702.

费来看，生产商品只是耗费了他的预付资本C+V，而商品价值中的M却不费资本家分文。所以，资本家在计算生产商品的实际费用时，就只计算它所耗费的资本价值。这样，不变资本C和可变资本V便取得了成本价格形式。用公式表示为：K=C+V。

2. 当剩余价值在观念上被当作成本价格（后来演变为全部预付资本）的产物时，剩余价值转化为利润。各个生产部门之间资本有机构成的差异导致利润率的差异，而等量资本要求获得等量利润引发的资本在不同部门之间的转移导致平均利润率的形成。随着利润转化为平均利润，商品价值就转化为生产价格。

3. 商业资本职能是从产业资本职能中分离出来的独立发挥作用的商品资本，其职能是从事商品销售、实现剩余价值。商业利润是通过商业工人的劳动为产业资本家销售商品、产业资本家让渡给商业资本家的那部分剩余价值。商业利润是平均利润。

4. 借贷资本是借贷资本家为了取得利息而暂时贷给职能资本家使用的货币资本。职能资本家取得借贷资本必须用来生产剩余价值，同时将其中一部分作为利息交给借贷资本家。利息是平均利润的一部分，反映借贷资本家和职能资本家共同剥削产业工人的关系。职能资本家借贷资本可以采取两种方式：间接借贷和直接借贷。间接借贷主要是向银行借贷，直接借贷则是向借贷资本家借贷。这两种借贷方式各有利弊。对于职能资本家来说，既能够借到足够的货币资本，又能减轻负担是多么好的事情。股份公司的出现为他们解决了这个难题。股份公司发行股票造成了实际资本和虚拟资本，造就实体经济和虚拟经济两种经济形式。

5. 一切地租都是土地所有权在经济上的实现，是土地所有者凭借土地所有权获得的剥削收入。资本主义地租是农业资本家为取得土地使用权而交给土地所有者超过平均利润的那部分剩余价值，是超额利润的转化形式，它体现土地所有者和农业资本家共同剥削农业雇用工人的关系。资本主义地租根据产生的条件和原因不同分为级差地租和绝对地租。土地所有者不仅可以通过出租土地获取地租，而且还可以通过出卖土地获取巨额土地收入。

关键术语

成本价格　利润　利润率　平均利润　平均利润率
生产价格　商业资本　商业利润　商业流通费用
借贷资本　利息利息率　银行资本　股份公司
股票价格　虚拟资本　实际资本　资本主义地租
级差地租　绝对地租　级差地租Ⅰ　级差地租Ⅱ
土地价格

思考题

1. 成本价格的含义及其意义是什么？
2. 剩余价值如何转化为利润？利润的本质是什么？
3. 平均利润率是如何形成的？
4. 商品价值是如何转化为生产价格的？
5. 资本主义商业资本的性质和职能是什么？
6. 试述资本主义商业利润的来源。
7. 商业资本家是如何剥削商业职工的？
8. 借贷资本的本质和特点是什么？
9. 借贷利息的实质是什么？为什么利息只能是平均利润的一部分？
10. 影响利息率的因素有哪些？
11. 级差地租产生的原因和条件有哪些。
12. 级差地租 I 和 II 的区别和联系是什么？
13. 试述级差地租和绝对地租的区别和共同点。
14. 试述土地价格的实质、量的决定及其影响因素。

补充阅读

资本主义在农业中发展的两条道路

在资本主义社会中，参与剩余价值分割的，不仅有产业资本家、商业资本家和银行资本家，还有土地所有者。土地所有者凭借对土地的占有权，将土地出租给农业资本家，收取资本主义地租。

资本主义地租是以资本主义土地私有制为前提的。资本主义土地私有制的典型特点就是土地的所有权同土地的经营权相分离，即土地所有者不像以前那样自己经营土地，而是把土地租给农业资本家经营，并向农业资本家收取地租。

资本主义土地私有制，是随着资本主义生产关系在农业中的发展而确立的。资本主义土地私有制的形成曾经经历了不同的道路。概括起来，不外是两条：一条叫做“美国式道路”，一条叫做“普鲁士式道路”。

所谓“美国式道路”，就是通过资产阶级革命来消灭封建地主土地所有制，实现资本主义土地所有制。列宁在说明这条道路时指出：“地主经济已不再存在，或者已被没收和粉碎封建领地的革命捣毁了。农民成为农业中独一无二的代表，并逐渐转化为资本主义农场主。”① 这条道路在美国表现得最为典型。在美国，农业中本来就没有像欧洲国家那样根深蒂固的封建制度。早在 1775—1783 年的美国南北战争中，就已经捣毁了封建的土地关系，普遍建立了农民的土地所有制。1861—1865 年的南北战争后，由于废除了南部各州奴隶主大庄园制度，大量分散出租给脱离奴籍的佃农耕种；同时北部的联邦政府于 1862 年颁布了宅地法，把土地无偿分给农民。这样小农经济在美国便迅速发展起来。然而，小农经济的脆弱性使它建立的同时，又在不断分化。从 19 世纪 80 年代起，农民的两极分化更为显著，越来越多的农民失去土地，而大批资本主义农场主即农业资本家迅速产生。1910 年，美国农业工人达到 300 万，占全部农业劳动者的 1/4，与此同时，占全国农户 1/6 的资本主义农场主生产的农产品占全国农产品的一半以上。这表明，资本主义生产关系在美国的农业中已占据统治地位。通过这条道路建立起来的资本主义农业，由于受旧生产方式的阻碍比较小，发展的速度也就比较快。

---

① 列宁．列宁全集（第 13 卷）［M］．北京：人民出版社，1975：219.

所谓“普鲁士式道路”，就是通过改良的办法，使地主经济缓慢地演变为资本主义经济的道路。列宁指出：“农奴制地主经济缓慢地转化为资产阶级的容克式的经济，同时分化出少数‘大农’，使农民在几十年内受最痛苦的剥削和盘剥。”① 这条道路在普鲁士表现最为典型。1807 年，在法国资产阶级革命和拿破仑统治的压力下，代表贵族地主阶级利益的普鲁士首相颁布了“十月敕令”，宣布取消农民对地主的人身依附关系；1811 年又颁布了“调整敕令”，规定农民如要摆脱义务（如交纳地租等），必须向地主交纳巨额“赎金”，或相当于赎金的份地无偿送给地主。1850 年 3 月，普鲁士政府公布了新的调整法，取消了农民一些封建义务，一般农民也可以通过交纳“赎金”摆脱交纳地租和强制劳动等封建义务。持续 1 个世纪的赎卖过程，使德国的容克地主阶级攫取了巨额财富，而且霸占了大量土地。在这个基础上，容克地主按照资产阶级生产方式的经营来改善庄园，使自己逐渐成为资产阶级，而广大农民则成为雇佣工。由于普鲁士走过的这条道路具有代表性，因此这条道路被称为“普鲁士式道路”。由于这条道路继续保留了大量农奴制残余，同美国相比，19 世纪的德国农村中的资本主义生产关系发展缓慢。

无论哪条道路，都是资本主义生产关系在农业中确立的过程。随着资本主义土地私有制度的建立，农业中出现了三个相互依存又相互对立的阶级，即大土地所有者、农业资本家和农业工人。大土地所有者将土地租给农业资本家经营，农业资本家剥削农业工人，并将其中一部分作为地租交给土地所有者，因此，资本主义地租体现农业资本家和大土地所有者共同剥削农业工人的关系。

——根据马克思《资本论》第三卷第六编《超额利润转化为地租》相关内容整理

① 列宁．列宁全集（第 13 卷）［M］．北京：人民出版社，1975：219.

第6章 垄断资本主义

资本主义生产方式在它四百多年的发展历程中大体上经历了两个阶段：自由竞争资本主义阶段和垄断资本主义阶段。如果从时间上来划分，自由资本主义大致经历了三百年，而垄断资本主义则是最近一个世纪的事情。马克思主义政治经济学以不可抗拒的逻辑力量，深刻揭露了自由资本主义经济关系的实质，全面分析了自由资本主义生产关系的运动及其矛盾，便对自由资本主义发展成为垄断资本主义作出了科学预测，科学阐明了资本主义发生、发展和灭亡的规律，为科学社会主义的建立奠定了牢固的理论基础。列宁真正见证了垄断资本主义（列宁称为“帝国主义”）并认真研究了垄断资本主义问题，他在1917年发表的《帝国主义是资本主义的最高阶段》一书，标志着马克思主义帝国主义理论的形成。列宁的帝国主义理论，不是从马克思、恩格斯的结论出发进行单纯逻辑推理的结果，而是从对资本主义现实生活的深入研究和对大量实际材料的科学分析中产生的。列宁对马克思主义帝国主义理论的重要贡献就在于对帝国主义的基本经济特征进行了深刻的、系统的、全面的分析，阐明了帝国主义的实质就是垄断资本主义，帝国主义既是资本主义固有矛盾发展的必然结果，同时又使资本主义固有的矛盾进一步尖锐化。列宁的帝国主义理论，丰富和创造性地发展了马克思主义政治经济学。

本书第三章至第五章的内容，主要介绍的是自由竞争资本主义阶段的基本经济关系和经济运行特征。总体上讲，马克思主义关于自由竞争资本主义的分析对垄断资本主义阶段也是适用的。但是，由于垄断资本主义阶段又有不同于自由竞争资本主义阶段的经济特征，并且垄断资本主义阶段本身也是不断发展变化的，因此必须对垄断资本主义进行专门研究。本章阐明垄断资本主义的形成及其基本特征、国家垄断资本主义的形式和实质、垄断资本主义的国际化以及垄断资本主义的历史地位问题。

6.1 垄断资本主义的形成和基本特征

6.1.1 自由竞争资本主义向垄断资本主义的过渡

马克思对资本主义作了理论上和历史上的分析，证明自由竞争引起生产集中，而生产集中发展到一定程度就会引起垄断。列宁根据马克思主义的基本原理，深入分析了19世纪末20世纪初资本主义发展的新情况，指出："从竞争到垄断的转变，是最新资本主义经济最重要的现象之一，甚至是唯一的最重要现象。"① 自由竞争资本主义向垄断资本主义的过渡，经历了自由竞争引起生产集中，生产集中发展到一定程度必然产生垄断的过程。

1. 自由竞争引起生产集中

生产集中是指社会的生产资料、劳动力和商品生产日益集中于少数大企业，使得这些企业的规模和它在同类生产中所占的比重越来越大的过程。生产集中是资本主义自由竞争的必然结果。

马克思对自由竞争引起生产集中进行了详细的分析。马克思指出，资本主义生产的实质就是为了榨取剩余价值。因此，资本家不仅残酷剥削无产阶级和广大劳动人民，而且不断进行资本积累并使其资本规模扩大。在这个过程中，竞争起了决定性作用。在自由竞争中，少数大企业资本雄厚，技术和管理先进，生产规模大，劳动生产率高，商品成本低，在竞争中处于有利地位。竞争的结果，总是大资本战胜中小资本，大企业吞并中小企业，从而使生产和资本日益集中到少数大企业。

在自由竞争中，信用制度加速了生产集中的进程。生产集中要求每个资本家必须增大自己的资本，但是，仅仅通过资本积聚（剩余价值的资本化）来

---

① 列宁. 列宁全集（第22卷）[M]. 北京：人民出版社，1975：189.

增大个别资本家是一个十分缓慢的过程。为了适应生产集中的需要，资本积累的另一种形式，即资本集中就产生了。资本集中是通过一个大资本对若干中小资本合并而成为一个更大的资本、或者通过几个资本的合并形成一个更大的资本。资本集中可以使个别资本在一夜之间就集中起巨大的资本量。而竞争和信用是资本集中两个最有力的杠杆。资本集中的进程，不仅取决于个别资本自己拥有的资本量，而且还取决于它通过信用所获取和支配的社会资本量。正如马克思所说："通过许多看不见的线索把大量分散在社会表层的货币资源牵引到资本家个人或结合的资本家手中，变成了资本集中上的一个惊人庞大的社会机构。"① 所以，随着资本主义的发展，信用制度大大促进了资本集中和生产集中的进程。

在自由竞争中，科学技术进步也推动了生产集中。在资本主义自由竞争中，资本家为了降低成本，在竞争中处于有利地位，必然不断改进技术，提高劳动生产率。科学技术的进步，会不断涌现各种大型高效率的机器设备，这既为大生产提供了可能，也对生产提出了更高的要求，因为这些大型技术装备只有在大企业才能加以推广和利用，从而推动了生产集中的发展。

2. 生产集中发展到一定程度必然产生垄断

所谓垄断，是指少数资本主义大企业为了获得高额利润，通过协议、联盟和联合，对生产和市场进行控制和独占。马克思在研究了自由竞争、资本积累、资本积聚和资本集中后，对生产集中的发展趋势作了如下诊断："在一个生产部门中，如果投入的全部资本，已融合为一个单个资本时，集中便达到了极限。"② 列宁依据马克思主义的科学原理，深入分析了19世纪末20世纪初资本主义发展的新情况，进一步论证了生产集中引起垄断的必然性，并证明垄断已成为事实。

生产和资本集中发展到一定程度必然产生垄断。这是因为：

首先，生产高度集中产生了垄断的可能性。当生产集中程度不高，各个部门的生产只是由大量中小企业分散进行的时候，由于企业数目众多，不容易达成协议，而少数企业要对该部门的生产和销售进行控制或独占是很困难的。但是，当生产高度集中后，情况就不同了。生产高度集中后，企业数目急剧减

① 马克思．资本论（第1卷）[M]．北京：人民出版社，1975：689.

② 马克思．资本论（第1卷）[M]．北京：人民出版社，1975：790.

少，少数大企业控制了某一生产部门的大部分生产和销售，它们彼此之间容易达成协议，从而垄断生产和销售。

其次，生产高度集中产生了垄断的必要性。在生产高度集中的条件下，少数大企业势均力敌，少数大企业之间的竞争带有更大的危险性和破坏性。为了避免在竞争中两败俱伤，它们往往相互让步，暂时妥协，达成一定的协议来共同控制生产、瓜分市场和原料来源，以便获取高额利润。

在资本主义社会，生产集中一直在进行着。但是，只是到了 19 世纪末 20 世纪初，生产集中才得到迅速发展，并达到相当高的程度。例如在德国，1907 年，不到企业总数 1% 的大企业，竟占有总数 3/4 以上的动力。又如在美国，1909 年，所有企业的全部生产量，差不多有一半掌握在仅占企业总数 1% 的大企业手中。自由竞争引起生产集中，生产和资本集中发展到一定程度后，就会从自由竞争中自然而然地产生垄断，这是资本主义发展的一般规律和基本趋势，是资本主义基本矛盾即生产的社会化与生产资料资本主义私人占有之间矛盾发展的必然结果。垄断一旦代替自由竞争在经济生活中占统治地位，就标志着垄断资本主义的形成。

6.1.2 垄断资本主义的基本经济特征

垄断代替自由竞争在经济生活中占统治地位，标志资本主义从自由竞争阶段进入垄断阶段，并由此导致经济生活中产生一系列新的特征。列宁从资本主义发展到新阶段的实际出发，运用辩证唯物主义和历史唯物主义的基本原理，揭示了垄断资本主义的五个基本经济特征："生产和资本的集中发展到这样高的程度，以致造成了在经济生活中起决定作用的垄断组织；银行资本和工业资本已经融合起来，在这个'金融资本'的基础上形成了金融寡头；和商品输出不同的资本输出具有特别重要的意义；瓜分世界的资本家国际垄断同盟已经形成；最大资本主义大国已把世界上的领土分割完毕。"① 并对垄断资本主义的特征作了详细分析和研究。

1. 垄断取代自由竞争并在经济生活中起决定作用

垄断取代自由竞争并在经济生活中起决定作用，是资本主义从自由竞争阶

① 列宁．帝国主义是资本主义的最高阶段［M］//列宁选集（第 2 卷）．北京：人民出版社，1995：651.

段过渡到垄断阶段的根本标志，也是垄断资本主义最基本的经济特征。垄断形成以后，垄断组织控制了整个社会的生产和流通，主宰了整个国民经济。

(1) 垄断组织的形式和实质。

垄断统治资本主义经济生活是通过一定的垄断组织形式来实现的。所谓垄断组织，是指控制了某个或某些生产部门的生产和销售，以获取高额垄断利润的资本主义大企业或企业的联合。

垄断组织的形式有多种多样，最简单是短期价格协定。参加短期价格协定的企业，在规定的期限内，要遵守协定所规定的商品销售价格，以便操纵市场，达到获取垄断利润的目的。由于这种协定时间短，不稳定，市场情况发生变化后往往自行解散。

垄断组织的主要形式有卡特尔、辛迪加、托拉斯和康采恩。各种垄断组织包含不同的内容，反映着不同的垄断程度。

卡特尔。卡特尔是生产同类商品的资本主义企业，在划分销售市场、规定产品产量、确定商品价格等方面签订协定而成立的同盟。参加卡特尔的企业在生产、销售和法律上是独立的，但在产量确定、价格规定、市场选择上丧失了独立性。19 世纪末 20 世纪初，卡特尔在欧洲大陆一些国家曾经盛极一时，德国曾被称为卡特尔的国家。

辛迪加。辛迪加是生产同类商品的企业通过签订共同销售产品和采购原材料的协定而成立的垄断联合。参加辛迪加的企业在生产上和法律上是独立的，但在流通领域丧失了独立，原材料的采购和产品的销售由辛迪加的办事机构统一经营。这使辛迪加比卡特尔更加稳定，因为参加辛迪加的企业之间联合得更加紧密，加之各自与市场脱离了直接联系，因此，企业一旦加入辛迪加则很难退出。辛迪加出现的时期大体和卡特尔相同，这种形式在德国、俄国和西欧其他国家都有很大发展。

托拉斯。托拉斯是垄断组织的一种高级形式。它是由在生产上有一定联系的只是作为股东的企业联合组成的垄断同盟。参加托拉斯的企业既失去了商业上的独立性，也失去了生产上和法律上的独立性。托拉斯作为独立的联合企业，由董事会进行统一经营管理，参加托拉斯的企业则成为联合企业的股东，托拉斯的领导权实际上控制在最大的少数资本家手中。美国是托拉斯最发达的国家，自 19 世纪末美孚石油公司成为第一个托拉斯组织以后，托拉斯在美国有了迅速发展。

康采恩。康采恩是垄断组织的最复杂的一种形式，它是由以一两个实力最强的垄断企业（大工业企业或大银行）为核心，联合不同部门、不同行业的许多企业组成的一个庞大的垄断集团。这些大企业或大银行，除了经营本身的业务外，还通过购买其他公司或企业的股票、参与董事会和其他财务上的关系，将参加康采恩的其他企业置于自己的统治之下。康采恩出现的时间比其他垄断组织出现的时间要晚一些，第一次世界大战以后，康采恩在德国、日本和欧洲其他国家有了迅速发展。

垄断组织的形式不是一成不变的。随着生产和资本的进一步集中，垄断组织的形式也会发生相应的变化。在 20 世纪初，垄断组织占优势的形式是卡特尔、辛迪加和康采恩。第二次世界大战以后，特别是从 20 世纪 50 年代中期开始，垄断组织日益向多样化经营发展，因此康采恩就成为占优势的垄断组织形式了。尽管帝国主义国家垄断组织的形式多种多样，但本质上都是一样的，都是通过对生产和市场的垄断，来保证垄断资本家获取高额垄断利润。

（2）垄断利润和垄断价格。

垄断资本家凭借其在生产和市场上的垄断地位而获取的超过平均利润以上的高额利润就是垄断利润。追逐高额垄断利润是垄断资本主义生产的唯一目的和动机。垄断组织攫取垄断利润的主要手段是它所制定的垄断价格。

垄断价格是指垄断组织凭借其在生产和流通中的垄断地位而规定的旨在保证最大限度利润的市场价格。垄断价格包括高于商品生产价格或价值的销售价格（垄断高价）和低于商品生产价格或价值的购买价格（垄断低价）。一般情况下，垄断组织在出售自己的商品时实行垄断高价，即把价格提到生产价格以上，按垄断高价出售；垄断组织在购买商品时实行垄断低价，即把价格压到生产价格以下，按垄断低价收购。这两种价格之所以能够实行并长期维持，是因为垄断组织控制了商品生产和销售，从而妨碍了自由竞争。

垄断价格的形成并不违背价值规律。因为从整个社会来看，商品价格总额和价值总额是相等的，垄断价格只是使价值和剩余价值做了有利于垄断资本家的再分配，只是价值表现形式的变化。同时，垄断资本家也不能随心所欲地规定垄断价格。垄断价格的高低，要受垄断企业内部成本和外部市场供求、竞争状况的制约。归根到底，垄断组织的经济行为，也是受支配市场经济活动的价值规律制约的。因此，垄断价格的基础是价值，不同商品的垄断价格的差别总是反映其价值差别，垄断价格总是受价值制约的。

垄断资本家主要通过以下各种途径来获取高额利润：

第一，加强对本企业劳动者的剥削。垄断组织通过各种办法提高剥削程度，特别是通过对新技术的垄断，使劳动者以较高劳动生产率生产的全部剩余价值转化为垄断利润。

第二，加强对非垄断企业的劳动者和小生产者的剥削。垄断组织以垄断低价购买非垄断企业和小生产者的商品，以垄断高价出售自己的商品，这样，非垄断企业和小生产者创造的一部分价值就转移到垄断企业，成为垄断利润的一部分。

第三，加强对本国劳动人民的剥削。资产阶级国家通过财政对国民收入进行有利于垄断资本家的再分配，将劳动者必要劳动创造的一部分价值（工资）的一部分转化为垄断利润。

第四，加强对国外劳动人民的剥削。垄断企业通过资本输出和在国际经济贸易中实行垄断价格，剥削和掠夺外国劳动人民创造的一部分价值，使之成为垄断利润的一部分。

（3）垄断和竞争的关系。

垄断虽然是在自由竞争基础上发展起来的，是作为自由竞争的对立物而存在的。但是，垄断代替自由竞争，并不是一般地消除竞争，而是与自由竞争并存。正如列宁所说："从自由竞争中成长起来的垄断并不消除竞争，而是凌驾于竞争之上，与之并存，因而产生许多特别尖锐特别剧烈的矛盾、摩擦和冲突。"① 这是因为：

首先，垄断没有消灭资本主义竞争的基础和动因。商品经济是竞争产生的一般基础，资本主义商品经济是资本主义竞争的基础；对利润的无限贪欲，是资本主义竞争的动因。垄断资本主义只是资本主义发展的一个阶段，并没有也不可能消除竞争产生的基础和动因，反而使竞争的基础和动因更加强化。

其次，垄断统治确立后，还存在大量没有加入垄断组织的"局外企业"之间的自由竞争。为了垄断统治的需要，在垄断占统治地位的条件下，还存在着中小企业生存和发展的广泛的空间，这些没有加入垄断组织的"局外企业"，不可避免地展开竞争。

最后，垄断组织本身引起的竞争，即垄断竞争。垄断竞争包括垄断组织内部的竞争、垄断组织之间的竞争、垄断组织同非垄断企业或"局外企业"之间的竞争。

垄断竞争与自由竞争相比，具有以下特点：

---

① 列宁．列宁全集（第22卷）[M]．北京：人民出版社，1975：258.

第一，从竞争的总特点来看，自由竞争不容许在运用资本时有任何人为的限制，因此被认为是一种“公平”的竞争。而垄断竞争首先是一种权利不平等的竞争，即一种为竞争者设立了许多人为障碍的竞争。这种竞争不是为了争夺市场上的影响，而是为了争夺对市场的垄断地位和统治权力。

第二，竞争的目的不同。从竞争的目的来看，自由竞争的目的是追求超额利润，垄断竞争的目的是追求高额垄断利润。垄断资本家只有巩固和不断扩大垄断地位和垄断权力，攫取高额利润才有保证。例如，美国在第二次世界大战后，加工工业的年平均利润率，经济景气年份为 20% ~25%，其中资本在 1 亿美元以上的垄断企业，利润率可达 22% ~27%，资本少于 100 万美元的中小企业只有 13% ~18%。经济不景气年份，年平均利润率下降到 15% ~17%，垄断企业仍可维持在 16% ~19%，小企业往往不到 5%，有大量小企业破产①。

第三，竞争手段不同。从竞争的手段来看，垄断竞争和自由竞争也是不同的。在自由资本主义时期，自由竞争的手段主要是利用经济手段，即通过改进技术，提高劳动生产率，降低成本，改善经营管理等以战胜自己的竞争对手。而在垄断资本主义时期，围绕争夺垄断地位和统治权力而进行竞争的手段更加多样化。有经济的和政治的，公开的和隐蔽的，“文明”的和野蛮的，包括欺骗、讹诈、盗窃情报、玩弄金融诡计，直到使用毒品、炸药对付竞争对手。正如列宁所说：“现在已经不是小企业同大企业、技术落后的企业同先进企业进行竞争了，现在已经是垄断者扼杀那些不屈服于垄断组织、不屈服于垄断组织压迫和摆布的企业了。”②

第四，竞争的范围和对象不同。在自由竞争资本主义时期，自由竞争主要限于部门内部、部门之间，限于经济领域，竞争的对象主要是争夺消费者。而到了垄断资本主义时期，竞争则从国内扩展到国外，从经济领域扩大到政治、军事、文化等各个领域，竞争的对象则是对全世界所有原料来源作出大致的估计，对市场容量进行大致的估计，并在各垄断组织之间进行瓜分。

第五，竞争的激烈程度不同。在自由竞争资本主义时期，竞争还是各个资本家之间进行的，他们彼此分散，力量薄弱，因此竞争的激烈程度有限。而到

① 转引自傅骊元，王茂根：政治经济学（帝国主义部分）[M]. 北京：北京大学出版社，1984：21.

② 列宁. 列宁全集（第22卷）[M]. 北京：人民出版社，1975：198.

了垄断资本主义时期，竞争的双方已不再是个别资本家，而是许多大资本家的联合，他们实力雄厚、势均力敌，往往双方都有各自国家政府的强有力的支持。所以，这时的竞争特别激烈，更富于掠夺性、持续性和破坏性。

2. 金融资本的形成与金融寡头统治

“银行资本和工业资本已经融合起来，在这个‘金融资本’的基础上形成金融寡头”①，这是帝国主义的第二个基本经济特征。

(1) 金融资本的形成。

金融资本是指银行垄断资本和工业垄断资本融合或混合生长而成的一种新型资本。它是工业垄断资本和银行垄断资本相互渗透，相互控制的结果。

在工业资本集中并形成垄断的同时，银行业也在走向集中和垄断。银行业集中是工业生产集中推动的结果。因为工业生产的集中产生了大型企业和大型企业集团，这些大企业所需要的巨额贷款，只有大银行才能提供；其所拥有他们的巨额闲置货币资本也只愿意存放在信誉可靠，实力雄厚的大银行。银行业集中，也是银行业内部竞争的结果。在激烈的竞争中，大银行利用自身的种种优势，不断排挤和吞并中小银行，实现银行业集中。银行业的集中到一定高度，必然引起银行业的垄断，形成银行垄断资本。例如德国，1909 年底柏林 9 家大银行及其附属银行的资本大约占到德国银行资本总额的 80%。到 1913 年，这 9 家大银行吸收的存款占全德国银行存款总额的 50% 以上②。

银行垄断形成以后，银行的作用就发生了变化，由普通的货币借贷中介人变成万能的垄断者。银行的新作用集中表现在银行与企业的关系：第一，银行通过全部金融活动对企业实行全面监督；第二，银行通过对企业贷款量的调节和控制决定企业的命运；第三，银行通过购买企业股票，派人到企业担任领导职务，操纵和控制企业的生产和经营活动。

随着银行新作用的出现，工业垄断资本和银行垄断资本互相融合，形成了金融资本。两者融合的途径是：第一，通过资本的渗透而融合。银行企业和工业企业互相购买对方股票，或者银行投资办工业企业，工业企业投资办银行，于是，工业企业和银行企业各自的垄断资本便融合在一起了。第二，通过人事

① 列宁. 列宁全集（第 22 卷）[M]. 北京：人民出版社，1975：259.

② 转引自傅骊元，王茂根. 政治经济学（帝国主义部分）[M]. 北京：北京大学出版社，1984：43.

相互交流而融合。银行企业和工业企业相互派代表到对方企业担任领导职务，从而把二者置于相互控制之下。正如列宁所说："如果我们不注意到银行的作用，那我们对于现代垄断的实际力量和意义的认识，就会是极不完备，极不充分和极其不足的。"①

（2）金融寡头的统治。

在金融资本的基础上，产生了金融寡头和它的统治。所谓金融寡头，是指一小撮掌握着金融资本，操纵国民经济命脉，并在实际上控制国家政权的少数最大的垄断资本家或垄断资本家集团。他们是在经济上和政治上居统治地位的资本主义国家的实际统治者。

金融寡头在经济上的统治是指金融寡头对整个国民经济的控制，具体是通过"参与制"实现的。参与制是指金融寡头以他掌握的主要公司或者大银行作为"母亲公司"，通过控制其他公司一定数量的股票，使这些公司受"母亲公司"的控制，变成他的"女儿公司"，"女儿公司"采取同样的方式再去控制另外一些公司，使之成为"孙子公司"，如此层层控制下去。"参与制"好像一座金字塔，站在塔尖上的是一小撮金融寡头。金融寡头不仅占有别人的劳动，而且极大地加强了金融寡头的实力和统治。此外，金融寡头还采用办股份公司，获取大量创业利润；经营公司债券取得高额佣金；进行金融投机和房地产买卖牟取暴利等办法，增大其拥有的资本量，控制整个国民经济，实现其经济上的统治。

金融寡头在政治上的统治是指金融寡头控制国家政权，具体是通过"个人联合"实现的。他们收买政府官吏和国会议员，对政府的内外政策施加影响；他们派遣代理人或亲自出马在政府和议会中担任重要领导职务，直接掌握国家机器，使其成为金融寡头统治和获取垄断利润的工具。金融寡头还通过建立各种咨询机构和政策研究机构，对政府的决策施加影响。金融寡头在政治上的统治反映到政治和社会生活的一切领域。正如列宁指出的那样，这些人"今天是部长，明天是银行家；今天是银行家，明天是部长。"②

3. 资本输出具有特别重要的意义

资本输出是指资本主义国家政府、资本家或资本家集团为获取高额垄断利

---

① 列宁．列宁全集（第22卷）［M］．北京：人民出版社，1975：202.
② 列宁．列宁全集（第24卷）［M］．北京：人民出版社，1975：97.

润、利息及其他经济利益而对外投资或贷款。资本输出虽然在自由资本主义时期就已存在，但在那时并没有成为一种普遍的经济现象，并且在国家的经济生活中不占统治地位。19 世纪末 20 世纪初，资本主义发展进入垄断阶段，资本输出才在各主要资本主义国家普遍大规模地发展起来，成为垄断资本主义时期的一个重要经济特征。列宁在分析帝国主义的基本经济特征时指出："自由竞争占统治地位的旧资本主义的特征是商品输出，垄断占统治地位的最新资本主义的特征是资本输出。"①

资本输出的必然性。马克思在研究自由资本主义时，曾经揭示资本主义制度下资本家为了获取超额利润而造成资本"过剩"的可能性。到了帝国主义时期，这种可能性就更现实了。因为垄断资本家所要求的不是平均利润，而是高额的垄断利润。而积累起来的大量货币资本，很难在国内找到有利的投资场所，从而形成大量的过剩资本。"过剩"资本迫切需要寻找投资场所，出路何在呢？马克思当时就看到，"必须到外国，到远方市场寻求需要"②。至于资本输出的去向，有落后国家，也有工业发达的国家，但主要是落后国家。正如列宁指出："因为那里资本少，地价比较贱，工资低，原料也便宜。"③ 同时，到了帝国主义阶段，由于资本主义世界市场已经形成，这些落后国家已被卷入世界资本主义的流通范围。在这些国家，商品经济发展也分化出了大量雇佣劳动者。此外，主要铁路已经建成或者开始兴建。总之，这些国家已经使资本输出有了可能。这样，在 20 世纪初，帝国主义就向这些国家大量进行资本输出。

资本输出对输出国及垄断资本具有十分重要的意义：（1）资本输出可以获取大量的利润和利息。（2）资本输出成为输出国控制输入国的重要手段。（3）资本输出是输出国扩大商品出口的手段。（4）资本输出使金融资本的银行网络遍布全世界。同时，资本输出也给输入国带来了严重的后果。帝国主义国家通过资本输出，不但控制资本输入国的经济命脉，使这些国家的国民经济成为完全适应帝国主义垄断资本掠夺需要的单一经济，而且直接控制了这些国家的政治，把资本输入国变成自己的殖民地和附属国。在过去几个世纪里，殖

① 列宁．列宁全集（第 22 卷）［M］．北京：人民出版社，1975：232.

② 马克思．资本论（第 3 卷）［M］．北京：人民出版社，1975：306.

③ 列宁．列宁全集（第 22 卷）［M］．北京：人民出版社，1975：258.

民主义和帝国主义对亚非拉国家和人民进行了残酷的剥削和掠夺。直到今天，这些国家的经济结构还没有得到根本改变。

资本输出主要有生产资本输出和借贷资本输出两种形式。生产资本输出也叫对外直接投资，是指投资者通过对外直接投资控制外国企业的经营活动来获取利润的一种投资方式。对外直接投资分为政府投资和私人投资两部分。借贷资本输出是指政府、银行或企业贷款给外国政府或企业，也叫对外间接投资。借贷资本的输出，可以为垄断资本带来双重利益，一是从贷款取得高额利息，二是迫使贷款国用贷款购买他们的商品，从而获取高额利润。正如列宁所说的，“要从一头牛身上剥下两张皮来”①。资本输出无论采取哪一种形式，其实质都是垄断资本主义国家的金融资本掠夺、剥削其他国家人民的重要手段，是垄断资本主义国家确立和巩固金融资本对世界统治的重要工具。

第二次世界大战后，不仅资本输出规模有了巨大的增长，而且随着资本主义各国经济发展不平衡的进一步加剧，不仅资本输出迅速增加，而且资本输出的运动也有了新的特点。主要表现在：

（1）资本输出流向发生了明显的变化。战前，资本输出主要流向是落后国家和地区，而战后，资本输出的重点逐渐转向发达国家。据美国商务部统计，到1976年底，美国对外私人直接投资累计总额为1372亿美元，其中对发达国家的直接投资累计总额为1012亿美元，占美国对外私人直接投资的73.7%，对发展中国家直接投资累计总额为291亿美元，占美国私人对外直接投资的21.2%。②

（2）私人对外直接投资迅速增长。第二次世界大战以前，在私人资本输出中，证券投资所占比重一直很大。例如，1930年，在美国对外投资总额的37.3亿英镑中，属于证券投资的有33亿英镑，占对外投资的88%，在法国和德国的第二次世界大战前投资中，也是间接投资占比重较大。③ 第二次世界大战后各主要资本主义国家私人对外直接投资都增长很快。如表6-1所示。

① 列宁. 列宁全集（第22卷）[M]. 北京：人民出版社，1975：286.

② 转引自傅骊元，王茂根. 政治经济学（帝国主义部分）[M]. 北京：北京大学出版社，1984：77.

③ 转引自傅骊元，王茂根. 政治经济学（帝国主义部分）[M]. 北京：北京大学出版社，1984：71.

表6-1　　　**主要资本主义国家对外直接投资情况表**

单位：10亿美元，括号内为比重

国家 \ 年份	1967	1971	1973	1975	1976
美国	56.6（53.8）	82.8（52.3）	101.3（5.10）	124.2（47.8）	137.2（47.6）
英国	17.5（16.6）	23.7（15.0）	26.9（13.5）	30.8（11.9）	32.1（11.2）
德国	3.0（2.8）	7.3（4.6）	11.9（6.0）	16.0（6.2）	19.9（6.9）

资料来源：根据傅骊元，王茂根．政治经济学（帝国主义部分）[M]．北京：北京大学出版社，1984：73.

（3）国家资本输出的地位和作用大大增强。第二次世界大战以前，各国的资本输出主要是私人资本输出，国家资本输出很少。第二次世界大战以后，国家资本输出在帝国主义国家资本输出的地位和作用大大加强，成为资本输出的主要形式之一。美国是第二次世界大战后进行资本输出最早的国家，也是国家资本输出最多的国家。美国通过“马歇尔计划”、“共同安全法”、“对外援助法”等以“援助”为名，不断扩大国家资本输出。据统计，从1945年到1976年，美国对外援助总额达到2210亿美元，提供援助的国家和地区约140个①。

4．国际垄断同盟在经济上瓜分世界

瓜分世界的资本家国际垄断同盟已经形成是帝国主义的第四个基本经济特征。“这是全世界资本集中和生产集中的一个新的、比过去高得多的阶段”②，标志着金融资本的对外扩张，并从经济上建立起对世界的垄断。

国际垄断同盟是各国最大的垄断组织根据协定而结成的国际性垄断经济同盟。为了保护和扩大既得利益，各国的垄断组织拼命从经济上瓜分世界市场。但是，由于各国垄断资本家实力雄厚，为了避免竞争的两败俱伤。经过谈判达成协议，于是组成国际垄断同盟。

国际垄断同盟的形式有国际卡特尔、国际辛迪加和国际托拉斯等。国际垄

① 转引自傅骊元，王茂根．政治经济学（帝国主义部分）[M]．北京：北京大学出版社，1984：74.

② 列宁．列宁全集（第22卷）[M]．北京：人民出版社，1975：238.

断同盟是依据实力大小，按照弱肉强食的原则，从经济上瓜分世界的产物，同时又是新生的条件下进行斗争的一种形式。目的都是剥削世界劳动人民，争夺控制范围和进行世界扩张。

国际垄断同盟在经济上瓜分世界决不是一次完成的，而是要不断地进行一次又一次的重新分割。这是因为国际垄断同盟建立以后，各国垄断资本的发展依然是不平衡的。由于情况的变化，如果原来达成的协议不利于大垄断资本家获取更多的利润，必然要取消原来的协议而重新订立新的协议。新协议订立的唯一原则是资本实力的大小。当它们之间的实力发生了较大变化，就会引起在经济上重新瓜分世界的斗争，因而产生更加尖锐的矛盾和冲突。

5. 垄断资本主义大国从领土上瓜分世界

国际垄断同盟在经济上瓜分世界的同时，帝国主义也在政治上结成同盟，为分割和重新分割世界领土而展开激烈的斗争。因为只有对世界领土的瓜分，才能巩固和扩大从经济上瓜分世界的成果，加强对世界的控制。

垄断资本主义大国对世界领土的瓜分，集中表现在抢占殖民地上。争夺殖民地的活动从 19 世纪 60 年代就已经开始，但争夺的高潮却是在 19 世纪八九十年代。因为 19 世纪六七十年代是自由竞争发展到顶点的时期，正是这个时期以后，开始了争夺殖民地的高潮。到 20 世纪初，各主要资本主义国家对世界领土分割已经完毕。具体情况如表 6-2。

表 6-2　　**各主要资本主义国家分割领土情况**

单位：面积-百万平方公里，人口-百万

	殖民地				宗主国	
	1876 年		1914 年		1914 年	
	面积	人口	面积	人口	面积	人口
英国	22.5	251.9	33.5	393.5	0.3	46.5
俄国	17.0	15.9	17.4	33.2	5.4	136.2
法国	0.8	6.0	10.6	55.5	0.5	39.6
日本	——	——	0.3	192	0.4	53.0

资料来源：傅骊元，王茂根．政治经济学（帝国主义部分）［M］．北京：北京大学出版社，1984：124.

这种瓜分是按当时资本主义国家实力大小进行的。当各国实力发生变化后，就会按新的实力重新瓜分世界。1939年，帝国主义为了重新瓜分世界，又发动了第二次世界大战。因此，列宁说："现代战争产生于帝国主义，帝国主义是现代战争的根源。"① 只要帝国主义存在，这样的战争就不可避免。要消灭战争，就要消灭帝国主义，消灭一切剥削制度。

6.1.3　垄断资本主义的经济实质

列宁在分析了垄断资本主义的五个经济特征之后，得出结论："垄断代替自由竞争，是帝国主义的根本经济特征，是帝国主义的经济实质"。②

1. 垄断是垄断资本主义最根本的特征和共同基础

垄断是垄断资本主义五个基本经济特征中最根本的特征和共同基础。垄断组织在经济生活中起决定作用，根源于垄断组织所处的垄断地位；金融资本的形成和金融寡头的统治，是垄断统治最集中的表现；资本输出表现垄断统治已从国内扩展到国外；国际垄断同盟在经济上瓜分世界，表明垄断资本对国际商品市场和投资市场的分割和垄断；垄断资本主义国家从领土上瓜分世界，根本目的在于更好地保证垄断资本对殖民地附属国的垄断统治。

2. 垄断加深了资本主义的基本矛盾以及其他各种矛盾

垄断是资本主义经济制度发展的必然产物，同时又加剧了资本主义的各种矛盾。垄断形成以后，一方面缓和了生产社会化和资本主义私有制的矛盾，促进了社会生产力的发展；另一方面，垄断统治又加深了资本主义社会的基本矛盾，它推动生产社会化程度进一步提高，又使资本更加集中在极少数垄断资本家手中。可见，垄断决定着垄断资本主义的产生和发展，决定着垄断资本主义的寄生性和历史过渡性，决定着资本主义最终历史命运。

6.2　国家垄断资本主义

国家垄断资本主义是垄断资本同资产阶级国家政权合为一体的垄断资本主

---

① 列宁. 列宁全集（第21卷）[M]. 北京：人民出版社，1995：324.

② 列宁. 帝国主义是资本主义的最高阶段[M]//列宁选集（第2卷）. 北京：人民出版社，1995：704.

义。自第一次世界大战以来，国家垄断资本主义获得了巨大的发展，以至于帝国主义的五个基本经济特征都受到了国家垄断资本主义的影响。今天，国家垄断资本主义已经成为帝国主义经济基础和上层建筑中最重要的组成部分，成为帝国主义生存的重要支柱。

6.2.1 国家垄断资本主义产生和发展

1. 国家垄断资本主义产生的必然性

早在自由竞争资本主义时期，马克思通过考察资本主义信用制度和股份公司的发展，就看到了国家干预经济生活的趋势。恩格斯从19世纪末资本主义生产关系的变化中，不仅看到了国家垄断资本主义客观必然性正在变成现实，而且就其产生原因进行了具体研究，从理论上作了比马克思更进一步的说明。在新的历史条件下，列宁全面考察了19世纪末20世纪初资本主义的最新发展，得出了“为了摆脱日益严重的经济、政治危机，维护资本主义制度，垄断资本愈来愈需要国家政权的力量”的结论。于是，“国家同拥有莫大势力的资本家同盟日益密切地融合在一起。”①

国家垄断资本主义产生的根本原因是垄断资本主义基本矛盾的进一步激化。生产关系一定要适合生产力的状况的规律，不仅决定着不同生产方式的更替，而且决定着同一生产方式自身的发展和变化。在资本主义生产方式下，随着生产力的发展和生产社会化程度的提高，资本主义生产关系也必须在形式上发生相应的变化。由于私人资本越来越无力单独创建和经营社会化的大型企业，从而出现了许多私人资本直接联合起来的股份公司；随着生产社会化的进一步发展，单纯的股份公司也不能适应生产力发展的要求，于是引起私人垄断组织的产生和发展；当股份公司和私人垄断组织都难以容纳已经发展起来的社会生产力时，国家垄断资本主义便产生和发展起来。

国家垄断资本主义产生的具体原因表现在以下几个方面：

（1）市场问题日趋严重，要求凭借国家的力量开拓国内外市场。垄断统治下急剧膨胀起来的生产力，使社会产品大幅度增加，进一步加剧了其与国内外市场相对狭小的矛盾，从而不断爆发生产相对过剩的周期性的经济危机，严重地威胁着资本主义制度。这个问题仅凭私人垄断资本家的力量是无法解决

① 列宁．列宁全集（第25卷）［M］．北京：人民出版社，1995：371.

的。这就要求借助国家的力量对生产和市场进行干预和调节。一方面，国家通过扩大国家投资和国家消费，以及通过扩大社会福利开支等措施刺激国内需求的增长，同时控制过度膨胀的生产力；另一方面，国家要帮助垄断资本提高国际竞争力，为垄断资本开拓国际市场提供必要的扶持和支持。

（2）社会化大生产要求国民经济按比例协调发展，需要国家对国民经济进行干预和调节。现代科学技术和社会生产力的发展，使专业分工越来越细，各部门之间的联系日益紧密，客观上要求合理配置资源，社会生产按比例发展。而私人垄断资本总是从各自的私利出发，展开激烈竞争，不可避免地破坏再生产的比例关系，引发经济衰退。为此，要求国家从私人资本的整体利益和长远利益出发，对国民经济进行宏观调控，保证国民经济协调发展。

（3）社会化大生产所需要的巨额投资和巨大的投资风险要求资助。电子、核能、石化、宇航等新兴产业要发展；纺织、机械、造船等传统产业要进行设备更新和动手技术改造；社会基础设施要兴建。这些都需要巨额投资，私人垄断资本无力承担。不仅如此，有些投资风险巨大，有些投资盈利较低少，甚至无利可图，私人垄断资本也不愿承担。这些都要求国家投资和承担风险。

（4）科技研究和环境保护的社会性要求国家来组织和参与。现代科学技术与开发是一项综合性的系统工程，具有很强的社会性。需要跨学科、跨行业、跨部门、跨国界的科研合作和联合，需要投入大量人力、物力和财力，更需要极具权威的组织和指挥。例如1967年美国“阿波罗”号飞船登上月球的实验，共耗资300亿美元，动员42万人和2万多家企业、公司和实验室参加，历时11年才完成。社会性的科学技术研究，私人资本不愿也不能投资和组织，只能由国家投资和组织。在环境保护方面，随着科技的进步，工业的发展，环境保护越来越成为全国甚至全球性的活动，私人垄断资本为了自己的私利，并不关心环境保护，需要由国家出面，从全体资本家共同的、长远的利益出发，采取全国的和全球性的行动，来消除环境污染，维护生态平衡。

2. 国家垄断资本主义的历史发展

国家垄断资本主义从它产生到今天，经历了一个发展过程。国家垄断资本主义产生的客观必然性，是在第一次世界大战的具体条件下变成现实的。

进入帝国主义阶段后，垄断资本残酷剥削全世界无产阶级和劳动人民，加剧了资本主义的各种矛盾，终于导致了第一次世界大战的爆发。第一次世界大战期间，各交战国垄断资本为了巩固、加强垄断资本的统治，纷纷动员一切力量，特别是加强控制国家政权，强化国家机器，充分运用国家的经济职能，进行国家干预，调节经济生活。因此，列宁得出结论：“战争和经济破坏，逼迫各国从垄断资本主义走向国家垄断资本主义。”①

第一次世界大战结束后，面对经济的崩溃和不堪忍受战争痛苦的人民群众的反抗斗争，各国政府曾一度解除国家对经济的管制，以换取经济的恢复和国内的稳定。但是，1929—1933 年的经济大危机，又迫使各国政府实施了国家干预经济生活的一系列措施，国家垄断资本主义获得了迅速发展。

在 1929—1933 年大危机中获得发展的国家垄断并没有解决资本主义的矛盾，相反，却加速了生产和资本的进一步集中，使资本主义矛盾更加尖锐化。1937 年下半年又爆发了资本主义的世界经济危机。在经济危机的打击下，美、英、法受到削弱，德、意、日等帝国主义则趁机加紧向外扩张。帝国主义的矛盾进入一个新阶段，并引致第二次世界大战。第二次世界大战中，各国的国民经济军事化获得极大的发展，国家垄断资本主义发展到一个新的高度。

第二次世界大战结束以后，随着资本主义科学技术革命的发展，生产力获得了突飞猛进的增长，生产社会化水平进一步提高，另一方面，生产成果的资本主义占有也更加集中，因此资本主义的基本矛盾日益加深。在这种情况下，各国垄断资本集团都把发展国家垄断资本主义作为出路。各国政府日益深入到经济生活中来，对再生产的各个环节施加日益广泛、经常性干预和调节，从而使国家垄断资本主义获得了深入发展。

6.2.2 国家垄断资本主义的形式和实质

1. 国家垄断资本主义的形式

根据垄断资本与国家政权结合的程度和方式不同，国家垄断资本主义可分为国有垄断资本、国有垄断资本和私人垄断资本在企业内部的结合、国有垄断资本和私人垄断资本在企业外部的结合三种形式。

（1）国有垄断资本。这是由资本主义国家直接掌握的垄断资本，也称国有企业垄断资本。这种形式主要通过以下两种途径形成：第一，通过国家财政直接投资创办国有企业。国家通过财政拨款，直接投资兴办一些投资数量大，投资回收期长，风险高、利润少，私人垄断资本不愿或无力兴办，却又是社会

① 列宁．列宁全集（第26卷）[M]．北京：人民出版社，1995：150.

资本再生产所不可缺少的企业。如银行等金融企业，钢铁、煤炭、电力等基础产业，交通运输、邮电通讯等公用事业，原子能、宇航、生物工程等新兴工业，以及军事工业等部门。第二，资产阶级国有化。资本主义国家利用高价收买或用其他补偿办法，将一些私人垄断企业收归国有。

国有垄断资本的性质取决于国家的性质。在国家垄断资本主义阶段，社会经济制度是垄断资本家所有制，这就决定了国有垄断资本的资产阶级性质。国有垄断资本通过各种经济活动，为私人垄断资本提供服务，以保证他们获得更多利润，促进私人垄断资本的发展壮大，实现垄断资本家的整体利益和长远利益，保障资本主义制度的生存。

国有垄断资本对资本主义经济发展的作用表现在以下方面：

第一，为国家的宏观经济调控提供物质条件。国家通过改变国有资本投资方向，调整产业结构、部门结构、行业结构、地区结构、就业结构。国家还可以利用国有资本调节市场供求，以减轻经济波动对国民经济的不利影响。在危机萧条时期扩大投资，增加需求，刺激生产；在经济高涨时期，减少投资，减少供给，抑制经济过热。

第二，为私人垄断资本提供周到的服务。具体表现在：国有垄断资本为私人垄断资本创造有利的投资环境。国家投入巨额资本，建设交通、通讯等社会基础设施，为私人垄断资本提供交通、通讯服务；发展钢铁、石油、煤炭、天然气等基础工业，为私人垄断企业提供原材料、能源服务，有利于私人垄断资本家提高利润率。国有垄断资本为私人垄断企业提供各种优惠，支持它们的发展。如价格优惠，国家高价购买私人垄断企业产品，低价供给原材料、动力、交通和通讯服务。又如市场优惠，国家通过政府采购和订货，为私人垄断企业提供稳定的市场服务。据统计，一些主要资本主义国家，社会最终产品五分之一到四分之一是由政府采购的。再如资本优惠，国有经济或者向私人垄断企业提供低息甚至无息贷款，或者以订货方式向私人垄断企业预付定金，或者直接对私人垄断企业注入资本。通过“国有化”或“私有化”为私人垄断企业提供服务。国家通过“国有化”，高价收购那些设备陈旧、技术老化、长期亏损的企业，使私人垄断资本家保住资本，丢掉包袱，得到额外收入；通过“私有化”，将一些国有企业低价卖给私人垄断资本家，使他们增强竞争实力，增加垄断利润。

第三，国有垄断资本有利于科技进步。国有垄断资本利用自己雄厚的资本，建立科研机构，从事科学技术研究与开发，促进科学技术进步。

（2）国家与私人垄断资本在企业内部的结合。这是国家与私人垄断资本共有的资本，也称半国有垄断资本。这种形式通过以下三种途径形成：一是国家通过购买私人垄断企业的股票，把私人垄断企业变成国私共有企业；二是原来的国有企业改组，通过发行股票的方式，吸收私人垄断资本投资入股，把国有企业变成国私共有的股份公司；三是国家和私人垄断资本共同投资创办新的股份公司。

国私混合企业兼容了两种资本的长处，具有较强的生命力。国家采取这种结合方式，不但能够促进私人垄断资本投资，而且可以把它吸引到需要加紧发展的部门和地区，吸引到国家确定的经济战略目标上来。私人垄断资本采取这种结合方式，可以直接利用国家的力量加强自己的经济实力和竞争能力，获得高额垄断利润。

（3）国家与私人垄断资本在企业外部的结合。在这种形式中，国家对私人垄断资本的干预和调节是从企业外部施加的，因而它是国家垄断资本主义的低级形式。这种形式主要通过如下途径实现：国家作为商品和劳务的买主，向私人企业进行加工订货，为私人垄断企业提供有保证的国内市场；通过国家控制的金融机构调节市场利率并为私人垄断资本提供贷款；国家通过财政拨款向私人垄断资本提供各种补贴；国家向私人垄断资本提供科研经费，并将政府科研机构的科研成果提供给私人垄断资本享用；还通过各种宏观经济政策调节市场供求，引导私人垄断企业的经济运行。

2. 国家垄断资本主义的实质

国家垄断资本主义的实质是国家在直接参与社会资本再生产过程中同垄断资本结合，并凌驾于个别垄断资本之上，调节国内经济，为垄断资本家阶级总体利益和长远利益服务。

（1）作为“集体的垄断资本家”的资产阶级国家的性质，决定了国家垄断资本主义是为垄断资产阶级总体利益和长远利益服务的。作为垄断资本总代表的资产阶级国家，虽然有时也会想方设法改善工人阶级的劳动条件和生活状况，也会对某些垄断资本集团进行抑制。但这样做的目的，正是为了缓和资本主义各种矛盾，维持资本主义制度的长治久安，这是垄断资本根本利益之所在。

（2）国家垄断资本主义没有改变资本主义性质。资产阶级国家在参与社会资本再生产过程中与私人垄断资本的结合，使资本社会化达到了一个新的高度，使资本主义生产关系发生了局部调整。但是，资本社会化的高度发展，并没有改变资本关系；资产阶级国家与私人垄断资本的结合仍然是资本主义制度范围内的结合。因而，由此引起的资本主义生产关系的局部调整也没有改变资本主义制度的根本性质。

（3）国家垄断资本主义加深了资本主义固有的矛盾。诚然，国家垄断资本主义在某些方面暂时缓和了资本主义的某些矛盾，在一定程度上促进了资本主义经济发展，社会的稳定和人民生活水平的提高，但不可能根本克服资本主义固有的矛盾和危机，反而加深了这些矛盾和危机。

6.2.3　国家垄断资本主义对社会经济生活的调节

1. 国家垄断资本主义对社会经济生活调节的客观必然性

（1）社会化大生产的客观需求。任何社会的共同生产和共同生活，客观上都会产生一定的共同利益和复杂的社会经济联系，从而需要一定的社会组织或机构进行统一管理和调节。生产社会化程度越高，这种要求就越强烈。国家垄断资本主义阶段生产力的迅猛发展和生产社会化程度的提高，同样要求国家对社会经济进行干预和调节。同时，国有垄断资本的不断发展又为国家干预和调节国民经济和社会生活提供了物质条件。

（2）维护垄断资本家整体利益和长远利益的客观要求。私人垄断资本对垄断利润追求，往往会损害垄断资产阶级的整体利益和长远利益，威胁到资本主义制度的生存。为了维护垄断资本家的整体利益和长远利益，必然要求国家干预和调节社会经济生活。

（3）克服市场失灵的客观要求。垄断资本主义阶段，市场对资源配置起着基础性作用。但市场并不是万能的，它对经济活动的外部性问题，对公共产品的生产以及由竞争引起的垄断问题，会失去调节作用。只能通过国家的干预和调节，以弥补市场调节的不足。

2. 国家垄断资本主义调节社会经济的目标和手段

国家垄断资本主义调节社会经济生活的目标是维护垄断资本主义的整体利益和长远利益，在此基础上为私人垄断资本主义服务。

国家垄断资本主义调节社会经济生活的手段主要有经济手段、法律手段和行政手段。这里主要介绍经济手段的运用。

（1）财政政策。财政政策是指垄断资本主义国家通过财政收入与支出的变动，对国民收入进行再分配，维持社会资本再生产正常运行，推动私人垄断资本的发展，为垄断资产阶级的长远利益和根本利益服务。它包括财政收入政策和财政支出政策两个方面。

财政收入政策主要是指税收政策。税收政策对宏观经济的调节作用主要是通过改变税种、税率来调节和控制国民经济运行，实现预定的宏观经济目标。垄断资本主义国家运用财政收入政策调节经济的措施是：第一，运用财政收入政策调节社会成员的收入差距。国家用区别税率对不同社会成员征税，对高收入者以较高的税率征税，对低收入者以较低的税率征税，以此缩小社会成员之间收入的差距。此外，财产税、遗产继承税及赠与税，也有调整社会成员收入差距的作用。但是，在垄断资本主义社会，这种调节功能与社会巨大财富和收入差距相比，其作用是微乎其微的。第二，运用财政收入政策调整经济结构。国家通常采用区别税率调节措施，对某些发展滞后的地区、部门、行业、产品，课以较低的税率，鼓励其加快发展；对某些发展过快的地区、部门、行业、产品，课以较高的税率，限制其发展，以此实现地区、部门、行业、产品结构的平衡和国民经济的协调发展。第三，运用财政收入政策调节总需求。国家实行减税政策，降低个人所得税和公司所得税，可以增加个人可支配收入和公司利润，增加消费需求和投资需求，刺激经济增长；国家提高个人所得税和公司所得税，可以减少个人可支配收入和公司利润，减少总需求，抑制经济过快发展。

财政支出政策主要是指国家通过改变政府投资、政府购买和政府的转移支付，调节宏观经济总量，达到国家宏观调控的目标。垄断资本主义国家利用财政支出政策调节经济的措施是：第一，通过政府财政支出总量的增减，调整社会总需求。国内总需求由个人消费需求、企业投资需求和政府需求三部分组成。政府购买水平的变动意味着政府消费需求的增减；政府投资规模的变动意味着政府投资需求的增减；政府转移支付水平的变动则会改变个人可支配收入，从而会影响到个人消费需求。因此，政府增加财政支出，可以增加总需求，减少财政支出则会减少总需求。第二，政府通过改变财政支出结构，调整产业结构。通过改变采购商品的结构来调整产业结构；通过改变财政投资方向和投资结构来调整产业结构；通过改变财政补贴结构来调整产业结构。

（2）货币政策。货币政策是指国家通过中央银行调节货币供应量来调节利率，从而影响宏观经济水平，实现政府宏观经济目标的经济政策。当代资本主义国家中央银行调节货币供应量采取的主要手段是：

第一，再贴现率。再贴现是指商业银行向中央银行借款的一种方式。当商业银行的资金不足时，可用客户借款时提供的票据到中央银行申请再贴现。商业银行向中央银行再贴现时所支付的利息率就称为再贴现率。中央银行提高贴现率，商业银行贷款成本提高，从而减少贷款，使货币供应量减少；中央银行降低再贴现率，商业银行的贷款成本就会下降，从而会增加贷款，使货币供应量增加。同时，中央银行的贴现率还直接影响市场利息率，从而对货币供应量起调节作用。

第二，法定存款准备金率。存款准备金率是指商业银行交存中央银行的存款准备金同所吸收的存款总额的比率。中央银行提高存款准备金率，商业银行就有较多存款交存中央银行，只有较少的存款用于发放贷款，货币供应量就会减少；反之，货币供应量就会增加。

第三，公开市场业务。公开市场业务是指中央银行在证券市场公开买卖政府债券的活动。中央银行购进政府债券，就是在向市场投放货币，货币供应量增多；中央银行卖出政府债券，就是在回笼货币，货币供应量减少。

（3）产业政策。产业政策是指当代资本主义国家为适应新兴产业发展、产业结构调整、提升产业国际竞争力的客观要求而制定的相关政策。产业政策包括产业结构政策、产业组织政策、产业贸易政策、产业技术政策和产业区位政策五个方面的内容。

第一，运用产业结构政策促进新兴产业和瓶颈产业的发展。国家运用产业税收优惠，利率优惠，保证新兴产业和瓶颈产业降低成本，提高利润率，以吸引更多投资，加速其发展，实现产业结构的协调。

第二，运用产业技术政策刺激企业采用先进科学技术，提高产业的技术水平和国际竞争力，进一步推动产业由劳动密集型、资本密集型向技术密集型转变。

第三，运用产业组织政策，指导企业改革和企业并购，以建立现代企业制度和大型企业集团，提高各产业的管理水平和国际竞争力。

第四，运用产业区位政策，引导各产业在各地区的均衡分布和地区经济协调发展，缩小地区经济发展的差距。

第五，运用产业贸易政策，鼓励各产业提高国际化水平，参加国际市场竞争，提高产业的国际竞争力。

（4）收入政策。收入政策是通过控制工资与物价来抑制通货膨胀的经济政策。因其控制的重点是工资，故称收入政策。收入政策是财政政策和货币政策的补充措施。收入政策也有三种具体措施：

第一，工资——物价冻结。即政府运用法律手段，在一定时期内禁止提高工资和物价。就是最强硬的措施，它可以在短期内有效地抑制通货膨胀，但它破坏了市场机制的正常作用，因此不能轻易采用，即使采用，时间也不宜过长。

第二，工资与物价指导。由政府规定工资和物价的指导指标，指令工会和垄断资本家参照执行，如果工会或资方违反了规定，则要受到政府的经济惩罚或法律制裁。

第三，对企业和工会进行“道德规劝”和“协商恳谈”，劝说企业和工会自动限制物价和工资。这种措施最为软弱。

（5）国家计划。通过国家制定的经济和社会发展计划来组织和协调社会生产，是社会化大生产本身的客观要求。现代科学技术的发展，把国家垄断资本主义生产社会化程度推到一个新的高度，迫使垄断资产阶级国家把生产力当作社会生产力看待，在资本关系所能允许的范围内，实行“经济计划化”，并以此调节社会经济。国家计划分为以下几种类型：一是“行情计划”，即名义上是计划，实际上是经济预测，如瑞典编制的计划；二是“有限目标计划”，即根据经济预测编制的有限目标，并利用经济手段促使其实现的计划，如荷兰编制的计划；三是“结构性计划”，即以确定部门比例为目标，以经济手段促使其实现的中期计划；四是“综合性计划”，即对整个国民经济进行结构调整的中长期计划，如日本、法国编制的3—5年计划或6—10年计划。

当代资本主义国家运用国家计划调节经济的手段是：第一，通过增加或减少税收的办法，限制某些部门的发展，支持某些部门的发展，以实现计划目标。第二，利用财政支出政策或扩大社会需求的措施，保证计划中的重点项目，同时引导投资方向，实现国家计划目标。第三，借助国有经济成分，直接实现部分经济计划，并且影响私人企业。第四，运用货币政策，扩大或缩小信贷规模，进行分类调节，促进计划实现。第五，利用经济合同把国有企业和私营企业纳入计划轨道。第六，利用必要的行政手段和法律手段，促进计划的实现。

垄断资本主义国家的“经济计划化”对经济增长和产业结构调整起到了一定积极作用，使社会生产无政府状态得到一定的缓和。但是，垄断资本主义“经济计划化”是在维护资本主义私有制的基础上为垄断资产阶级攫取高额垄断利润服务的，因而这种计划调节不可能完全适应社会化大生产的要求，不可能实现整个社会经济的稳定、协调发展。

6.3 垄断资本主义的国际化

6.3.1 垄断资本国际化和经济全球化

1. 垄断资本国际化和经济全球化的形成和发展

垄断资本对高额利润的追求，必然导致其向国际范围扩展。第二次世界大战以后，特别是 20 世纪八九十年代，在新的科技革命的推动下，垄断资本主义国家生产社会化程度进一步提高，国际分工有新的发展，导致垄断资本主义的国际化。

垄断资本主义的国际化经历了从商业资本国际化、借贷资本国际化到产业资本国际化的过程，这一过程表明资本垄断国际化促使国际经济关系逐步向广度和深度扩展。

商业资本国际化是自由资本主义时期资本国际化运动的主要形式。在自由资本主义时期，资本家为追逐剩余价值无限扩大生产规模，造成大量商品堆积，这些商品在国内已经很难找到销路（商品过剩），因此必须开拓国外市场，将大量过剩商品输出国外，通过商业资本的国际运动对外扩张便成为资本主义的内在要求。正如列宁所说："资本主义生产无限扩张的规律，是生产方式的经常改造和生产规模的无限扩大。所以每个资本主义生产部门的自然趋势使它必须寻找国外市场。"① 进入垄断资本主义阶段，商业资本国际化让位于借贷资本国际化和产业资本国际化。

借贷资本的国际化是伴随资本输出的大规模开展而发展起来的。进入垄断资本主义阶段，资本输出具有重要的意义。从 19 世纪末到第二次世界大战前夕，资本输出的主要部分是借贷资本输出，借贷资本替代商业资本成为资本国际化主要的、有决定意义的形式。

产业资本国际化是第二次世界大战以后迅速发展起来的，它是借贷资本输出的另外一种形式。产业资本国际化是垄断资本直接对外投资开办工厂和企

① 列宁．列宁全集（第 3 卷）[M]．北京：人民出版社，1990：49-50.

业，以便将过剩资本输往国外，获取比国内更高的利润。

伴随垄断资本国际化的发展，经济全球化时代就到来了。

经济全球化是指随着科学技术和国际分工的发展以及生产社会化程度的提高，世界各国、各地区的经济活动越来越超出一国和地区的范围而相互联系、紧密结合的趋势。经济全球化的萌芽可追溯到19世纪中叶。当时，随着资本主义国家的商品经济和现代工业、交通运输业的发展，市场逐渐由地区性市场、全国性市场，发展到世界市场，世界各国间的贸易往来大大超过以往。资本主义进入垄断阶段以后，资本输出成为垄断国家对外经济关系的重要手段，并带动商品输出的大发展，从而使经济全球化上了一个新台阶。到20世纪80年代后期，经济全球化进程明显加快。具体原因有以下几个方面：(1) 科学技术的发展，特别是计算机、通信技术的广泛应用，使各国市场分离的时间和空间等自然障碍迅速减小。以微电子技术为基础的信息革命以及国际互联网的形成，正把世界经济融合全球范围的“网络经济”。使资本可以灵活地在全球范围内流动，国际的贸易更为便捷。(2) 国际贸易自由化程度大大提高，为国际贸易的迅速发展提供了制度保障。一方面，发达垄断资本主义国家急剧膨胀的生产力急需寻求国际市场；另一方面，发展中国家也希望通过国际贸易来加快本国经济发展。这一切几乎使所有国家放弃了贸易保护主义，降低外贸关税，拆除外贸壁垒，实行自由贸易，从而极大地推动了经济全球化的发展。(3) 新技术革命引起了世界范围的产业结构调整，一系列新兴高科技产业迅速崛起，一些传统产业也面临着升级、改造。为此，世界各国纷纷放松对资本流动的限制，并出台了一系列优惠政策，吸引外国资本发展本国经济，从而有力地促进了资本和经济的全球化。

2. 经济全球化的内容

经济全球化的主要内容包括生产全球化、贸易全球化和资本全球化三个方面。

(1) 生产全球化。生产全球化是指随着科学技术的发展，一系列高精尖产品和工艺技术的出现，生产领域的国际分工和协作日益加强，各国在生产上所呈现出来一种密切合作的趋势。早期资本主义世界经济体系中的国际分工主要是垂直分工，即发达资本主义国家生产工业品，经济落后的不发达国家生产初级产品和原料。这种不平等的国际分工严重地阻碍了国与国之间在生产领域的合作，生产全球化还不十分明显。战后，以原子能、核能、宇航和信息技术为代表的新科技革命极大地推动了生产社会化和国家垄断资本主义的发展，各国之间的分工从垂直分工逐渐发展为工业国之间的水平分工，并从过去的在世界范围内按部门实行专业化分工，发展到按工艺和生产阶段实行专业化分工。从而使生产呈现出全球化趋势。例如，美国的波音 747 客机，由 600 余万个零部件组成，它们是由美国及另外 6 个国家的 1100 家大型企业和 5000 家中小企业共同生产的①。

（2）贸易全球化。贸易全球化是随着商品经济的发展，世界市场的形成和发展而发展的。国际贸易和世界市场的出现可追溯到封建社会，到资本主义社会得到了进一步发展。特别是近 20 年来，随着新技术革命不断向纵深发展，国际的分工协作日益加强，国际贸易发展速度大大加快，形成了贸易全球化趋势。

（3）资本全球化。在垄断资本主义阶段，随着资本输出在各个主要资本主义国家的大规模发展，资本国际化开始出现。近二三十年来，在新科技革命的推动下，资本在国际的流动以前所未有速度增加，形成了资本全球化趋势。

3．经济全球化的本质

（1）经济全球化是社会生产力特别是科学技术发展引起生产社会化程度不断提高的必然结果，是资源配置的国际化。经济全球化所带来的最大好处是实现了世界资源的最优配置，达到了以最有利的条件生产，在最有利的市场销售这一世界经济发展的最优状态。经济全球化为发达垄断资本主义国家提供了其急需的产品销售市场、资本投资市场和资源；经济全球化也为发展中国家引进技术、资本，参与国际分工，发展对外贸易，推动国内经济的市场化提供了历史机遇。

（2）经济全球化是垄断资本国际扩张的结果。在经济全球化进程中处于主导地位和获得巨大利益的是发达垄断资本主义国家。经济全球化是垄断资本主义发展的新阶段，它表明资本控制真正达到了空前的程度。经济全球化将使发展中国家遭受发达国家和国际垄断资本更加沉重的剥削，甚至严重地威胁到国家主权。

（3）经济全球化没有也不可能消除垄断资本主义基本矛盾，反而使垄断

① 转引自卫兴华主编．政治经济学原理［M］．北京：经济科学出版社，2001：182.

资本主义各种矛盾进一步加剧。在经济全球化进程中，主要存在着三大矛盾：发达国家与发展中国家之间的矛盾；发达国家之间，特别是老牌发达资本主义国家与新兴发达国家之间的矛盾；主权国家与跨国公司之间的矛盾。全球化进程越快，这些矛盾就越激烈、越复杂。

6.3.2 经济全球化条件下垄断统治的新变化

1. 新型的国际垄断组织——跨国公司

跨国公司又称“多国公司”或“国际公司”，是指发达资本主义国家中那些通过对外直接投资，在国外设立子公司和分支机构，从事跨国生产、销售和金融活动，以获取高额垄断利润的大型垄断企业。

第二次世界大战前，经济全球化还不明显，国际垄断组织的基本形式是国际卡特尔、国际辛迪加和国际托拉斯，跨国公司虽有一定的发展，但其数量、经营规模、活动范围和对世界经济的影响都非常有限。第二次世界大战以来，特别是最近二十年来，随着经济全球化的发展，传统的国际垄断组织逐渐衰落，跨国公司获得了空前迅速的发展，成为国际垄断组织的重要形式。1978年，主要资本主义国家的跨国公司只有11000家，生产总值为7436亿美元。到1991年，全世界跨国公司增加到35000家，总资产达16000亿美元。而到2001年，全球跨国公司激增到65000多家，雇员5400万人，年销售额190000亿美元，产值占世界生产总值的十分之一，出口额占世界出口总额的三分之一。①

跨国公司的迅速发展对整个世界经济产生了深刻影响。(1) 跨国公司的发展进一步加快了经济全球化进程。跨国公司通过遍布世界各地的子公司的分支机构的业务活动，把发达国家的资金、技术和管理优势与发展中国家的资源、劳动力和市场聚合起来，进一步推动了世界经济市场化、自由化和全球化趋势。跨国公司的对外扩张是推动经济全球化的重要因素。(2) 西方跨国公司的对外扩张，给本国带来巨额海外利润，这对本国扩大资本积累，改善国际收支状况起到了巨大作用。但跨国公司对外扩张的同时，也加速了本国传统产业的衰落，使西方各国结构性失业更加严重。(3) 跨国公司对发展中国家的经济也产生重大影响。一方面，跨国公司的直接投资活动使发展中国家获得了

---

① 转引自卫兴华主编. 政治经济学原理 [M]. 北京：经济科学出版社，2001：185.

经济发展所必需的资金、技术和先进管理经验，在一定程度上促进了当地经济的发展；另一方面，跨国公司的发展对发展中国家的经济产生严重的负面影响。突出表现在它对东道国重要经济部门和国内市场的垄断和控制上，从而加深了这些国家在经济上对跨国公司的依赖性。（4）跨国公司的发展加剧了国际金融市场的不稳定性。跨国公司和跨国银行拥有大量现金和流动资产，对这些资金在国际的流动，各国政府无法控制，成为国际金融投机活动的主要资金来源。这些国际金融投机活动使所在国的国际收支平衡、汇率经常遭到破坏，严重地威胁到世界金融市场的稳定与安全。近年来世界上发生的几次大的金融危机大都与之有关。

2．国际经济调节的加强

第二次世界大战后科学技术的发展，使垄断资本主义国家生产社会化程度进一步提高，经济全球化趋势进一步加强。经济全球化趋势的加强，意味着垄断资本主义各国相互依赖的程度空前提高。另一方面，垄断资本主义私有制决定了垄断资本生产的目的仍然是追求高额垄断利润。因而，代表大垄断资本利益的资产阶级国家必然要对全球范围内的资源、商品市场和投资场所展开激烈竞争，发生激烈冲突。为了缓和经济全球与垄断资本国家所有制的矛盾，垄断资本主义国家之间不得不谋求妥协，共同出面干预和调节国际经济。因此，战后，国际经济调节的加强也是垄断统治的新变化之一。国际经济调节的主要手段有国际经济组织、国际经济会议和区域性经济集团。

（1）国际经济组织是垄断资本主义国家调节国际经济的主要手段。国际货币基金组织（IMF）、世界银行（IBRD）和世界贸易组织（WTO）是其中影响最大的国际垄断组织。国际货币基金组织是协调以美元为支柱的国际货币体系的国际组织；世界银行是协调发达国家对发展中国家贷款和投资的国际组织；世界贸易组织是协调发达国家及发展中国家的贸易政策，实现自由贸易的国际组织。

（2）垄断资本主义国家还通过各种国际会议或会谈调节国际经济。除了各种各样的双边和多边会谈之外，最典型的是“西方七国首脑会议”。这种会议开始于1976年，每年举行一次，与会的成员国有美国、英国、德国、日本、意大利、加拿大和法国。会谈的主要内容是经济问题，会谈的目的是协调七国之间的经济政策及当前国际的重大问题。

（3）地区经济集团是由地域上临近的一些国家，根据自身经济发展的需要和国际竞争的要求，为了维护共同的利益而组成的经济或贸易集团。其宗旨是通过统一协调集团内各国的经济政策，增强和扩大集团内部的经济实力，提高集团在国际经济中的竞争力，为集团谋得更大的经济利益。战后，世界各地相继出现了许多地区经济集团，比较著名的有“欧洲联盟”、“北美自由贸易区”、“非洲经济共同体”、“东南亚国家联盟”以及“南方共同市场”等。

垄断资本主义的国际经济调节是垄断资产阶级为了适应经济全球化的要求，在资本主义允许的范围内对垄断资本主义生产关系进行的局部调整，它促进了国际范围内的生产专业化和协作的发展，推动了国际贸易和经济全球化的发展，对缓解垄断资本主义各国的某些共同问题和矛盾具有一定的积极作用，有利于各国的经济增长。另一方面，国际经济调节毕竟没有超出资本主义国家的范围，其性质仍然是垄断资本或国家垄断资本在国际范围内为了实现垄断资产阶级的利益而运用的一种手段，它不可能解决资本主义基本矛盾，也不可能从根本上克服各国垄断资本之间的矛盾。

6.4 垄断资本主义的历史地位

6.4.1 垄断资本主义经济发展的两种趋势

20世纪初，列宁通过对垄断资本主义经济发展的大量材料的分析，明确提出了在垄断资本主义条件下，经济发展存在着两种趋势，即时而表现出“迅速发展的趋势”，时而表现出“停滞不前的趋势”，这两种趋势的根源在于垄断。

1. 垄断资本主义经济迅速发展的趋势

在垄断资本主义阶段的一定时期里，存在经济迅速发展的趋势。其原因在于：

（1）生产力总是处于不断变化和发展过程中，每当科学技术上有重大突破，都会促进生产力迅猛发展。垄断统治固然对生产力的发展起着阻碍作用，但决不能完全阻止生产力的不断发展。

（2）垄断时期仍然存在各式各样的竞争，迫使垄断组织关心技术进步。

（3）垄断资本主义各国为争夺世界霸权而开展的综合国力竞争，客观上刺激了技术的发展以及技术在生产中的应用。

（4）垄断资本主义国家为缓和资本主义的深刻矛盾，在资本主义生产方式允许的范围内对资本主义生产关系进行的局部调整，在一定程度上给生产力的发展提供了可能。

2．垄断资本主义经济停滞不前的趋势

垄断资本主义发展的一定阶段，社会经济出现停滞不前的趋势，主要原因在于：

（1）垄断资本家通过规定垄断价格、霸占原材料来源地和商品销售市场来获取高额垄断利润。因而推动技术进步的动因在一定程度上减弱了。

（2）垄断还会人为地阻碍技术进步以及新技术在生产中的应用和推广。

在垄断资本主义时期，经济发展的两种趋势同时并存。在不同时期、不同国家、不同部门，会出现时而发展的趋势占上风，时而停滞不前的趋势占上风的情况。在发展趋势占上风时，不能理解停滞趋势消失；同样，在停滞不前趋势占上风时，不能理解为没有发展。

6.4.2　垄断资本主义是过渡的资本主义

列宁在对垄断资本主义各方面特征进行全面分析的基础上，对垄断资本主义的历史地位进行了概括："应该说垄断资本主义是过渡的资本主义。"① 这是因为：一方面，垄断资本主义在经济上表现为生产的日益社会化，表明从资本主义向社会主义过渡的物质条件日益成熟；另一方面，垄断资本主义在政治上表现为社会阶级矛盾的加剧，表明从资本主义向社会主义过渡的政治条件也日益成熟。

1．生产的全面社会化和社会主义的物质条件逐步成熟

（1）垄断使资本主义生产全面社会化。垄断的形成和发展使资本主义生产出现全面的社会化。具体表现是：第一，垄断造成生产和资本的高度集中。第二，垄断组织可以对本国甚至世界市场、原料来源等作出大致估计，来规划自己的行动。第三，垄断组织使科学技术研究由分散的个人事业转化为社会的事业。第四，生产社会化向国际方向发展。

（2）垄断使生产管理日益社会化。具体表现为：第一，随着所有权和经

① 列宁．列宁选集（第 2 卷）［M］．北京：人民出版社，1995：686.

营权的分离，垄断企业的经营管理不再由单个资本家来执行。第二，垄断统治使社会性的分配和计算机构建立起来，成为全国性甚至世界性的产品生产和分配的计算机关。第三，国家干预经济的程度不断发展。第四，国际垄断同盟的出现，使经济调节国际化。

（3）垄断资本本身日益采取国际化的形式。

综上所述，垄断的统治和发展，使垄断资本主义国家的生产、管理、科研和资本日益社会化。生产力的社会化要求资本关系的社会化，客观上要求以社会主义公有制代替资本主义私有制。所以，列宁指出："国家垄断资本主义是社会主义的最充分的物质准备，是社会主义的前阶。"①

2. 垄断统治下各种矛盾尖锐化和社会主义革命的条件日益成熟

垄断资本主义发展的一定时期，各种矛盾趋于尖锐化。具体表现在：

（1）垄断资本主义国家内部无产阶级和资产阶级的矛盾加剧。在垄断资本主义时期，垄断资本家为了获取高额垄断利润，必然加深对工人阶级和其他劳动人民的剥削，而这就会加剧垄断资本主义国家内部无产阶级和资产阶级之间的矛盾。

（2）垄断资本主义国家与发展中国家的矛盾不断加深。垄断资本主义的高额利润的重要来源之一，就是对殖民地、半殖民地和其他落后国家的剥削和掠夺，这就使垄断资本主义国家同发展中国家之间的矛盾不断加深。

（3）垄断资本主义国家之间的矛盾日益尖锐化。垄断资本主义国家从经济上和政治上瓜分世界，必然加剧垄断资本主义国家之间的矛盾，这种矛盾尖锐化必然爆发垄断资本主义国家之间的战争。

随着垄断资本主义各种矛盾的加剧，无产阶级革命的条件日益成熟，社会主义革命的时代就会到来。

6.4.3 社会主义代替资本主义是一个历史过程

1. 社会主义代替资本主义是历史发展的必然趋势

资本主义在其建立的初期，生产关系适合生产力发展的要求，因而推动了生产力的巨大发展。但是，到了垄断资本主义阶段，特别是垄断资本主义后

① 列宁. 列宁全集（第 32 卷）［M］. 北京：人民出版社，1985：218-219.

期，生产社会化程度迅速提高，这时资本主义的生产关系就越来越成为生产力发展的桎梏。虽然资本主义也在部分调整生产关系，但这种调整只能是在资本主义生产方式允许的范围内进行，因而不能解决生产社会化同生产资料资本主义私人占有之间的矛盾。

生产社会化发展要求突破和否定资本主义私有制，建立社会主义公有制。这种趋势在资本主义生产关系的调整中已经表现出来。资本主义生产关系确立后，曾有力地促进了生产力的迅速发展，但随着生产社会化程度的提高，单个私人资本的局限性就明显地表现出来，这就导致了19世纪后期股份公司的发展。股份资本的产生和发展，使资本的形式由单个私人资本变成股份公司的联合资本，这种联合资本已在一定程度上带有社会资本的性质，因而在一定程度上适应了生产社会化的要求。随着19世纪后期新科技革命的出现，资本主义基本矛盾进一步加深，从而促使了垄断资本主义的产生。第二次世界大战后，特别是在新科技革命的推动下，资本主义生产力又获得了新的发展，生产社会化程度又达到一个新的高度，促使国家垄断资本主义迅速发展，并日益占据统治地位。

进入20世纪80年代后，随着生产和资本国际化的发展，国家垄断资本和国际垄断同盟得到很大发展，这种新的现象表明，资本主义生产关系在继续进行部分调整。当然，资本主义生产关系的局部调整，并不意味着资产阶级自觉认识到生产关系一定要适合生产力性质的规律，而是生产社会化发展的客观要求，是资产阶级为了维护自身利益，在不触动资本主义私有制的范围内，对生产关系的部分调整。这种调整在一定时期和一定程度上促进了生产力的发展，但不能从根本上解决资本主义生产关系与生产力之间的对抗性矛盾。解决生产社会化同资本主义制度之间的矛盾的根本途径是由与生产社会化要求相适应的社会主义制度代替资本主义制度。

2. 社会主义代替资本主义是一个长期和曲折的历史过程

人类社会发展的历史已经证明，一种新的社会经济制度取代旧的社会经济制度，总是要经历一个长期的、复杂曲折的历史过程。社会主义代替资本主义更是如此。这主要是因为：

第一，一种社会经济制度彻底退出历史舞台，必须是它的生产关系已经不能继续容纳社会生产力的发展。马克思指出：“无论哪一个社会形态，在它所能容纳的全部生产力发挥出来以前，是决不会灭亡的。"① 在资本主义走向衰退的过程中，资产阶级对资本主义生产关系进行的部分调整，在一定时期和一定程度上有利于资本主义生产力的发展。这种情况使社会主义代替资本主义必然是一个长期的历史过程。

第二，一种新的社会制度要彻底战胜旧的社会制度，归根到底要求新社会制度比旧社会制度创造出更高的劳动生产率。列宁曾经指出："劳动生产率，归根到底是使新社会制度取得胜利的最重要最主要的东西。"② 社会主义是比资本主义更高的社会形态，它应当比资本主义具有更高的生产率。但迄今为止，建立起社会主义制度的国家都不是脱胎于高度发达的资本主义国家，而是经济发展比较落后的国家，这些国家都需要一个很长的时间来建立自己的社会主义物质技术基础。另一方面，具有数百年经济发展历史的资本主义社会，已经经历了几次科学技术革命，拥有发达的科学技术和巨大的生产力。这种状况决定了社会主义制度要创造高于资本主义制度的劳动生产率，需要一个相当长的历史过程。

第三，在资本主义经济政治发展不平衡规律的作用下，各个资本主义国家社会主义革命条件成熟状况必然出现不平衡。在垄断资本主义时期，垄断资产阶级利用剥削全世界而获得的巨额垄断利润的一部分，来收买工人阶级的上层；搞"福利国家"；发行小额股票，鼓吹"人民资本主义"等，对缓和国内阶级矛盾起了一定作用。此外，垄断资本主义国家还利用其强大的经济力量和资本主义生活方式，通过多种途径对社会主义国家进行"和平演变"，分裂国际共产主义运动，使战后国际共产主义处于低潮。正是这种状况的长期存在，使社会主义代替资本主义不仅是长期的，而且是一个复杂曲折的历史过程。

社会主义在全世界范围内代替资本主义既然是一个比较长的历史过程，这就决定了社会主义制度同资本主义制度在相当长的历史时期内的并存局面。在这种情况下，两种不同社会制度之间既存在矛盾和斗争，又要彼此和平共处。社会主义国家，一方面要警惕国际反动势力对社会主义国家的"和平演变"企图和资产阶级意识形态及生活方式的侵蚀；另一方面又要同资本主义国家发展经济技术和科学文化方面的联系和交流，加强与世界各国人民的友好交往和

① 马克思，恩格斯. 马克思恩格斯全集（第2卷）［M］. 北京：人民出版社，1995：33.

② 列宁. 列宁全集（第37卷）［M］. 北京：人民出版社，1986：18.

合作，促进世界和平事业和社会主义事业的发展。

本章小结

1. 资本主义发展经历了两个阶段：自由竞争资本主义和垄断资本主义。19世纪末20世纪初，资本主义从自由竞争阶段发展到垄断阶段。这是资本主义基本矛盾发展的必然结果，同时这一转变也使资本主义生产关系在其自身范围内发生局部调整和“部分质变”。

2. 自由竞争引起生产集中，生产集中发展到一定程度必然产生垄断。垄断资本主义形成后，具有五个基本特征：垄断取代自由竞争成为经济生活的主宰；银行资本和工业资本融合生长，在金融资本的基础上形成金融寡头；资本输出具有特别重要的意义；国际垄断同盟在经济上瓜分世界；最大资本主义列强分割世界领土。其中垄断是垄断资本主义的基本特征。

3. 垄断形成以后并没有消灭竞争，反而使竞争更加激烈。垄断竞争同自由竞争相比，有竞争目的不同、范围和对象不同、手段不同、激烈程度不同等。自由竞争获取平均利润和超额利润，垄断竞争获取高额垄断利润。

4. 国家垄断资本主义是垄断资本和国家政权结合在一起的资本主义。国家垄断资本主义的形式主要有三种：国有垄断资本、国家和垄断资本在企业内部的结合、国家和垄断资本在企业外部的结合。国家垄断资本主义调节和干预社会经济生活，一方面是为了资本主义整体利益和长远利益，另一方面也是私人垄断资本获取高额垄断利润服务。

5. 国家垄断资本主义向国际拓展，形成垄断资本主义的国际化。垄断资本的国际化主要表现为商业资本国际化、借贷资本国际和产业资本国际化。垄断资本的国际化使世界经济体系得以形成，最大垄断资本主义国家凭借自身实力，建立了适合自己的国际经济秩序。

6. 垄断资本主义的形成和发展表明垄断资本主义是过渡的资

本主义，是社会主义的前阶。但是，社会主义代替资本主义是一个长期曲折的历史过程。这就决定了社会主义制度和资本主义制度在相当长的历史时期内并存的局面。在这种情况下，我们一方面要警惕资本主义对社会主义制度的颠覆，另一方面又要同资本主义国家开展广泛的联系，加强与世界各国人民的友好交往和合作，促进世界和平事业和社会主义事业的发展。

关键术语

生产集中　垄断　垄断利润　垄断价格　垄断竞争金融资本　金融寡头　资本输出　生产资本输出　跨国公司　货币资本输出　国家垄断资本主义　经济全球化　经济区域化

思考题

1. 垄断是怎样形成的？
2. 垄断利润是怎样实现的？垄断价格的形成为什么不违背价值规律？
3. 垄断资本主义有哪些基本经济特征？为什么说垄断是垄断资本主义的经济实质？
4. 国家垄断资本主义产生和发展的原因是什么？
5. 国家垄断资本主义有哪些形式？
6. 国家垄断资本主义如何干预和调节社会经济？
7. 国家垄断资本主义的实质和作用是什么？

补充阅读

新殖民主义对世界的奴役和统治

第二次世界大战后，随着殖民体系的瓦解，第三世界发展中国家的不断壮大，帝国主义再用殖民主义统治的老办法，继续统治发展中国家已经行不通了。但是，帝国主义的掠夺本性却丝毫也没有改变。为此，帝国主义不得不改变策略，新殖民主义应运而生。

新殖民主义不同于老殖民主义的最大特点是，表面上承认甚至“支持”殖民地人民的独立要求，而用比较间接的手段和比较隐蔽的形式，从经济、政治、军事等方面进行渗透和扩张，继续控制和掠夺发展中国家。

新殖民主义在经济方面的统治和掠夺表现尤其充分和突出。首先，以“援助”为名，行资本输出之实。新殖民主义利用第二次世界大战后发展中国家资本、技术、设备等短缺而又迫切要求建立独立民族经济的强烈愿望，大搞资本输出。在第二次世界大战前，美国还没有国家资本输出，战后却成了国家资本输出最多的国家。美国对外经济援助的目的是为它的全球战略服务的。美国的经济援助为的是“在某些发展中国家继续获得军事基地和其他战略设施，鼓励发展中国家采取独立的或亲美的对外政策”。美国对外经济援助通常附带条件，如要求受援助国家放宽进口限制，允许美国享受优惠条件购买矿产原料，给美国投资者特权等。美国政府还把“美援”作为推动出口的重要工具。据美国农业部的资料，在1955年至1966年间，美国外援出口的农产品总数占美国同期出口农产品的30%。美国还利用经济援助干涉发展中国家内部事务。

其次，利用跨国公司大搞直接投资，掠夺、控制发展中国家，这是新殖民主义进行经济扩张的重要方式。历史上，跨国公司就同帝国主义的殖民掠夺有着密切关系，第二次世界大战后，跨国公司更是获得前所未有的发展。到1974年，西方国家跨国公司的国外分支机构和子公司达30000多家，设在发展中国家的子公司有8000多家，这些跨国公司凭借自身的经济实力，加上帝国主义国家的支持，在发展中国家大搞投资设厂，参与当地企业的活动。跨国公司通过直接投资，一方面掠夺当地丰富的资源，另一方面直接控制发展中国家的经济命脉。1975年，日本跨国公司在发展中国家的直接投资占其国外投资的1/2；1978年，美国、日本等国的资本，在韩国的1210家企业的主要设备投资中占有55%，美国资本控制了韩国的石油进口、汽车、石油化工、电子、纺织等出口。

最后，利用不合理的国际分工、不等价交换和对世界货币和金融体系的垄断，从生产、贸易、金融方面剥削掠夺发展中国家，这是新殖民主义的重要内容。第二次世界大战后，新殖民主义在扩大“国际分工”的名义下，在发展中国家继续推行“生产专业化”、“协作化”，用资本输出的部门投资方向，影响发展中国家经济发展，利用“援助”时签订的限制性条约，竭力维护旧的国际经济秩序。同时，利用对世界贸易的垄断，不断扩大农业矿产品与制成品的剪刀差，大搞不等价交换。自 1955 年到 1972 年，世界工业品价格上涨 50%，同期原料价格上涨 13%。从 1971 年到 1979 年，非产油的发展中国家，出口商品价格平均每年增长 11.4%，同期进口商品价格上涨 13.5%。

——根据傅骊元等主编《政治经济学（帝国主义部分）》相关内容整理

第7章 社会主义经济制度的建立及其根本任务

7.1 社会主义经济制度的建立

7.1.1 社会主义经济制度建立的政治前提

社会主义经济制度代替资本主义经济制度是生产关系一定要适合生产力状况规律作用的必然结果。但是，这一历史发展客观规律的必然实现必须有自己的政治前提。

以生产资料私有制为基础的社会经济制度的更替，是一种新的私有制取代旧的私有制。在这一更替过程中，新的生产关系的出现是在旧社会的母体中自发产生并发展起来的。代表新生产关系的新兴阶级的革命，是在已经有了适合自己利益的新生产关系条件下进行的。新兴阶级的革命胜利后，利用新政权的力量为新的生产关系发展扫清道路，使新的生产关系取得社会经济中的统治地位，从而建立新的经济制度。在人类社会的发展历史上，封建制度取代奴隶制度、资本主义制度取代封建制度大都经历了这样的过程。

社会主义经济制度的建立过程与上述过程不同。因为社会主义实行公有制，所以它不可能在以资本主义私有制为基础的旧经济制度内部发育成长。社会主义公有制是对资本主义私有制的否定，从而是对资产阶级根本利益的否定。资产阶级决不会自动放弃剥削，把生产资料所有权交给无产阶级，必然利用所掌握的国家机器来保护资本主义私有制度，镇压无产阶级推翻资产阶级的各种各样斗争。尽管随着资本主义的发展，一些资本主义国家出现了社会主义的因素，如劳动者自己组织合作工厂、建立生产和供销合作社等。但是，整个社会范围内社会主义公有制的建立，迄今为止的实践证明，只有通过无产阶级革命掌握政权，从而依靠无产阶级革命的力量来逐步实现。马克思和恩格斯在《共产党宣言》中庄严地宣告："工人阶级革命的第一步就是使无产阶级上升为统治阶级，然后利用无产阶级的政治统治，一步一步地夺取资产阶级的全部资本，把一切生产工具集中在国家即组织成为统治阶级的无产阶级手里。"① 社会主义经济制度建立的上述特点，决定了无产阶级专政是社会主义经济制度建立的政治前提。

旧中国是一个半殖民地、半封建性质的社会，经济十分落后。虽然随着近代生产力的产生，资本主义经济成分也有一定的发展，但是，帝国主义、封建主义和官僚资本主义"三座大山"的压迫和剥削，严重阻碍了中国社会生产力的发展，中国不可能通过走资本主义道路来解放和发展生产力。旧中国的社会主要矛盾是广大劳动人民同"三座大山"的矛盾。旧中国的经济状况和社会阶级特征，决定了只有中国工人阶级才能肩负起中国革命的领导责任。在中国工人阶级的领导下，进行了以推翻"三座大山"和建立人民民主专政为目标的新民主主义革命。因此，旧中国的社会性质决定了中国革命要分两步走：第一步是新民主主义革命，第二步是社会主义革命。

7.1.2 从资本主义社会到社会主义社会的过渡时期

从无产阶级专政建立开始到社会主义经济制度的基本建立为止，这中间要经历一个革命的转变时期，这个时期就是从资本主义到社会主义的转变时期。马克思在《哥达纲领批判》中，将从资本主义社会转入共产主义社会的整个历史时期划分为三个相互联系的历史阶段，即从资本主义社会到共产主义的转变时期、共产主义第一阶段——我们今天所说的社会主义阶段、共产主义高级阶段。马克思所讲的从资本主义到共产主义的过渡时期，显然讲的是从资本主义过渡到共产主义第一阶段即社会主义的历史时期。

① 马克思，恩格斯. 马克思恩格斯选集（第1卷）[M]. 北京：人民出版社，1995：293.

马克思所讲的过渡时期，是指发达资本主义国家①在无产阶级取得革命胜利并掌握政权后，进行消灭资本主义和一切私有制经济，建立社会主义的历史转变时期。因为社会主义要改变旧的社会制度，改造剥削阶级不是一件容易的事；将分散的农民组织起来，建立社会主义大农业更是一个复杂的过程；在全社会范围内建立社会主义生产、交换、分配制度和经济体制，同时是一个渐进的过程。

但是，进入20世纪后，世界经济、政治发生了新的变化，社会主义不是在马克思预言的发达资本主义国家同时取得胜利，一些经济比较落后的国家，在特定的历史条件下先后取得了革命的胜利，并建立了劳动人民的政权。这些国家的社会经济愈落后，走向社会主义过渡时期的情况就愈复杂、愈困难，需要的时间就愈长。在这个问题上，列宁有许多重要的论述。他指出，没有一个社会主义者不承认这样一个明显的真理，在社会主义和资本主义之间隔着一个长久的、比较困难的过渡时期。过滤时期的具体情形和长短，要看占统治地位的大私有制还是小私有制，是大农业还是小农业。愈是小私有制和小农业占统治地位的国家，过渡时期的情形愈复杂愈困难。他特别指出，由于历史进程的曲折而不得不开始社会主义革命的那些国家愈落后，过渡到社会主义就愈困难。因为除了要破坏旧的社会经济关系外，还有组织新的社会关系和经济秩序的任务。当然，无论是马克思、还是列宁，都没有给出过渡时期的时间表，它需要根据社会经济和政治发展的实际情况来确定。

旧中国是一个半殖民地、半封建性质的社会，不是资本主义社会。因此，当中国共产党领导中国人民取得新民主主义革命胜利后，首先要建立新民主主义社会，然后才能建立社会主义社会。按照马克思主义关于过渡时期的理论，这个过渡时期应该更长一些。但是，由于我们对过渡时期理解错误，加之当时“左”的理论盛行，使得我国从旧社会到社会主义的过渡只用了15年时间，即从1949年中华人民共和国成立到1956年社会主义改造基本完成。虽然这个过渡是一个了不起的事情，但由此产生的问题或教训也是深刻的。

① 说明：马克思在19世纪40年代曾预言，社会主义革命不是仅仅在一个国家发生，而是将在一切文明国家，至少在英国、美国、法国和德国同时发生。

7.1.3 我国社会主义经济制度建立的具体过程

社会主义在取得革命胜利后，无产阶级必须运用建立起来的政权力量逐步消灭和改造私有制，建立社会主义经济制度。当时，摆在无产阶级面前的有两种性质完全不同的私有制：资本主义私有制和以个体农业、手工业为主的个体私有制，这两种私有制转变为社会主义公有制的途径是根本不同的。

1. 没收大资本，建立社会主义全民所有制

对于资本主义私有制，要通过“剥夺剥夺者”的方式转变为社会主义公有制。但是，这种剥夺应该根据资本的大小及其在国民经济中的地位和作用，根据大、中、小资本家对待无产阶级的态度，采取不同的剥夺方法：无偿没收大资本、和平赎买中、小资本。

无产阶级首先利用自己的政治力量，没收大资本。对大资本的没收，是由这种资本的经济地位以及大资本对待无产阶级的态度决定的。在旧中国，大资本主要是指官僚资本，它依附于帝国主义，并与封建主义相勾结，垄断了旧中国的经济命脉，严重阻碍了中国生产力的发展，它是反动统治的经济基础。所以，当我国新民主主义革命胜利后，立即在全国范围内没收官僚资本，把它变成社会主义全民所有制的国有经济，这就使无产阶级领导的国家掌握了国民经济命脉，从而为建立社会主义经济制度奠定了基础。在我国，没收官僚资本具有双重性质：一方面，消灭客观存在的买办性和封建性，具有民主革命的性质；另一方面，消灭它的垄断性，具有社会主义的性质。

2. 改造中、小资本，壮大社会主义全民所有制

我国的中、小资本是指民族资本。民族资本主义经济，在民主革命时期和社会主义革命时期都具有双重性，既有积极的一面，又有消极的一面。与此相联系，民族资产阶级在对待无产阶级革命的态度上也有两面性。特别是在新中国成立后，它既有着发展资本主义愿望的一面，又有着拥护共同纲领、接受共产党和人民政府领导的一面。民族资本主义经济的两重性和政治态度的两面性，使得无产阶级有可能通过“和平赎买”的方式改造民族资本主义经济，以便减少或避免在变革过程中可能造成的破坏和损失。加之，我国无产阶级手中有强大的国家机器，在没收官僚资本基础上建立起强大的社会主义全民所有

制经济，掌握了国家经济命脉，农业合作化的开展、工农联盟的建立使民族资本主义进一步孤立。这些有利的政治经济条件，迫使民族资产阶级接受无产阶级的赎买政策，从而实现对民族资本的“和平赎买”。

我国对民族资本的赎买，采取了利用、限制和改造的政策。即利用民族资本主义经济对国计民生有利的作用，限制其不利于国计民生的作用，并通过由初级到高级的国家资本主义形式对民族资本主义经济进行社会主义改造，把它改造成为社会主义全民所有制经济。我国对民族资本所付给的赎买金，在全行业公私合营以前，是采取利润分配形式，是资本家获得一部分利润；在全行业公私合营以后，在企业的利润中，资本家按照其股金的数额，每年获得 5% 的利息。到 1966 年，停止了向资本家支付定息。我国在对民族资本主义企业进行改造的同时，对民族资本家也进行了改造，通过思想教育和安排他们参加企业的生产经营活动，把他们改造成为自食其力的劳动者。

我国对民族资本的“和平赎买”在 1965 年底基本完成，这是马列主义关于赎买理论与我国的革命实践相结合所取得的重大成就，从而创造性地丰富和发展了马克思列宁主义。

3. 改造个体私有制，建立社会主义集体所有制

无产阶级取得政权后，建立社会主义经济制度的一个重要方面，就是必须把广泛存在的农业和手工业个体私有制改变为社会主义公有制，引导个体农民和个体手工业走社会主义道路。

对个体劳动者不能剥夺，这是一条马克思主义的原则。对个体经济的改造，只能在自愿的基础上，通过典型示范、思想教育和国家帮助，引导个体劳动者走上合作化道路，建立社会主义劳动群众集体所有制经济。我国对农民个体经济的改造，是通过从互助组、初级社到高级社这样三个互相衔接、逐步前进的形式和步骤实现的。高级农业生产合作社的建立，标志着农业个体经济变成了社会主义劳动群体所有制经济。城镇个体手工业是一种小商品经济，同市场有着紧密联系，所以，对它的改造是从流通领域入手，建立供销合作组织，然后进一步进入生产领域的合作，建立生产合作社。

我国从 1952 年提出过渡时期总路线，到 1956 年底，对个体农业、个体手工业和民族资本主义工商业的社会主义改造基本完成，确立了社会主义公有制的主体地位，标志着我国过渡时期的结束，基本上完成了从新民主主义社会到社会主义社会的转变，建立起社会主义的经济制度。当然，由于这项巨大而复

杂的社会主义改造任务是在一个拥有数亿人口的大国中进行的，而且又是一场前无古人的深刻的革命，工作中出现了一些缺点和偏差，在社会主义改造过程中要求过急，工作过粗，变化过快，形式过于简单划一等。但是，通过社会主义改造，促进了整个国民经济的发展，在我国建立起社会主义经济制度。正如《中国共产党中央委员会关于建国以来党的若干问题的决议》中指出："整个来说，在一个几亿人口的大国中比较顺利地实现了如此复杂、困难和深刻的社会变革，促进了工农业和整个国民经济的发展，这的确是伟大的历史性胜利。"①

7.2　社会主义的根本任务

7.2.1　社会主义的根本任务是解放和发展生产力

1. 社会主义的根本任务是解放和发展生产力

社会主义生产关系建立以后，社会的主要矛盾将不再是无产阶级和资产阶级、社会主义和资本主义之间的矛盾，而是人民日益增长的物质文化需要和落后的社会生产力之间的矛盾。因此，社会主义经济制度建立后的首要任务就是解放和发展社会生产力。正如马克思和恩格斯所说，无产阶级将利用自己的政治统治，把一切生产工具集中到国家手里，尽可能地增加生产力的总量。

革命是解放生产力。在以私有制为基础的社会，生产关系与生产力之间的矛盾运动必然导致代表新生产力的革命阶级通过革命斗争，摧毁旧生产关系，建立新生产关系，从而使生产力获得解放。实践证明，我国通过民主革命和生产资料私有制的社会主义改造，也解放了生产力。同样，改革也是解放生产力。在社会主义经济制度建立之后，随着独立完整的工业体系和国民经济体系的建立，传统僵化的经济体制越来越不适应社会主义生产力的发展，成为生产力发展的障碍。不改革旧的经济体制，建立适合生产力发展的新体制，生产力就不能发展。我国改革开放30年的实践证明，改革解放了生产力，改革发展了生产力。过去，我们只讲社会主义条件下发展生产力，没有讲还要通过改革

---

① 中国共产党中央委员会关于建国以来党的若干历史问题的决议［M］. 北京：人民出版社，1993：373.

解放生产力，这是不完全的，应该把解放生产力和发展生产力两个讲全了。由此可见，解放和发展生产力是社会主义的根本任务。

2. 建立社会主义物质基础要求解放和发展生产力

任何一种社会生产关系都必须具有与其相适应的物质基础。一定社会生产关系的物质基础是指与这种生产关系相适应的物质基础，也就是生产力的状况。列宁在他所处的时代曾对社会主义的物质基础作过表述："社会主义的物质基础只能是同时也能改造农业的大机器工业。"① 进入 20 世纪 50 年代以来，科学技术革命迅猛发展，社会生产力发展进入一个新的阶段。因此，社会主义生产关系的物质基础应该是在资本主义已经达到的物质基础之上建立起来的高度社会化的现代工业、农业和科学技术。

无产阶级在取得革命胜利后，通过解放和发展生产力来建立社会主义的物质基础具有十分重要的意义：第一，它是巩固和发展社会主义经济制度，最终战胜资本主义制度的客观要求。第二，它是提高和改善劳动人民物质和文化生活的条件。第三，它是从经济上保证社会主义国家独立自主和巩固国防的物质基础。第四，它是消灭工农差别、城乡差别、脑力劳动和体力劳动差别的物质基础。第五，只有生产力高度发展，才能为将来过渡到共产主义社会创造物质条件。

3. 发展生产力的途径

发展生产力，主要有两种途径：一是增加生产要素的投入数量，二是提高劳动生产率。

依靠增加生产要素的投入即是依靠投入更多的人力、物力、财力增加生产总量。这种途径是发展生产力的基本途径。通常在社会生产力水平低下的情况下广泛使用，是发展生产力的粗放方式。

提高劳动生产率是在不增加要素投入的情况下，依靠要素之间的合理配置来增加生产力的总量。这种途径在生产力发展达到一定程度时被大量采用。它是发展生产力的集约形式。

在提高劳动生产率的过程中，科学的应用具有重要的作用。马克思和恩格斯非常重视科学在生产过程中的应用。马克思在 1861—1863 年的《经济学手

① 列宁. 列宁选集（第 4 卷）[M]. 北京：人民出版社，1995：542.

稿》中说:"自然因素的应用是同科学作为生产过程的独立因素的发展相一致的,生产过程成了科学应用,科学获得的使命是:成为生产财富的手段,成为致富的手段。"① 列宁一再强调社会主义制度下提高劳动生产率的作用和意义。他在十月革命胜利后的第二年即 1918 年所写的《苏维埃政权当前的任务》这本书中指出,社会主义需要广大群众自觉地在资本主义已经达到的基础上超过资本主义的劳动生产率,社会主义应该按照自己的方式,来实现这种超越。他还强调,当无产阶级取得政权后,要把提高劳动生产率这个根本任务提到首位。在 1919 年所写的《伟大的创举》一书中,列宁又说,劳动生产率,归根到底是保证新社会制度胜利的最重要的东西。资本主义创造了在农奴制度下所没有过的劳动生产率。资本主义可以被彻底战胜,而且一切会被战胜,因为社会主义能够造成新的更高的劳动生产率。

旧中国生产力非常落后,因而新中国建立社会主义制度的生产力基础起点较低。大力发展生产力和不断提高劳动生产率更是一个十分紧迫的任务。然而,党的十一届三中全会以前,在"左"的错误思想指导下,我们却忽视了发展生产力的根本任务,大搞"以阶级斗争为纲",把社会主义变成了贫穷的社会主义。十一届三中全会以后,通过拨乱反正,党的工作重心转移到社会主义现代化建设上来,我国社会生产力得到飞速发展。

7.2.2 社会主义的根本目的是实现共同富裕

社会主义经济制度是以社会主义公有制为基础的,劳动人民利用共同占有的生产资料进行联合劳动,创造的社会物质财富归劳动人民共同占有和支配,并按照劳动人民的共同利益来使用和分配。因此社会主义生产必然服从劳动人民共同的根本利益,社会主义生产的目的就是为了满足全体劳动人民的物质文化生活需要。正如邓小平同志指出:"社会主义生产的目的就是要全国人民共同富裕,不是两极分化。"② 离开共同致富,离开劳动人民的根本利益,发展生产力就没有实际意义。因此,邓小平始终重视共同富裕对于社会主义的根本意义。他说:"社会主义最大的优越性就是共同富裕,这是体现社会主义本质

① 马克思,恩格斯. 马克思恩格斯全集(第 1 卷)[M]. 北京:人民出版社,1979:570.

② 邓小平. 邓小平文选(第 3 卷)[M]. 北京:人民出版社,1993:110-111.

的一个东西。"① 邓小平把解放生产力和发展生产力放在第一位，在解放生产力和发展生产力的基础上讲消灭剥削、消除两极分化，最终达到共同富裕，这是对我国社会主义建设历史经验的深刻总结，也是马克思主义关于社会运动规律性与目的性相统一思想的光辉体现。

社会主义不仅要求共同富裕，而且为实现这一目的提供了可能。社会主义革命的胜利和通过改革建立起具有生机和活力的社会主义市场经济体制，极大地解放和发展了生产力，为劳动人民共同富裕创造了条件；社会主义公有制的建立与发展使共同富裕成为可能。贫穷不是社会主义，两极分化不是社会主义，共同富裕才是社会主义。

共同富裕是社会主义的目的。但是，共同富裕不等于同步富裕，否则势必导致共同贫穷。因此，我们的政策是允许和鼓励一部分地区、一部分企业和一部分人依靠诚实劳动与合法经营先富起来，通过先富帮后富、先富带后富，最后实现共同富裕。正如邓小平所说："一部分地区发展快一点，带动大部分地区，这是加速发展、达到共同富裕的捷径。"②

7.3　社会主义初级阶段的基本路线和基本纲领

7.3.1　当今中国处在社会主义初级阶段

1. 正确认识社会主义所处历史阶段是社会主义建设的首要问题

社会主义经济制度建立以后如何建设社会主义，这个问题的核心是正确认识并处理我国社会所处的历史阶段问题。邓小平从中国的实际出发，得出了中国现在并将长期处于社会主义初级阶段的结论。邓小平指出："社会主义本身是共产主义的初级阶段，而我们中国又处在社会主义的初级阶段，就是不发达的阶段。一切要从这个实际出发，根据这个实际来制订规划。"③

对社会主义所处发展阶段的认识，经历了一个随实践发展不断深化的过程。从实践方面来看，由于我们对社会主义所处历史阶段认识不清，在建设社

① 邓小平. 邓小平文选（第3卷）[M]. 北京：人民出版社，1993：364.
② 邓小平. 邓小平文选（第3卷）[M]. 北京：人民出版社，1993：166.
③ 邓小平. 邓小平文选（第3卷）[M]. 北京：人民出版社，1993：252.

会主义过程中有严重的教训。1956年我国宣布社会主义改造基本完成，进入社会主义社会。但是，并不清楚所进入的是什么阶段的社会主义，由此在实践上产生了严重偏差。一是在政治上以阶级斗争为纲。中国共产党第八次全国代表大会作出了剥削阶级已经消灭，阶级斗争不是主要矛盾的结论，但没有很好地坚持。相反还错误地认为在从资本主义到共产主义过渡的整个历史时期，始终存在着阶级、阶级矛盾和阶级斗争，存在着社会主义同资本主义道路的斗争，存在着资本主义复辟的危险性。因此，阶级斗争要“年年讲、月月讲、天天讲”。“文化大革命”更是将阶级斗争扩大化、绝对化。二是经济上的“左倾”冒进，社会发展上的急于求成。1958年全国刮起了共产风。企图超越社会发展阶段，急于进入共产主义，高指标、瞎指挥、浮夸风严重泛滥。在社会关系上急于求纯，片面追求所有制的高级形态，甚至在落后的农村以公社化作为向共产主义过渡的组织形式；在分配问题上大搞平均主义，对商品、市场、价值规律认识不清，并当作资本主义的东西加以批判。严峻的事实教育了中国共产党和中国人民，要总结经验，重新认识我国社会主义的历史前提和国情状况。

对社会主义所处历史阶段的认识，在理论上有一个不断深化的过程。马克思在1875年出版的《哥达纲领批判》中将未来的共产主义社会划分为社会主义阶段和共产主义阶段。恩格斯晚年认为社会主义不是一成不变的东西，而应该看成是一个经常变化、不断改革的社会。列宁在十月革命后的一些论著中曾使用过“完全的社会主义”、“发达的社会主义”等概念，表明列宁考虑过社会主义发展阶段问题。毛泽东在读苏联《政治经济学》教科书时提出，社会主义可以分为两个阶段：第一阶段是不发达的社会主义，第二阶段是比较发达的社会主义。虽然他们没有明确提出社会主义初级阶段的概念，但无疑对我们具有启发性意义。

党的十一届三中全会以后，在深化对社会主义认识的过程中，我国逐渐明确了社会主义初级阶段的理论。1981年邓小平主持制定的《关于建国以来党的若干历史问题的决议》中，首次指出“我国目前的社会主义制度还是处在初级阶段”；1986年中共中央在《关于社会主义精神文明建设指导方针的决议》中，重申“我国目前处在社会主义初级阶段”。党的十三大则第一次对社会主义初级阶段进行了系统而精辟的论证，标志着社会主义初级阶段理论的形成。在十三大召开前夕，邓小平就指出：“我们党的十三大要阐述中国社会主义是处在一个什么阶段，就是初级阶段，是初级阶段的社会主义。社会主义本身是共产主义的初级阶段，而我们中国又处在社会主义的初级阶段，就是不发达阶段。一切都要从这个实际出发，根据这个实际来制订规划。"① 十三大闭幕不久，邓小平又强调指出，十三大的特点之一是"阐述了中国社会主义初级阶段理论，在这个理论的指导下坚定地贯彻党的十一届三中全会以来的路线、方针和政策。"②

2. 社会主义初级阶段的含义与特点

社会主义初级阶段，不是泛指任何国家进入社会主义都会经历的起始阶段，而是特指我国在生产力落后、商品经济不发达经济条件下，建设社会主义必然要经历的特定历史阶段。

社会主义初级阶段包含两层含义：第一，我国已经是社会主义社会，我们必须坚持而不能离开社会主义。第二，我国的社会主义还处在初级阶段，一切都要从这个实际出发。

社会主义初级阶段的基本特点是：

第一，生产力不发达，具有多层次性和不平衡性。我国现有生产力水平远低于发达国家，人均生产总值居于世界后列；13 亿人口中还有 8 亿居住在农村，生产手段十分落后，许多地区还是用手工工具进行生产；工业生产中，还有大量落后于现代化水平几十年的工业；还有一些农村地区的人口没有解决温饱问题等。

第二，生产关系不完善。表现在生产关系具有多层次性，与社会主义市场经济相适应的制度、体制和机制还有待建立和完善。

第三，上层建筑还带有旧社会的痕迹。我国政治生活中民主法制建设还存在一些缺陷，还存在比较严重的官僚主义和腐败现象；在意识形态领域，封建主义和资本主义腐朽思想还有不小的市场。

3. 社会主义初级阶段的长期性和艰巨性

中国共产党第十五次代表大会指出，从 1956 年我国社会主义改造基本完成到建成中等发达社会主义是社会主义初级阶段，这个过程至少需要一百年。至于"巩固和发展社会主义制度，还需要一个很长的历史阶段，需要我们几

---

① 邓小平. 邓小平文选（第 3 卷）[M]. 北京：人民出版社，1993：252.

② 邓小平. 邓小平文选（第 3 卷）[M]. 北京：人民出版社，1993：258.

代人、十几代人、甚至几十代人坚持不懈的努力奋斗。”①

社会主义初级阶段的长期性是由这个阶段所要解决的历史任务决定的。社会主义初级阶段是逐步摆脱不发达状态，基本实现社会主义现代化的历史阶段；是由农业人口占很大比重、主要依靠手工劳动的农业国，逐步转变为非农业人口占多数、包含现代农业和现代服务业的工业化国家的历史阶段；是由自然经济半自然经济占很大比重，逐步转变为经济市场化程度较高的历史阶段；是由文盲半文盲人口占很大比重、科技教育文化落后，逐步转变为科技教育文化比较发达的历史阶段；是由贫困人口占很大比重、人民生活水平比较低，逐步转变为全体人民比较富裕的历史阶段；是由地区经济文化很不平衡，通过有先有后的发展，逐步缩小历史差距的历史阶段；是通过改革和探索，建立和完善比较成熟的充满活力的社会主义市场经济体制、社会主义民主政治体制和其他方面体制的历史阶段；是广大人民牢固树立建设有中国特色社会主义共同理想，自强不息，锐意进取，艰苦奋斗，勤俭建国，在建设物质文明的同时努力建设精神文明的历史阶段；是逐步缩小同世界先进水平的差距，在社会主义基础上实现中华民族伟大复兴的历史阶段。这样的历史阶段，至少需要一百年时间。

社会主义初级阶段的长期性要求我们克服急躁情绪。幻想不经过生产力的巨大发展可以超越社会主义初级阶段，只能是欲速则不达，是一种不切实际的空想。

社会主义初级阶段的长期性要求我们树立信心。面对社会主义初级阶段的长期性，我们不要灰心丧气，相反，脚踏实地才是信心的依据。西方发达国家300年、200年完成的现代化过程，我们100年左右就能够完成，这就是雄心壮志。搞社会主义事业，我们才是初级阶段，“现在虽然说我们也搞社会主义，但事实上不够格，只有到了下世纪中叶，达到中等发达国家的水平，才能说真的搞了社会主义。”② 到那个时候社会主义事业将更加兴旺发达。

社会主义初级阶段的长期性要求我们埋头苦干。社会主义事业是人类历史上最伟大的事业，要完成这个伟大的事业，必须埋头苦干，一步一个脚印。邓小平语重心长地说：“资本主义发展已经几百年了，我们干社会主义才多长时间，何况我们还耽误了二十年。如果从建国起，用一百年时间把我国建设成为中等发达水平的国家，那就很了不起。从现在起到下世纪中叶，将是很要紧的

① 邓小平. 邓小平文选（第3卷）[M]. 北京：人民出版社，1993：379-380.

② 邓小平. 邓小平文选（第3卷）[M]. 北京：人民出版社，1993：225.

时期，我们要埋头苦干。”①

社会主义初级阶段的长期性要求我们从实际出发，边干边学，边学边干。邓小平在谈到建设社会主义初级阶段的社会主义时特别强调：“我们现在所干的事业是一项新事业，马克思没有讲过，我们的前人没有做过，其他社会主义国家也没有干过，所以，没有现成的经验可学。我们只能在干中学，在实践中摸索。”② 过去 30 年我国改革开放和现代化建设取得成功的根本原因之一，就是遵循了一切从实际出发，就是克服了那些超越阶段的错误观念和政策，又抵制了抛弃社会主义基本制度的主张。在迈向 21 世纪的伟大征途中，面对改革和开创新局面的艰巨任务，我们要解决种种矛盾，实行正确的路线和政策，关键是要从社会主义初级阶段的国情出发，初级阶段是各项工作的战略基础。

7.3.2　社会主义初级阶段的基本路线

在社会主义初级阶段理论的指导下，我们党制定了我国社会主义初级阶段的基本路线。这就是：领导和团结全国各族人民，以经济建设为中心，坚持四项基本原则，坚持改革开放，自力更生，艰苦奋斗，为把我国建设成为富强、民主、文明的社会主义现代化国家而奋斗。

社会主义初级阶段基本路线的主要内容是“一个中心，两个基本点”，即“以经济建设为中心，坚持四项基本原则，坚持改革开放”。

以经济建设为中心是这条基本路线的根本和关键。改革开放以前，我们在社会主义建设上出现过这样或那样的偏差，主要是对社会主义社会的主要矛盾认识不清，因此，在实践中提出以阶级斗争为纲，给社会主义建设带来十分严重的后果。党的十一届三中全会实现了党和国家工作重心的转移，即转移到社会主义现代化建设上来，这是从中国社会主义初级阶段的实际出发作出的正确决策。发展是硬道理，中国的一切要依靠发展来解决。

四项基本原则是两个基本点之一。坚持四项基本原则就是：坚持社会主义道路、坚持人民民主专政、坚持共产党的领导、坚持马列主义毛泽东思想。邓小平多次告诫全党：“在整个改革开放过程中，必须始终坚持四项基本原

① 邓小平．邓小平文选（第 3 卷）[M]．北京：人民出版社，1993：383.

② 邓小平．邓小平文选（第 3 卷）[M]．北京：人民出版社，1993：383.

则。"①四项基本原则是立国之本，是实现现代化的政治保证。中国共产党是中国革命和建设的领导力量，在中国这样一个发展中的大国，离开了党的领导，就会失去凝聚的核心，就会变成一盘散沙；离开了社会主义道路，中国就得不到更快的发展，现代化就没有正确的方向；没有人民民主专政，不仅不能保证社会的稳定，也不能充分发扬人民当家做主的新型民主；离开了马列主义、毛泽东思想、邓小平理论的指导，中国就会迷失方向。四项基本原则是相互联系的整体。坚持四项基本原则，关系到中国的前途和命运，关系到改革开放和现代化建设的成败。在社会主义初级阶段，坚持四项基本原则不能动摇。坚持党的领导是坚持四项基本原则的核心。

改革开放是两个基本点的另一个基本点。改革开放是党的十一届三中全会以来党的路线的新发展。改革是社会主义初级阶段发展的重要动力，对外开放是社会主义初级阶段发展的必要条件。通过改革，特别是建立社会主义市场经济体制，生产力得到解放和发展。开放也是一种改革，是对外关系上的改革。通过开放，不仅吸收了国外先进的科学技术和管理经验，还通过国际市场有效利用国际资源，促进了我国经济和社会的发展。没有改革开放，就没有 30 年取得的成就；要在 21 世纪取得更大的成就，就要进一步改革开放。

把握党在社会主义初级阶段的基本路线，还要准确把握"一个中心"和"两个基本点"之间的关系。党的"十五大"指出：全党要毫不动摇地坚持党在社会主义初级阶段的基本路线，把坚持以经济建设为中心同坚持四项基本原则、改革开放两个基本点统一于建设有中国特色社会主义的伟大实践。这是 20 年来我们党最宝贵的经验，是我们事业胜利前进最可靠的保证。

7.3.3　社会主义初级阶段的基本纲领

在社会主义初级阶段基本路线的基础上，党的十五大进一步将党的基本路线中提出的奋斗目标具体化，提出了党在社会主义初级阶段的基本纲领。这就是：

1. 建设有中国特色社会主义的经济

建设有中国特色社会主义的经济，就是在社会主义条件下发展市场经济，不断解放和发展生产力。这就要坚持和完善社会主义公有制为主体、多种所有

① 邓小平. 邓小平文选（第 3 卷）[M]. 北京：人民出版社，1993：379.

制经济共同发展的基本经济制度；坚持和完善社会主义市场经济体制，使市场在国家宏观调控下对资源配置起基础性作用；坚持和完善按劳分配为主体的多种分配方式，允许一部分地区一部分人先富起来，带动和帮助后富，逐步走上共同富裕；坚持和完善对外开放，积极参与国际经济合作和竞争。保证国民经济持续快速健康发展，人民共享经济繁荣成果。

2. 建设有中国特色社会主义的政治

建设有中国特色社会主义的政治，就是要在中国共产党的领导下，在人民当家做主的基础上，依法治国，发展社会主义民主政治。这就要坚持和完善工人阶级领导的、以工农联盟为基础的人民民主专政；坚持和完善人民代表大会制度和共产党领导的多党合作、政治协商制度以及民族区域自治制度；发展民主，健全法制，建设社会主义法治国家。实现社会安定，政府廉洁高效，全国各族人民团结和睦、生动活泼的政治局面。

3. 建设有中国特色社会主义的文化

建设有中国特色社会主义的文化，就是以马克思主义为指导，以培育有理想、有道德、有文化、有纪律的公民为目标，发展面向世界、面向未来的、民族的科学的大众的社会主义文化。这就要坚持用邓小平理论武装全党，教育人民；努力提高全民族的思想道德素质和教育科学文化水平；坚持为人民服务、为社会主义服务的方向和百花齐放、百家争鸣的方针，重在建设，繁荣学术和文艺。建设立足中国现实、继承历史文化优秀传统、吸取外国文化有益成果的社会主义精神文明。

社会主义初级阶段的经济、政治、文化是有机统一、不可分割的整体。社会主义是全面发展的社会主义，缺少哪一方面都不是中国特色的社会主义。在现代化建设过程中，经济、政治、文化建设要整体推进，防止畸形发展。经济建设是基础，应该加以强调，但不能因此忽视政治和文化建设。经济建设促进文化建设和民主建设，民主建设和文化建设又保证和支持经济建设。三个建设之间是相互联系、相互促进的。

党的社会主义初级阶段的基本纲领，是全党全国各族人民共同奋斗实践经验的总结，是我们对社会主义初级阶段认识的深化，是党的基本路线在经济、政治、文化等方面的展开，是理论上的一个新概括。它是从现在到 21 世纪中叶，党领导全国人民建设有中国特色社会主义事业不断推向前进的行动纲领。我们要时刻不忘社会主义初级阶段的基本国情，坚持社会主义而不能离开社会主义，从初级阶段实际出发，紧紧抓住经济建设这个中心，时刻不忘两个文明一起抓，促进经济、政治、文化的协调发展，实现社会全面进步。

本章小结

1. 社会主义经济制度代替资本主义经济制度是生产关系一定要适应生产力状况规律作用的必然结果。社会主义经济制度建立的政治前提是无产阶级专政，从资本主义向社会主义过渡需要有一个过渡时期，中国社会主义经济制度建立具有特殊性。

2. 社会主义的本质是解放生产力，发展生产力，消灭剥削，消除两极分化，实现共同富裕。

3. 社会主义初级阶段不是泛指任何国家进入社会主义都要经历的起始阶段，而是特指我国在生产力不断发展，商品经济不发达的经济条件下，建设社会主义必然要经历的特定历史阶段。社会主义的历史任务决定了社会主义初级阶段的长期性。

4. 社会主义初级阶段的基本路线是：领导和团结全国各族人民，以经济建设为中心，坚持四项基本原则，坚持改革开放，自力更生，艰苦奋斗，为把我国建设成为富强、民主、文明的社会主义现代化国家而奋斗。

5. 社会主义初级阶段的基本纲领是：建设中国特色社会主义的经济、政治和文化。

关键术语

社会主义初级阶段　　社会主义初级阶段的基本路线
中国特色社会主义　　中国特色社会主义经济
中国特色社会主义政治　　中国特色社会主义文化

思考题

1. 社会主义经济制度是怎么建立的？

2. 社会主义的本质是什么？
3. 如何理解社会主义初级阶段的含义、特点及长期性？
4. 如何理解社会主义初级阶段的基本路线？
5. 社会主义改革和发展如何从初级阶段的实际出发？

补充阅读

一切从初级阶段的实际出发

社会主义初级阶段科学概念的提出，是马克思主义史上的首创。我国改革开放和现代化建设取得成功的根本原因，就是遵循了一切从初级阶段的实际出发，就是克服了那些超越阶段的错误观念和政策，又抵制了抛弃社会义基本制度的主张。在迈向全面建设小康社会的征途中，面对改革和开创新局面的艰巨任务，我们要解决种种矛盾，实行正确的路线和政策，关键是要从社会主义初级阶段的基本国情出发。初级阶段是各项工作的战略基石。

一切从社会主义初级阶段的实际出发，才能认清社会主义初级阶段的主要矛盾和根本任务。社会主义初级阶段理论的核心问题是对这个阶段社会主义的矛盾、主要任务作出科学判断，从而确定党在这个阶段的基本路线和基本纲领。

一切从社会主义初级阶段的实际出发，才能对我们新建立的社会主义初级阶段的基本经济制度有一个正确的认识。公有制为主体、多种所有制经济共同发展是我国社会主义初级阶段的基本经济制度。这一制度的确定，是由社会主义性质和初级阶段国情决定的。

一切从社会主义初级阶段的实际出发，才能理解我们现在所实行的以按劳分配为主体、多种分配方式并存的分配制度，以及把按劳分配和按生产要素分配结合起来的分配方式。社会主义初级阶段的所有制结构，决定着它的分配方式和分配结构，而这两种结构从根本上说，是受社会主义初级阶段这个最大实际决定的。

一切从社会主义初级阶段的实际出发，才能进一步深化改革，推进积极与稳妥相结合的发展战略。党的十一届三中全会以来，我国的改革取得了举世瞩目的成就，根本一点，就是因为我们的改革方针、改革举措是从社会主义初级阶段的实际出发的。当前，我国的改革进入攻坚阶段，需要继续深化改革，解决体制转变过程中的深层次矛盾和关键问题，必须进一步解放思想、积极探索、大胆试验，尊重群众的首创精神。面对改革攻坚和开创新局面的艰巨任务，我们解决各种复杂的矛盾，澄清各种思想问题和疑惑，认识为什么必须实行这样的路线和政策而不能实行别样的路线和政策，关键还在于对所处社会主义初级阶段的基本国情要有一个统一认识和准确把握。发展战略的制定也要从社会主义初级阶段的实际出发，发展慢了不行，发展急了超越阶段也不行。推进积极与稳妥相结合的发展战略，解决好发展中的各种矛盾和关系，关键还是要从社会主义初级阶段的实际出发。

——根据中国共产党第十三次全国人民代表大会会议相关文件整理

第8章 社会主义初级阶段的所有制结构

8.1 公有制为主体、多种所有制经济共同发展的基本经济制度

8.1.1 公有制为主体、多种所有制经济共同发展的确立

生产资料所有制结构，是指在一定社会经济形态中不同生产资料所有制形式所处的地位、所占比重，以及它们之间的相互关系。生产资料所有制的性质是由在该生产资料所有制结构中占支配地位的所有制的性质决定的。

社会主义经济制度确立后，建立一个什么样的所有制结构是关系到社会主义生产力能否迅速发展的关键问题。长期以来，由于受“左”的错误思想的影响，我们把“一大二公”当成社会主义经济制度的基本特征，在实践中搞“穷过渡”，割资本主义尾巴，企图建立纯而又纯、单一的社会主义公有制。其结果是生产力发展越来越慢，人民生活水平越来越差，整个国民经济到了崩溃的边缘。党的十一届三中全会以后，邓小平同志带领全党认真总结了以往我国在所有制关系问题上的经验教训，指出应一切从实际出发，通过调整所有制结构来解放和发展生产力。当前中国最大的实际就是处在并将长期处在

社会主义初级阶段。在这一思想指导下，我国在坚持公有制为主体的原则下，大力发展多种所有制经济，极大地解放和发展了生产力，人民生活水平显著提高，综合国力明显增强。党的十五大对改革开放以来的经验和成果进行了科学的总结和概括，指出："公有制为主体、多种所有制经济共同发展是我国社会主义初级阶段的一项基本经济制度。"①

8.1.2 公有制为主体、多种所有制经济共同发展的必然性

确立以公有制为主体、多种所有制经济共同发展作为我国社会主义初级阶段的一项基本经济制度，是由社会主义性质和初级阶段的国情决定的。

第一，我国是社会主义国家，必须坚持公有制作为社会主义经济制度的基础。任何一种社会经济制度，都有一定的所有制基础。社会主义经济制度的所有制基础是公有制。只有建立起社会主义公有制并使其在多元化的所有制结构中占主导地位，才标志着社会主义经济制度的建立。同时，只有坚持公有制的主体地位，才能巩固和发展社会主义经济制度。

坚持实行生产资料公有制，是为了更快更好地发展生产力。公有制是为适应生产社会化发展要求而建立起来的，尽管我国的生产力水平总体上还比较低，但生产社会化已有了很大发展，为公有制的主体地位奠定了物质基础。坚持公有制为主体，能够适应生产社会化发展的要求，有效组织社会生产，使国家和政府能够根据广大劳动者的根本利益和社会发展要求有效实施宏观调控，促进社会主义市场经济的高效率运行和生产力的迅速发展。邓小平同志用非常通俗的语言说明了这一点，他说："社会主义同资本主义比较，它的优越性就在于能做到全国一盘棋，集中力量，保证重点。"② 目前，我国的工业化还没有完成，生产社会化程度还不高，经济体制还不完善，公有制经济的活力还没有充分发挥出来。但公有制经济适应生产社会化发展的性质是客观存在的，随着我国生产力的发展和经济体制的不断完善，公有制经济必将焕发勃勃生机和活力。

坚持实行生产资料公有制，是消灭剥削、消除两极分化，最终实现共同富

① 江泽民. 高举邓小平理论伟大旗帜，把建设有中国特色社会主义事业全面推向二十一世纪［M］. 北京：人民出版社，1997：22.

② 邓小平. 邓小平文选（第3卷）［M］. 北京：人民出版社，1993：16-17.

裕的必要条件。社会主义要消灭剥削、消除两极分化，实现共同富裕，需要两个方面的条件。一是生产力要有较高程度的发展。马克思主义认为，剥削的产生和存在既是生产力发展的结果，又是生产力发展不够高的结果。生产力较高发展是消灭剥削的物质条件。但只有这一条是不够的，因为在私有制基础上，即使生产力再发展，也不会消灭剥削。因此还必须有另外一个条件，那就是生产资料公有制。生产资料公有制是消灭剥削的必不可少的社会条件。正如列宁在《俄共（布）纲领草案》中指出："无产阶级的社会革命以生产资料和流通手段的公有制代替私有制，将消灭社会的阶级划分，从而解放全体被压迫的人类，因为它将消灭社会上一部分人对另一部分人的一切形式的剥削。"①

坚持实行生产资料公有制，是实现社会主义国家整体利益和长远利益的保证。马克思很重视社会所有制首先是国家所有制在保证社会整体利益中的作用。他说："事情必须这样来处理，使社会（首先是国家）保持对生产资料的所有权，这样合作社的特殊利益就不可能压过全社会的整个利益。"② 在我国社会主义初级阶段，实行公有制为主体、多种所有制经济共同发展的基本经济制度，只有部分劳动群众集体所有制或合作制经济，而没有国有经济的主导作用是不行的。因为多种形式的私有制经济、部分劳动群众的集体经济或合作经济，容易从私人利益和集团利益出发，这样很可能与整个社会利益和长远利益相矛盾。这就需要国有经济进行协调、引导，以保证和发展社会主义的整体利益和长远利益。

第二，我国还处在社会主义初级阶段，需要在公有制为主体的条件下发展多种所有制经济。社会主义建设的实践证明，单一的公有制不符合我国的生产力状况，不利于生产力的发展。邓小平同志根据实践发展对所有制结构的要求，提出了所有制结构多样化的思想。他说："生产关系究竟以什么形式为好，恐怕要采取这样一种态度，就是哪种形式在哪个地方比较快地恢复和发展农业生产，就采取哪种形式；群众愿意采取哪种形式，就应该采取哪种形式，不合法的使它合法起来，现在要恢复农业生产，也要看情况，就是在生产关系上不能完全采取一种固定不变的形式，看用哪种形式能够调动群众的积极性就

① 列宁. 列宁选集（第 3 卷）[M]. 北京：人民出版社，1975：734.

② 马克思，恩格斯. 马克思恩格斯全集（第 36 卷）[M]. 北京：人民出版社，1975：416-417.

采取哪种形式。"① 邓小平这段论述虽然是就农村问题讲的，但其表达的思想大大超出了农业本身的范围，适用于我国整个所有制结构的调整和改革。在邓小平理论的指导下，党和政府确定了以公有制为主体，允许和鼓励个体、私营、外资经济等非公有制经济发展的政策，并提出要长期坚持下去。

实行多样化的所有制结构，是由我国社会主义初级阶段生产力发展水平和其他经济条件决定的。我国社会正处于社会主义初级阶段，生产力水平总体比较低，而且发展不平衡，具有多层次性。同这种生产力的状况相适应，所有制结构必然是多种所有制形式并存，这是生产关系一定要适应生产力性质规律作用的必然结果。与此同时，社会主义经济是一个开放的体系，随着生产力的不断发展，生产过程、交换过程和资本运动的国际化已成必然趋势，在这种情况下，社会主义国家实行对外开放，利用外资，发展各种各样的国家资本主义经济成为必然选择，在扩大对外开放的过程中，形成多种所有制经济。由此可见，多种所有制经济共同发展是同我国现阶段生产力状况和国际经济发展的趋势相适应的，因而有利于促进我国生产力的发展。

在社会主义初级阶段多种所有制形式并存的所有制结构中，必须坚持以公有制为主体。邓小平多次强调这一点，他指出："一个公有制为主体，一个共同富裕，这是我们所必须坚持实现的社会主义原则。"② 之后，他还说明了发展非公有制经济同坚持公有制主体地位的关系，认为吸收外资，允许个体经济发展不会影响公有制的主体地位，相反，还会加强公有制经济。

第三，一切符合"三个有利于"的所有制形式都可以而且应该用来为社会主义服务。党的十一届三中全会以来，我们党认真总结以往在所有制问题上的经验教训，制定以公有制为主体、多种经济成分共同发展的方针，逐步消除所有制结构不合理对生产力的羁绊，出现了公有制实现形式多样化和多种经济成分共同发展的局面。继续调整和完善所有制结构，进一步解放和发展生产力，是经济体制改革的重大任务。针对改革开放过程中存在的种种疑惑和问题，邓小平同志提出了家喻户晓的"三个有利于"标准："改革开放迈不开步子，不敢闯，说来说去就是怕资本主义的东西多了，走了资本主义道路。要害是姓'资'还是姓'社'的问题。判断的标准应该主要看是否有利于社会主义社会的生产力，是否有利于增强社会主义国家的综合实力，是否有利于提高

① 邓小平．邓小平文选（第1卷）[M]．北京：人民出版社，1994：323.

② 邓小平．邓小平文选（第3卷）[M]．北京：人民出版社，1993：323.

人民的生活水平。"① 党的十五大以邓小平理论为指导，明确提出："一切符合'三个有利于'的所有制形式，都可以而且应该用来为社会主义服务。"②

8.2　公有制经济的主体地位及其实现

8.2.1　公有制经济及主体地位体现

党的十五大报告根据我国的实际，拓展了公有制的范围。明确提出："公有制经济不仅包括国有经济和集体经济，还应包括混合所有制经济中的国有成分和集体成分。"公有制主体地位主要体现在：公有资产在社会总资产中占优势；国有经济控制国民经济命脉，对经济发展起主导作用。这是就全国而言，有的地方、有的产业可以有判别。公有资产占优势，要有量的优势，更要注重质量提高。国有经济起主导作用，主要体现在控制力上。

8.2.2　公有制经济主体地位的实现

1. 国家所有制

在过去相当长的时期内，我国公有制采取的主要实现形式是国家所有制。国家所有制是国家成为生产资料的所有者、使用者和支配者，国家拥有生产资料的所有权、使用权和支配权。国家所有制不是社会主义所特有的，自从国家产生以来就有过。由于国家所体现的阶级关系和生产关系不同，国家所有制也有不同形式。在奴隶制度下，国家所有制是奴隶主所有制。在封建制度下，国家所有制是封建地主所有制。在资本主义制度下，国家所有制是国家作为资本家代表的"总资本家"所有制。在社会主义制度下，国家所有制则是国家代表全体劳动者的所有制形式。

社会主义公有制采取国家所有制形式，从根本上说，是由社会主义国家的性质、特点以及生产力的发展要求决定的。

（1）社会主义公有制是以社会化大生产为基础而建立起来的，各个部门、

① 邓小平．邓小平文选（第 3 卷）［M］．北京：人民出版社，1993：372．

② 江泽民．高举邓小平理论伟大旗帜，把建设有中国特色社会主义事业全面推向二十一世纪［M］．北京：人民出版社，1997：22．

各个企业之间存在着相互制约、彼此依赖的密切联系，组成一个有机的社会化生产体系。这就在客观上要求形成一个掌握宏观管理和调控权力的社会中心，统一指挥和协调各个部门和企业的生产经营活动，使它们能够克服盲目性，避免社会生产的无政府状态，保证社会化大生产能够按照国民经济发展的总体要求顺利进行。

（2）属于全民所有的生产资料必须由一个代表全体劳动者利益的社会机构来行使所有权，这个社会机构在现阶段就是社会主义国家。在社会主义时期，只有社会主义国家才能代表全体劳动人民的共同利益和意愿，把劳动人民的长远利益和目前利益、整体利益和局部利益有机地结合起来，承担起这种社会中心的职能，服务于全体劳动人民的利益，真正为全体劳动者共同的根本利益服务。

过去相当长一段时间，在国家所有制中，国家集所有权与经营权于一身，企业生产什么、生产多少，完全由国家计划规定，企业只是国家的附属物。这就不可避免地抑制了企业的活力，降低了公有制经济的效率。社会主义经济建设的实践证明，社会主义公有制采取国家所有制的形式，并不意味着必须由国家机构直接占有、支配和使用属于全民所有的生产资料，也不意味着必须由国家在全社会范围内直接组织具体的生产经营活动。国家所有制的所有权和经营权可以而且应当分开，强化公有制经济的主体地位必须对国家所有制经济进行改革。

国有企业是国家所有制经济的基础，强化国家所有制的主体地位必须对国有企业进行改革。国有企业改革大致经历了三个阶段：

放权让利阶段。针对原有国有企业无权、无责、无利的状况，改革首先在放权让利上下工夫。通过扩大企业自主权、利润留成和两步利改税，以及与之相结合建立经济责任制，拉开了国有企业改革的序幕。放权让利在一定程度上调动了企业的积极性、主动性和创造性，但仍然不能从根本上摆脱政府的直接干预，企业很难成为自主经营、自负盈亏的市场主体。

两权分离阶段。在邓小平的指导下，我国的企业改革进入一个以两权分离为核心的改革阶段。在实行两权分离的改革实践中，各地各部门根据不同情况，采取了承包、租赁、股份制等形式，主要是承包经营责任制。多种经营方式的引入，对于激发企业和劳动者的积极性，转换企业经营机制。增强企业活力发挥了重要作用。但是，由于企业经营方式的改革没有严格界定国家与企业之间的财产关系，产权不明晰，政企职责仍难以分开，为此，必须进一步推进国有企业改革。

制度创新阶段。以党的十四届三中全会通过的《关于建立社会主义市场经济若干问题的决定》为标志，我国的企业改革从单纯的放权让利进入到制度创新阶段。《决定》明确指出：建立现代企业制度是我国国有企业改革的方向。现代企业制度的基本特征是：产权明晰、权责明确、政企分开、管理科学。具体来说就是：

第一，在产权关系上，由法律明确界定出包括国家在内的出资者所有权和企业法人财产权，企业中的国有资产所有权属于国家，企业拥有包括国家在内的出资者投资形成的全部法人财产权。企业作为法人财产主体，能够独立地占有、支配和依法处理法人财产，成为享有民事权利、承担民事责任的法人实体，从而实现了出资者所有权与法人财产权的分离。

第二，权责明确。在明晰的产权基础上，出资者按照投入企业的出资额享受所有者权益，包括资产收益、重大决策和选择经营管理者等权利，并以其出资额对企业债务承担有限责任。企业则以其全部法人财产，在经济活动中依法经营，自负盈亏，对出资者承担资产保值增殖责任。

第三，政企分开。政府不直接干预企业的生产经营活动，企业能够从法律关系和经济关系上按照市场需求组织生产经营，在竞争中求发展。那些长期资不抵债的企业就要依法破产。

第四，管理科学。现代企业具体科学的领导体制和组织管理制度，建立合理的决策、执行和监督体系，形成有效的激励和约束机制，从而能够有效地调节企业内部和外部的经济关系，实现高效灵活运转。

党的十五大根据我国改革的实践，明确了国有企业制度创新的方向和思路，同时对国有企业制度创新作了战略部署。主要体现在以下几个方面：

第一，加快企业产权制度改革，理顺产权关系。建立明晰的产权制度是建立现代企业制度的基础。而企业法人财产权的确立是建立现代企业制度的一个基础性环节。企业法人财产权制度的确立，一方面使企业具有独立经营、自负盈亏的财产基础，从而能够作为市场主体参与竞争，承担经营风险；另一方面使企业法人地位得以确立，使之具有与自然人一样的民事行为能力，解决企业无人负责和无能负责的问题。

第二，转变政府职能，实现政企分开。如何实现政企分开，一直是我国企业改革的一个难点。邓小平同志多次强调要下放企业，政企分开，并把它提高到政治体制改革的高度来认识。他说：“企业下放，政企分开，是经济体制改革，也是政治体制改革。下放总会碰到障碍。现在机构臃肿，有的部委据说有上万人，必须精简。否则，这么多人，就要当‘婆婆’，揽权。”① 这说明，必须把经济体制改革同政治体制改革结合起来，真正转变政府职能，精简机构，才能实现政企分开，把属于企业的各项权利真正赋予企业。

第三，实行规范化的公司制改革。公司制特别是股份公司制度，虽然首先产生于资本主义社会，但它不是资本主义制度的专利品，而是社会化大生产的产物，也可以为社会主义利用。对国有大中型企业进行公司制改革，可根据不同情况改造成有限责任公司、股份有限公司或国家独资有限公司。国家股权在公司中所占比例，可以按照不同产业和股份分散程度有所区别。对少数垄断性的企业和以社会效益为主的公益事业，仍然采取国营形式；对属于国民经济命脉的企业，要实行控股；对属于一般性的竞争行业的公司可以参股，也可以不参股。同时应该发展大型企业集团，建立一批以公有制为主体，以产权联结为纽带的跨地区、跨行业的大型企业集团，发挥其在促进结构调整，加快新技术开发和应用，提高国有企业竞争能力等方面的作用。

第四，深化企业领导体制和组织管理体制改革，加强科学管理。党的十五大提出：“要加强科学管理，探索符合市场经济规律和我国国情的企业领导体制和组织管理体制，建立决策、执行和监督体系，形成有效的激励和约束机制。”② 为此，要在强化企业预算约束的基础上，正确处理所有者、经营者和生产者之间的关系，使之能够在利益关系上相互制衡，使企业各方面的关系逐步规范化。

为推进国有企业制度创新，加快国有企业改革步伐，党的十五大进一步提出了从战略上调整国有经济布局的要求：第一，对关系国民经济命脉的重要行业和关键领域，如铁路、电力电信、粮食、能源、银行等，国有经济必须占支配地位。第二，在其他领域，主要是竞争性领域，如影剧院、旅行社、菜场等，可以通过资产重组和结构调整，适当缩短国有经济战线，以加强重点，提高国有资产的整体质量。只要坚持公有制为主体，国家控制国民经济命脉，国有经济的控制力和竞争力得到加强，在这个前提下，国有经济比重减少一些，不会影响我国社会主义性质。

---

① 邓小平．邓小平文选（第3卷）[M]．北京：人民出版社，1994：192.

② 江泽民．高举邓小平理论伟大旗帜，把建设有中国特色社会主义事业全面推向二十一世纪 [M]．北京：人民出版社，1997：25.

党的十五大还提出了通过实施“抓大放小”的战略，对国有企业实施战略性改组。我国国有企业按规模可以划分为大中小三种类型，其中大中型企业数量少，但社会化程度高，技术先进，控制着国民经济命脉，是我国国民经济的支柱。小企业数量很大，占 85%，但资产仅占全部国有资产的 17%。这些小企业普遍存在设备落后，技术落后、管理差、浪费严重等问题。要从整体上搞活国有企业，必须对国有企业进行战略性改组，这就是：一方面集中力量搞好一批关系国民经济命脉、具有经济规模、处于排头兵地位的国有大中型企业的改革和发展，以资本为纽带，通过市场组建跨地区、跨行业、跨所有制和跨国经营的大企业集团，并以此带动一批中小企业的健康发展；另一方面要采取改组、联合、兼并、租赁、承包经营和股份合作制、出售等形式，放开搞活小企业。为实现国有企业的战略性改组，党的十五大提出要“实行鼓励兼并、规范破产、下岗分流、减员增效和再就业工程，形成优胜劣汰的竞争机制”。

2. 集体所有制

集体所有制是由部分劳动群众共同占有生产资料和劳动产品的所有制形式，分为农村集体所有制和城镇集体所有制。一般来说，它是与较低的生产社会化程度相适应的公有制形式。集体所有制与国家所有制虽然同属于社会主义公有制经济，但两者又有重大差别，这表现在：属于国家所有制的生产资料为全社会劳动者所共有，属于集体所有制的生产资料只为在集体范围内的劳动者所共有；在一个集体经济范围内，人们在生产资料所有关系上是平等的，但在不同的集体单位之间则是不平等的。与此相适应，在一个集体经济内部能够同工同酬，而在不同的集体经济单位之间，却往往同工不同酬，在劳动报酬上会有较大的差别。

在过去相当长时间内，集体所有制也是我国公有制的主要实现形式。在农村，实行“三级所有、队为基础、政社合一”的实现形式，结果严重挫伤了农民生产积极性。在城镇，集体所有制也是如此。国家一方面按照国家所有制的管理办法进行管理，实行政社合一，自负盈亏，使集体企业成为各级政府主管部门的附属物；另一方面，人为造成集体企业与国有企业的差别，把集体所有制当作公有制的低级形式，搞“穷过渡”。正是集体所有制实现形式上的缺陷，限制了集体所有制作用的发挥。为此，必须对集体所有制经济进行改革。

集体所有制经济是公有制经济的重要组成部分。在我国现阶段必须十分重视城乡集体经济的发展。我国现阶段还存在着多层次的生产力，在资金短缺、就业困难、某些社会需要还得不到充分满足的情况下，更多地发展集体所有制经济，可以充分地调动广大群众的人力、财力、物力，可以广泛吸收社会分散资金，既可以根据市场需要，提供商品和服务，满足人民群众物质文化生活多方面的需要，又可以增加社会财富和国家税收，促进社会生产力和整个国民经济的发展。这对发挥公有制经济的主体地位作用意义重大。

农村集体所有制经济是我国现阶段农村中的主要经济形式。农村集体经济的经营管理组织形式必须与现有农业生产力水平相适应。我国广大农村普遍实行多种形式的农业生产责任制，其中家庭联产承包责任制已经成为主要形式。家庭联产承包责任制是在土地、水利设施等基本生产资料公有制的基础上，使生产经营的责、权、利相结合，兼顾国家、集体和个人三方面利益关系，使劳动者的收益同劳动成果直接挂钩的一种经营组织形式。在家庭联产承包责任制下，基本的生产资料，如土地、重要的自然资源和农田水利设施，仍归集体所有。各个农户运用归自己所有的部分生产资料如农具、运输工具等，根据与集体订立的合同，按照集体的要求承包一定的生产任务。劳动成果除了交纳农业税和按合同上缴一部分给集体以外，全部归自己所得。家庭联产承包责任制把集体的统一领导和家庭的分散经营结合起来，有利于发挥集体经济的优越性和调动农民的积极性。

我国的城镇集体所有制经济，一部分是在新中国成立初期对个体手工业、个体商贩进行社会主义改造时建立起来的；一部分是由劳动群众集资，组织街道闲散劳动力兴办起来的。它们广泛存在于轻工业、手工业、建筑业、运输业、商业、服务业等领域。这种集体所有制的生产资料属于部分劳动者集体所有，在企业、集体范围或统一经营单位内独立核算、自负盈亏，生产资料归集体支配、使用，除了照章交纳税金以外，企业的劳动产品、收入全部归集体所有，实行按劳分配。集体所有制的这些特点，使企业具有比较完整的自主经营权利，能够比较灵敏地反映社会需求，灵活进行布点，迅速调整生产经营方向，经营效果比较好。同时，它能够使企业劳动者的经济利益与企业生产成果紧密结合，有利于调动劳动者的积极性。在现阶段，我国必须进一步壮大集体所有制经济，要继续支持、鼓励城乡各种形式集体经济的发展。

3. 公有制实现形式的多样化

在我国改革开放的实践中，出现了多种公有制的实现形式，如合作经济、股份制、股份合作制、混合所有制经济等。

合作经济就其内涵来看，它是劳动者在自愿的基础上，通过资金、劳动力、技术、设备及其他生产要素联合起来进行合作生产与经营的一种经济形式。合作经济作为一种所有制形式，与过去实现的集体所有制经济不同。表现在：在集体所有制中，生产资料由劳动者共同占有，它排斥个人对生产资料的所有权；而合作经济除合作组织共同占有生产资料外，还存在劳动者个人对部分生产资料的所有权。

农村中的合作经济组织主要是随着家庭联产承包责任制的实行而产生的。家庭联产承包责任制的普遍推广，促进了农村中的专业分工，同时相应产生了协作、配合的要求。随着生产的发展，流通的扩大和经营水平的提高，单个、分散农户的局限性逐步显露出来。不少专业户纷纷联合起来解决共同存在的生产和流通问题，出现了各种形式的合作组织，在推广技术、组织供销、加工产品、储存运输、防疫植保、良种繁育、机械耕作等方面实行专业化协作。这些组织的参加者股金有多有少，盈利按股分配，带有合伙或合股经营的性质。这同集体所有制内部劳动者享有同等权利的关系不完全相同。但是，它们基本上是由劳动者组织的，有的主要实行按劳分配原则，也提留集体的积累，所以在性质上可以视为公有制。

城镇中的合作经济是适应商品经济发展要求，为了使各种生产要素得到优化配置，提高经济效益而组织的。它也实行自愿结合、民主管理、以按劳分配为主、提留公共积累等原则，具有社会主义的性质。但它的资金由参加成员自筹解决，按股分红，有的还招收学徒、帮工，甚至雇用少量工人，这与社会主义集体所有制也有所不同。

股份制在国外早已存在，能否运用于我国社会主义经济，一直争论不休。党的十五大根据时代的要求和我国改革开放的实践，对此作出了明确的回答："股份制是现代企业的一种组织形式，有利于所有权和经营权的分离，有利于提高企业和资本的运作效率，资本主义可以运用，社会主义也可以运用。不能笼统地说股份制是公有还是私有，关键要看控股权掌握在谁的手里。国家和集体控股，具有明显的公有性，有利于扩大公有资本的支配范围，增强公有制的主体作用。"①

股份合作制是兼有股份制和合作制特性的所有制实现形式，它的特点是把

① 江泽民. 高举邓小平理论伟大旗帜，把建设有中国特色社会主义事业全面推向二十一世纪［M］. 北京：人民出版社，1997：24.

劳动联合与资本联合结合起来。它一方面保持了联合劳动和互助合作的性质，另一方面又允许职工持股，实现资本联合，使职工既是公有财产的所有者也是个人财产的所有者，因而强化了职工的主人翁地位和责任感，激发了广大职工的积极性。目前城乡大量出现的多种多样的股份合作制经济，是改革中的新事物，要支持和引导，不断总结经验，使之逐步完善。劳动者的劳动联合和劳动者的资本联合为主的集体经济，特别要提倡和鼓励。

混合所有制经济是指不同性质的所有制成分在企业内部的相互融合，公和私、共有性和排他性浑然一体的经济形式。依据不同的所有制经济在企业内部相融合的方式，我们可以将混合所有制经济划分为以下三种类型：（1）混合股份制企业。这是公有制经济成分与非公有制经济成分以资本为纽带在企业内部相融合的形式，是一种股权式的融合。其基本特征是：公有制经济主体与非公有制经济主体共同投资，共同经营，共负盈亏，共担风险。它广泛地分布于国民经济的各个主要领域和部门，是混合所有制经济的主要形式。（2）混合合作制企业。这是公有制成分与非公有制成分以生产要素为纽带在企业内部相融合的方式，是一种契约式的融合。其基本特点是：公有制经济主体和非公有制经济主体各提供一定的生产要素，其经营方式、利润分配、风险承担等重大问题按协议规定处理。混合合作制企业是混合所有制经济的一种重要形式。（3）股份合作制企业。这是公有制经济主体与非公有制经济主体以资本和劳动两个方面的要素为纽带在内部的融合。其基本特征是：兼有股份制和合作制的性质，实行按劳分配和按资分配相结合的原则。股份合作制企业是目前城乡集体经济的一种非常重要的实现形式。

混合所有制经济这一科学概念的提出，是对所有制实现形式理论的重大突破。第一，混合所有制经济概念突破了对公有制含义的僵化理解。在混合所有制企业中，生产资料所有权和经营管理权发生了分离，实物形态的所有权和价值形态的所有权发生了分离。例如，在混合股份制企业中，公有制主体作为投资人不能再直接地支配和管理公有资本，混合所有制企业作为独立的法人，对企业的整体资本进行独立的经营管理，并独立地承担经济责任。投资人对资本的所有权表现为股权，只能依据其在权益资本中所占比例参与企业的经营管理和利润分配。公有制投资主体虽然放弃了对公有资本的直接支配管理权，但仍然拥有所有者权益，这些资本仍具有公有性质，是公有制的一种存在方式。

第二，混合所有制经济突破了两种公有制实现形式的固定模式。改革开放以来，我们对公有制的实现方式已做了许多卓有成效的探索，如对国有企业实行放权让利、利改税、承包经营责任制、租赁制等形式的改革，但所有这些改革都局限于对公有制企业经营方式的探讨，而没有突破两种公有制实现方式的框架。应当说，对公有制实现形式最有开拓意义的探讨是股份制试点。公有资本可以与非公有资本在企业内部融合，公有制企业可以吸纳非公有资本，公有资本也可以向非公有制企业渗透，形成公有资本营运的市场化。混合所有制经济中的公有成分是公有制的一种存在方式，在这种方式中，公有制主体支配、管理生产资料以及参与产品分配的具体方式和途径与全民所有制或集体所有制相比，具有完全不同的特征。因而，是一种新型的公有制存在方式。混合所有制经济概念突破了传统的公有制实现形式的固定模式，探索到了一种使公有生产资料在社会生产过程中更有效运作的组织方式、经营方式、交换方式和分配方式。

第三，混合所有制经济是实现公有制主体地位的重要方式。首先，混合所有制是公有制经济在竞争性行业中存在的主要方式。在社会主义市场经济中，国有独资企业应当主要集中于国家为了公共消费和社会长远发展的需要而进行投资的领域，对大量的一般竞争性领域，公有制的存在则必须采取新的实现形式。混合所有制经济将是未来企业组织形式的主体，是公有制经济赖以在一般性竞争领域中实现其主体地位的主导方式。其次，混合所有制经济是增强公有制经济的控制力的重要方式。这是因为：混合所有制经济有利于扩大公有资本的支配范围。在混合股份制企业中，只要国有股处于实际控股地位，国家就可以对企业整体资本进行控制。以较少的公有资本支配管理大量的非公有资本，正是公有制经济实现其主体地位的一种非常重要的具体方式。因此，从战略上调整国有经济的布局应主要通过公有资本的流动和重组来实现，而混合所有制经济开放的产权体系为公有资本的流动和重组提供了可能。

公有制可以通过国有制的形式实现，可以通过集体所有制的形式实现，当然也可以通过股份制企业中的股权收益实现。国有企业的股份制改革，不是抛弃公有制，而是变现行的国有制行政化占有方式为社会占有方式。在社会主义市场经济中，股份制是公有制一个很好的实现形式：（1）股份制并不改变最终的所有权关系。在以公有制为主体的所有制基础上实行股份制，公有制的最终产权关系必然能够得到很好的贯彻。（2）股份制可以实现多种所有制经济的融合发展。股份制可能是私人资本的组合，也可能是混合资本，即国有资本、集体资本、法人资本和私人资本的组合，也可能完全是公有资本即地方所有、部门所有等资本的组合。在股份公司里，这些来源不同的资本打破了相互之间的界限，共同参与公司管理，共同分享公司盈余，共同分担公司的债务与风险，休戚与共，真正实现了共同发展。（3）股份制对公有制的实现还表现在它能够更迅速更稳妥地进行资产重组和资本集中，扩大公有资本的支配范围，组建大企业集团。社会资本的股份化和国有企业的股份制改造，可以使企业越做越大，通过市场形成具有较强竞争力的跨地区、跨行业、跨所有制乃至跨国经营的大企业集团，从而增强公有制经济的控制力。

8.3 非公有制经济

8.3.1 非公有制经济的地位及其作用

在社会主义初级阶段，由于生产力整体水平比较低，经济发展不平衡，生产的社会化程度不高，客观上要求有一部分非公有制经济的存在。有的同志担心发展非公有制经济会动摇公有制的主体地位，现在看来这种担心是不必要的。目前我国非公有制经济所占比重从总体上说不是过大，而是过小。在这种情况下，非公有制的发展不会动摇公有制的主体地位。诚然，在过去一些年里，非公有制经济的比重不断上升，国有经济比重有所下降，这不足为奇，因为我们过去相当长时期内不允许非公有制经济发展。当前，非公有制经济在很多领域都发挥了重要作用。非公有制经济不是可有可无，而是社会主义市场经济的重要组成部分。非公有制经济有多种形式，主要包括个体经济、私营经济和外资经济等。

党的十一届三中全会以来，非公有制经济发展迅速，成为社会主义市场经济的一支重要力量。发展非公有制经济的意义和作用主要有以下四个方面：

（1）为社会创造了大量财富。非公有制经济在丰富市场商品供应、增加国家财政收入和提高综合国力等方面发挥了十分积极的作用。非公有制经济充分利用公有制经济以外的各种生产要素，形成了一股强大的生产力，其生产的产品和劳务满足了人们多样化的需要，大大方便了广大人民群众的生活。

（2）扩大就业。非公有制经济的发展提供了大量的就业机会，为改变传统的就业观念，解决城乡剩余劳动力的出路开辟了一片新的天地，已成为我国解决就业问题的重要渠道。

（3）非公有制经济的发展有利于促进社会主义市场经济体制的建立和完善。要建立真正的市场机制，多元产权主体的存在及其所有权的自主让渡与转移是必要前提。非公有制经济正是自主经营、自负盈亏的市场经济微观主体。改革以来，正是它们的生产经营活动诱致了真正的市场交易关系，使市场机制开始在诸多领域发挥作用，从而推动了产品和要素价格的市场化。

(4) 非公有制经济的发展创造了改革国有经济的条件。由于非公有经济的崛起，使国有企业面临的竞争日趋激烈，改革的必要性、紧迫性才日益被人们所认识。此外，非公有制经济还是国有小企业改革的重要出路。国有经济部分退出乃至全部退出一般性竞争领域所形成的空白需要填补，而非公有制正是其中重要组成部分。

8.3.2　非公有制经济的实现形式

1. 个体经济

个体所有制经济，即生产资料归劳动者个人所有，并由劳动者个人及其家庭成员直接支配和经营的一种私有制形式。个体所有制经济以手工劳动为主，生产设备落后，规模狭小，力量单薄，是一种小私有经济。在我国现阶段，个体所有制经济主要存在于城乡的手工业、农业、商业、交通运输和服务业中，是同我国现阶段生产力水平比较低下、使用手工工具进行手工操作和分散经营相适应的一种所有制形式。

个体经济在经营方式和布点方面具有机动灵活、适应性强、经营时间长等特点。个体经济在许多社会形态中都存在，一直是一种依附于特定社会中占统治地位经济形式的所有制类型。在我国，由于社会主义公有制在国民经济中占优势，个体经济在一定范围内的存在和发展以及它的经营活动，必然同社会主义公有制经济相联系；而且国家还通过立法、税收、行政管理等手段，指导和监督它的经营方向，使之沿着正确的方向发展。

2. 私营经济

私营经济是指企业资产属于私人所有，存在雇佣劳动关系的私有制经济，从本质上说，它是资本主义性质的经济。但它与资本主义社会里的资本主义经济存在着差别：从外部关系看，它要受社会主义国家的监督、管理，受到强大的公有制经济的制约；从内部关系看，私人资本主义企业的劳动者，他们主要是为了得到就业机会或较多的收入而受雇于私营企业的。他们受到社会主义国家的保护，与雇主在政治上是平等的，对雇主的经营活动有监督的权利，可以监督他们的过度剥削和违法行为。

在我国现阶段，私营经济的存在和发展有一定的积极作用：（1）它可以集中和利用一部分私人掌握的资金，生产社会短缺的产品，组织生产资料和生活资料的流通，满足生产和人民生活的需要。（2）与个体经济相比，它拥有较多的资金，较强的技术，规模较大，劳动生产率也比较高，尤其是沿海省份的一些私营企业，利用海外引进的较先进的技术，开发新型产品。（3）它能够吸收一部分剩余劳动力就业，使一些退休的技术人员、管理人员继续施展所长，有利于充分利用劳动力资源，促进了社会生产力的发展。

当然，私营经济的发展也会带来一些消极作用，如生产和经营具有较大的自发性和盲目性，与社会主义经济存在着矛盾的一面。有的企业采取违法活动牟取暴利，扰乱市场，偷税漏税，损害国家、消费者和雇工的利益等。对这些消极作用，一方面要通过完善国家的政策、法律对它们加以引导和监督，促进它们健康发展；另一方面也要加强社会主义公有制经济，在竞争中促其健康地共同发展。

3. 外资经济

外资经济是指中外合资经营、中外合作经营和外商独资企业，通常统称为“三资”企业。这是我国在实行对外经济开放过程中吸收外资而形成的所有制经济形式。

中外合资经营企业，是一种股权式的合营企业。它由中外双方共同投资、共同经营、共担风险、共负盈亏。合资双方将其现金、实物、知识和技术专利等各种投资折算成股额，各自按股分享权力和利益。合资企业是具有法人地位的有限责任公司。

中外合作经营企业，是一种契约式经营企业。这种形式的主要特点是：由我方提供土地、厂房以及其他可供利用的设施和劳动力，由外方提供资金、设备、原材料等，在平等互利的原则下，合作兴办各种企业。合作双方的权利、责任、义务由中外双方通过签订协议、合同加以规定，按合同规定分配收益。这种企业也是具有法人地位的有限责任公司。

外商独资经营企业是由境外的商户或个人在我国境内单独投资兴建的企业。这些企业完全掌握了人、财、物和供、产、销权力，独立经营、自担风险、自负盈亏。

“三资”企业是根据我国法律，按照平等互利原则，经我国政府批准，在尊重我国主权，接受我国政府监督和管理的前提下，开展生产经营活动的。在中外合资和合作企业中，我方还掌握了部分的所有权和经营权，能够根据实际情况实行某些社会主义的经营原则。这些企业在性质上虽有一定的差别，但总的看来，属于国家能够加以监督管理，能够规定其活动范围的资本主义。因此，从本质上说，它们是社会主义条件下的资本主义性质经济。

在我国现阶段，允许和鼓励外资经济的存在和健康发展，有利于我国的社会主义现代化建设和社会主义市场经济的发展：(1) 它有利于引进外国的先进技术和设备，扩大我国的生产建设规模，有助于我国生产技术水平的提高。(2) 可以提供资金，特别是外汇资金，可以弥补我国建设资金的不足。(3) 有利于学习国外的先进经营管理经验，提高我国的生产经营管理水平。(4) 有利于我们开拓国外市场，扩大产品出口，增加外汇收入，提高我国在国际市场上的竞争能力。(5) 有利于安排就业，培养一批技术人才和熟练工人。所以，中外合资经营企业、中外合作经营企业和外商独资经营企业也是我国社会主义市场经济的重要组成部分。

本章小结

1. 公有制为主体、多种所有制经济共同发展是社会主义初级阶段的一项基本经济制度。确立这样的经济制度，是由社会主义性质和我国初级阶段的国情决定的。

2. 公有制不仅包括国家所有制和集体所有制，还包括混合所有制中的国有成分和集体成分。公有制的主体地位主要体现在：公有资产在社会总资产中占优势；国有经济控制国民经济命脉，对经济发展起主导作用。这是就全国而言的，有的地方、有的产业可以有所差别。公有资产占优势，要有量的优势，更要注重质量提高。国有经济起主导作用，主要表现在控制力上。要从战略上调整国有经济布局，对关系国民经济命脉的重要行业和关键领域，国有经济必须占支配地位。在其他领域，可以通过资产重组和结构调整，以加强重点，提高国有资产的整体质量。

3. 集体所有制经济是公有制经济的重要组成部分。集体经济可以体现共同致富原则，可以广泛吸收社会分散资金，缓解就业压力，增加公共积累和国家税收。要支持、鼓励和帮助城乡多种形式集体经济发展，这对发挥公有制主体作用意义重大。

4. 公有制实现形式可以而且应该多样化。一切反映社会化生产规律的经营方式和组织形式都可以大胆利用。要努力寻找能够极大促进生产力发展的公有制实现形式。股份制是现代企业的一种组织形式，有利于所有权和经营权的分离，有利于提高企业和资本的运作效率，资本主义可以运用，社会主义也可以运用。不能笼统地说股份制是公有还是私有，关键要看控股权掌握在谁的手里。国家和集体控股，具有明显的公有性，有利于扩大公有资本的支配范围，增强公有制的主体作用。

5. 非公有制经济是我国社会主义市场经济的重要组成部分。对个体、私营等非公有制经济要继续鼓励、引导，使之健康发展。这对满足人们多样化的需要，增加就业，促进国民经济发展有重要作用。要健全财产法律制度，依法保护各类企业的合法权益和公平竞争，并对它们进行监督管理。

关键术语

所有制　所有制结构　产权　公有制　集体所有制
个体经济　私营经济　外资经济　股份经济
混合所有制经济

思考题

1. 如何理解公有制为主体、多种所有制经济共同发展是社会主义初级阶段的基本经济制度？

2. 如何认识我国社会主义初级阶段的各所有制形式及公有制的实现形式？

3. 如何认识社会主义市场经济中非公有制经济的性质和作用？

补充阅读

确立和完善公有制为主体、多种所有制经济共同发展的基本经济制度

公有制为主体、多种所有制经济共同发展，是我国社会主义初级阶段的一项基本经济制度。通过改革不断完善和发展这项制度，是经济体制改革的一项重大任务。

(一) 坚持公有制为主体、多种所有制经济共同发展，是党通过长期实践总结出来的基本经验，应该确立为我国社会主义初级阶段的一项基本经济制度，任何情况下也不能动摇。确立这项基本经济制度是由两个方面决定的：一是我国实行社会主义制度，必须坚持原则公有制为主体；二是我国处在社会主义初级阶段，必须发展多种所有制经济。在坚持公有制为主体的前提下，一切符合“三个有利于”的所有制形式都应当用来为社会主义服务。

(二) 改革是社会主义制度的自我完善和发展。改革就是改变那些不利于生产力解放、不适应生产力发展的生产关系和上层建筑。完善公有制为主体、多种所有制经济共同发展的基本经济制度，深化国有企业改革，是经济体制改革的中心环节，关系到社会主义市场经济的成败。

(三) 在新形势下，要全面认识公有制经济的含义。从资产总量上看，公有制经济不仅包括传统意义上的国有经济和集体经济，同时应该包括混合所有制经济中的国有成分和集体所有制成分可以对其资产进行控制的股份制经济和股份合作制经济。改革开放以来，不仅国有经济和集体经济有了明显的壮大和发展，混合经济中的公有制经济同样有了明显的壮大和发展。这是改革取得的成果。

(四) 建国以后很长一段时间，由于政策的偏差，我们曾几次在所有制问题结构关系问题上出现冒进、而后又作政策调整的情况。实践证明，这种调整，看起来是“退”，实际上是一种“进”，是必要的，是发展生产力的需要。党的十一届三中全会以

来，我们党全面总结研究所有制结构关系，制定了以公有制为主体、多种经济成分共同发展的方针，真正走出了一条正确的路子，消除了由于所有制关系不合理造成的生产力羁绊，大大解放和发展了生产力，全党应该深刻认识和汲取这个重大经验教训。

（五）对公有制的主体作用，党的十四届三中全会通过的《关于建立社会主义市场经济体制若干问题的决定》提出了三点要求、一点灵活。三点要求，即：第一，国家和集体所有的资产在社会总资产中占优势；第二，国有经济控制国民经济命脉；第三，国有经济对经济发展起主导作用。一点灵活，即：有的地方、有的产业在上述三点要求上，可以有所差别，有一定的灵活性。国家和集体所有的资产占优势，在现阶段就是不仅要保持量的优势，更应注重质的影响，国有经济主导作用主要体现在控制力上。

（六）要从战略上解决国有经济布局问题。涉及国民经济命脉和具有全局影响的行业和企业，国有经济必须成为主体。这既是国家经济稳定发展的需要，也是国家经济安全的需要。但是，对非国民经济命脉和不具有全局影响的方面，通过资产重组和结构调整，国有经济可以适当收缩，把国有资产和资金转移到国家更需要、更重要的方面去，有的还可以投入到与其他经济成分的联合经营中去。

（七）公有制经济要寻找能够极大促进生产力发展的实现形式。公有制的实现形式可以多样化，这是中央早已明确的。在这个问题上，目前的认识和理论障碍主要是两个：一是搞股份制是不是私有化，二是股份合作制是公有制还是私有制。

（八）不能笼统地把股份制归结为私有或公有。马克思、恩格斯、列宁有三个理论观点值得我们重视：一是股份制是社会化大生产发展的需要；二是股份制是与私人资本相对立的，是对私人资本的扬弃，是一种社会资本；三是垄断资本的金融寡头可以通过金融手段，利用股份制控制比自身大几倍、几十倍的股份资本。

因此，可以认为：第一，股份制是一种现代社会经济发展的企业组织形式或资本组织形式，资本主义可以用，社会主义同样可以用；第二，股份制形式有利于所有权和经营权的分离，有利于提高企业的或资本运作的效率和竞争水平；第三，股份公司的所有制性质，关键看控股权掌握在谁的手中。在社会主义条件下，在公有制为主体的基础上，国家可以通过金融等手段以及公股渗入，控制股份公司。

（九）股份合作制是一种新的公有性所有制。目前，我国城乡广泛出现劳动者的劳动联合和资本联合为主的股份合作制经济，这是我国经济发展实践中出现的新事物，应该以积极态度支持。股份合作制不是私有制，是一种新出现的所有制形式，具有明显的社会性、公有性。要鼓励个别资本通过股份合作制实现投资社会化。这对整个生产力的发展是有利的。

（十）完善所有制结构是一个重大而又敏感的涉及经济制度的变革，要有领导有步骤地进行，既要积极又要稳妥，避免一哄而起。要鼓励试验，随时总结经验，注意引导，重点是抓好规范。同时，改革的进行要遵循客观经济规律，发挥市场机制作用，通过结构改组来实现，避免用行政办法拔苗助长。

——选自《江泽民文选》第一卷，第613页

第9章 社会主义市场经济

9.1 社会主义市场经济体制的建立

9.1.1 社会主义市场经济体制建立的理论背景

1. 经济制度和经济体制

经济制度也称基本经济制度，是指一定社会占统治地位的生产资料所有制性质决定的生产关系总和。它具有特殊的质的规定性，体现的是不同社会生产关系性质的范畴。社会主义基本经济制度就是由生产资料公有制为基础的社会主义生产关系总和构成的。其本质主要体现在生产资料的社会主义公有制，按劳分配为主体和消灭剥削，消除两极分化逐步实现共同富裕上，这也是社会主义区别于其他社会形态最根本的标志，如果改变了这些特征，社会主义性质也就改变了。

经济体制是指一定基本经济制度下，以法律规范形式确定的经济运行的具体方式和组织、管理经济的方法、原则和制度，属于生产关系的具体实现形式。经济体制的选择和变更主要取决于生产力的发展水平和状况，同时也要受到社会基本经济制度和政治制度的影响。经济体制本身是中性的，不能等同于社会基本经济制度。在同一社会的经济制度中，可以根据生产力不同的发展状况而采取不同的经济体制。在不同的社会经济制度的国家之间，也可以在经济体制上相互借鉴、取长补短或选择相同类型的经济体制。社会主义经济制度下，经济体制既要体现社会主义生产关系和上层建筑的本质要求，更应该适合社会主义生产力发展状况的要求。

2．计划经济和市场经济

计划经济和市场经济是资源配置的两种不同方式或者说经济运行的两种不同的调节机制。市场经济是以市场机制为基础调节资源配置的经济组织方式。在这种形式下，生产什么，采取什么方法生产以及生产出来以后谁能得到它等问题，都是通过市场机制来解决。计划经济则是通过中央计划直接调节资源配置的经济组织形式。在这种形式下，生产什么，如何生产以及为谁生产等问题，主要依靠计划的力量来解决。

计划与市场作为两种不同的经济调节机制，各有优点和不足。作为一种资源配置方式，市场机制具有不可替代的优势。第一，市场机制以分散的决策结构为基础，这个特点决定了这种机制比集中的计划经济具有较大的灵活性，因而生产者和消费者对市场供求变化能够较快地作出有效反应；第二，市场机制以竞争为基础，为了在竞争中求生存和发展，生产者必须改进技术、降低成本、提高产品质量，因而这种机制比计划经济更能够促进经济活动的不断创新，提高资源配置效率；第三，市场机制以分散的信息结构为特点，因而能够有效利用经济活动中的各种信息，简化问题。而计划经济由于无法完全掌握和运用经济体系中存在的各种信息资源，从而常常导致决策失误。同时，我们也应该看到，市场机制也具有内在缺陷。第一，纯粹的市场调节只能解决微观经济活动问题，而不能解决宏观经济的平衡问题。由于社会总供求失衡导致的经济衰退、失业和通货膨胀等宏观经济问题，单纯依靠市场机制很难解决。第二，市场价格反映的供求关系主要是短期的供求关系，由此形成的经济结构可能不一定有利国民经济长期发展，经济长期发展问题需要政府从经济发展的全局出发加以安排。第三，市场经济活动容易造成外部性问题，如污染及补偿问题等和“搭便车”行为，如公共产品问题等，这些都需要政府出面通过行政手段或经济奖惩办法来解决。第四，市场机制以充分有效竞争为前提，因而在存在垄断的情况下，市场机制作用无法发挥。第五，国防、公用事业、城市基础设施等公共产品在一般情况下也不接受价格机制的调节。第六，市场机制容易导致两极分化。

计划经济作为一种重要的经济调节方式，其优点也是非常突出。主要表现是：能够合理确定国家经济和社会发展的战略目标，搞好经济发展预测，总量调节、重大结构与生产力布局规划、集中必要的人力、物力和财力进行重点建设，综合运用经济杠杆，促进经济更好更快发展。特别是在国家经济比较落后，生产力发展不平衡，人口众多，资源相对不足的情况下，计划经济更能够发挥“后发优势”。另外，由于历史原因造成的产业结构和地区结构不合理，也不能仅仅依靠市场力量来调节，而必须利用计划手段。

计划经济和市场经济两种经济运行方式的特点决定了市场调节和计划调节结合的必要性。计划和市场结合的目的是实现资源的合理有效配置。资源配置的合理或有效性表现在两个方面:(1) 资源能顺利流向生产组织完善、布局合理和劳动生产率高的部门和企业，使资源利用效益达到最佳;(2) 使各种资源配置所形成的总供给量和供给比例与社会总需求量和需求比例相适合，防止生产过剩和比例失调。

3. 经济体制改革是发展生产力的必由之路

19 世纪末，马克思曾经设想未来社会（社会主义社会）将有计划地组织全社会的生产和经济活动。列宁在 1906 年曾把计划经济和市场经济作为对立的两种社会基本制度来看待。十月革命后，俄共（布）曾一度试图利用战时共产主义这个特殊历史时期准备“直接过渡”，“消灭货币”。但是，从 1921 年春开始，俄共（布）不得不转而实行新经济政策。实践使列宁的思想发生了很大变化，主张“采取市场的经济形式”实现国家经济计划。但是列宁逝世后，由于一直未能突破理论认识上的局限，把社会主义和市场经济对立起来的思想又占据了统治地位，从而形成了一种传统观念，即市场经济是资本主义特有的东西，计划经济才是社会主义的本质特征，搞社会主义只能实行指令性的高度集中的计划经济。

我国原有的经济体制是在 20 世纪 50 年代形成的高度集中的计划经济体制。在这种体制下，社会资源配置以计划配置为主。它的特点是国家运用指令性计划，直接掌握、控制人、财、物资源；权力主要集中在中央，所有的经济活动都在计划规定的范围内进行。这种高度集中的计划经济体制，在当时国民经济发展水平比较低、经济结构比较简单的情况下，对于通过集中人力、物力和财力，保证国家重点建设，实现国民经济快速发展，对于增加财政收入，稳定物价，实现社会公平分配，使广大劳动人民迅速摆脱贫困发挥了积极的作用。但是，随着社会主义经济建设条件的变化，特别是社会主义经济规模不断扩大，经济联系日益复杂，人们的需要多样化以后，高度集中的计划经济体制越来越不适应社会主义现代化建设的需要，这种经济体制的弊端就逐渐显露出来。主要表现在：政企职责不分，条块分割，国家对企业统得过多过死；忽视商品生产、价值规律的作用；分配中存在严重的平均主义现象；经济形式和经营方式单一化。这就造成了企业缺乏应有的自主权，企业吃国家的“大锅饭”，职工吃企业的“大锅饭”，企业和职工都缺乏生产的积极性和创造性，使本来应该生机盎然的社会主义在很大程度上失去了活力。

党的十一届三中全会以后，邓小平领导我们党总结了世界各国经济发展的经验和教训，指出：“要发展生产力，经济体制改革是必由之路。”① 经济体制改革的目的是要在坚持社会主义基本经济制度的同时，改变从根本上束缚生产力发展的经济体制，建立起充满生机和活力的经济体制，以解放生产力，发展生产力。

4. 社会主义也可以搞市场经济

社会主义经济制度建立以后确立什么样的经济体制目标，是关系整个社会主义建设全局的一个重大问题。这个问题的核心是正确认识和处理计划和市场的关系问题。党的十一届三中全会以后，在邓小平同志的倡导下，我们党坚持解放思想、实事求是的思想路线，开始从理论和实践的结合上探索如何建立符合中国国情的社会主义新体制。十几年来，尽管有过一些反复，但我们从中国国情出发，克服了“左”的思想影响，从整体上看，对社会主义经济中市场机制的认识仍是不断进步和深化的。特别需要指出的是，邓小平同志坚持实事求是的马克思主义原则，科学地总结了世界各国经济发展的经验和教训，对计划和市场的关系作了一系列极为深刻而精辟的论述，为我国经济体制改革的目标是建立社会主义市场经济体制提供了坚实的思想和理论基础。

邓小平关于社会主义市场经济的论述以及我们党对社会主义也可以搞市场经济的认识，概括起来经历了三个阶段：

（1）第一阶段（十一届三中全会—十二届三中全会）：破除了把社会主义与市场调节对立起来，把指令性计划等同于计划经济的观念，形成了“计划经济为主，市场调节为辅”的思想。早在1979年11月26日，邓小平在会见美国《不列颠百科全书》副总主编吉布尼等美国学者时就指出：“说市场经济

① 邓小平. 邓小平文选（第3卷）［M］. 北京：人民出版社，1993：138.

只限于资本主义，只有资本主义的市场经济，这肯定是不正确的。社会主义为什么不可以搞市场经济？市场经济在封建社会就有了萌芽。这个不能说是资本主义。我们是计划经济为主，也结合市场经济，但这是社会主义的市场经济。……社会主义也可以搞市场经济。"① 邓小平在这里提出的"社会主义也可以搞市场经济"的思想，虽然与1992年党的十四大提出的社会主义市场经济的概念并不完全相同，虽然还讲"计划经济为主"，但在当时无疑具有非常重要的意义。1981年党的十一届六中全会通过的《关于建国以来若干历史问题的决议》中提出了"以计划经济为主，市场调节为辅"的公式，并得到党的十二大首肯。这一公式虽然仍然坚持计划经济的总体框架不变，市场调节尽管还只是被确定为辅助作用，但已确认计划的方式方法要改革，计划要尊重和利用价值规律。这就为发挥市场调节的作用提供了现实基础，为市场经济的发展开辟了一条道路。

（2）第二阶段（十二届三中全会—十三大）：突破了长期以来把计划经济同商品经济对立起来的传统观念，重新解释了计划经济的内涵，确认了社会主义经济是建立在公有制基础上的有计划的商品经济。在建设社会主义的过程中应当怎样处理计划和市场的关系，把计划和市场确立为主辅关系是否恰当是邓小平一直思考的问题。经过研究，他认为："社会主义同资本主义比较，它的优越性就在于能做到全国一盘棋，集中力量，保证重点。缺点在于市场运用得不好，经济搞得不活。计划和市场的关系问题如何解决？解决得好，对经济发展就很有利，解决不好，就会糟。"② 1984年党的十二届三中全会通过的《中共中央关于经济体制改革的决定》确认社会主义经济是公有制基础上的有计划的商品经济。邓小平对这个决定评价很高，认为是写出了一个马克思主义基本原理和中国社会主义实践结合的政治经济学初稿。有计划商品经济的确立，是改革实践发展的必然结果，也是我们党对社会主义经济中计划和市场关系认识的深化。它肯定了商品经济是社会主义的基本属性，突破了传统社会主义经济理论把商品经济同社会主义计划经济对立起来的思想束缚，为发展商品经济，扩展市场关系，发挥市场机制的作用扫除了许多障碍，从而有力地推动了经济体制改革，也使改革的市场取向由此初步确立起来。但是，对于有计划商品经济这一提法，人们有不同的理解。有些人强调有计划商品经济中商品经济

① 邓小平．邓小平文选（第2卷）［M］．北京：人民出版社，1993：236.

② 邓小平．邓小平文选（第3卷）［M］．北京：人民出版社，1993：16-17.

的一面，在计划和市场的关系上主张向市场倾斜，主张市场取向的改革；而有些人则强调有计划商品经济中有计划的一面，反对市场取向的改革。为了统一认识，在 1987 年党的十三大召开前，邓小平进一步指出："计划和市场都是方法嘛。只要对发展生产力有好处，就可以利用。它为社会主义服务，就是社会主义的；为资本主义服务，就是资本主义的。……以前讲计划经济为主，现在不要再讲这个了。"① 党的十三大根据邓小平的指示，把社会主义有计划商品经济新体制界定为计划和市场内在统一的体制，并提出了"国家调节市场，市场引导企业"的经济运行模式，这样就纠正了把市场调节放在从属和次要地位的状况。

（3）第三阶段（十三大—十四届三中全会）：破除了把计划经济和市场经济看作属于社会基本经济制度范畴的思想束缚，确认了建立社会主义市场经济体制的改革目标。1988 年我国开始对前一时期经济过热所产生的总量失衡导致经济秩序混乱进行了治理整顿。1989 年又发生了政治风波。在这个背景下，把市场经济看作资本主义经济基本特征的传统观念又开始蔓延滋长，计划和市场的内在统一被计划与市场调节相结合所取代。这表明在对什么是社会主义的认识上仍然受着传统观念的束缚。针对这一情况，邓小平指出："不要以为，一说计划经济就是社会主义，一说市场经济就是资本主义，不是那么回事，两者都是手段，市场也可以为社会主义服务。"② 1992 年在视察南方时，又再次明确指出："不要以为搞点市场经济就是资本主义道路，没那么回事。计划多一点还是市场多一点，不是社会主义与资本主义的本质区别。计划经济不等于社会主义，资本主义也有计划；市场经济不等于资本主义，社会主义也有市场。计划和市场都是经济手段。"③ 邓小平同志把市场经济和计划经济从姓"社"姓"资"的争论中解放出来，就是要在社会主义条件下发挥市场对资源配置的基础性作用，克服计划经济的弊端，发展生产力。他强调："社会主义的本质，是解放生产力，发展生产力，消灭剥削，消除两极分化，最终达到共同富裕。"④ 同时，邓小平同志正确分析中国现阶段社会的主要矛盾，提出了判断各项工作是非得失的标准，这就是：要看是否有利于发展社会主义社会的

---

① 邓小平．邓小平文选（第 3 卷）[M]．北京：人民出版社，1993：203.
② 邓小平．邓小平文选（第 3 卷）[M]．北京：人民出版社，1993：367.
③ 邓小平．邓小平文选（第 3 卷）[M]．北京：人民出版社，1993：373.
④ 邓小平．邓小平文选（第 3 卷）[M]．北京：人民出版社，1993：373.

生产力，是否有利于增强社会主义国家的综合实力，是否有利于提高人民的生活水平。这“三个有利于”的核心是发展生产力，它反映了社会主义的本质要求。邓小平同志从社会主义本质出发，对计划和市场问题作出的精辟论述，是对马克思主义的重大发展，为我们确立社会主义市场经济体制改革目标奠定了极为重要的思想和理论基础。1992 年党的十四大明确提出我国经济体制改革的目标是建立社会主义市场经济体制，这种体制是要使市场在社会主义国家宏观调控下对资源配置起基础性作用，它是计划和市场两种手段的有机结合，是能充分发挥计划和市场两者长处和优势的经济体制。党的十四届三中全会作出了《中共中央关于建立社会主义市场经济体制若干问题的决定》，全面系统地阐明了建立社会主义市场经济体制的基本框架和战略部署，中国经济改革进入了以建立社会主义市场经济体制为目标的新的历史阶段。

9.1.2 建立社会主义市场经济体制的实践依据

1. 改革开放的经验证明建立社会主义市场经济体制目标是正确的

党的十一届三中全会以来，我们党尊重实践，尊重人民群体的首创精神，在社会主义经济活动中不断扩大市场调节的范围，增强市场机制的功能，坚持改革开放，取得了举世瞩目的成就。这期间，改革主要在六个方面展开：

一是在农村取消人民公社和统购统销，实行家庭联产承包责任制和统分结合的双层经营体制。党的十一届三中全会后，我国选择了农村这一计划经济体制最薄弱的环节作为改革的突破口，废除了人民公社制度，实行家庭联产承包制度。家庭联产承包制的推行，不仅解放和发展了农村的生产力，而且促进了乡镇企业的异军突起。迅猛发展的乡镇企业又推动了多种经济成分的大发展，推动了市场经济在“体制外”的发展。我们党及时总结了农民的伟大创造，形成了一条从以农村到城市、从体制外到体制内的渐进式改革之路。正是在农村第一步改革取得成功、乡镇企业出现突破性发展的情况下，邓小平说：“农村改革是一场革命，其目的是解放生产力。”① 与此同时，我国抓紧农村流通体制改革，不断加快农村经济市场化的进程。

二是使国有企业进入市场。1985 年，我国经济体制改革的重点从农村转向城市，体制改革全面展开。为了使国有企业进入市场，我国采取了一系列给

---

① 邓小平. 邓小平文选（第 3 卷）[M]. 北京：人民出版社，1993：108.

国有企业以各种经营自主权的政策和措施，包括从贯彻各种有关规定到实行《全民所有制工业企业法》、《全民所有制工业企业转换经营机制条例》等。从总体上看，多数企业已经开始在不同程度上扩大了自主决策的权力，可以根据市场供求变化来调节自身的经营活动。

三是调整和放开价格。如果说使企业具有经营自主权是创造市场行为主体的必要前提的话，那么放开价格则是使市场主体通过竞争取胜的重要条件。十几年来，我们针对各种不合理的比价关系，采取先放后调、调放结合的措施，初步形成了市场价格随供求状况自动升降的机制。在全部社会商品中，由计划决定的生产资料产品已降到30%以下，而消费品已不到10%①。

四是改变统购包销的单一流通形式，建立了多渠道的流通网络。随着生产企业和流通企业自主权的扩大，自销、选购、产销一体化的流通形式应运而生，初步形成了以国有商业为主导、多种经济成分参与的流通体制。搞活流通体制，为商品市场的形成创造了重要条件。资本市场开始形成，劳动力市场对人才流动起了积极作用。为市场交易提供服务的各种组织已出现并开始发挥作用。

五是初步建立了宏观间接调控体系。改革财政和货币体制，发挥了财政货币政策对经济运行的调控作用；改革税收体制，发挥了税率对财务分配的调节作用；改革投资体制，拨改贷，开始主要用经济手段来控制投资；初步建立和健全了各类经济法规。

六是发展了对外经济关系。建立经济特区，开放沿海城市和内陆省会城市，开放沿海、沿江、沿边地带等，加快了国内市场与国际市场的对接，开始按照国际市场的一般规则处理涉外经济关系。

上述改革使我国的经济运行机制发生了重大变化，市场对经济活动的调节作用大大增强。改革开放以来我国社会经济生活发生了很大的变化，取得了举世瞩目的成就，引入市场机制，进行市场化的改革不能不说是其中的一个根本性原因。如果没有农村家庭经营责任制的实行和农副产品价格和流通体制的逐步放开搞活，农村经济就不可能有今天的繁荣；如果没有逐步形成市场体系，不是根据市场来组织和调节生产经营，乡镇企业就不会异军突起；如果没有国家赋予特殊政策，率先让市场机制发挥主要调节作用，经济特区也难以有惊人的速度发展。大量的事实说明，凡是市场机制作用发挥比较充分的地方，市场

① 转引自马洪. 什么是社会主义市场经济［M］. 北京：中国发展出版社，1993：5.

机制发挥作用比较充分的时候，市场机制发挥作用比较充分的地区、行业、部门和企业，经济活力都比较强，经济增长就比较快，经济效益就比较高，人民生活改善的幅度就比较大，社会发展态势就比较好。改革开放的实践证明，社会主义不仅可以搞市场经济，而且应该搞市场经济。

2. 深化改革和扩大开放要求建立和完善社会主义市场经济体制

建立社会主义市场经济体制不仅是以改革开放的实践经验为基础的，而且也体现了进一步深化改革、扩大开放的客观要求。

（1）深化经济改革，就必须继续强化市场机制的作用。在肯定我国经济体制改革取得巨大成就的同时，我们也应该清楚地看到，我国经济运行中还存在着一系列尚未解决的重大问题。主要表现在：第一，国有企业经济效益低，仍有近1/3的企业亏损，企业的改革还没有取得突破性进展；第二，经济结构调整缓慢，经济结构不合理，重复建设屡禁不止，社会浪费现象严重；第三，由市场机制决定的价格体系还没有真正形成，投资决策和资金融通在很大程度上受主观意志的支配；第四，政府管理经济的职能转变和宏观调控体制改革滞后；第五，市场体系特别是生产要素市场不健全，市场机制的作用没有得到充分发挥等。经济生活中这些深层次矛盾无不同我国尚未摆脱高度集中的计划经济模式，市场经济还未得到充分发挥有关。要深化经济体制改革，要优化结构，提高效益，加快发展，就必须继续强化市场机制的作用。

（2）扩大对外开放，也必须继续强化市场机制的作用。当今世界是开放的世界，任何一个国家都不可能脱离世界经济体系之外来谈自己的发展。经济全球化在世界范围内造成了一种包括发达国家和发展中国家你中有我、我中有你的错综复杂的经济格局。世界经济运行以市场机制调节为主。我国要走向世界，参与国际分工和国际竞争，利用国内和国际两种资源，开拓国内和国际两个市场，发展国内经济和对外经济关系，只能实行市场经济体制。正如邓小平同志指出，不搞市场，连世界上的信息都不知道，是自甘落后。因此，扩大对外开放必须继续强化市场机制的作用。

9.1.3 社会主义市场经济的含义与特点

社会主义市场经济是“社会主义条件下的市场经济”的简称。它是市场经济，而不是传统的计划经济。作为市场经济，它具有市场经济的共性，同资本主义条件下的市场经济在运行规则上是相通的和相似的。同时，在社会主义条件下，市场经济又是和社会主义基本经济制度结合在一起运行的，因而具有与资本主义市场经济不同的特点。正如党的十四大报告所说，我们要建立的社会主义市场经济体制，就是要使市场在社会主义国家宏观调控下对资源配置起基础性作用，使经济活动遵循价值规律的要求，适应供求关系的变化；通过价格杠杆和竞争机制的功能，把资源配置到效益较好的环节中去，并给企业以压力和动力，实现优胜劣汰；运用市场对各种经济信号反应灵敏的优点，促进生产和需求的及时协调。同时也要看到市场有其自身的弱点和消极方面，必须加强和改善国家对经济的宏观调控。

1. 社会主义市场经济区别于传统的计划经济，具有市场经济的共同特征

社会主义市场经济是市场经济，而不是传统的计划经济。作为市场经济，它具有市场经济的共性，同资本主义条件下的市场经济在运行规则上是相通和相似的。正如邓小平同志所说："社会主义市场经济在方法上基本上和资本主义是相似的"①。因此，我们应该吸收和借鉴当今世界市场经济国家的一切有用的知识和经验。

概括地说，市场经济区别于传统计划经济，具有以下几个方面的共同特征：

（1）经济关系市场化。在市场经济条件下，一切经济活动，无论是生产活动，还是分配、交换和消费活动，都要直接或间接地体现在市场活动中，只有这样市场才能真正起到配置资源的基础作用。首先，企业的生产经营活动要通过市场来实现，企业生产什么，生产多少，如何生产都必须根据市场状况来决定，提供的产品和服务也要通过市场来实现。其次，商品的价格也必须通过市场上的供求和竞争的作用而形成，市场形成的价格才能反映资源的稀缺程度，才能成为引导资源配置的信号。再次，社会资源的配置、生产要素的流动也要通过市场来实现，市场的价格信号和竞争机制，引导和促使企业根据社会需求的变化来调整自己的生产经营活动，使经济资源得到合理配置。

（2）企业行为自主化。在市场经济中，企业必须是独立的商品生产经营者，自主地面对市场供求、竞争和价格的变化，这也是市场机制合理配置资源的必要条件。企业的自主性主要体现在三个方面：一是具有明确独立的产权关系，即作为市场主体的企业应该有独立的财产权和经营权，可以自主支配、使

① 邓小平．邓小平文选（第2卷）．北京：人民出版社，1993：236．

用和处理自己的财产；二是自主经营、自负盈亏，独立地承担生产经营的风险和责任；三是具有硬性的预算约束，即企业在收支相抵的预算原则下有效地约束自己的行为。

（3）市场体系完善化。市场体系是指包括各类市场在内的有机统一体。市场经济要有效地配置资源，就必须要有完善的市场体系。完善的市场体系应该是完整的、统一的、开放的和竞争有序的。它具体表现为：第一，要形成包括商品市场和劳动力、资本等生产要素市场和其他各类市场在内的完整的市场体系，使各种资源特别是劳动力、资本等生产要素能在市场上充分地流动；第二，市场体系中存在较为充分的竞争和正常的市场秩序，以保证市场经济的健康运行和资源配置的效率；第三，市场价格要通过市场上的供求和竞争来形成，不存在人为的操纵和扭曲；第四，市场体系是统一开放的，不存在市场的分割、封闭和垄断，各类市场在全国范围要形成一个统一的市场，并与国际市场相衔接。

（4）宏观调控间接化。为了克服市场机制本身的缺陷，弥补市场失灵，必须建立起有效的宏观调节机制。政府对经济适当的、有效的宏观调节，是促进市场经济健康运行，保证整个国民经济持续稳定发展的可靠保证，也是现代市场经济的重要特征。但是，市场经济条件下，市场调节是基础，政府一般不直接干预企业的生产经营活动，而是通过指导性计划，各种经济杠杆、经济政策和必要的法律手段，按照预定的社会经济发展目标的要求，来间接地调节和规范企业的生产经营活动，并在此基础上实现国民经济中总供给与总需求的总量和结构上平衡，实现社会公平与效率的统一，促进经济与各项事业的协调发展。

（5）市场规则法制化。市场经济中的经济活动，是靠自主的市场主体之间的契约联结在一起的，为了保证契约的公正并得到遵守，就必须要有完备的法律规范和保障；市场经济又是公平竞争的经济，各个市场主体之间展开的竞争如同体育比赛一样，必须有统一的规则，否则比赛无法进行，而公平的竞争需要法律来维护市场竞争秩序；同时政府的宏观调控行为也要依靠法律手段并在法律规定的范围内进行；因此，市场经济是法制经济。建立完备的法律体系来全面维护和保障市场经济的健康有效运行，是现代经济市场一个重要的特征。

（6）社会保障制度化。市场经济是不同经济实体为追逐经济利益最大化而进行激烈竞争的经济。优胜劣汰是竞争的基本原则，竞争的结果必然会使一些企业破产倒闭，导致这些企业的职工失业；在市场经济活动中，有些企业为适应市场的变化和竞争的压力，调整企业的规模或变动技术构成，也会引起一部分劳动者的流动和失业。因此，凡是实行市场经济的国家，都要建立一定的社会保障体系，并使之制度化。

2. 社会主义市场经济区别于资本主义市场经济，具有社会主义的制度特征

社会主义市场经济是同社会主义基本制度联系在一起的，因而区别于资本主义市场经济，具有社会主义的制度特征。正如党的十四届六中全会决议指出，社会主义市场经济不仅同社会主义基本经济制度、政治制度结合在一起，而且和社会主义精神文明结合在一起。因此，社会主义市场经济除了具有市场经济的一般共性外，还具有自己的特征。这些特征主要表现在以下三个方面：

（1）社会主义市场经济是在公有制为主体、多种所有制经济共同发展的条件下运行的。目前，我国的公有制形式是多种多样的，既包括国有制、集体所有制，还包括股份制中的国有成分和集体成分。今后我们将继续探索适应我国国情的、与市场经济兼容的公有制经济形式，一切符合“三个有利于”的所有制形式都可以而且应该用来为社会主义服务。以往的国有制形式，与市场经济不太适应。经过改革，在理顺国家与企业的关系和转换国有企业经营机制后，我国以公有制为主体的所有制结构，特别是国有及国有控股的大中型骨干企业，将会具有更强的活力和更高的效益。在保证国民经济的合理布局、节约资源和市场有序运行方面，将会发挥出自己的优势。同时，我们鼓励非公有经济大力发展，非公企业和公有企业一同进入市场，平等竞争。这是与资本主义条件下的市场经济不同的特征之一。

（2）社会主义市场经济要实现共同富裕的社会主义原则。资本主义市场经济以资本主义私有制为基础，财产的私人所有必然导致私人资本的无限扩大和收入的两极分化。社会主义市场经济在分配上实行以按劳分配为主，将按劳分配和按生产要素分配结合起来，坚持效率优先，兼顾公平，既鼓励先进，促进效率，合理拉开收入差距，又缓解社会分配不公，防止两极分化，逐步实现共同富裕。正如邓小平同志多次指出：“正因为社会主义原则是要最终达到共同富裕，所以我们的另一个原则是我们的政策不至于导致两极分化，就是说，不会导致富的越富，贫的越贫”①。总之，社会主义市场经济允许合理的收入

---

① 邓小平．邓小平文选（第3卷）[M]．北京：人民出版社，1993：373.

差距但又避免两极分化而最终将要实现共同富裕。这样的分配原则和目标是与资本主义市场经济不同的另一个特征。

（3）社会主义市场经济在宏观调控上能更好地发挥计划和市场两种手段的长处，把市场调节和宏观调控结合起来。在当今世界取得成功的各种类型的市场经济中，一般都不是完全自由放任的自由市场经济。资本主义国家由于资本主义私有制的存在，市场经济的宏观调控很难把当前利益和长远利益、局部利益和整体利益结合起来。但是我们的社会主义市场经济有着强有力的国家宏观调控，国家对市场经济的宏观调控具有较雄厚的物质基础，牢固的政治基础和广泛的群众基础。国家通过经济社会政策、经济法规、计划指导和必要的行政管理，能够把人民的当前利益和长远利益、局部利益和整体利益结合起来，更好地发挥计划和市场两种手段的长处，把市场调节和宏观调控结合起来。因此，社会主义市场经济的宏观调控能力应该而且可以比资本主义国家强得多。因此，社会主义市场经济的宏观调控具有更强能力是区别于资本主义市场经济的又一个特征。

9.1.4 加快由传统计划经济向社会主义市场经济的转变

建设社会主义市场经济体制是一项开创性的伟大事业，是一项艰巨而复杂的社会系统工程。它既是打破计划经济旧体制的过程，又是建立市场经济新体制的过程。在从计划经济向市场经济转变的这个过程中，选择符合中国国情的改革战略，抓住建立社会主义市场经济体制的关键环节，正确处理改革、发展与稳定的关系，必将有力促进从计划经济向社会主义市场经济的转变。

1. 选择符合中国国情的改革战略

改革开放以来，在建设有中国特色社会主义经济的实践中，我们不仅确立了社会主义市场经济的改革目标，而且形成了一条具有中国特色的渐进式改革道路。从20世纪80年代末开始，从传统计划经济向市场经济的过渡形成了两条不同的改革道路，即通常所说的中国的渐进式改革和前苏联东欧国家的激进式改革。中国渐进式改革的实质是在社会主义基本制度的基础上通过稳步改革的方式向市场经济过渡；而苏联东欧的激进式改革的实质则是在彻底否定社会主义制度的基础上向资本主义市场经济过渡。与前苏联东欧国家的激进式改革方式相比，中国的渐进式改革具有以下一些重要特征：

（1）自上而下与自下而上相结合。在经济改革的过程中，把政府自上而下的领导、组织和协调与基层单位自下而上的探索和试验结合起来，在政府主导的前提下，充分发挥基层单位制度创新的积极性和创造性。

（2）双轨过渡。即不实行一步到位的市场化改革，而是广泛采用行政协调和市场协调并存的双轨制度，并通过逐步扩大市场调节的比重来稳步向市场经济过渡。

（3）从局部到整体，强调在统一领导的前提下采取非均衡的发展战略，分部门、分企业、分地区各个突破，由点到面，最终实现经济体制的转换。

（4）体制内改革和体制外改革相结合。在坚持公有制经济的主体地位和国有经济的主导地位的同时，积极发展非国有经济和多种经济成分，深化国有经济改革。

（5）经济体制改革与政治体制改革相结合。在经济市场化的同时，坚持政治上的稳定和相对集中，同时完善社会主义民主和法制，推进政府体制改革。

从计划经济向市场经济转变的渐进过渡方式深刻地体现了邓小平提出的实事求是的指导思想，是马克思主义与中国国情相结合的光辉典范。中国的经济改革首先是在中国共产党领导下的为完善社会主义制度而进行的自上而下的制度变迁，改革必须坚持四项基本原则；另一方面，由于建立社会主义市场经济是历史上从来没有过的一项崭新事业，既没有成熟的理论，也没有成功的经验，因而，改革不可能完全依照某种事先设定的目标和规则自上而下地加以推进。同时，还由于社会主义国家长期以来教条主义盛行，思想僵化保守，改革过程必然出现这样或那样的障碍。因此，建设社会主义显然不能从本本出发，不能把社会主义当作某种固定不变的东西，否则就不可能有真正意义上的改革。邓小平同志认为；"对改革，胆子要大，步子要稳。所谓胆子要大，就是坚定不移地搞下去；步子要稳，就是发现问题赶快改。"① 加快改革开放步伐，就要有探索的勇气。"没有一点闯的精神，没有一点'冒'的精神，没有一股气啊，劲啊，就走不出一条好路，走不出一条好路，就干不出新的事业。"② 当然，加快改革步伐不等于不顾条件蛮干，而是要及时总结经验，把改革的步子迈得更稳。正如邓小平指出："我们每走一步都要总结经验，哪些事进度要

① 邓小平．邓小平文选（第3卷）[M]．北京：人民出版社，1993：118.

② 邓小平．邓小平文选（第3卷）[M]．北京：人民出版社，1993：372.

快一点，哪些要慢一点，哪些还要收一收，没有这条不行，不能蛮干。”①

在邓小平理论的指导下，“实践是检验真理的唯一标准”就成了推动改革的一面旗帜。解放思想，实事求是，一切从实际出发，一切从国情出发，成为有中国特色社会主义理论和中国渐进式改革道路得以形成的思想基础。以“实事求是”为核心的党的思想路线，以“经济建设为中心”的党的政治路线，以“三个有利于”为检验改革成败的标准，都渗透着实事求是的精神。而“摸着石头过河”，“走一步看一步”和“大胆地试，大胆地闯”的态度更是鲜明反映了中国改革的实事求是精神。改革的发动虽然是自上而下的，但这不过是对社会生活中早已存在的改革要求的一种承认；改革是在统一领导下进行的，但各部门、地区和单位的改革措施、内容和步骤却丰富多彩；改革是提倡大胆创新、大胆试验，并在实践证明是合理的情况下加以普遍推广；个人、企业和其他基层单位在制度创新中发挥了空前的主动性和创造性；完美的设计、精确的计算和全面的规划，往往还没有形成就被实践抛到了后面。改革开放的实践证明，我们为发展社会主义市场经济，采取整体渐进和重点突破相结合的渐进式改革战略是完全正确的。

2. 抓住建立社会主义市场经济体制的关键环节

党的十四届三中全会通过的《中共中央关于建立社会主义市场经济体制若干问题的决定》把党的十四大确定的经济体制改革的目标和基本原则加以系统化和具体化，提出了建立社会主义市场经济体制的蓝图和基本框架。这个框架是由相互联系、相互制约的几个关键环节构成的有机统一体：（1）坚持公有制为主体，多种所有制经济共同发展，进一步转换国有企业经营机制，建立产权清晰、责权明确、政企分开、管理科学的现代企业制度；（2）建立全国统一开放的市场体系，实现城乡市场紧密结合、国内市场和国际市场相互衔接，促进资源的优化配置；（3）转变政府管理经济的职能，建立以间接手段为主的完善的宏观调控体系，保证国民经济的健康运行；（4）建立以按劳分配为主体、多种分配方式并存的收入分配制度，效率优先，兼顾公平，鼓励一部分地区、一部分人通过合法经营和诚实劳动先富起来，走共同富裕的道路；（5）建立多层次的社会保障制度，为城乡居民提供同我国国情相适应的社会保障，促进经济发展和社会稳定。

① 邓小平. 邓小平文选（第3卷）[M]. 北京：人民出版社，1993：219.

为了尽快建立社会主义市场经济体制，必须抓住建立社会主义市场经济体制的关键环节。并在以下方面加快改革的步伐：

（1）坚持公有制为主体，多种所有制经济共同发展。只有在公有制为主体的条件下，才能实现解放生产力，发展生产力，消灭剥削，消除两极分化，实现共同富裕的社会主义目标；另一方面，公有制和非公有制之间的关系是统一而不是对立的，非公有制经济是社会主义市场经济的重要组成部分，它在推动市场竞争和市场发育、积累资金、扩大就业、增加税收、满足人们多样化要求和推动国民经济发展方面将发挥日益重要的作用。坚持公有制的主体地位和国有经济的主导地位，有利于国民经济持续、稳定和健康发展，有利于社会主义基本制度的巩固和完善，也有利于非公有制经济的健康发展；而非公有制经济的健康发展以及它们与公有制经济的相互竞争则有利于加快社会主义市场经济的形成和发展。

（2）转换国有企业经营机制，建立现代企业制度。现代企业的基本特征是：产权清晰、责权明确、政企分开、管理科学。建立现代企业制度，必须注意加强国有资产管理，提高国有资产运营效率，防止国有资产流失，保证国有资产保值增值；坚决制止向企业乱集资乱摊派乱收费；逐步减轻企业负担。

国有企业改革，应坚持“抓大放小”的原则。国有大中型企业是国民经济的支柱，要区别不同情况，对国有大中型企业进行公司制改造。小型国有企业可采取承包、租赁、股份合作、拍卖出售等多种方式，放开搞活。

建立现代企业制度是一项艰巨复杂的任务，必须通过试点，积累经验，逐步推行，绝对不能搞形式主义，一哄而起。实行公司制改造，不是简单的更换名称，也不是单纯为了积累资金，而要着眼于转换企业经营机制。随着产权的流动和重组，财产混合所有的经济单位越来越多。公有制经济，特别是国有经济，要积极参与市场竞争，在市场竞争中壮大和发展。同时，国家要为各种所有制经济平等参与市场竞争创造条件，对各类企业一视同仁。

（3）培育和完善市场体系。经过 20 多年的改革开放，我国的商品市场已经基本形成，绝大多数生产资料和消费品的生产、分配、销售和价格形成都已纳入市场调节的轨道，但生产要素市场的发育目前还比较薄弱，当前的重点是发展生产要素市场，包括金融市场、劳动力市场、房地产市场等。

要改革金融体制，完善金融市场。邓小平同志指出：“金融很重要，是现代经济的核心。金融搞活了，一着棋活，全盘皆活。”① 要积极稳妥地发展债券、股票市场，完善资本市场。货币市场要发展规范银行同业拆借和票据贴现，坚决制止和纠正违法违章的集资和拆借等融资活动，国有专业银行要逐步实行商业化经营。

要改革劳动制度，逐步形成劳动力市场。针对我国劳动力资源充足、就业压力大的特点，要把开发利用和合理配置人力资源作为发展劳动力市场的出发点。要广开就业门路，更多地吸纳城镇劳动力就业；鼓励和引导农村剩余劳动力逐步向非农产业转移和在地区间有序流动。发展多种就业形式，运用经济手段调节就业结构，形成用人单位和劳动者双向选择、合理流动的就业机制。

要规范和发展房地产市场。因为我国人多地少，必须珍惜和合理使用土地资源，加强土地管理。要严格控制农业用地转为非农业用地，切实保护耕地。要建立正常的土地使用权价格形成机制，要开征和调整房地产税，控制高档房屋和高档游乐设施的过快增长，加快城镇住房制度改革，促进住房商品化和住房建设的发展。

要进一步发展技术、信息市场。要引入竞争机制，保护知识产权，实行技术成果有偿转让，实现技术产品和信息产品的商品化、产业化。

进一步发展要素市场和商品市场，还必须进行价格改革。只有推进价格改革，才能形成要素和商品市场价格机制。邓小平同志指出：“价格没有理顺，就谈不上经济改革的真正成功。我们准备用若干年时间把价格理顺，最终达到面向世界市场。”② 价格改革的重点也是生产要素价格，因为大部分商品价格已经放开，但生产要素价格的市场化程度还比较低。深化价格改革的主要任务是：在保持价格总水平相对稳定的前提下，放开竞争性商品和服务的价格；加速要素价格市场化进程，建立和完善少数关系国计民生的重要商品的储备制度，平抑市场价格。

培育和发展市场体系，包括发展市场中介机构的内容。当前着重要发展会计师、审计师和律师事务所等公证和仲裁机构，计量和质量认证机构，信息咨询机构，资产资信评估机构等。

在培育和发展市场体系时，还要注意改善和加强对市场的管理和监督。建立正常的市场进入、市场竞争和市场交易秩序，保证公平交易和平等竞争；建

---

① 邓小平．邓小平文选（第3卷）［M］．北京：人民出版社，1993：366.

② 邓小平．邓小平文选（第3卷）［M］．北京：人民出版社，1993：278.

立有权威的市场执法和监督机构，加强对市场的管理；打破地区和部门对市场的分割和封锁，形成统一、开放、竞争、有序的大市场。

(4) 转变政府职能，建立健全宏观调控体系。为建立适应社会主义市场经济要求的宏观调控，就必须转变政府职能，改革政府机构。政府管理经济的职能。应该主要是制定和执行宏观调控政策，搞好基础设施建设，创造良好的经济发展环境。同时要培育市场体系，监督市场运行和维护平等竞争，调节社会分配和组织社会保障，控制人口增长，保护自然资源和生态环境，管理国有资产和监督国有资产运营，实现国家的经济和社会发展目标。政府运用经济手段、法律手段和必要的行政手段管理国民经济，不直接干预企业的生产经营活动。针对目前各级政府普遍存在的机构臃肿、人浮于事、职能交叉、效率低下的问题，要按照政企分开，精简、统一、效能的原则，继续并尽早完成政府机构改革，从而为企业经营机制转换和新体制建立创造条件。

必须进一步深化财税、金融、投资及计划体制的改革，从而建立计划、金融、财政之间相互配合的宏观调控机制。

积极推进财税体制改革。一是进一步建立和完善在合理划分中央和地方事权的基础上的分税制；二是按照统一税法、公平税负、简化税制和合理分权的原则，改革和完善税收制度；三是改进和规范复式预算制度，严格控制财政赤字，统一管理政府债务。

加快金融体制改革。邓小平同志指出："金融改革的步子要迈大一些，要把银行真正办成银行。我们过去的银行是货币发行公司，是金库，不是真正的银行。"① 当前金融改革的思路是：中国人民银行作为中央银行，应在国务院领导下独立执行货币政策，运用存款准备金、再贷款利率和公开市场业务等手段，调节货币供应，保持货值稳定；实行银行政策性业务和商业性业务分离，组建政策性银行；将专业银行逐步变成商业银行，根据需要有步骤地组建农村和城市合作银行。此外，还要改革外汇管理体制，建立以市场为基础的有管理的浮动汇率制和统一规范的外汇市场，逐步使人民币成为可兑换货币。

深化投资体制改革。逐步建立法人投资和银行信贷风险责任制。竞争性项目投资由企业自主决策自担风险，并通过间接或直接融资渠道筹集资金；基础性建设项目要鼓励和吸引各方投资参与；地区性基础设施由地方政府负责；国家重大建设项目，按统一规划，由国家开发银行等政策银行，采取控股、参股

---

① 邓小平．邓小平文选（第3卷）［M］．北京：人民出版社，1993：193.

和政策性优惠贷款等多种形式进行；社会公益项目建设，要广泛吸收社会各界资金，根据中央和地方事权划分，由政府通过财政统筹安排。

加快计划体制改革，进一步转换计划管理职能。国家计划要以市场为基础，计划工作的重点是中长期计划，突出宏观性、战略性及政策性。计划工作的任务是合理确定国民经济和社会发展的战略、宏观调控目标和产业政策，搞好经济预测，规划重大经济结构，生产力布局，国土整顿和重点建设。要建立新的国民经济核算体系，完善宏观经济监测预警系统。

合理化划分中央和省、市、自治区在经济管理中的事权和财权，调动中央和地方两个积极性。宏观经济的调控权必须集中在中央，这样才能保证经济的总量平衡，结构优化和全国市场统一的需要。

（5）建立合理的收入分配制度。在社会主义市场经济条件下，实行按劳分配为主，多种分配方式并存的制度。贯彻效率优先，兼顾公平的原则。国家依法保护法人和居民的一切合法收入，劳动者个人报酬引入竞争机制，多劳多得，鼓励一部分地区一部分人通过诚实劳动和合法经营先富起来；同时，通过分配政策和税收调节，防止收入过分悬殊和两极分化，提倡先富带动和帮助后富，逐步实现共同富裕。此外，对侵占国家公有财产和采取偷税抗税、行贿受贿、贪赃枉法等非法手段牟取收入的，要依法惩处。

（6）建立多层次的社会保障制度。社会保障体系包括社会保险、社会救济、社会福利、优抚安置和社会互助、个人储蓄积累保障。社会保障水平必须与我国社会生产力水平以及各方面的承受能力相适应。受经济发展水平的制约，我国难以模仿发达国家高福利模式，也不应像某些发展中国家那样只保护少数人，致使收入分配差距过大，社会不稳定。国家不能包揽过多，提倡社会相互帮助。在转换企业经营机制和建立社会主义市场经济体制的过程中，社会保障制度中的社会保险制度改革显得尤其紧迫。因此，建立和完善社会保障体系，必须以社会保险特别是养老保险、失业保险和医疗保险的改革为重点。积极发展商业性保险，并把它作为社会保险的补充。

3. 正确处理改革、发展与稳定的关系

为了保证从计划经济向社会主义市场经济的顺利转变，还必须正确处理改革、发展与稳定的关系。

改革、发展与稳定是一个有机整体，它们的相互关系贯穿于社会主义现代化建设的全过程。三者中任何一个出问题，不仅会直接影响另外两方，而且会

直接影响社会主义现代化建设的全局。改革、发展与稳定的关系是一个必须高度重视、认真处理的重大问题。在改革的实践过程中，我们逐渐认识到：发展是目的，改革是动力，稳定是前提。

首先，发展是目的。中国的主要问题是发展，这是在处理三者相互关系问题时首先要树立的观念。按照邓小平的观点，中国解决自身内部一切问题的关键是要靠自己的发展，特别是生产力和国民经济发展。只有社会生产力和国民经济持续不断发展，才能克服前进道路上遇到的各种困难；只有社会生产力和国民经济持续不断发展，才能保证"一国两制"的顺利实现和海峡两岸和平统一；只有社会生产力和国民经济持续不断发展，才能逐步消除两极剥削、消灭两极分化、最终实现共同富裕；只有社会生产力和国民经济持续不断发展，才能充分发挥社会主义制度的优越性，为最终战胜资本主义，向共产主义过渡创造物质条件。中国在国际舞台和国际事务中所起作用的大小也要看自己的发展情况。毛泽东曾经说过，中国是世界上古老的文明大国，理应对世界文明作出更大的贡献。但是，由于各种原因，中国在国际舞台不仅没有发挥应有的作用，而且尝尽了"落后挨打"的滋味。党的十一届三中全会以后，我国生产力得到了飞速发展，国家的综合国力得到了明显增强，从而使我们在国际事务中所发挥的作用越来越重要，越来越突出，充分显示出发展起来的中国在世界舞台的作用。

其次，改革是动力。要发展就必须改革。改革是解放生产力，也是发展生产力。邓小平同志指出："我们所有的改革都是为了一个目的，就是扫除发展社会生产力的障碍。"① 在改革与发展之间，发展是目的，改革是动力。只有改革，只有广泛而深入的改革，才能解决生产力发展过程中出现的各种问题，为生产力的发展开辟广阔的空间。反过来，只有发展，也只有持续的发展，改革给人们带来的利益才不会失去，改革才能持续下去。所以，离开改革不可能发展，改革是发展的动力；另一方面，离开发展也不可能有真正的改革，发展是改革的目的。

再次，稳定是前提。无论改革还是发展都需要有一个稳定的社会环境作保证。所谓稳定的社会环境，主要包括两个方面的内容：一是国家政局要稳定；二是现行政策不变。政局稳定和现行政策不变相结合，就是稳定和良好的环境。其中，稳定是最重要的。邓小平同志多次指出："中国发展的条件，关键

① 邓小平. 邓小平文选（第3卷）[M]. 北京：人民出版社，1993：134.

是要政局稳定；一个是政局稳定，一个是政策稳定，两个稳定。离开国家的稳定，就谈不上改革和发展。"① 因此，在改革和发展过程中，我们要把变化和稳定有机地结合起来，力争最大限度地把改革的深度和广度，发展的速度同改革方案的稳妥、协调以及社会可以接受的程度结合起来，在稳定的社会环境中通过改革促进发展。另一方面，稳定的社会环境也离不开改革和发展，改革和发展的成果是造成稳定社会环境的物质基础。稳定不是一团死水，不是停滞不前，不是缺乏生机、缺乏活力、死气沉沉那样一种政治局面。真正的社会稳定必须使各种社会关系相互协调。同时，稳定的社会环境是在生产力日益发展和人民生活水平不断提高的基础上实现的。因此，要形成稳定的社会环境，就必须改革和发展。只有通过改革大力发展生产力，增强国家的综合国力，提高人民的生活水平，才能形成全社会的凝聚力和向心力，从根本上保证社会稳定。正如邓小平同志所说："稳定和协调也是相对的，不是绝对的，发展才是硬道理。"②

9.2 社会主义市场经济运行

9.2.1 国有企业改革和市场主体地位的确立

1. 企业的性质、地位和运行

一般来说，企业是有固定的人员和场所、专门从事商品生产和服务、实行独立核算且赢利性的经济组织。企业是国民经济的细胞，是社会生产力的主要实现者和生产关系的主要体现者，社会再生产的各个方面和环节都离不开企业。因此，企业在国民经济中处于主导地位。

企业根据它所从事的经济活动不同，分为直接从事生产和经营的工业企业、农业企业、建筑企业等以及为生产和生活服务的交通运输企业、商业企业、邮电通讯企业、金融企业、服务性企业等。随着社会生产、流通和分工的发展，生产的专业化自由程度不断提高，企业的种类和数量会逐步增加，它们分布于国民经济各部门和全国各个地区。

---

① 邓小平. 邓小平文选（第3卷）[M]. 北京：人民出版社，1993：284.

② 邓小平. 邓小平文选（第3卷）[M]. 北京：人民出版社，1993：377.

企业经营机制是指企业作为一个经济有机体，为适应外部经济环境和求生存发展而具有的内在功能和运行方式。企业经营机制包括以下基本内容：

第一，动力机制或激励机制。企业的动力机制就是通过激发企业内部的利益动机而形成的企业经济运行所需要的激励机制。职工是企业的主体，企业动力机制的实质就是通过一定的经济利益机制，充分调动和发挥企业职工的积极性、主动性和创造性。企业动力机制的运作和完善需要处理好两个层次的经济利益关系：一是企业资产所有者同企业经营者及生产者的利益关系，通过选择、设计某种企业经营形式和利益分配办法，协调两者的利益关系；二是企业经营者同生产者的利益关系，通过合理的利益分配原则和有效的分配方式，协调双方的利益关系。

第二，约束机制。企业的约束机制，就是企业调整和控制自身和行为，使之适应各种约束条件和环境变化，以求得生存和发展的机制。企业约束机制的实质，就是企业依靠自我调整和控制能力，优化自己的行为，作出正确决策，以保证最大限度实现企业利益目标。企业约束机制包括两个方面内容：一是企业内部行为的约束，包括企业的预算约束、审计约束、财务约束、责任约束、纪律约束等，二是企业的外部约束，包括市场约束、合同约束、法律法规约束、行政约束等。

第三，运行机制。企业的运行机制就是保持企业正常运行所需要的机制。完善企业的运行机制需要选择和设计企业的各项经营管理制度，完善企业内部组织机构，优化企业决策体系；取得使企业有效运行所需要的各种要素，增强企业对生产资料等的调蓄能力；提高企业应对市场等外部事件的能力，增强企业稳定性；根据企业状况发展壮大自己等。

2. 国有企业改革与建立现代企业制度

确切地说，我国传统计划经济体制下并不存在真正意义上的“企业”。因为在传统计划经济体制下，企业没有经营自主权；企业经营活动的收益全部上缴，支出则全部由计划下达，企业没有自己的利益和约束；企业运行既没有动力，也没有压力，企业缺乏积极性、主动性和创造性；企业职工干多干少一个样，干与不干一个样，造成企业吃国家“大锅饭”、职工吃企业“大锅饭”的状况，使本来应该充满活力和生机的社会主义在很大程度上失去了活力。搞好国有企业改革，对建立社会主义市场经济体制和巩固社会主义制度具有极其重要的意义。

党的十一届三中全会以来，我国的国有企业改革先后采取了一系列措施。第一，放权让利。针对原有国有企业无权、无责、无利的状况，改革首先在放权让利上下工夫。通过扩大企业自主权、利润留成和两步利改税，以及与之相结合建立经济责任制，拉开了国有企业改革的序幕。放权让利在一定程度上调动了企业的积极性、主动性和创造性，但仍然不能从根本上摆脱政府的直接干预，企业很难成为自主经营、自负盈亏的市场主体。第二，两权分离。在邓小平的指导下，我国的企业改革进入一个以两权分离为核心的改革阶段。在实行两权分离的改革实践中，各地各部门根据不同情况，采取了承包、租赁、股份制等形式，主要是承包经营责任制。多种经营方式的引入，对于激发企业和劳动者的积极性，转换企业经营机制。增强企业活力发挥了重要作用。但是，由于企业经营方式的改革没有严格界定国家与企业之间的财产关系，产权不明晰，政企职责仍难以分开，为此，必须进一步推进国有企业改革。第三，制度创新。以党的十四届三中全会通过的《关于建立社会主义市场经济若干问题的决定》为标志，我国的企业改革从单纯的放权让利进入到制度创新阶段。《决定》明确指出：建立现代企业制度是我国国有企业改革的方向。现代企业制度的基本特征是：产权明晰、权责明确、政企分开、管理科学。建立现代企业制度，能够使国有企业真正作为商品生产经营者和市场主体，从自身利益出发对市场作出灵敏的反应，根据市场信号及时调整企业经营方向和规模，从而发挥市场对资源配置的基础性作用。

9.2.2 社会主义市场经济的运行机制

市场经济是通过其运行机制即市场机制来配置资源的。市场机制是指构成市场机制的价格、供求、竞争等要素之间相互联系、相互制约的作用机理。在市场机制中，最重要的是价格机制、供求机制和竞争机制。

1. 价格机制

市场机制的核心是价格机制。价格机制是指商品的市场价格与市场供求、市场竞争及其他市场构成要素之间的相互联系、相互作用的机理。在市场经济中，价格机制普遍存在于社会再生产的各个环节之中，对社会经济运行具有多方面的作用。从微观的角度看，一方面，价格机制是生产者竞争的工具和决策的信号；另一方面，价格机制又是改变消费需求规模和需求方向的信号。从宏观的角度看，价格机制具有合理配置资源，优化产业结构、推动总供给和总需求平衡的重要功能。

价格机制作用的发挥，是通过商品价格偏离价值并围绕价值上下波动来实现的。在商品交换过程中，商品价格应该与价值相一致。但是，在实际的商品交换过程中，价格与价值经常不一致，价格与价值相一致只是偶然现象。这是因为，商品价格除了由价值来决定外，还受商品供求关系的影响。在商品供求平衡时，价格和价值是一致的。而当某种商品供过于求时，价格就会降到价值以下；反之，当某种商品供不应求时，价格就涨到价值以上。这就是说，随着商品供求关系的变化，价格时而高于价值，时而低于价值，价格总是围绕价值上下波动。正如马克思所说："价格和价值之间不一致的可能性，或者价格偏离价值的可能性，已经包含在价格形式本身中。但这并不是这种形式的缺点，相反地，却使这种形式成为这样一种生产方式的适当形式，在这种生产方式下，规则只是作为没有规则性的盲目起作用的平均数规律来为自己开辟道路。"①

2．供求机制

供求机制是指商品的供求关系与价格、竞争等因素之间相互联系、相互制约的作用机理。供求是形成市场不可分割的两个方面。

为了全面认识供求机制及其作用，必须明白供给和需求的内涵。所谓需求，通常是指消费者在一定的价格水平下，愿意并且能够购买的某种商品的数量。需求是购买愿望与购买能力的统一，只有同时满足这两个条件，才是需求。如果把商品的价格作为自变量，把每一价格水平下对应的商品需求量作为因变量，那么两者的关系可以用函数表示：D=f（P）。其中 D 表示需求，P 表示价格。一般来说，在其他条件不变的情况下，商品的需求量与其价格之间成反方向变动关系，这也被称作"需求定律"。影响商品需求的因素很多，最主要的因素有：商品本身的价格、消费者的平均收入水平、消费者的心理偏好、相关商品的价格、社会人口数量和收入分配情况等。

所谓供给是指生产者在一定的价格水平下，愿意并且能够提供的某种商品（或劳务）的数量。同样，供给也是供给意愿与供给能力的统一，两者缺一不可。如果把商品的价格作为自变量，把每一价格水平下对应的商品供给量作为因变量，那么两者的关系可以用供给函数来表示：S=f（P）。其中 S 表示供

---

① 马克思．资本论（第 1 卷）［M］．北京：人民出版社，1975：120.

给，P 表示价格。一般来说，在其他条件不变的情况下，商品的供给量与其价格之间成正方向变动关系，这也被称作“供给定律”。影响商品供给的因素，除了商品本身的价格外，还有企业的经营目标、企业生产的技术状况、相关商品的价格、生产要素的价格与供给状况、政府的产业政策等因素。

供求机制在商品供求与价格、竞争的相互联系、相互制约中发生作用。首先，供求关系受价格和竞争等因素的影响。价格上涨，引起供给增加和需求减少；价格下降，则引起供给减少和需求增加。其次，供求关系的变动，又会对价格和竞争产生影响。商品越是供不应求，消费者越是会增加购买，引起价格上涨，生产者则会竞相增加生产；商品越是供过于求，消费者降价的预期越大，越会持币待购，生产者之间竞相压价，引起价格下降。

在市场经济条件下，供求关系经常是以数量不等式表现出来的。这是因为，供求关系的形成以一定社会生产过程为前提。一般说来，生产的增长会给消费增长提供物质条件，但是消费的增长却具有很大的伸缩性。因此，供给和需求两者之间并没有直接的必然的同步关系。正如马克思所说：“供求实际上从来不会一致，如果它们达到一致，那只是偶然现象，所以在科学上等于零，可以看做是没有发生过的事情。”① 但是，如果从整体和一个较长时期来看，市场上商品的供给和需求则是大致平衡的或一致的。因为供给对需求、需求对供给都具有作用力和反作用力，这两种作用力在方向上相反，而在力量上大小是相等的，而且供给和需求的相互作用运动是持续不断地进行的。其结果正如马克思所说：“虽然在任何一定的场合供求都是不一致的，但是它们的不平衡会这样接连发生……而且偏离到一个方向的结果，会引起另一个方向相反的偏离……以致就一个或长或短的时期的整体来看，供求总是一致的。”②

3. 竞争机制

竞争机制是市场竞争与价格、供求等因素之间相互联系、相互制约的作用机理。竞争是市场经济的基本特征之一，凡是有商品生产和商品交换的地方，就必然有市场竞争。

市场竞争是各经济主体为了生存和发展及追求经济利益而展开的争斗。它既包括生产经营者为追求利润最大化在部门内部和部门之间展开的投资、销售

① 马克思. 资本论（第 3 卷）[M]. 北京：人民出版社，1975：212.
② 马克思. 资本论（第 3 卷）[M]. 北京：人民出版社，1975：212.

等竞争，也包括消费者为争取使用价值最大化而展开的购买竞争，还包括生产者、经营者和消费者之间的竞争。从竞争的范围看，包括商品价格、花色、品种、质量、宣传、信誉、服务等方面的竞争。市场的激烈竞争将各经济主体追求自身经济利益的内在动力转化为外在压力，优胜劣汰是竞争机制本身的规定及其必然性。

市场竞争对社会经济发展既有积极作用，也有消极影响。竞争机制的积极作用体现在：它能促进企业改进技术，改善经营管理，提高产品质量和服务质量，促进经济效益提高，给经济生活注入新的生机和活力；有利于打破地区封锁和部门分割，实现资源的优化配置和社会经济按比例发展；有利于企业走向国际市场，以适应国际市场不断发展变化的要求。但竞争机制也有一定的消极作用：竞争可能导致技术保密倾向的产生，在一定程度上阻碍新技术的及时传播和迅速推广，抑制社会生产力的发展；竞争的盲目性还可能造成社会财富的浪费和生产力的破坏。因此，随着市场经济的发展和竞争的不断深入展开，要采取有效措施，加强市场管理，反对不正当的竞争行为。同时还要创造公平竞争的环境，使商品经营者都处在同一起跑线上，使竞争机制真正发挥作用。

9.2.3 社会主义市场体系

1. 社会主义市场体系构成及特点

（1）市场体系的构成。

市场体系是指市场经济中各类市场密切联系、相互制约的有机统一体。市场体系不仅包括消费资料市场和生产资料市场，而且还包括劳动力市场、资金市场、技术市场、信息市场、房地产市场和产权市场等生产要素市场。

市场体系的构成可以按不同的方法来划分：第一，按商品流通的时间可以分现货市场和期货市场；第二，按商品流通的顺序可以分为批发市场和零售市场；第三，按商品流通的地域可以分为地方市场、全国市场和国际市场；第四、按市场上流通的商品属性可以分为一般商品市场和要素商品市场。一般商品市场包括消费资料市场和生产资料市场，要素市场包括有劳动力市场、资金市场、技术市场、知识信息市场、房地产市场、产权市场等。按市场上流通的商品属性来划分市场，充分反映了市场体系中的各种商品的交换关系，体现了市场机制的全部作用过程和内容，同时又包容了上述划分方法所划出的市场类型，因而对市场体系的研究，一般都是以这样的方法来划分。

商品市场是整个市场体系的基础，它分为消费资料市场和生产资料市场。消费资料市场是消费资料商品交换的场所和领域，也是指消费资料商品交换关系的总和。进入消费资料市场的商品，绝大多数是为个人提供的最终、最直接的消费品，诸如食品、服装、日用物品、住房、家电等吃、穿、用、住、行、医等各类生活消费品。消费资料市场对人民的生活和国民经济的发展具有重要的作用：它是最终产品市场，直接关系人们物质生活水平的状况和高低；它是联结生产与生活消费的纽带，消费品需求的结构，影响和决定着生产的结构；它是劳动力再生产的重要条件，是劳动力再生产顺利进行和劳动者的素质全面提高的重要保证。消费品市场的主要特点是：涉及千家万户、范围广、供应人数多；购买者的购买动机，爱好千差万别；购买的频率高、品种繁多，但每次购买数量少，选择性强；不同商品的需求弹性差异大；消费者的消费行为受收入水平、物价水平、消费习惯、偏好以及广告宣传等因素的影响等。

生产资料市场是指生产资料商品交换的领域和场所，也是指生产资料商品交换关系的总和。生产资料市场的作用，主要在于它是保证社会生产和再生产顺利进行的重要条件。生产资料市场上交易的商品，既是作为生产的结果进入市场，又要经过市场转移到另一个生产领域，生产出新的产品；因此，生产资料市场是联结两个生产过程的桥梁，是保证再生产顺利进行的重要条件。生产资料市场的发展规模，也影响和决定着社会生产的效率。发育完善的生产资料市场能够使企业及时可靠地获得所需的生产资料，降低交易成本、缩短流通时间、从而获得较好的经济效益。生产资料市场的特点是：生产资料商品多是中间产品、技术性强、供应集中，容易形成相对稳定的供销关系；生产资料商品技术规范要求高，需求相对稳定，使生产资料市场易于规范化、系列化和通用化；生产资料的需求主要取决于国民经济发展的产业结构的变动，当国民经济发展和产业结构比较稳定时，生产资料商品的需求弹性比较小，对价格、反应程度和受广告宣传的影响都比较小。

要素市场主要是指除物质资料生产要素以外的资金、劳动力、技术、信息、房地产等生产要素的商品交换的领域和场所，也是指生产要素商品交换关系的总和。主要包括金融市场、劳动力市场、技术市场、信息市场、房地产市场等。

金融是指资金的融通，即资金集聚与流动，它包括货币的发放、流通和回笼，存贷款活动，投资资金的筹集等活动。金融市场是指资金融通的领域和场所，即货币资金借贷和有价证券交易的领域和场所。金融市场体现的是资金债权人与债务人之间信用关系的总和，基本功能就是从事资金交易和资金融通，加速货币资金的流通。金融市场是市场体系的重要组成部分，在市场经济中发挥着十分重要的作用；它不仅有利于资金的筹集、调剂，资金使用效率的提高；而且资金运动作为各种经济关系的媒介，对于各类市场的健康运行，都起着不可缺少的保证作用；同时，它也是国家实现对宏观经济调控的重要手段。

劳动力市场是指劳动力进行流动和交换的场所，是运用市场机制调节劳动力供求关系的领域。劳动力是指人的劳动能力，包括体力和智力。劳动力市场体现的是劳动力的供给者和需求者之间的关系，以及包括调节、影响劳动力供求关系的其他因素。在劳动力市场上，劳动力的供求是由市场机制决定的。一般情况下，劳动力的供给随工资的增加而增加，随工资的减少而减少，但劳动力的供给最终要受到劳动力资源的限制；劳动力的需求则主要取决于企业使用劳动力的边际收益和边际成本，只有当企业增加劳动力所带来的收益大于其付出的成本时，它才增加对劳动力的需求。建立和完善劳动力市场，是实现社会范围内劳动力合理流动的先决条件，同时也是充分利用劳动力资源的关键。劳动力市场上，劳动力供求两方的双向选择和市场机制的有效调节，不仅能够实现劳动力资源得到合理配置，有利于整个国民经济结构的调整和经济效益的提高；而且有利于开发劳动力资源，激发劳动者的进取精神，促使劳动者不断提高自己的素质和技能。

技术市场是指知识形态的技术商品交易的领域和场所。它也是技术成果有偿转让，技术开发、技术引进、技术咨询、技术服务、技术培训、技术参股等技术交换关系的总和。技术作为一种知识形态的商品，并通过市场交换进行广泛传播，是在社会分工和商品经济比较发达的基础上产生的，是伴随科学技术的进步而出现的。技术是一种无形商品，也具有价值和使用价值，它的价值是复杂劳动的结晶；它的使用价值是技术在生产中的应用，能创造新的产品，提高劳动生产率，带来更多的物质财富。技术市场既有一般商品市场的共同特征，又有不同于一般商品市场的特殊性，即技术市场只限于知识形态的商品交易，技术商品应具有独创性、新颖性的特点。完善的技术市场有利于科技成果的商品化和向现实生产力的转化，促进新工艺的运用、新产品的开发、劳动生产率的提高和经济效益的提高；有利于调动科研单位和科技人员的积极性，使他们付出的劳动能够真正得到承认和补偿，从而能改善科研条件，增强科研的活力，适应生产发展的需要；有利于推动科研单位与企业，企业与企业在经济技术上的横向联合，促进科研与生产进一步的结合，既加快了科技成果变为现实生产力的过程，又使科研和生产两个方面优势互补，都能得到较快的发展。

信息市场是指信息资源作为商品进行交换和服务的场所，也是指信息商品等价交换关系的总和。现代商品经济条件下，信息也是一种知识形态的商品，也具有价值和使用价值，它的价值是为搜集、整理、分析、储存、传递信息所投入的活劳动和物化劳动的凝结；它的使用价值是信息在生产经营活动和管理活动中的应用，它能给使用者带来更高的经济效益和效率。信息市场的特点是：交易的商品是没有固定物质形态，服务的对象是国民经济的各个部门、各个行业，交易活动具有多层次性和广泛的适应性等。按信息商品的最终用途，信息市场可以分为提供商情的信息市场，提供科技信息的市场和为信息产业本身提供服务的市场。信息市场对经济发展具有重要的作用。在市场体系中，它起着对各种商品市场和要素市场引导、联络和诱发决策的作用；它能调动信息部门的积极性，尽快地把信息转化为生产力，转化为财富；它能促进信息事业的专业化和现代化，提高整个社会信息的开发和利用水平，使信息更好地为经济建设服务。

房地产市场是指土地使用权和房产转让、出租、拍卖、抵押等交易活动的领域。它包括房产市场和地产市场。房产作为住宅是重要的消费资料商品，作为非住宅房产，它是重要的生产资料，它与土地这种特殊的生产资料一起构成了生产要素的重要组成部分，所以房地产市场通常也属于生产要素市场。房地产市场的特点是：没有商品空间上的移动，房地产是不动产；具有区域性，房地产商品的交易往往受到经济布局、周围环境的制约，房地产市场在一定意义上是区域性市场；具有级差性，由于土地的有限性和房屋位于的地段不同，使房地产商品一般都具有级差性质。随着社会经济的发展，房地产市场在国民经济中的地位和作用越来越突出，它不仅直接关系着人们生产、生活对房地产的需求，而且直接影响着房地产商品的开发利用，并带动着与之相关的金融业、建筑业、商业、旅游业等产业的迅速发展。进一步完善房地产市场，加快住房商品化和土地转让使用商品化，对于促使房地产资源的充分利用，加速社会资金周转、扩大消费需求和就业，以及推动城市建设和经济发展都起着越来越重要的作用。

构成市场体系的各部分地位和作用是不同的。商品市场在市场体系中处于基础的位置，其他市场在某种程度上都是为商品市场服务的；资金市场（或称资本市场、金融市场）在市场体系中占有极为重要的地位，因为货币是一切资源或要素的一般代表形式，资源的分配和流动首先表现为资金的分配和流动；劳动力市场则是生产要素市场中最主要的市场，劳动力资源的交易和分配是资源配置最重要的方面。因此，商品市场、资金市场和劳动力市场是市场体系中最基本的内容，被称为市场体系的三大支柱。

（2）市场体系的特征。

现代市场经济要求有完善的市场体系，完善的市场体系一般具有以下基本特征：

第一，统一性。市场体系的统一性是指各类市场，各地区市场在国内地域是统一的，不应存在行政分割和地区封锁的状态。因为部门或地区对市场的分割，阻碍了各种商品和生产要素按照商品经济的内在联系和价值规律的要求而自由流动，限制了市场机制配置资源的有效作用，降低了市场的效率。因此，市场体系应该是统一的，而不是分割的。

第二，完整性。市场体系的完整性是指构成市场体系的各类市场必须是一个有机整体，它们之间必须存在着相互联系、相互依存和相互促进的关系。因为，某一类市场的发育不全或发展滞后，往往会影响其他市场的发育和功能的发挥，最终影响到市场体系的整体效率。

第三，竞争性。市场体系的竞争性是指组成市场体系的各类市场的活动都应置于市场竞争环境中，受竞争机制的支配。完善的市场体系必须是以竞争性市场为基础。因为只有通过平等竞争，才能真正形成反映资源稀缺程度的价格信号，只有这样形成的价格，才能作为衡量成本和收益以及协调各个经济主体利益的基本尺度，才能正确引导社会资源的合理配置。同时，公平的竞争还决定着各类市场主体优胜劣汰，使市场充满生机与活力。

第四，开放性。市场体系的开放性是指市场体系中各类市场都必须打破地域之间、部门之间由于自然的、经济的和人为的因素所形成的障碍和壁垒，形成一个相互开放、四通八达、畅通无阻的大系统。市场体系的开放，不仅是对国内开放，而且也是在保障国家利益前提下，对国外的开放。向国外开放，把国内市场与国际市场联系起来，参与国际分工和国际竞争，能够达到合理利用国内和国外两种资源的目的。市场体系开放程度越高，市场就越活跃、越繁荣，市场机制的作用就更充分、更有效。

2. 培育和完善社会主义市场体系

作为现代市场经济的要求，社会主义市场体系同样应该具有上述基本特征，但是，由于我们正处在由传统计划经济体制向社会主义市场经济体制的转轨过程中，市场体系的发育还是不完善。因此，加快培育和完善社会主义市场体系是我们不断深化改革的一项十分重要和迫切的任务。

深化以市场为取向的经济体制改革，充分发挥市场调节经济的作用，必须加快培育和完善全国统一、公平竞争、规范有序的市场体系。经过 20 多年的改革开放，我国各类市场都已经从无到有、从小到大发展起来，一个全国统一的市场体系也正在逐步地形成。但是，目前我国市场体系的发育程度还不高，还存在不少的问题，主要是各类市场发育不平衡，要素市场发育相对滞后；还存在着地区和部门对市场的封锁和分割，市场形成价格的机制还不健全等。培育和健全市场体系，必须抓紧做好以下方面工作：

（1）进一步发展各类商品市场。

要通过完善重要商品（如农产品等）的储备制度和风险基金，健全商品价格调节机构；要以批发市场为重点，积极发展现代流通组织形式，如建立现代化的物流和配送中心，产需之间的直达供货，建立连锁经营；要积极培育农工商、产供销一体化的大型商贸集团；要进一步推动国有商业和供销合作社经营机制的转换，在竞争中发挥其主渠道的作用；总之要适应社会需要，构建结构合理、多种经济形式和经营方式并存、功能完备的商品市场网络。

（2）着重培育资本、劳动力、技术等生产要素市场。

要培育和规范以银行为主的金融市场，开展银行同业拆借和票据贴现；要大力发展资本市场，扩大直接融资。建立多层次资本市场，完善资本市场结构，丰富资本市场产品。规范和发展主板市场，推进风险投资和创业板市场建设。积极拓展债券市场，完善和规范发行程序，扩大公司债券发行规模。大力发展机构投资者，拓宽资金入市渠道。建立统一互联的证券市场，完善交易、登记和结算体系。要重点解决银行违规集资，证券公司违规操作的无序行为，维护金融秩序；要防止过度投机，防范和化解金融风险。

要进一步健全劳动力市场，允许劳动力的合理流动；要广开就业门路，更多吸纳城镇劳动力；鼓励和引导农村剩余劳动力的有序流动，加快户籍制度改革，让农民享受国民待遇；要完善劳动合同制，深化用工制度的改革，做好下岗分流人员的再就业工作；要加快劳动法制的建设，健全劳动力培训机构和社会保障体系。

要大力发展技术、信息市场，建立和完善科技与经济有效结合的机制，积极推行科技成果和信息的有偿转让，要通过开发、转让、咨询、服务，以及技术入股等形式来实现技术、信息的商品化，加快技术、信息向现实生产力的转化。深化科技体制改革，加快国家创新体系建设，促进全社会科技资源高效配置和综合集成，提高科技创新能力，实现科技和经济社会发展紧密结合。此外，房地产等其他要素市场也需要进一步发展和完善。

（3）继续深化价格改革。

目前我国商品和服务的价格已基本放开，由市场来定价。价格改革的任务就是进一步完善这类商品的价格形成机制，使价格能在统一开放的市场体系中，由市场上的供求关系和竞争来自发形成。深化价格改革的重点是推进生产要素价格的改革，要进一步放开生产要素的价格，加快政府定价向市场定价的转变，减少政府定价的范围；同时政府要运用经济手段在宏观上调节物价总水平和改善价格结构。

（4）发展市场中介组织。

市场中介组织有两类，一类是为商品流通提供服务的市场中介，如经纪商、信息咨询、职业介绍等；另一类主要是对市场运行提供公证和进行监督的市场中介，如会计事务所、律师事务所等。积极发展市场中介组织，特别是重点发展会计师、审计师、律师事务所，公证、仲裁、计量和质检机构，资产评估和资信评级机构等，这对于规范市场秩序，保证市场活动健康有序进行具有十分重要的意义。发展中介组织，要对其依法进行资格认定，建立包括立法管理、行政管理和自律管理在内的行业管理制度；中介组织要相应承担法律和经济责任，接受政府管理和监督。完善规范的市场中介组织，才能真正在市场活动中起到服务、沟通、公证、监督的积极作用。

（5）健全市场规则。

社会主义市场的正常运行，不但需要有统一的市场，完善的市场体系和健全的市场机制，而且还需要有一套完备的市场规则来规范经济秩序。所谓市场规则，是国家依据市场运行规律的要求，为保证市场有序运行而制定的所有市场活动主体都必须遵守的规章制度。市场规则实质上就是以法律、法规、契约、公约等形式规定下来的市场运行的准则，是约束市场主体市场行为的规范。市场规则主要包括有市场进出规则、市场竞争规则、市场交易规则和市场仲裁规则四类。

市场进出规则是指市场主体和市场客体（即商品）进入或退出市场的法律规范和行为准则。市场进出规则确认哪些市场主体可以进入或退出市场，哪些商品可以进入或退出市场；要求凡是不符合要求的市场主体和商品，都不能任意进入或退出市场；从而使进出市场的市场主体和客体的行为规范化。市场进出规则规范市场主体的作用主要是：规范市场主体进入市场的资格；规范市场主体的经营规模与范围；规范市场主体退出市场的行为。市场进出规则还对进入市场的商品，作出了规定：商品必须名实相符，假冒商品不许进入市场；商品的质量必须符合要求，不符质量要求的商品不能进入市场；商品的效用必须符合消费者的利益，有损消费者身心健康的商品不许进入市场；商品的价格、计量、包装等要符合要求，价格不符、短斤缺两和包装破损的商品不许进入市场。

市场竞争规则是指国家依法维护各市场主体之间平等交换，公平竞争的规则。市场竞争规则的根本任务是防止市场上的垄断和不正当竞争，排除超经济的行政特权对市场的干扰，消除地区和部门对市场的分割和封锁，为所有市场主体公平竞争提供一个平等的环境，保证市场竞争机制充分发挥作用。市场竞争规则要充分体现竞争者之间的地位平等和机会均等的要求：各市场主体机会均等地进出市场；各市场主体机会均等地从市场上选择生产要素；各市场主体在平等竞争中由市场形成商品价格；各市场主体税负公平等。只有让市场主体站在同一起跑线上，才能保证市场竞争的公平。

市场交易规则是市场主体进行市场交易活动必须遵守的行为准则与规范。市场交易规则是市场交易活动有序进行的重要保证，它能使交易的各方有章可循，减少不必要的纠纷，促使交易顺利实现。市场交易规则的主要内容有：禁止强买强卖，囤积居奇，哄抬物价；公开交易、明码实价、禁止黑市交易；等价交换，实行交易货币化；市场交易规则化，包括交易场所、计量器具、批发和零售等都要按照规则进行。

市场仲裁规则是指国家作为市场活动的仲裁者在规范各市场主体及其市场交易活动时所依据的法律与法则的总和。在市场主体进出市场，开展竞争和进行交易活动的过程中难免会发生纠纷和矛盾。为了调解这些纠纷与矛盾，国家作为裁判员，要进行公平的裁判。为此，必须要有完整的市场仲裁规则，这一规则必须体现公平原则，对买卖双方一视同仁，不偏袒任何一方。

（6）规范市场秩序。

我国正处在向市场经济体制的转轨过程中，由于新旧体制的摩擦碰撞，市场发育的不完善，市场规则的不健全，以及各项改革发展的不平衡、不配套，致使我国市场运行中存在着严重的无序状况。市场秩序混乱的主要表现是：社会诚信度低下，假冒伪劣商品大量存在，偷税漏税严重，走私贩私、出口骗汇仍未杜绝，地方保护主义分割市场与行政垄断操纵市场仍未得到有效遏制，等等。市场秩序的混乱已经严重影响到我国国民经济的安全运行，影响到我国加入世贸组织后按国际规则参与国际贸易和竞争；大力整顿和规范市场经济秩序已经成为促进国民经济良性循环，加入世贸组织进一步扩大对外开放的迫切需要，也是完善社会主义市场经济体制必须实施的重大举措。

整顿市场秩序必须重点抓好以下方面工作：一是严厉打击各种制售假伪劣商品的违法犯罪活动，特别是狠狠打击严重危害人民生活健康的食品、药品、化妆品等方面伪劣违法行为。二是继续整顿和规范建筑市场、房地产市场、文化市场、旅游市场的秩序。三是坚持不懈地打击各种骗税、偷税、逃税、走私、传销等违法犯罪活动，严厉打击伪造票据、凭证和做假账的违法行为。四是进一步整顿金融秩序，严肃查处银行、证券、保险等金融机构的违法违规的经营行为，特别是要严惩金融欺诈、非法集资、操纵证券和黑幕交易的单位和个人。五是要坚决打破地方保护和行业垄断，依法查处利用特权，设置关卡，阻碍商品流通，妨碍公平竞争的行为。在整顿和规范市场秩序中一定要集中力量查处大案要案，严惩违法犯罪分子和腐败分子。

整顿和规范市场秩序的重点是破除地方保护主义和行政垄断。地方保护主义是市场秩序混乱的一个重要根源，它破坏了公平竞争的环境，增加了市场交易的社会成本，阻碍了经济资源的合理流动，保护了落后，使当地企业在很大程度上丧失了依靠创新提高竞争力的动力。行政垄断不仅阻碍了市场进入，妨碍了竞争，扭曲了市场价格，侵占了广大消费者的利益和社会福利，保护了落后，破坏市场有效配置资源的功能；而且最容易滋生腐败，官商一体，权钱交易，巧立名目乱收费，滥用职权为个人和小团体牟取私利，公开进行“寻租”聚敛财富，造成个人收入分配上的严重不公和差距的悬殊。破除地方保护主义和行政垄断、进一步转变政府职能，规范政府的行为，其关键是真正实行政企分开，一切能由市场解决的，政府再也不能干预和阻挠。同时，塑造制度规范、机制健全的市场竞争主体，加强法制建设，用法制来规范政府行为也是破除地方保护主义和行政垄断，规范市场经济秩序的重要手段。

9.3　社会主义市场经济的宏观调控

9.3.1　社会主义市场经济宏观调控的必然性

社会主义市场经济的宏观调控是指社会主义国家为了实现预期的宏观经济

目标，根据社会化大生产和社会主义客观规律的要求，运用一定的宏观调控手段或政策措施，从总体上对国民经济各部门、各地区、社会再生产的各环节进行调节和控制，以促进国民经济持续、快速、健康发展的一种管理方式。社会主义市场经济宏观调控的必然性在于：

第一，宏观调控是社会化大生产协调发展的需要。社会主义经济制度的物质技术基础是社会化大生产。随着生产社会化的发展，社会分工和协作关系也日益发展，国民经济各地区、各部门、社会生产的各环节之间的联系也日益密切，这在客观上要求政府加强和完善对整个国民经济的组织、协调与计划指导，即对国民经济进行统一的宏观调控，从宏观上优化资源配置和优化产业结构，以保证社会再生产的顺利进行和促进国民经济的协调发展。

第二，宏观调控是社会主义市场经济有效协调运行的需要。社会主义市场经济体制的建立与完善，为加快经济发展，提高经济效益，增强经济活力，实现资源优化配置，促进国民经济整体素质的提高起着强有力的作用。同时，我们也应该看到，市场不是万能的，市场经济本身有其弱点和消极方面，如自发性、盲目性、滞后性等。因而，为了弥补市场的功能性缺陷，有效发挥市场对资源配置的基础性作用，必须加强和改善国家对经济的宏观调控。当今世界已经没有实行完全自由放任市场经济的国家，西方资本主义国家都从不同程度上实行了政府对社会经济生活的干预，在宏观层面上采取一定的计划调节。我国实行的社会主义市场经济体制，就是要使市场在社会主义国家宏观调控下对资源配置起基础性作用。市场对资源配置起基础性作用和国家对国民经济运行实行宏观调控，都是社会主义市场经济体制的有机组成部分。建立与完善社会主义市场经济体制，必须逐步扩大市场作用范围，充分发挥市场机制的作用。与此同时，必须加强社会主义国家对国民经济的宏观调控，从宏观上优化资源配置和协调整个国民经济的运行。

第三，宏观调控是巩固和发展社会主义公有制的需要。社会主义经济制度的基础是社会主义公有制，随着公有制主体地位的确立，整个国民经济的主体结成一个统一的整体。它的正常运行，需要通过国家宏观调控把社会主义公有制的各地区、各部门、各经济单位有机联系起来，为劳动者的共同利益服务。也就是通过宏观调控，把人民的当前利益与长远利益、局部利益和整体利益结合起来，这样才能有利于社会主义公有制的巩固和发展。而且，在社会主义公有制条件下，各地区、各部门、各经济单位之间的根本利益是一致的，这就为国民经济的宏观调控创造了良好的前提条件，使社会主义国家完全有可能比较好地实现对社会经济生活的调控和计划指导。

9.3.2　社会主义宏观调控的任务和目标

社会主义宏观调控的任务和目标，应体现社会主义本质的要求，服从于社会主义生产的目的。党的十五大报告指出："宏观调控的主要任务，是保持经济总量平衡，抑制通货膨胀，促进重大经济结构优化，实现经济稳定增长。"依据宏观调控任务而确定的宏观调控目标，是由若干具体目标所形成的一个目标体系，主要包括：总量平衡、结构优化、经济增长、物价稳定、充分就业和对外经济关系协调等。

1. 保持经济总量平衡和优化经济结构

保持经济总量平衡和促进经济结构优化，是宏观调控的基本目标。

经济总量平衡是指社会总供给与社会总需求之间的平衡，保持总供给与总需求的基本平衡是宏观调控的重要内容。社会总供给，从价值形式上看，是社会在一定时期（通常为一年）提供的可供购买的商品和劳务的价值总量；从实物形式上看，是指这些商品和劳务的总量。社会总需求，是指在一定时期（通常为一年）消费基金、积累基金和补偿基金所形成的社会总需求，从价值上看，表现为社会购买的商品和劳务价值总额；从实物形式上看，表现为社会有支付能力的购买数量。

在社会主义市场经济条件下，通过宏观调控保持社会总供给和总需求的基本平衡，具有重要的意义。首先，总供给和总需求之间的比例是国民经济中重要的比例关系，反映国民经济运行和发展状况。保持总供给和总需求平衡，是保持国民经济按比例协调发展最重要的平衡，是实现国民经济持续快速发展的必要条件。其次，总供给和总需求的平衡，反映从生产到消费整个再生产过程的状况，是实现整个国民经济良性循环和微观经济有效运行的基础。保持总供给和总需求平衡，有利于社会再生产的顺利进行，从而促进经济效益提高。再次，总供给与总需求的关系，是市场中产、供、销状况的集中反映，保持总供给与总需求平衡，有利于建立良好的市场秩序，从而有利于市场机制功能的发挥，更好地满足人民群众的需要。

经济结构是指国民经济各部门、各地区、各经济单位以及社会再生产各环节之间的构成及其相互关系。主要是国民经济部门结构或产业结构、地区结构、供求结构、产品结构、技术结构、消费结构等。社会主义宏观调控所要实现的经济结构优化，就是依据国民经济结构变化的趋势和发展的规律，保持合理的比例与构成，协调国民经济各方面的相互关系。

我国应该根据经济发展的现状，充分考虑世界科学技术加速发展和国际经济结构加速重组的趋势，着眼于提高国民经济整体素质和效益，增强综合国力和国际竞争力，对经济结构进行战略性调整。总的原则是：以市场为导向，使社会生产适应国内外市场需求的变化；依靠科技进步，促进产业结构优化；发挥各地优势，推动区域经济协调发展；转变经济增长方式，改变高投入、低产出、高消耗、低效益的状况。

2. 在不断提高经济效益的前提下保持经济快速增长

保持我国经济快速增长不仅是一个重大的经济问题，而且也是一个重大的政治问题，它既关系到我国综合国力的增强和人民生活水平的提高，更关系到我国社会主义制度的巩固、发展和国家的长治久安。社会主义宏观调控的一个重要任务，就是协调经济增长各因素之间的关系，实现 GDP 和人均 GDP 的较快增长。

当然，必须强调的是，我国经济的快速增长必须以提高经济效益为前提，因为没有经济效益，经济增长就失去了实际意义。宏观调控就是要处理好速度和效益的关系，通过经济增长方式转变和结构调整来实现国民经济的快速增长。

3. 保持物价稳定

随着社会主义市场经济体制的建立和完善，市场机制必然发生作用，因而价格随商品价值和供求关系变化是市场经济的必然规律。改革价格形成机制必然放开价格和调整价格体系。但是，放开价格不等于国家对价格放手不管，相反，政府必须建立完备有效的价格调控体系。这种调控并不是直接规定各种商品的价格，而是通过经济的、法律的手段，约束市场主体的定价行为，规范价格秩序，防止价格水平的剧烈波动，抑制物价水平的过快上涨，以利于社会主义市场经济的有序运行。

4. 实现充分就业

充分就业是指有劳动能力并且愿意工作的人能够获得就业机会。我国劳动力资源丰富，同时存在巨大的就业压力。在计划经济时代，城乡各经济部门和单位就存在着隐性失业。随着经济体制改革的不断深化，城乡会释放出更多剩余劳动力，失业人口将不断增加，就业压力也会增大。因此，实现充分就业也是社会主义宏观调控的一个重要目标。

实现充分就业这一宏观调控目标，要求深化劳动就业制度改革，建立与社会主义市场经济相适应的劳动就业制度；培育和完善劳动力市场，广开就业门路，促进城乡劳动力有序流动；实行就业培训制度，建立失业预警和调控体系，以及失业和社会救济制度，推进再就业工程。

5．促进对外经济关系协调发展

当今的世界是开放的世界，中国的发展离不开世界，同样世界的发展也需要中国，对外开放是我国长期实行的一项基本国策。对外开放要求我们充分利用国内国际两种资源，开拓国内国际两个市场，学会发展国内经济和开展对外经济关系两套本领。如何在与世界各国的对外经济交往中争取“双赢”，避免摩擦，是政府宏观调控的重要任务。

9.3.3　社会主义宏观调控的手段

社会主义宏观调控可以采取经济手段、法律手段和行政手段，但主要还是经济手段。利用经济手段进行宏观调控，主要是运用经济计划和经济政策对国民经济运行进行调节和控制。

1．经济计划

计划调控是通过国家制定长期和中期经济计划，对国民经济运行和发展进行调控。计划调控在我国传统计划经济体制中曾经发挥了重要作用，但也存在集中过多、统得过死的弊端。因此，在社会主义市场经济条件下运用计划调控必须改革计划体制。

改革计划体制的主要内容是：一是逐步缩小指令性计划作用的范围，扩大指导性计划和市场调节的范围；二是计划管理的重点要从定指标、批项目等转向确定国民经济发展战略、规划重大经济结构、集中财力物力进行重点建设等上来；三是完善计划的制订、实施和反馈机制，使计划更加科学和准确。

2．经济政策

运用经济政策进行宏观调控，主要是运用财政政策和货币政策进行调控。

（1）财政政策。

财政政策是国家宏观调控的主要政策之一，财政政策包括主要财政收入政策和财政支出政策两个方面。

财政收入政策，主要是指税收政策。运用税收政策进行宏观调控，主要是通过对税种、税率的改变及税收减免等措施来调节和控制国民经济运行。例如，当经济过热时，可采取高税率措施来抑制经济过热；当经济不景气时，国家可通过降低税率，来扩大社会需求水平，刺激经济增长。

财政支出政策，主要是政府支出政策和转移支付政策。运用财政支出政策进行宏观调控，主要是根据经济发展情况来增减政府支出或增减转移支付，以影响经济发展。

财政政策根据财政收入和财政支出的结构，可分为扩张性财政政策、紧缩性财政政策和中性财政政策三种类型，不同类型的政策，适用不同的经济状况，从而收到不同的宏观调控效果。

（2）货币政策。

货币政策是指中央货币当局对货币供应量进行调节和控制，以实现货币总供给和货币总需求平衡的政策，货币政策也是国家进行经济调控的重要政策之一。

中央货币当局调节和控制货币供应量，一般可以采取法定准备金率、再贴现率和公开市场业务三大货币政策工具，这三大政策工具对货币供应量的影响是不同的。

货币政策根据中央货币当局调控货币供应量的松紧程度，可分为扩张性货币政策、紧缩性货币政策和稳健的货币政策三种类型，不同类型的货币政策，适用的经济情况不同，收到的效果也会不同。

（3）财政政策和货币政策结合使用。

财政政策和货币政策是现代市场经济国家进行宏观调控必须运用的两大经济政策，财政政策和货币政策调节和控制国民经济运行，都有其优势和不足。从财政政策来看，其优势在于政府直接运用收入政策和支出政策能够收到立竿见影的效果，因此调控速度快。但是，由于财政政策的制定需要一定法律程序，因此运用财政政策调节和控制经济运行相对来说复杂一些。而货币政策实施起来比财政政策要快，中央当局可随时出台新的货币政策，但其效果则不如财政政策明显。因为货币政策是运用货币工具进行调节和控制，因而无论是投资还是消费对新货币政策的反映都需要时间，也就是说货币政策具有滞后效应。因此，单纯运用财政政策或货币政策很难收到理想的效果，宏观调控必须将财政政策和货币政策有机结合。

本章小结

1. 社会主义经济制度建立以后确立什么样的经济体制目标，是关系整个社会主义建设全局的一个重大问题。这个问题的核心是正确认识和处理计划和市场的关系问题。党的十一届三中全会以后，在邓小平同志的倡导下，我们党坚持解放思想、实事求是的思想路线，开始从理论和实践的结合上探索如何建立符合中国国情的社会主义新体制。十几年来，尽管有过一些反复，但我们从中国国情出发，克服了“左”的思想影响，从整体上看，对社会主义经济中市场机制的认识仍是不断进步和深化的。特别需要指出的是，邓小平同志坚持实事求是的马克思主义原则，科学地总结了世界各国经济发展的经验和教训，对计划和市场的关系作了一系列极为深刻而精辟的论述，为我国经济体制改革的目标是建立社会主义市场经济体制提供了坚实的思想和理论基础。

2. 社会主义市场经济是社会主义条件下的市场经济的简称。它是市场经济，具有现代经济的一般特点；同时，它又是和社会主义基本经济制度结合在一起的，因而具有与资本主义市场经济不同的特点。

3. 建设社会主义市场经济体制是一项开创性的伟大事业，是一项艰巨而复杂的社会系统工程。它既是打破计划经济旧体制的过程，又是建立市场经济新体制的过程。在从计划经济向市场经济转变的这个过程中，选择符合中国国情的改革战略，抓住建立社会主义市场经济体制的关键环节，正确处理改革、发展与稳定的关系，必将有力促进从计划经济向社会主义市场经济的转变。

4. 社会主义市场经济运行必须确立国有企业的市场主体地位，充分发挥市场的作用，建立和完善社会主义市场体系。

5. 社会主义市场经济是有宏观调控的市场经济。社会主义市场经济宏观调控的必然性在于克服市场机制的弊端，同时实现社会主义国家的经济职能。社会主义市场经济宏观调控的目标是保持经济总量平衡、优化经济结构、保持物价稳定、实现充分就业、协调对外经济关系等。社会主义市场经济宏观调控的手段有经济手段、法律手段和行政手段，但主要还是经济手段。

关键术语

经济制度　经济体制　计划经济　市场经济
社会主义市场经济　市场机制　价格机制　供求机制
竞争机制　市场体系　商品市场　要素市场　市场规则
市场秩序　社会主义市场经济宏观调控

思考题

1. 如何认识建立社会主义市场经济的必然性？
2. 社会主义市场经济的含义和特点是什么？
3. 如何实现从计划经济向市场经济的过渡？
4. 什么是资源配置？如何认识资源配置的两种方式？
5. 怎样认识现代市场经济的一般特征和我国社会主义市场经济的特点？
6. 什么是市场机制？它有何功能？
7. 如何培育和完善我国社会义市场体制？
8、社会主义市场经济宏观调控的必要性、目标和措施是什么？

补充阅读

邓小平论社会主义市场经济

1979 年，邓小平在会见美国不列颠百科全书出版公司编委会副主席吉布尼等人谈话时指出："说市场经济只存在于资本主义社会，只有资本主义的市场经济，这肯定是不正确的。社会主义为什么不可以搞市场经济，这个不能说是资本主义。我们是计划经济为主，也结合市场经济，社会主义也可以搞市场经济"（《邓小平文选》第 2 卷，236 页）。

1982 年，邓小平指出：“计划和市场的关系问题如何解决？解决得好，对经济发展就有利，解决不好，就会糟”（《邓小平文选》第 3 卷，17 页）。

1985 年以后，邓小平根据改革实践的发展多次阐述了计划和市场的关系，强调计划和市场都是方法，与社会制度的性质无关。1985 年邓小平在会见美国企业家代表团时指出：“社会主义和市场经济之间不存在根本矛盾。问题是用什么方法才能更有力地发展生产力。我们过去一直搞计划经济，但多年的实践证明，在某种意义上说，只搞计划经济会束缚生产力的发展。把计划和市场经济结合起来，就更能解放生产力，加速经济发展”（《邓小平文选》第 3 卷，第 148-149 页）。1987 年，针对有些人对市场经济仍存疑虑的现象，邓小平强调“为什么一谈市场就说是资本主义，只有计划才是社会主义的呢？计划和市场都是方法。我们必须从理论上搞懂，资本主义与社会主义的区分不在于是计划和市场这样的问题。社会主义也有市场经济，资本主义也有计划控制”（《邓小平文选》第 3 卷，第 364 页）。

1992 年春，邓小平在南方谈话中进一步确认了社会主义也可以搞市场经济。邓小平指出：“改革开放迈不开步子，不敢闯，说来说去就是怕资本主义的东西多了，走了资本主义道路。要害是姓‘资’还是姓‘社’的问题。判断的标准，应该主要看是否有利于发展社会主义社会的生产力，是否有利于增强社会主义国家的综合国力，是否有利于提高人民生活水平……计划多一点还是市场多一点，不是社会主义与资本主义的本质区别。计划经济不等于社会主义，资本主义也有计划；市场经济不等于资本主义，社会主义也有市场。计划和市场都是经济手段。社会主义的本质，是解放生产力，发展生产力，消灭剥削，消除两极分化，最终达到共同富裕。”

——摘自《邓小平文选》第 3 卷，第 372-373 页

第10章 社会主义初级阶段的分配制度

10.1 社会主义的按劳分配

10.1.1 按劳分配的客观必然性

按劳分配是指社会根据劳动者向社会提供的劳动数量和质量分配个人消费品。社会主义实行按劳分配，是由社会主义社会的性质和社会主义初级阶段生产力发展状况决定的。

第一，生产资料社会主义公有制的建立要求有与之相适应的分配制度，有什么样的生产资料所有制形式，就有与其相适应的消费品分配方式。消费资料分配的形式是由生产资料所有制的性质决定的。社会主义社会生产资料公有制的建立，使生产资料为劳动者共同占有，劳动者成为生产资料的主人，因而谁也不可能凭借对生产资料的占有不劳而获地取得收入，也就是说，公有制决定了个人消费品只能按劳分配，而按劳分配则是公有制的实现或落实。实行按劳分配是与社会主义性质相适应的分配原则。

第二，由于旧的社会分工的存在，以及劳动还没有成为劳动者生活的第一需要，仍然是谋生的手段，这是实行按劳分配的直接原因。在社会主义社会，旧的社会分工还没有消失，脑力劳动和体力劳动、简单劳动和复杂劳动的差别还仍然存在，从而各个劳动者在同一时间内向社会提供的劳动的数量和质量也还存在着很大差别。同时，人们还不能做到无条件地、不计报酬地为社会劳动，劳动还没有成为人们生活的第一需要，仍然是一种谋生的手段。因此，社会主义社会只有承认劳动的这种差别，并按照劳动者向社会提供的劳动的数量和质量来分配个人消费品，才能调动劳动者的劳动热情，使劳动者各尽所能地努力为社会作贡献，从而推动社会主义社会生产力的发展。如果无视劳动的这种差别和特点，对个人消费品实行平均主义分配，势必会挫伤劳动者的生产积极性，从而不利于社会主义生产的发展。正如马克思所说："他从社会领得一张凭证，证明他提供了多少劳动（扣除他为公共基金而进行的劳动），他根据这张凭证从社会储存中领得一份耗费同等劳动量的消费资料。他以一种形式给予社会的劳动量，又以另一种形式领回来。"①

第三，社会主义社会个人消费品实行按劳分配，归根结底是由社会生产力的发展水平决定的。生产力发展水平决定社会产品满足社会需要的程度，只有生产力发展水平达到相当高的阶段，社会产品才能根据劳动者的实际需要进行分配，即实行按需分配。在社会生产力水平还没有达到相当高以前，不具备实行按需分配的物质条件，只能实行按劳分配。

10.1.2　按劳分配的内容和要求

按劳分配的内容主要包括以下两个方面：首先，凡是有劳动能力的人，都必须参加劳动，以劳动作为获取消费品的前提条件。其次，按劳分配的对象不是全部社会产品，而是在对社会产品作了各项扣除后，剩下的个人消费品部分。这些扣除包括用于补偿已消耗的生产资料，用于积累的物质资料，用于预防灾害和意外事故的物资储备，用于发展科学、教育、文化、卫生事业，用于国家行政管理、国防社会保险、社会福利、社会救济等方面的物质资料。再次，劳动是分配个人消费品的尺度。

按劳分配要求是：凡是有劳动能力的人必须通过参加劳动才能参加个人消费品的分配，这种要求体现按劳分配形式上的平等；同时，按劳分配承认不同劳动者在劳动上的差别，并在劳动报酬上体现这种差别，因而按劳分配也会造成事实上的不平等。

10.1.3　社会主义初级阶段按劳分配实现的特点

按照马克思设想的按劳分配具有以下基本特点：第一，社会主义不存在商品

① 马克思，恩格斯. 马克思恩格斯选集（第 3 卷）[M]. 北京：人民出版社，1995：304.

货币关系,社会以劳动时间为单位的劳动券作为分配个人消费品的凭证。劳动者向社会提供一定时间的劳动后,社会发给他标明一定时间的劳动券,他凭劳动券从社会领取相应的个人消费品。第二,劳动者的劳动直接表现为社会劳动,因此可以由社会直接向个人分配消费品,不需要中间环节。正如马克思所说:“个人的劳动不再经过迂回曲折的道路,而是直接地作为总劳动的构成部分存在着。”①第三,在社会主义阶段,整个社会直接占有生产资料,是单一的公有制,全社会是一个统一的经济核算单位,由社会直接向劳动者分配个人消费品。

但是,我国社会主义初级阶段的情况和马克思设想的社会主义有很大的不同,因而,按劳分配的实现也表现出不同的特点:

1. 按劳分配通过商品和货币形式实现

在社会主义市场经济条件下,劳动者提供的劳动还不是直接的社会劳动,还需要社会通过所生产的商品的实现情况来确定。因此,按劳分配的实现过程,就不是劳动者直接提供社会劳动,社会直接将消费品分配给个人,而是一个间接分配的过程。商品和货币作为按劳分配的实现形式,一方面可以检验劳动在质上是否符合社会需要,在量上将个别劳动转化为社会劳动;另一方面,劳动者通过交换取得自己需要的消费品。

2. 按劳分配以社会必要劳动为尺度

在市场经济条件下,劳动者提供的劳动,不是直接地作为社会劳动存在的,所以,在市场经济条件下的按劳分配的尺度,就不能是劳动者的个人劳动时间,不能直接按劳动者实际提供的劳动数量进行分配,而必须按劳动者提供的、经过市场形成的社会必要劳动量进行分配。

3. 按劳分配的主体是企业

按劳分配不是在全社会以统一的标准实行,而是以企业为单位进行的。因为一方面,在市场经济条件下,企业是自主经营、自负盈亏的商品生产和经营主体,具有自身独立的经济利益,因而也是分配的主体。另一方面,不同企业经营管理水平不同,经济状况不同,对国家的贡献不同,按劳分配的水平会有明显的差别。

---

① 马克思,恩格斯. 马克思恩格斯选集(第3卷)[M]. 北京:人民出版社,1972:10.

10.2　按生产要素分配

10.2.1　按生产要素分配的客观必然性

按生产要素分配是指社会根据各种生产要素在商品生产过程中的投入大小和贡献大小获得相应的报酬，生产要素不仅包括资本、土地和劳动，而且还包括技术、信息、管理等。在社会主义市场经济条件下，按生产要素分配具有客观必然性。

第一，由于生产要素所有权的存在。生产要素参与分配是由生产要素所有权引起的，不管社会性质如何，只要生产要素掌握在不同所有者手中并且参与了生产过程，就要允许要素所有者参与分配。同时，为了鼓励要素所有者积极投入生产要素，发挥生产要素在生产中的作用，就要以要素的贡献分配收益。

第二，市场经济的发展。在市场经济条件下，市场是配置资源的基本手段，实行按要素分配有利于不同的经济形式、经济组织之间开展竞争，促进经济的发展；由于多种要素参与分配，可以激发经营者的能动性，在企业内部进一步实行科学管理，促进企业的健康成长。

10.2.2　按生产要素分配的实现形式

1. 按资产分配

资产是投入生产过程的一切非劳动要素的总称，主要包括资金、厂房、土地等生产要素。按资分配是指资产所有者凭借资产所有权而获得的收益。

按资分配有以下形式：第一，利润。主要是投资商品生产或提供社会服务获得的利润。第二，利息。主要是存款所得的利息。第三，股息。股息是股票持有人凭股票定期从股份公司取得的收益。第四，租金。这是指财产所有人把自己的资产租赁给他人使用而取得的收入。如通过对房屋、车辆、土地等的租赁而取得的收入。

2. 按劳动力价值分配

在外资企业和私营企业中，劳动者个人收入的分配依据是劳动力价值的大小；同时雇主凭借对生产资料的所有权，占有工人的一部分剩余劳动，获取剩余价值。

3. 按经营权分配

在实行承包经营或者租赁经营的企业，经营成果按经营权利分配。

经营成果主要包括两部分：一部分是经营性劳动收入。经营活动主要是指经营者依据市场运行规律对市场进行预测，组织企业的生产经营活动，进行这一活动所投入的劳动是一种较复杂的劳动，因而可以得到较高的经营收入。另一部分是风险收入。由于市场供求关系经常变化，经营者在进行生产时，可能会面临失败的危险，由此承担的风险而得到的收入就是风险收入。

10.3 按劳分配和按生产要素分配相结合

10.3.1 按劳分配和按生产要素分配结合的必然性

在我国社会主义初级阶段，实行按劳分配为主体、多种分配方式并存，把按劳分配和按生产要素分配结合起来的分配制度，这是由社会主义初级阶段的多种所有制结构和发展社会主义市场经济要求决定的。

第一，社会主义初级阶段的所有制结构，除了作为主体的公有制以外，还有个体经济、私营经济、外资企业等非公有制形式。产品的分配方式是由生产方式决定的。我国现阶段的多种所有制结构，决定分配方式不可能是单一的，而必然存在多种分配方式。

第二，市场经济有效运行，要求生产要素参与收入分配。在市场经济条件下，各种生产要素进入市场，通过市场配置资源，必须遵循市场经济原则。按生产要素分配是生产要素所有权或占有权在经济上的实现，也是市场经济的重要原则，即凭借要素所有权或占有权获取收益。

10.3.2 坚持按劳分配的主体地位

按劳分配和按生产要素分配相结合，必须坚持两个基本原则：一是坚持按劳分配为主体；一是允许和鼓励资本、技术等生产要素参与收益分配。

按劳分配的主体地位表现在：在整个社会收入分配中，按劳分配是主体；在公有制企业中，按劳分配是基本的收入分配方式；劳动者的个人收入主要依靠按劳分配收入。

在多种分配方式并存的条件下，坚持以按劳分配为主体具有重要意义：

第一，这是巩固社会主义公有制的主体地位的要求。按劳分配的主体地位是社会主义公有制经济主体地位的客观要求和必然体现，也是社会主义公有制经济主体地位的确立标志和在分配上的实现方式。坚持社会主义生产资料公有制的主体地位，在分配领域就必然表现为坚持按劳分配的主体地位。如果否定或削弱按劳分配原则在社会主义初级阶段分配方式中的主体地位，就必须会损害与削弱社会主义公有制经济的主体地位。

第二，它是实现社会主义共同富裕目标的基础。社会主义的目标是逐步实现共同富裕，而这一目标的实现又必须以生产资料公有制和实行按劳分配为前提。如果社会收入分配中按劳分配的主体地位改变了，则会出现两极分化。正如邓小平同志所说："如果我们的政策导致两极分化，我们就失败了；如果产生了什么新的资产阶级，那我们就真的走上邪路了。"① 因此，为了维护按劳分配的主体地位，一方面要随着公有制经济和社会生产的发展，逐步提高按劳分配收入的水平；另一方面要控制非劳动收入的增长，防止它冲击乃至取代按劳分配的主体地位。

10.3.3　允许和鼓励按生产要素分配

中国共产党第十六届三中全会通过的《中共中央关于完善社会主义市场经济体制若干问题的决定》指出，我们应当"完善按劳分配为主体、多种分配方式并存的分配制度，坚持效率优先、兼顾公平，各种生产要素按贡献参与分配。"这就意味着在坚持按劳分配的主体地位的同时，我们也必须允许和鼓励其他生产要素在分配中的作用。

随着生产要素市场的发展，必然会出现公有制实现形式和分配方式的多样化。根据邓小平的"三个有利于"原则，一切有利于生产力发展的生产要素，一切有利于生产力发展的所有制形式及相应的分配形式都可以大胆采用。因此，随着多种所有制经济的出现和发展，各种分配方式混合组合的分配结构和分配方式就构成了新的分配形式。会出现资本要素收入，如债权人取得的利息收入，股份分红和债券、股票的交易收入，私营企业主生产经营后取得的税后利润；会出现土地要素收入，如出租房屋等取得的收入；会出现信息要素收入，如科技、信息工作者提供信息、资料等取得的收入。

① 邓小平．邓小平文选（第3卷）[M]．北京：人民出版社，1993：111．

允许和鼓励资本、技术等生产要素参与收益分配，不仅是对生产要素所有权的承认，而且也是对生产要素所有者对社会所作贡献的承认，因此会极大调动生产要素所有者的积极性，使他们成为社会主义市场经济建设的重要力量。

10.4 收入差距及其调节

10.4.1 收入差距及扩大趋势

实行按劳分配为主体，将按劳分配和按生产要素分配结合起来，鼓励资本技术等生产要素参与收益分配是社会主义分配制度上的革命，它将个人收入同经济效益、劳动贡献结合起来，对于打破分配上的平均主义，调动劳动者的积极性具有重要的意义。但是，不可回避的是，这种分配制度也会造成收入差距。同时，在经济体制改革过程中，由于收入分配制度不完善，分配秩序不规范，收入分配关系没有理顺，收入调节措施不力，居民收入差距还有扩大的趋势。主要表现在：城乡居民收入差距扩大、地区收入差距扩大、行业收入差距扩大。

伴随改革开放的进行，城乡居民收入分配格局不断变化和收入渠道的不断拓展，城乡居民收入差距不断扩大。当然，这种扩大不是直线式的，而是先缩小后扩大、再缩小再扩大的过程。据统计，1978 年，城乡居民收入差距为 2.57∶1，到 1983 年缩小为 1.82∶1；从 1984 年开始，城乡居民收入差距开始扩大，到 1994 年，城乡居民收入差距为 2.86∶1, 1997 年又缩小到 2.47∶1；1997 年后，城乡收入差距加速扩大，到 2001 年，城乡收入差距为 2.90∶1，2007 年扩大到 3.22∶1。城乡居民收入差距扩大的另一个有力的证据是，国家统计局专家姚景源先生根据 2003 年数据测算认为，中国城乡居民收入差距已经达到 6∶1。城乡居民收入差距已经成为影响我国总体收入差距的最主要因素，据统计，2002 年，城乡居民收入差距对全国总体收入差距的贡献率为 43.7%①。

居民收入差距在地区上也有明显的表现。根据《中国西部经济发展报告(2006)》提供的资料，2006 年，东部地区人均 GDP 为 3353 美元，而中部地区和西部地区分别为 1587 美元和 1356 美元。中部地区人均 GDP 相对东部的

① 李实等. 中国城乡收入差距调查［J］. 乡镇论坛，2004（8）.

比重在 1997 年为 54.14%，2002 年下降为 52.60%，2006 年进一步下降为 47.34%；西部地区人均 GDP 相对东部的比重在 1997 年、2002 年和 2006 年分别为 43.08%、40.59% 和 40.45%。地区收入差距成为我国收入差距的第二因素。

行业之间收入变动表现出一种规律性，就是垄断性行业且又借助于政府行为的行业收入增长较快，而依靠简单劳动和简单技术的行业则收入增长较慢。据统计，从 1978 年到 2005 年，全国职工平均工资从 615 元增加到 18364 元，增长了 28.86 倍，同期，行业最高工资与最低工资的差距从 458 元扩大到 32249 元，扩大了 69.41 倍；职工平均工资最低行业与最高行业的比值从 1∶2.17扩大到 1∶4.88。2005 年，金融、电信、烟草、石油、航空等垄断行业职工平均工资都在 3 万元以上，有的超过 5 万元，远远高于全国平均 18364 元的工资水平①。

此外，由于非法收入、灰色收入的存在，也加剧了居民收入差距的扩大。

10.4.2　收入差距调节的政策和措施

中共中央在制定“九五”计划和 2010 年远景规划的建议中指出：“解决好社会分配不公，最终实现共同富裕，是保持社会稳定的重要条件，是体现社会主义本质的重要方面”。为了在改革中理顺分配关系，我们的分配制度和分配政策是：既要有利于通过诚实劳动和合法经营先富起来，合理拉开收入差距，又要防止贫富悬殊，在促进效率的前提下体现公平。同时，要有利于资源配置，促进经济发展，保持社会稳定。这就必须对收入分配进行必要的调节。

收入差距调节的主要措施是：第一，依法保护合法收入，允许和鼓励一部分人通过诚实劳动和合法经营先富起来，允许和鼓励资本、技术等生产要素参与收益分配。第二，取缔非法收入，对侵吞公有财产和偷税逃税、权钱交易等非法手段牟取利益的，坚决依法惩处。第三，整顿不合理收入，对凭借行业垄断和某些特殊条件获得个人额外收入的，必须纠正。第四，调节过高收入，完善个人所得税制，开征遗产税等新税种。第五，对低收入者实行扶持、救助和最低保障制度，改善低收入者收入状况。总之，通过对个人收入分配的规范和调节，使收入差距趋向合理，防止两极分化。

---

① 魏军. 从行业收入差距看反垄断 [J]. 当代经济，2007 (5).

本章小结

1. 按分配为主、多种分配方式并存，把按劳分配和按生产要素分配结合起来，鼓励资本、技术等生产要素参与收益分配，体现了社会主义初级阶段生产关系的特性和要求，也反映了社会主义市场经济的客观要求。

2. 按生产要素分配承认生产要素所有权，承认生产要素所有者对社会的贡献，因此能够调动生产要素所有者的积极性，使他们成为社会主义市场经济的建设力量。

3. 无论是按劳分配还是按生产要素分配，都会造成收入差距。伴随经济体制改革的进程，收入差距还有扩大的趋势，为此必须对收入差距扩大进行调节。

关键术语

按劳分配　　按要素分配　　共同富裕　　公平与效率
收入差距

思考题

1. 社会主义现阶段实行按劳分配为主、多种分配方式并存的原因是什么？

2. 社会主义现阶段按劳分配的实现有什么特点？

3. 什么是按生产要素分配？实行按生产要素分配的原因是什么？

4. 收入差距及其调节方式有哪些？

补充阅读

认真消除社会分配不公现象

正确认识当前分配不公的两种表现

什么是分配中的公平？这是一个认识上的难点。从理论上讲，以平等权利为基础的社会公平要受到社会经济文化发展的制约。

在不同发展阶段，社会公平的内涵也会不同。衡量社会公平的标准必须看是否有利于社会生产力发展和社会进步。在社会主义公有制经济里，广大群众是生产资料的主人，分配的主要原则是按劳分配。党的十一届三中全会以后，我们党实行了一项政策，即允许和鼓励一部分地区、一部分人通过诚实劳动和合法经营先富起来，带动全国人民走共同富裕的道路。这是符合按劳分配原则的。实行这一政策，能力和贡献不同的人的收入会拉开差距，在致富的路上会有先有后，这是公平的。一般来说，由于人的能力和贡献的差别是有限的，实行按劳分配不可能导致贫富悬殊。而平均主义反对拉开差距，这是分配不公的一种表现。

我们现在正处在社会主义初级阶段，除了作为主体的公有制外，还有其他多种所有制形式存在。与此相适应，允许一部分非劳动收入存在，有利于搞活整个社会经济。但是，非劳动收入对全体社会成员来说，机会是不均等的，与劳动收入的差距又容易拉大，因此党和政府在分配办法、税收政策、价格政策、工商行政管理等方面作了必要的限制，经营者只要遵纪守法，也难以暴富。现在的问题是，少数人靠非法手段，如偷税漏税、欺行霸市、哄抬物价、弄权渎职、贪污受贿、走私贩私等，捞取不义之财。这是当前分配不公的另一重要表现，也是人们议论较多的。

以上两种分配不公现象是怎样产生的？

先看平均主义。首先，在我国，小农经济的平均主义观念源远流长，消除其对人们的广泛影响，要经历一个较长过程。其次，我国正处在社会主义初级阶段，在生产力水平还很低的情况下，体现社会公平，使人民群众普遍丰衣足食、安居乐业，是一项重要的分配原则，由此强调公平、忽视效率的平均主义倾向往往容易滋长。再次，贯彻按劳分配原则，前提是机会均等。但是，受旧管理体制、价格政策等制约，不同职业、不同单位、不同行业、不同地区之间缺乏平等的竞争规则和竞争环境，劳动者在竞争中缺乏同等的机遇。这种情况很容易造成劳酬不符，有些需要较少知识和技能的简单劳动获得较高的收入，而有些需要较多知识和经验的复杂劳动却得不到应有的报酬，由此而形成的收入差距显然是不合理的。由于国家尚未建立有效的收入调节体系，于是在国家直接控制收入分配的范围内，特别是国营企事业单位内部，往往会出现收入平均化的趋势。

再看收入差距悬殊。这不是党和国家的政策直接导致的，而是少数人违法乱纪或钻政策空子的结果。但是，也应看到，在改革旧体制和探索、完善新体制的过程中，双重体制的存在和一些改革政策措施不完善、不配套，使少数人确有空子可钻。另外，实际进行的分配改革实践仍然要受到经济发展阶段、新体制发育程度、社会传统观念和习惯势力的三重制约，造成某些具体的分配改革政策存在一定缺陷，同时国家对收入分配有效调控的力度也明显不足，结果导致：在国家直接控制能够达到的范围内，平均主义继续存在；在国家直接控制不能达及而间接控制又未能有效建立的场合中，部分经济活动的收入偏高。世界上各发展中国家的经验表明，在经济成长的初级阶段，收入差距往往有扩大的倾向，搞得不好，会影响社会安定。对此，我们必须提高警惕。

平均主义和收入差距过大也是相互影响的。我们要克服平均主义，但分配差距过大恰恰妨碍了收入差距的合理拉开。因为收入差距过大会破坏社会公平，涣散人心，特别是在新旧体制并存的情况下，往往容易助长不是比贡献而是比收入的消极攀比和平均主义倾向，造成在更高收入水平上的“大锅饭”。另一方面，平均主义也会助长收入差距过大。这是由于，平均主义倾向损害经济效率，压抑劳动者的积极性，可能促使某些人产生对公有制的离心倾向，甚至会刺激某些人采取不正当手段谋取私利的欲望。由此可见，平均主义的分配不公和收入差距过大的分配不公相互影响、互为依存，这两者都必须引起我们足够的重视。

另外，严重的通货膨胀是当前分配不公矛盾激化的直接诱因。通货膨胀具有再分配的效应。在物价持续上涨的情况下，人们的生活支出普遍增加。但是，在不同部门和行业工作的人们的收入来源不同，个人收入的补偿程度会出现差异。从国家预算中取得收入的人员实际工资的补偿要依靠国家，这种补偿通常是滞后的或不完全的，而企业等物质生产部门则可以通过各种途径主动补偿职工的实际工资，甚至超额补偿。这样，一部分物质生产部门和机关事业单位职工的收入就会出现明显差距。由于通货膨胀期间职工收入的增加在很大程度上是为了补偿实际收入下降造成的损失，因此有可能弱化收入的激励作用，强化职工内部的平均主义倾向。而少数通过投机倒卖活动牟取暴利的不法经营者和高收入者，则趁物价上涨之机以更快的速度增加他们的收入。通货膨胀使得国家直接控制范围内经济活动的收入和直接控制范围外经济活动的收入之间的差距进一步拉大，从而使平均主义和收入差距过大这两种现象的反差进一步加深。

避免思想观念上的偏差，是我们正确认识收入分配不公现象的一个重要问题。应该承认，现实生活中的消极腐败现象和收入分配悬殊问题，是人民群众强烈不满的焦点。人们要求改变机会不均、少数人发不义之财的状况。只有解决这些问题，才有助于创造良好的社会环境，有助于人们围绕提高效率进行积极攀比。对此，我们必须高度重视。同时，值得注意的是，在进行横向比较和互相攀比时，传统的平均主义思想还有很大影响，一旦改革引起重大利益调整，这种观念就以潜意识表现出来，并成为改革的重要心理障碍。特别是一些同志喜欢用个人的主观印象来笼统地进行横向比较，静态地看待人们之间利益关系的演变，忽视收入差距方面合理、合法的和不合理、不合法的之间的差别。因此，正确认识分配中的社会因素和心理因素，进行客观公正的分析，可以使我们对当前分配中的问题有更清醒的判断。如果我们仅仅以个人的主观印象来看待改革中的收入差距，一味追求收入均等，否定市场机制的调节作用，就会阻滞改革进程，使整个国民经济丧失活力。

在促进效率提高的前提下体现社会公平

党的十三大报告指出："我们的分配政策，既要有利于善于经营的企业和诚实劳动的个人先富起来，合理拉开收入差距，又要防止贫富悬殊，坚持共同富裕的方向，在促进效率提高的前提下体现社会公平。"

国民经济是一个有机整体，要实现上述目标，解决平均主义和收入差距过大问题，不能就分配抓分配，而要综合治理，从深化配套改革上找出路。要进一步搞活全民所有制企业，加快培育市场体系，健全宏观经济调节系统，搞好计划、投资、物资、财税、金融、物价等方面的改革，加强法制建设，逐步建立有计划商品经济新体制的基本框架，创造机会均等的竞争条件，形成实施正确分配政策的良好政治、经济、社会环境。应该看到，生产决定分配，只有通过改革大幅度提高劳动生产率和经济效益，才能使分配制度和政策充分发挥积极作用，才能为根本解决平均主义和收入差距过大问题创造物质基础。

当然，分配制度也很重要。当前，这方面的关键是要健全调节手段，针对双重体制条件下收入分配的不同情况，采取相应的具体政策。

在国家基本能够直接控制收入分配的范围内（如国营企业、机关事业单位的收入分配等），要实施在宏观控制下的分层管理，着重克服平均主义。在初次分配中，国家对企业实行工资总额与经济效益挂钩，企业内部实行个人收入同所作贡献联系；在再分配中，要解决机关事业单位中劳酬不符、收入偏低的问题，同时注意调节企业间生产经营的某些条件和机会不均等，以利于公平竞争，进一步贯彻按劳分配原则。具体说，应该着重处理好几个关系。一是处理好企业和职工的分配关系。在改进企业用工、招工制度的同时，改革企业内的分配制度，逐步减少工资性支出中的物价补偿成分，恢复和强化工资奖金对提高效益的激励作用，探索各种按社会有效劳动时间进行分配的制度，合理拉开职工收入差距，使一些贡献大的工薪人员也能够先富起来。二是处理好国家和企业的分配关系。一个很重要的问题是合理确定衡量企业经济效益的尺度，使企业收入和工资增长与经济效益挂钩建立在比较科学合理的基础上。比如，在坚持职工实际收入增长低于劳动生产率增长的原则下，企业工资总额与经济效益挂钩可增加一个按不变价格计算的劳动生产率指标，有的可推行工资总额与实物量挂钩，同时也可研究工资总额与行业的资金利润率和工资利润率挂钩等办法。还应该看到，不同企业在税收、价格政策以及生产要素（包括劳动力、资金、生产资料、土地、技术等）获得机会等方面的条件和情况是不尽相同的，因此，国家要通过有效的经济手段调节由此而引起的个人收入差距。三是处理好脑力劳动和体力劳动的分配关系。按照马克思主义观点，复杂劳动具有倍加简单劳动的意义，复杂劳动的报酬应该高于简单劳动的报酬。而我国情况却刚好相反，这是分配不公的一个突出问题。今后，要逐步提高知识分子待遇，缓解脑体倒挂的矛盾。对机关事业单位的现行工资制度也要继续改革，使之逐步完善。四是处理好采取经济、行政等调节手段和加强思想政治工作的关系。在采取各类手段调节分配的同时，要注意抓好宣传和思想教育工作，引导人们既不要消极攀比个人收入、盲目追求超前消费，也不要不求进取，而要脚踏实地积极工作，在各自所处的条件下，确定经过努力能够达到的物质利益目标。目前，我国面临通货膨胀的困难，要强调过几年紧日子。

在国家难以直接控制收入分配的范围内（包括其他经济成分的收入分配、某些经济活动的收入分配等），存在的主要问题是少数人非法牟取暴利。解决这个问题，必须强化政府的权威和功能，通过法律、行政、经济等手段进行管理和调节。

首先，要整顿经济秩序尤其是流通秩序。在清理整顿各类公司、搞好市场和物价管理、整顿和改进重要商品的流通方式的同时，收入分配上要研究解决六个方面的问题：企业自办第三产业和横向联营收入的管理问题；技术转让、技术咨询、技术服务、技术培训收入的管理问题；各类人员个人收入的管理问题；职工从事“第二职业”和离退休人员再就业的管理问题；个体经济的管理问题；新办公司的管理问题。其中，尤为重要的是加强对个体户的经营和收入的监督管理，加强对各类公司收入分配的控制和管理。要制定和完善相应的法规和政策，建立市场规则，限定各类经营者的经营范围和方式，提出各类经济活动收入分配公开化和管理、调控的有效措施。要尽快在大中城市的党政机关和部分高收入行业试行个人收入应税申报制度，增加个人收入的透明度，进一步加强个人收入调节税的征收工作。工商行政管理、税务部门要加强队伍建设，并切实负起责任，严格执法，与社会各有关方面加强配合，切实搞好市场管理和税收征管工作。

其次，要十分重视廉政制度建设，集中力量，坚决及时查处贪污受贿、敲诈勒索等各种以权谋私、将权力转化为金钱的违法行为。对于一切非法经营活动，都要严加取缔，狠狠打击。凡属非法收入，一概没收，并予以重罚。对于严重经济犯罪活动，必须坚持依法严惩，绝不能手软。同时，在全社会广泛进行宣传教育，使廉洁奉公、依法经营、依法纳税的观念深入人心。

总之，我们要坚决保护合法收入、合理调节过高收入、严厉取缔非法收入。从长远看，解决社会分配不公问题，还要逐步建立富有弹性的就业制度，使劳动者在竞争中获得大致均等的机遇。与此相适应，必须建立和完善社会保障体系。这不是一下子能解决的，但应该向这个方向努力。

——摘自《江泽民文选》第一卷，第48-56页

第11章 社会主义的对外开放

对外开放，一方面是指国家积极主动地扩大对外经济交往；另一方面是指放宽政策，放开或者取消各种限制，开放国内市场和国内投资场所，发展开放型经济。早在1984年10月，邓小平明同志就明确地指出："关起门来搞建设是不能成功的，中国的发展离不开世界。"他强调：对内经济搞活，对外经济开放，不是短期的政策，而是长期的政策，即使是变，也只能变得更加开放。

对外开放，是我国社会主义市场经济条件下的一项长期的基本国策，是建设有中国特色社会主义的历史性选择。我国的对外经济关系主要形式包括：对外贸易、对外资金往来、对外技术交流、对外劳务合作和承包工程、发展国际旅游业。

随着我国市场经济体制改革的纵深推进，对外开放已经成为我国经济增长的强大驱动力。全球经济一体化趋势加强，国际分工合作深入到每一个国家和地区，这对我国的社会主义市场经济对外开放提出了新的要求和挑战。

11.1 我国坚持对外开放的理论依据及实践要求

11.1.1 坚持发展对外开放的理论依据

由于各国资源禀赋的差异、社会经济条件的不同，参与国际分工、共享国际社会发展的新成果，对每一个国家经济社会的发展都具有必然性。从全球经济发展的历史演进来看，发展对外经济关系就具有极具现实意义和理论价值。

1. 重商主义学说

从 15 世纪后期发展起来的重商主义学说就已经注意到对外经济关系对一国经济发展的重要性，他们认为对外贸易是一国致富的唯一手段，而且只有在进行对外贸易时保持出超，才能达到致富的目的。虽然，重商主义过分强调在对外贸易中的出超和以货币为代表的财富性质在认识上具有局限性，但他们在当时历史条件下促进对外经济关系、发展国际贸易的经济意识却是值得肯定的。

2. 亚当·斯密的“国际分工论”

古典经济学家亚当·斯密在其代表作《国民财富的性质及原因的研究》中提出的“绝对优势说”堪为自由贸易理论之滥觞。在亚当·斯密看来，正像国内每个生产部门内部和彼此之间存在着分工，这种分工的发展能够提高劳动生产率一样，国际上不同地域之间也存在着分工，这种国际地域分工通过自由贸易也能促进各国劳动生产率的发展。每个国家都只生产它最擅长生产的东西，然后用来交换别国所擅长生产的东西，比各国各自生产自己所需要的一切东西更为有利。因为每个国家都根据自己的条件发展最擅长生产的部门，劳动生产率就高，成本就低，劳动和资本就会得到正确的分配和运用。这样去进行自由贸易就能用最少的花费换回更多的东西，就能增加国民财富。所以，一种商品如果其他国家来生产，所需成本比本国低，那么本国就不要生产；用输出自己最擅长生产的商品换来的钱，去购买别国的廉价商品则更便宜，更合算。斯密还认为，国际间的地域分工是“自然”形成的。哪个国家最擅长生产什么东西，哪个国家应当发展工业，哪个国家应当发展农业，不仅是由历史条件造成的，而且是由各国的地理环境、土壤、气候等自然条件造成的，因此是不可改变的。

3. 李嘉图的“比较成本学说”

如果说斯密所提出的国际分工的根据是生产上的绝对优势、成本上的绝对差别，那么李嘉图提出的理论则是根据生产上的相对优势、成本上的相对差别。他模仿亚当·斯密斯关于个人劳动分工的理论来分析两个国家间贸易的好处。假定制 1 单位布，英国需要 50 个劳动日，葡萄牙需要 25 个劳动日；制 1

单位酒，英国需要 200 个劳动日，葡萄牙只需要 25 个。可以看出，葡萄牙制酒、制布所需的成本都比英国绝对低，即都处于绝对优势。不过，葡萄牙在酒的生产中表现出的优势更大，葡萄牙的制酒成本相对低，处于比较优势，制布成本相对高，处于比较劣势，而英国制布成本相对低，处于比较优势。在这种情况下，英国放弃生产比较劣势的酒，专门生产比较优势的布。如此分工，两国合起来不仅可以生产出更多的酒和布，英国还可以用布换到较多的酒，而葡萄牙用酒可以换到更多的布。两国同时获得国际分工与国际交换的好处。

这种理论为自由贸易提供了坚实的理论基础。李嘉图认为，“在一个具有充分商业自由的体制下，每个国家把它的资本和劳动置于对自己最有利的用途”。国际分工与国际交换的利益，只有在实行自由贸易的条件下，才能最有效地实现。

4. 哈勃勒的“比较机会成本论”

美国经济学家哈勃勒在 1937 年出版的《国际贸易理论》一书中，用机会成本的概念重新表述了比较成本理论。他所指的机会成本，是指一定时期内，在生产要素相对固定的情况下，一定的资源用于生产某一种商品时所必须放弃的生产另一种商品的价值。哈勃勒认为，每个国家的国别机会成本只要存在差异，就可能发生国际分工及国际贸易。通过国际贸易，双方都能节约生产资源增加社会总产品。例如，A 国生产 1 单位小麦的机会成本是 2 单位的布匹，而 B 国生产 1 单位的小麦的机会成本是 3 单位的布匹，那么就可以说 A 国小麦的机会成本低于 B 国，因而在小麦生产上 A 国较 B 国更具有比较优势。

5. 穆勒的“相互需求原理”

穆勒认为在国际分工的背景下，国际交换比例的确定应参照国内市场的交换比例，即国内交换比例构成国际交换比例的上下限。例如，葡萄牙与英国在投入的总劳动量相同的情况下，一半用于生产毛呢，一半用于产酒。毛呢的产量两国相同，而酒的生产率则有差别，葡萄牙高于英国。在未发生分工之前，英国国内交换比例为 10 单位毛呢，15 单位的酒；葡萄牙国内交换比例是 10 单位毛呢，20 单位酒。若按比较成本原则进行分工，则英国将不生产酒，而生产 20 单位毛呢，葡萄牙则不生产毛呢而生产 40 单位酒，双方均可拿出部分产品进行交换。而交换的比例必然限定在这样的范围，即英国以 10 单位的毛呢而换得的酒只要能超过 15 单位即可。葡萄牙为获得 10 单位的毛呢而付出的酒只要少于20单位即可。对英国来说，上限为10单位毛呢换20单位酒，下限则为15单位酒。如果等于或超过上限，就意味着由国际分工与贸易带来的利益全被英国所有，葡萄牙必定感到无利或不利，将退出贸易。反之，如果等于或超过下限，英国也会感到无利或不利，也将退出贸易。对葡萄牙而言，上下限与英国相反，道理也相同。

6. 小岛清的“国际互补原理”

日本学者小岛清在《对外贸易论》一书中提出了国际互补原理。这个原理认为，生产要素在国际间的移动，可以弥补某些国家的一些要素私有制现象，提高该国的国际竞争能力，而使贸易条件朝着有利方面转化。国际互补的途径有：进口与贸易有关的原材料和设备，综合转移的对外直接投资，基础设施的建设和开发性的援助，技术转让等渠道。国际互补中的国际分工类型有顺国际分工和逆国际分工两种。如果用处于劣势的产业部门对具有潜在或显露优势的产业部门分工，称之为顺分工。反之，则称为逆分工。

7. 劳尔普雷维什的“中心–外围说”

阿根廷经济学家劳尔·普雷维什在其代表作《拉丁美洲的经济发展及其主要问题》中提出“中心—外围说”。这个学说认为，一部分是少数高度工业化的国家处于世界社会与经济制度的中心，另一部分则是非工业化的不发达国家形成世界的社会经济外围，从而造成不同的国际分工格局。这种中心—外围式的国际分工格局对发展中国家是不利的。因为技术进步始于中心，提高了中心的劳动生产率，收入增长刺激需求和不断的技术革新，在中心形成了一个良性循环，给工业化以巨大的推动作用。外围部分按照中心部分所思虑过和所走过的轨迹，亦步亦趋地摸索前进。发展中国家要改变在旧的国际分工体系中的地位，必须实行工业化。

8. 新贸易理论

新贸易理论是指20世纪80年代初以来，以保罗·克鲁格曼（Paul Krugman）为代表的一批经济学家提出的一系列关于国际贸易的原因、国际分工的决定因素、贸易保护主义的效果以及最优贸易政策的思想和观点。起初新贸易理论旨在用实证的方法解释贸易格局，填补传统贸易理论的逻辑空白，后来发展成为以规模经济和非完全竞争市场为两大支柱的完整的经济理论体系。新理论既是对古典贸易理论的继承，又有所超越。它认为，国际分工在一定程度上具有历史的偶发性，是一国特定的历史、某个偶发事件和经济政策的产物，并不是完全由各国资源禀赋差异所决定的。新理论最有意义的创新在于引入了不完全竞争和规模经济理论，从而使国际贸易理论从完全竞争这一假定条件的束缚下摆脱出来，市场中不完全竞争是普遍现象，完全竞争才是特例。在不完全竞争市场下，产业领域存在着规模经济报酬递增的现象，这个理论有力地挑战了古典贸易理论所认为的规模经济报酬不变的传统观点。由于市场竞争是不完全的，“租”不可能因竞争而完全消失，在一些产业，资本和劳动有时会获得比其他产业高得多的回报率，因而经济中存在着“战略性”部门。如果政府能够识别出这些战略性部门，就有可能采取战略性贸易政策。

11.1.2　坚持对外开放的实践要求

1. 坚持对外开放，是生产社会化和经济生活国际化、全球化的要求

在历史上，各国的经济联系早已有之，但带有明显的地域性和偶然性，这种在经济基础上的经济联系十分有限。当机械大工业出现后，社会分工有了巨大的进步，促进了社会化生产力的发展，在科学技术进步基础上形成了国际分工，并由此形成了世界市场，随着国际分工的发展，生产国际化趋势加强，经济生活向全球化方向发展，即各国之间的经济技术联系越来越密切。在发达的国际分工体系中，世界市场把各国的经济连成一个整体，任何一个都不可能在封闭的状态下发展经济。坚持对外开放，发展对外经济，共享整个世界市场和人类科技成果，是加速和提升一国综合实力最有效的捷径。同样，我国作为全球最大的发展中国家，无以比拟的市场、劳动力资源优势以及相对落后的生产技术条件为我们参与国际分工、发展对外经济关系提出了现实而且紧迫的要求。

2. 坚持对外开放，是建立和完善我国社会主义市场经济体制的要求

在社会分工基础上发展起来的商品经济和市场经济，本身就是一种开放经济。当社会分工超出国界，发展国际分工，商品经济和市场经济也必然走出国界，在世界上求得发展，并按国际惯例来发展经济。当国际分工和世界市场向深度发展，反过来又促进各国经济的联系更加紧密。我国要建立和完善社会主义市场经济体制，这就决定了我国的社会主义市场经济与世界市场有广泛的联

系，以此促进市场经济体制的进一步完善和规范。

中国加入世贸组织虽然已有近10年的时间，但美国和欧盟对中国完全市场经济的地位尚未完全认可。因此欧盟在判定中国商品是否以低于成本价在其境内倾销时，不是以某类产品在中国国内的价格为参照，而是要以其他类似国家同类产品的价格为参照。但是，选取的“第三国”与中国具体情况之间存在很大的不可比性，因此，在欧盟对中国进行的“反倾销”调查中便存在较大的随意性和不公平性。尽管在对中国完全市场经济地位认可接受的过程中存在某种程度的政治和贸易保护因素，但是反观我们自己，市场经济体制中确实在诸多环节上存在需要完善和改进的地方。与国际接轨，首先是与国际有效的市场运作体制接轨。

3. 坚持对外开放，是基于我国国情的必然要求

我国是全球最大的发展中国家，与发达国家相比，诸多方面存在差距。要缩小这种差距，最快捷方式就是发展对外经济关系，充分利用外国资金，弥补经济建设资金不足；引进国外的先进技术，促进科学技术的进步；利用国际分工，节约社会劳动，提高经济效益；学习国外先进的现代化管理经验，提高管理水平。从近几年的数据显示，我国已经成为吸收FDI最多的国家，全球五百强企业大多在中国设立分支机构，中国利用外资和对外开放程度进一步加深。因此，发展对外经济关系，是加速实现我国社会主义现代化的必由之路，是基于我国国情的必然选择。

11.2 我国对外开放的历史进程及最新发展

自20世纪80年代以来，我国开始积极参与国际经济活动，并制定了一系列发展战略。总体来说，我国对外开放基本格局的形成大致经历了四个阶段。从空间的布局上看，基本上采用了梯度发展和开放的战略，先开放沿海和沿边地区，然后再逐步开放内陆和中西部地区，最后，实现全面的开放。

11.2.1 我国对外开放基本格局形成的四步走

第一步是创办经济特区。1979年7月，党中央、国务院根据广东、福建两省靠近港澳，侨胞众多，资源丰富，便于吸引外资等有利条件，决定对两省的对外经济活动实行特殊政策和灵活措施，给地方以更多的自主权，使之发挥

优越条件，抓紧当时有利的国际形势，先走一步，把经济尽快搞上去。1980年5月，中央确定在深圳市、珠海市、汕头市、厦门市各划出一定范围的区域，试办经济特区。1983年4月，党中央、国务院批转了《加快海南岛开发建设问题讨论纪要》，决定对海南岛也实行经济特区的优惠政策。1988年4月的七届人大一次会议正式通过了建立海南省和海南经济特区两项决定，海南岛成为我国最大的经济特区。创办经济特区迈出了我国对外开放的第一步。邓小平评价经济特区“是个窗口，是技术的窗口，管理的窗口，知识的窗口，也是对外政策的窗口”。

第二步是开放沿海港口城市。1984年5月，党中央、国务院批转了《沿海部分城市座谈会纪要》，决定全部开放中国沿海港口城市，从北到南包括大连、秦皇岛、天津、烟台、青岛、连云港、南通、上海、宁波、温州、福州、广州、湛江和北海共14个大中港口城市。1990年4月，在邓小平提议下，党中央、国务院正式公布了开发开放浦东的重大决策，要把浦东建设成为“21世纪现代化上海的象征”，把上海建设成为国际金融、贸易、经济中心。沿海开放城市是国内经济与世界经济的结合部，是对外开展经济贸易活动和对内进行经济协作两个辐射扇面的交点，它直接影响全国改革开放形势的发展。

第三步是建立沿海经济开放区。1985年2月，党中央、国务院批准了《长江、珠江三角洲和闽南厦漳泉三角地区座谈会纪要》，将长江三角洲、珠江三角洲和闽南三角区划为沿海经济开放区，并指出这是我国实施对内搞活经济、对外实行开放的具有重要战略意义的布局。1988年年初，中央又决定将辽东半岛和山东半岛全部对外开放，同已经开放的大连、秦皇岛、天津、烟台、青岛等连成一片，形成环渤海开放区。中央还提出在这些经济开放区形成贸—工—农一体化的生产结构。

第四步是开放沿江及内陆和沿边城市。进入20世纪90年代以后，我国对外开放的步伐逐步由沿海向沿江及内陆和沿边城市延伸。1992年6月，党中央、国务院决定开放长江沿岸的芜湖、九江、岳阳、武汉和重庆5个城市。沿江开放对于带动整个长江流域地区经济的迅速发展，对于我国全方位对外开放新格局的形成起了巨大推动作用。不久，党中央、国务院又批准了合肥、南昌、长沙、成都、郑州、太原、西安、兰州、银川、西宁、乌鲁木齐、贵阳、昆明、南宁、哈尔滨、长春、呼和浩特共17个省会为内陆开放城市。同时，我国还逐步开放内陆边境的沿边城市，从东北、西北到西南地区，有黑河、绥芬河、珲春、满洲里、二连浩特、伊宁、博乐、塔城、普兰、樟木、瑞丽、畹町、河口、凭祥、东兴等。沿江及内陆和沿边城市的开放，是我国的对外开放迈出的第四步。

到20世纪90年代，经过多年的对外开放实践，不断总结经验和完善政策，我国的对外开放由南到北、由东到西层层推进，我国对外开放的格局基本形成，形成了“经济特区—沿海开放城市—沿海经济开放区—沿江和内陆开放城市——沿边开放城市”这样一个宽领域、多层次、有重点、点线面结合的全方位对外开放新格局。至此，我国的对外开放城市已遍布全国所有省区，我国真正进入了改革开放新时代。

11.2.2　中国加入世贸组织的新开放局面

如果说从1978年到20世纪90年代对外开放的四步走发展战略是按地域顺序，从物理空间上的逐层开放，2001年12月11日中国加入世界贸易组织，则是从行业和规则上的纵深开放和全面接轨。从2001年12月11日至2006年12月11日为加入世界贸易组织（简称“入世”）过渡期，入世过渡期又可分为前后两个阶段。前过渡期，从2001年底至2004年底；后过渡期，从2004年底至2006年底。根据世界贸易组织条约相关条款，在过渡期内中国将逐渐开放国内市场的各个行业，引入国际竞争。以下是几个主要行业的开放承诺和进展情况：

1. 银行业

入世承诺：自入世时起，允许外国金融机构向所有客户从事外汇业务。5年内取消对外国金融机构从事人民币业务的地域限制，即到2006年年底，允许其向所有中国客户提供服务。实际开放进程：截至2004年10月末，共有62家外资银行在我国设立了204家营业性机构，其中105家已获准经营人民币业务。61家外资银行机构获准开办中资企业人民币业务，24家外资银行机构获准开办衍生产品业务，9家中资商业银行获准吸收境外投资者入股。到2004年12月，已有上海、深圳、天津、大连、广州、珠海、青岛、南京、武汉、济南、福州、成都、重庆、昆明、北京、厦门、西安、沈阳等18个城市允许外资银行经营人民币业务。

2. 保险业

入世承诺2005年后取消对保险业务的地域限制，允许外国保险公司提供健康险、团体险和养老险、年金服务，取消再保险的强制分保规定，降低对外资经纪公司的总资产要求，允许设立独资的保险经纪公司。实际开放进程：截至 2004 年 12 月，已有 40 家外资保险公司在华设立了 75 个营业机构（含筹建），超过 120 家外国机构在华设立了近 200 家代表处。

3. 证券业

入世承诺：自入世时起，允许设合资公司，从事国内证券投资基金管理，外资最多可持股 33%。入世 3 年内，可增至 49%，允许合资公司从事 A 股、B 股和 H 股及政府和公司债券的承销和交易、基金的发起。实际开放进程：截至 2004 年年底，已有 27 家境外机构获得了合格境外机构投资者（QFII）资格。中外合资证券公司和基金管理公司数量分别达 4 家和 13 家。

4. 农业

入世承诺：2005 年，农产品的关税水平降至 15.35%，农产品进口和销售无须通过国有企业和中介机构，国内农业补贴上限为 8.5%，取消对小麦等 7 类农产品的进口关税配额体制。实际开放进程：入世 3 年来，农产品配额已根据时间表逐年减低，但中国农业受到的冲击不大。农产品出口增长较快。

5. 零售业

入世承诺：到 2004 年 12 月 11 日，取消对外商投资商业企业在地域、股权和数量等方面的限制，允许外资在批发和零售企业控股。实际开放进程，2004 年 6 月，外资零售企业获准在中国境内所有省级城市开设店铺。同年 12 月 11 日后，对外商投资商业领域取消地域限制。截至 2004 年年底，已有 200 多家外国公司在中国建立了 4000 多个销售网点。全球零售企业 200 强中，已有 12.5% 的企业进入我国。

6. 汽车（轿车）

入世承诺：2005 年 1 月 1 日，取消汽车的配额、许可证管理，包括整车和零部件。汽车关税降至 30%，零部件关税降至 13%。2006 年 7 月 1 日，汽车关税降至 25%，零部件平均关税降至 10%。2006 年取消对汽车连锁店的限制。汽车制造取消国产化率要求。实际开放进程：降低关税和非关税壁垒均按入世时间表执行，发动机的配额许可证 2003 年 1 月 1 日取消，货车 2004 年 1

月 1 日取消，主要整车以及轿车 2005 年 1 月 1 日取消。

7. 电信业

入世承诺：入世 2 年内取消对外资参与增值业务的地域限制；入世 3 年内，允许外资参与固定电话国内/国际业务，6 年内取消地域限制。入世 5 年内，取消对外资参与移动和数据业务的地域限制。实际开放进程，目前进入增值电信服务领域的有 AT&T、韩国 SK 电讯等。英、法等国的电信运营商投入了一些合资项目。2004 年 12 月 11 日起，有限度地对外开放基础电信业务，外资可在上海、北京和广州设持股 30% 的合资企业，并在这些城市内及其之间提供服务。深圳、杭州等 14 个城市 2005 年内开放上述业务。

8. 石化业

入世承诺：自入世时起，降低中国原油、汽油、润滑油、燃料油和液化石油气的进口关税。入世 3 年内开放成品油零售，入世 5 年内开放成品油批发。实际开放进程：2004 年，取消对 3 大国有公司成品油进口的配额管理；新增 10 家原油进口贸易机构，其中 5 家为独立贸易商；15 家非国有企业取得原油成品油进口资格。法英相继与中方合资兴建加油站。

9. 铁路、公路运输

入世承诺：公路运输业入世后 1 年内，允许外资拥有多数股权；3 年内允许设立外资独资子公司。铁路运输业入世后 3 年内允许外资拥有多数股权；2005 年年底将允许外商设立独资公路货运和货代企业；入世 6 年内，允许设立外资独资子公司。实际开放进程：2002 年 12 月 1 日起，允许举办中外合资道路运输企业，外资比例达 75%。铁路运输放开较迟缓，尚未出现外商参股的合资铁路，也未涉足铁路运输市场。

10. 旅游业

入世承诺：最迟在 2003 年底前，取消对外资从事饭店和餐馆业务的限制。外方可在指定地点开办合营旅行社；最迟在 2003 年 1 月 1 日前，允许外资控股；最迟在 2005 年年底前，允许外商办独资旅行社，取消对合资旅行社设立分支机构的限制。实际开放进程：饭店业已全面开放。全球主要大型国际饭店集团都已进入中国市场。

近年来，我国对外经济关系呈现出新的形势和势头，由过去单一的资本输入和产业引进开始向世界各地进行资本和技术输出。根据商务部统计，2009年我国境内投资者共对全球 122 个国家和地区的 2283 家境外企业进行了直接投资，其中非金融类对外投资 433 亿美元。截至 2009 年末，我国累计对外直接投资 2200 多亿美元。我国在国际经济和地区发展中的角色来越重要，成为带动世界增长的重要一极。

11.3　我国对外开放的基本形式及内容

在不同的历史时期，根据社会经济发展的需要，我国对外经济关系的具体形式和手段不尽相同。在改革开放之初，我国的对外开放主要是通过各种措施吸收国际投资、发展出口贸易；在未来的对外经济关系中要从引进来到走出去。总体来说，我国对外经济关系的基本形式主要有：对外贸易、对外技术交流、对外资金交流、对外承包工程和劳务合作、发展国际旅游业等。

11.3.1　对外贸易

对外贸易是指一个国家（或地区）同另一个国家（或地区）进行商品或劳务交换的活动，是国内商品流通的延伸和补充。它包括进口和出口两个方面。对外贸易是对外开放经济关系中最基本、最重要的形式。其他的对外经济形式，如利用外资、引进和输出技术、国际劳务合作和对外经济援助等都与其有着密切的关系。因此，对外贸易是我国一切对外经济关系的基础，是开展对外经济交流的中心环节。

对外贸易形式是指国际间商品交换的具体形式，或是指所使用的各种具体不同特点的交易方法。国际贸易形式纷繁复杂，目前常见的有：（1）售定，是指买卖双方通过洽商，单进单出、逐笔成交。这是国际贸易中的最基本的贸易方式。（2）易货贸易，是一种把进口和出口直接联系起来，要求交易双方有进有出，货物品种相当，对等交换，进口和出口平衡的对外贸易方式。其特点是以货换货，逐笔平衡，不用外汇支付。（3）补偿贸易，是在信贷的基础上买进外国机器、设备和生产技术等，用投产后的产品或其他商品清偿贷款的一种贸易方式。（4）加工贸易，包括来料加工、来件装配、进料加工出口等贸易方式。此外，还有包销、定销、代理、寄售、展卖等交易方式。

我国进出口战略的基本点：第一，坚持以质取胜和市场多元化的战略。这一战略要求，所有出口贸易，都要注重质量和效益，形成出口增长主要依靠质量效益的机制。同时，在当今复杂的国际关系中，必须实行对外贸易的市场多元化，才能增加回旋余地，保持主动地位。第二，合理安排出口商品结构。我国出口商品的构成，虽然初步实现了从出口原料型初级产品为主向出口工业制成品为主的转变，但仍需进一步对我国出口商品的构成进行合理的安排和调整。必须根据国际市场的需要和我国的优势，积极发展具有竞争力、见效快、效益高的出口产品的生产，大力增加高质量、高档次和高附加值产品的出口数量。除继续出口各种土特产品和劳动密集型的工艺品外，积极推动资金和技术密集型产品走向国际市场。第三，加强出口商品生产体系的建设。扩大出口的最根本途径是搞好生产，生产上不去，出口就会落空。为此，必须大力发展外贸出口商品的生产，加强外贸出口商品生产基地的体系建设。重点扶植一批国有大型企业大批量地生产国际市场有发展前景、质量好、成本低、竞争力强的拳头产品出口。此外要进一步发挥中小企业和乡镇企业在出口贸易中的作用，积极发展创汇产业。第四，合理调整进口结构。进口的重点要放在利用国外资源和引进先进技术的关键设备上。凡是适宜于国内生产的重大设备和其他产品，要做到立足于国内。积极发展替代进口产品的生产，加快国产化进程。第五，建立适应社会主义市场经济发展和符合国际贸易规范的新型外贸体制，以促进我国对外开放和整个国民经济的进一步发展。

11.3.2 对外资金往来

对外资金往来是指一个国家（或地区）同其他国家（或地区）之间发生的信贷关系和投资活动。对外资金往来包括资金的引进与资金的输出。对外资金往来发生的根源，是国家（或地区）之间经济发展不平衡引起的资金剩余和资金短缺。关于资金引进。作为发展中的社会主义国家，资金短缺是我国经济建设中的突出问题。因此，引进国外资金，是我国对外资金往来的重点。

当前，我国利用外资的主要形式包括：（1）外国贷款，包括外国政府贷款、国际金融组织贷款、外国银行贷款、出口信贷。（2）外国直接投资，包括中外合资、中外合作、外商独资企业，也包括对外资开放股票市场、投资基金市场。（3）商品信贷，包括补偿贸易、对外加工与装配。（4）其他形式，包括租赁业务、信托业务、发行债券。除了资金引进外，近年来，我国的资金输出即对外投资也有了较快的发展。

为了合理有效地利用外资，必须坚持以下原则：首先，必须维护国家主权和民族利益，拒绝一切不平等和奴役性的条件。从外国吸收资金，我们不得不支付一定的代价，不得不向其支付利息和利润。然而，在利用外国资金时，决不允许附带任何政治和经济上的不平等条件。其次，举借外债的总规模不能超越国家的偿还能力。举借外债，无论其条件如何优惠，都要还本付息。所以，一个国家的借款总额不能超过其偿还能力。如果借款规模过大，就会造成债务危机。其结果，或是缩紧国内开支，影响国民经济的发展速度；或是借新债还旧债，导致国际信誉下降。因此，我们举借外债一定要量力而行。再次，注重利用外资的经济效益。利用外资不仅要掌握适度的规模，而且更要注重利用外资的效益。因此，引进外资要保证重点建设和现有企业的技术改造。要引导外资投向农业、基础设施、基础工业、高新技术产业和产品出口型项目。当前，要重点引导外资投资项目进入我国西部。最后，拓宽筹资渠道和安排不同期限的贷款。为了避免过分依赖某一两个国家和易于应付国际金融市场汇率、利率变动的风险，必须拓宽筹资渠道。为了避免在某一个较短时期内出现偿还高峰，使国家外汇支付发生困难，在对外筹资过程中，应安排不同期限的贷款。

随着我国企业国际竞争能力的增强，对外投资和跨国经营必将成为未来我国对外经济关系的一种重要形式。这种资本和技术的输出，对于我们社会主义市场经济的建设是具有多方面意义的：可以带动国内设备和材料出口，扩大创汇；可以利用外国资源，调剂国内短缺；可以直接在国外设厂，可以避开出口商品所面对的外国关税壁垒。目前，我国对外投资主要有三类：向发达国家投资，向发展中国家投资，向资源丰富的国家投资。对外投资的形式主要是向国外直接投资，即到国外开办企业，同时也购买国外债券和股票。

11.3.3　对外技术交流

对外技术交流是指一个国家（或地区）同其他国家（或地区）之间发生的对先进科学技术的引进和输出。广义地说，先进科学技术一般包括先进设备及其部件，新型和优质材料，新的原理、数据和配方，新的工艺和操作规程，先进经营管理方法。我国引进先进科学技术的主要形式包括：购买先进设备、进行技术咨询、开展许可证贸易以及通过合作生产引进先进设备等。除了技术引进外，近年来，我国的对外技术输出，特别是对发展中国家的技术输出也有了较快的发展。

从改革开放之初，我国政府就积极主动出台各种政策法规鼓励规范对外技术交流。这些相关政策措施大致分为以下几个时间段：1980 年初，我国就制定了“主要应该引进技术和进口自己不能制造的设备，必须严格控制成套设备的进口，着重引进适用而先进的技术”的政策目标。1981 年，国务院下发的《技术引进和设备进口工作暂行条例》中，又对技术引进的方针作出了明确规定。在 1985 年发布的《中华人民共和国技术引进合同管理条例》和 1987 年发布的《中华人民共和国技术引进合同管理施行细则》中，明确规定了技术引进的要求与范围。1987 年，国家制定了关于吸收外资的目标性规定，并陆续制定和实施了外资产品技术先进型企业的政策和产业导向政策。1992 年，明确提出了以市场换技术的战略，将引进先进技术作为吸引外资的核心转向，以吸引技术和知识密集型的大公司投资为重点。1995 年，国务院发布了《指导外商投资方向暂行规定》，并随后颁布了《外商投资产业指导目录》，突出了产业重点，更加适应产业结构调整的要求和有利于引进先进技术的原则。2002 年 4 月，国务院又修订了原有的《外商投资产业指导目录》，将我国对外商投资产业调整为鼓励、限制与禁止三类，其中更加重视引进先进技术产业。2003 年，科技部与商务部联合制定发布了《鼓励外商投资高新技术产品目录》。该目录是在《外商投资产业指导目录》的基础上，进一步突出了鼓励外商投资高新技术产业的目标。

技术引进，既要积极又要慎重，按照合理、经济、有利的要求，注意掌握好以下几个基本原则：

（1）引进尖端技术、最新技术和适用技术相结合。“适用技术”是指引进后能迅速提高劳动生产率、形成生产能力的技术。一个国家在工业起步时期，只能以引进“适用技术”为主。我国经过 20 多年的改革开放的快速发展，工业化程度取得了巨大的进步，对尖端技术、最新技术已具备了相当程度的吸收、消化和创新的能力，因而不能再以引进“适用技术”为主，而应该把引进尖端技术、最新技术和引进“适用技术”有机地结合起来，以推动我国科技水平迅速发展。

（2）引进技术必须和消化、吸收、创新相结合。引进技术的目的，是要提高本国科学技术水平。要实现这一目的，就必须把技术引进同本国现有企业的消化能力相结合，如果引进后不进行消化，必然会产生生吞活剥的结果，更不能达到吸收、创新的目的。如果不能把引进与消化、吸收、创新相结合，就不能进一步创造出适合本国具体情况的新技术和新设备，而且将永无止境地只能充当技术购买者的角色。

（3）引进技术要与国内制造相结合。我国进行现代化建设需要大量机械设备，这些设备主要应该由自己制造，凡是国内可以正常生产供应、并且技术性能可以满足需要的，就无需进口。引进的重点应放在生产工艺、制造技术和科学的管理技术及自己不能制造的单机、关键设备，要注意保护和发展本国的工业。

（4）引进硬件和软件相结合，以引进软件为主。引进“硬件”能迅速形成生产能力和直接受益，但从整体和长远来看，应以引进“软件”为主。因为引进“软件”具有引进“硬件”不可替代的优越性。这主要表现在：引进“软件”是掌握先进技术的捷径；引进“软件”可以节省资金。因此，必须实行引进“硬件”和“软件”相结合，以引进“软件”为主的原则。

（5）建立多头引进关系。引进是在复杂多变的国际政治经济秩序中进行的。因此，为了避免对少数国家的过分依赖，丧失科技的独立性，在技术引进中必须建立多头引进关系。

11.3.4　对外劳务合作及对外承包工程

1. 对外承包工程

对外承包工程与劳务合作，也是国际间进行经济技术合作普遍采取的具体形式。对外承包工程，是指通过承包国外工程带动劳务、技术和商品等的输出，以获取利润的一种国际经济技术合作形式。通常是由一个国家的对外承包公司承揽外国政府、国际组织和私人业主的建设项目。国际承包一般是通过投标、招标或其他协商途径签订合同，实施建设项目和承包物资采购等。专门从事对外承包业务的公司叫对外承包公司，它必须具有法人地位和银行担保。当前国际承包市场上的业务范围相等广泛，几乎涉及国民经济的所有部门。我国当前对外承包工程所采取的形式主要有：第一种形式，独立承包，即通过国际投标获取工程项目，并负责提供建设项目所需要的一切设备、建筑材料和人力。第二种形式，只承担一个建设项目的部分工程或某项专业工作。第三种形式，同外国公司合作承包建筑工程。第四种形式，只承担工程的劳务部分，即包工不包料。

2008 年 9 月政府出台了《对外承包工程管理条例》，进一步规范管理我国企业的对外承包经营活动，国家加大了政策性资金的投放，扩大双优贷款和援外工程资金规模，实施专门的工作方案，为承包工程和大型设备出口类项目提供信贷支持。我国对外承包工程的业务表现出了这样一些特点：（1）各项业务指标多年来保持了较好的增长势头。以2009年为例，新签合同额和完成合同额均保持了两位数以上的增长，与“九五计划”末的2000年相比，完成营业额增长了8.27倍，年增长率为28%；新签合同额增长了9.77倍，年增长率为30%。（2）项目大型化的趋势更为明显。根据商务部2009年的统计数据，中国对外承包工程企业的新签合同中，合同金额在5000万美元以上的项目有440个，比上年同期增加了93个，合计金额1017亿美元，占新签合同总额的81%。其中，上亿美元的项目240个，较上年同期增加了45个。（3）传统的亚非市场继续巩固，新市场开拓闪现亮点，欧洲市场、北美洲市场、大洋洲市场占到一定比例。（4）项目由传统的施工承包向更高端的业务模式发展。随着企业业务能力的不断提升和行业竞争的日趋激烈，越来越多的企业积极转变发展方式，在不断提高施工承包水平的基础上，开拓高端业务领域。（5）对外承包工程企业综合实力不断提升，央企依然是业务的主力军。“中国军团”在国际市场上的竞争力继续提升。2009年，又有50家中国承包商入选美国《工程新闻纪录》杂志（ENR）的全球最大225家国际工程承包公司排名，如表11-1。

表11-1　**2009年我国对外承包合同新签业务额前10名企业（单位：万美元）**

排名	企业名称	新签业务额
1	中国中铁股份有限公司	750000
2	中国石化工程建设公司	731224
3	华为技术有限公司	654245
4	中国建筑工程总公司	602994
5	中国土木工程集团公司	485549
6	中国水利水电建设集团公司	448901
7	中国葛洲坝水利水电工程集团公司	422835
8	上海电气集团股份有限公司	414471
9	上海振华港口机械股份有限公司	355139
10	中国港湾工程有限责任公司	325659
合计		5191017

资料来源：商务部

2. 对外劳务合作

对外劳务合作，也就是向国外派出人员提供劳务，以获取工资和其他收入的一种经济合作形式。这种劳务是与承包工程项目无关的其他劳务，主要包括：向外国承包工程公司提供的劳务人员，向国外工厂、机构提供的生产技术工人、管理人员、服务人员，向国外提供的海员、厨师等其他提供劳务的人员。

我国的对外劳务合作，同国际上通称的劳务出口在内涵上有所不同。它仅指经过政府批准经营对外承包工程和劳务合作的公司，按照同雇主所签合同的要求，选派各类专业人员到国外提供各类服务，而不包括中国在国外投资开办的金融、保险、远洋航行、航空和工商企业的从业人员，也不包括受政府派遣到国外执行援外任务的人员和自行办理出国手续在外就业的中国公民。目前，我国对外提供劳务主要有两种方式：一种是由中国的公司直接同雇主签订派遣劳务人员的合同；另一种是通过对外承包工程作为载体，输出相应的劳务。

全球年新增劳动人口约 0.45 亿，全球劳动力市场形势严峻的局面将持续。此外，受人民币升值、外币贬值、全球经济不确定因素增加等因素影响，对外劳务合作行业面临的形势依然不容乐观。从长期看，劳动力国际间流动的基本趋势并没有改变，发达国家受人口增长缓慢和老龄化等因素的影响，对引进劳务人员仍将保持一定的需求。中国可以借此机会推动对外劳务合作向高端市场发展，提高中国外派劳务人员的竞争力。

11.3.5　发展国际旅游业

国际旅游业，是向外国旅游者的旅游活动提供服务的一系列相互联系的行业。它主要由旅馆业、饮食业、交通运输业、旅行社和游览娱乐单位所组成。旅游业的主要职能是向旅游者提供进行旅游活动所需要的旅游对象物、产品和服务。旅游业是一项综合性极强的行业，它的发展，可以带动交通、邮电、城市建设、工业（特别是手工业、轻工业）、商业及其他服务行业的迅速发展。发展旅游业，还可以扩大劳动就业，促进国际科学、技术、文化的交流等。发展国际旅游业，具有以较少投资获取较多外汇收入的特点，能够促进商品“就地出口”，其成本远远低于外贸出口，对于平衡国际收入具有重要意义。

另外，我国的旅游资源得天独厚、富饶多样，是世界上旅游资源极为丰富的国家之一。我们要充分利用这个优势，积极发展国际旅游事业，为我国的市场经济建设服务。

改革开放30多年来，我国旅游业获得了迅猛的发展。1979年，我国入境旅游人数只有180.9万人次，居世界第48位；旅游创汇只有2.63亿美元，居世界第41位。到了2007年，我国入境旅游人数达1.32亿人次，其中入境过夜旅游人数达5472万人次；旅游外汇收入达419亿美元；国内旅游人数达16.1亿人次；国内旅游收入达7771亿元；旅游业总收入达1500亿美元，折合人民币首次突破1万亿元，达1.09万亿元；出境旅游达4095万人次。我国已成为全球第四大入境旅游接待国、亚洲最大出境旅游客源国。

11.4 新形势下对外开放与经济安全

在经济全球化条件下，任何一个参与其中的国家和组织在共享全球经济增长成果的同时，不可避免的要应对经济全球化的风险。从1997年的亚洲金融风暴到2008年的全球经济危机，中国经济虽然侥幸独善其身，但在新形势下也对外开放的国家经济安全问题提出了新的思考。

11.4.1 全球化条件下国家经济安全的内容

国家经济安全主要是指一国在经济发展过程中能够有效消除和化解潜在风险，抗拒外来冲击，以确保国民经济持续、快速、健康发展，确保国家经济主权不受分割的一种经济状态。其主要内容包括：一国经济主权独立，基础稳固，运行健康，增长稳定，发展持续；在国际经济生活中具有自主性、抗风险和竞争力；不至于因为局部问题的演变而使整个经济受到冲击和遭受过多的损失；能够避免或化解可能发生的局部性或全局性的危机。

11.4.2 全球化条件下危害国家经济安全的因素

在经济全球化条件下，危害国家经济安全的主要因素有：（1）国家支持危机。这是一国范围内的政府财政支付短缺而形成的危机状态，严重的将使国民经济崩溃。（2）金融风险。在全球化进程中，随着金融服务贸易的全球化和金融工具的产生和创新，投资和金融自由化速度加快，国际游资和投机资本的大量出现，使全球潜伏着巨大的金融风险。20世纪末的亚洲金融危机和21世纪初的世界金融危机就是典型的例子。（3）产业安全和贸易被外控。随着贸易自由化的进程，外贸依存度加大，外贸在国民经济中比重加大。同时，国家产业的开放，日益对民族产业带来冲击，产品和贸易被外控，一旦国际市场波动过大，就会将潜在的危机演变成现实危害。（4）资源被侵害。资源是国家的经济命脉，也是国际经济竞争的焦点。发展中国家的得天独厚的经济资源往往成为大国的争夺的热点。资源被侵害，长期形成的生态格局被打破，对国家经济安全也将构成巨大威胁。（5）信息和技术损失。经济全球化条件下，信息和技术共享和自保并存。在一定时效内，经济信息和技术具有排他性，也是重要的国家资源。国际范围内的经济信息和技术的外泄也将危害经济安全。

11.4.3　全球化条件下维护我国经济安全的几个关键问题

1. 加快建立“三控式”民族企业集团

所谓“三控”就是控股（资本）、控牌（品牌）和控技（技术），只有实行“三控”的企业才能形成较完全的民族经济。在全球化飞速发展的今天，国家经济安全越发显得重要，而对于发展中国家来说，国家经济安全的核心在于民族产业的安全。民族产业的具体判别标准就是从资本、品牌和技术等多层面加以设定的。从资本来看，我国对外资的依赖度已经大大减少。近年来，钱纳里针对发展中国家工业化过程中资本短缺所提出的“双缺口”（储蓄缺口和外汇缺口），在中国正加速演变成“双溢出”。目前，中国已经成为世界第 8 大资本来源国。从品牌来看，我国品牌建设亟待加强。据统计，我国现有的 28 万家“三资”企业中，有 90% 以上的企业使用外方商标，如广州的“洁花”与美国宝洁合资后被“海飞丝”与“潘婷”所代替，“荣事达”与美国美泰克合资后改名为“美泰克”等。从技术来看，只有重点发展民族技术，才有可靠的基础。在发展中国家开放过程中一个响亮的口号就是“以市场换技术”，但往往在失去较大市场份额后，并没有获得多少高新技术，自我开发和创新能力没有提高，技术依赖性很大。

2. 力争平等，谋求对半式双赢

积极主张加入全球化进程的一个主要理由是，参与全球化是一个双赢的行为。但所谓的双赢就是大家都得到好处，至少一方不会变得更坏、能否同等的获利，就不再考虑了。事实是显而易见的，在国际经济事务中，发达国家总是处于主导位置、利益的核心位置，很多发展中国家并不能获得平等的利益。当前，我国还不能改变在国际经济事务中的弱势地位，但参与经济全球化的过程，首先就是要求能平等的参与规则的制定，最大限度的谋求本国利益。我们要求的双赢应该是“对半式”双赢，即要努力争取获得同等比例的利益。即使在某些问题上暂时做不到，需要妥协，也不能放弃目标。只有这样，才能防止被滑落到很可能来临的新一轮“中心—边缘“世界格局中去。

3. 为本国企业争取好的国际环境，对外企实行国民待遇

面临全球化的冲击，各国政府的一个重要作用在于为本国企业争取一个有利的环境，对缺乏竞争力的发展中国家的企业尤其如此。当前，我国政府首先能做并且应该做的是，对外资企业实行国民待遇。但长期以来，一些发展中国家为了能较大地吸收外来资本，反而对外资企业实行一种较国内资本更有利、更优惠的政策待遇，即“超国民待遇”。迄今为止，中国还在对外资企业实行这种“超国民待遇”，其结果是地区差距扩大，引起不平等竞争，恶化了市场环境。从实践来看，对外资企业的国民待遇也意味着对外企的优惠，如根据工商国际公司的研究报告，最大的122家以美国为基地的跨国公司在外国的经营利润高于本国。而且，我国的投资环境和条件已经不需要给予外企以优惠条件作为补充。

4. 应对全球化的根本之策：加大教育投入，创造知识资源

在新的国际竞争形势下，经济的发展越来越倚重于科技，高科技产业已成为世界经济的龙头和支柱产业，谁掌握了高科技，谁就将在全球化竞争中获胜。全球化是一场国家、部门、企业和产品生产率的竞争。经济全球化意味着生产、贸易、金融等跨国发展，要求生产、贸易等在世界范围内享受统一的国民待遇。因此，各国政府不能对本国的公司实行补贴，也越来越难通过关税或非贸易壁垒等措施保护本国的产业。所以，政府在扶持本国产业的作用方面就应该有所应变，主要注重提高本国的生产力，以提高本国公司的竞争力，提高在国际贸易中要素贸易条件。

本章小结

1. 对外开放，一方面是指国家积极主动地扩大对外经济交往；另一方面是指放宽政策，放开或者取消各种限制，采取开放

国内市场和国内投资场所，发展开放型经济。对外开放，是实现我国社会主义市场经济条件下的一项长期的基本国策，是建设有中国特色社会主义的历史性选择。伴随全球经济一体化趋势的加强，国际分工合作深入到每一个国家和地区，这对我国的社会主义市场经济对外开放提出了新的要求和挑战。

2. 自20世纪80年代以来，我国开始积极参与国际经济活动，并制定了一系列发展战略。总体来说，我国对外开放基本格局的形成大致经历了四个阶段。从空间的布局上看，基本上采用了梯度发展和开放的战略，先开放沿海和沿边地区，然后再逐步开放内陆和中西部地区，最后实现全面的开放。如果说从1978年到20世纪90年代对外开放的四步走发展战略是按地域顺序，从物理空间上的逐层开放，2001年12月11日中国加入世贸组织，则是从行业和规则上的纵深开放和全面接轨。从2001年12月11日至2006年12月11日为加入WTO过渡期，加入WTO过渡期又可分为前后两个阶段。前过渡期，从2001年底至2004年年底；后过渡期，从2004年年底至2006年年底。根据世界贸易组织条约相关条款，在过渡期内中国将逐渐开放国内市场的各个行业，引入国际竞争。

3. 在不同的历史时期，根据社会经济发展的需要，我国对外经济关系的具体形式和手段不尽相同。在改革开放之初，我国的对外开放主要是通过各种措施吸收国际投资，发展出口贸易；在未来的对外经济关系中要从引进来到走出去。总体来说，我国对外经济关系的基本形式主要有：对外贸易、对外技术交流、对外资金交流、对外承包工程和劳务合作、发展国际旅游业等。

4. 在经济全球化条件下，任何一个参与其中的国家和组织在共享全球经济增长成果的同时，不可避免的要应对经济全球化的风险。从1997年的亚洲金融风暴到2008全球经济危机，中国经济虽然侥幸独善其身，但对新形势下对外开放的国家经济安全问题提出了新的思考。

关键术语

对外开放　　对外经济关系　　世界贸易组织

开放条件下国家经济安全

思考题

1. 我国发展对外开放的理论依据和实践要求有哪些？
2. 我国对外开放的主要形式和内容有哪些？
3. 我国对外开放的战略目标和步骤有哪些？
4. 如何在对外开放过程中保障国家经济安全？

补充阅读

实施“引进来”和“走出去”相结合的开放战略

“引进来”和“走出去”是我国对外开放基本国策两个紧密联系、相互促进的方面，缺一不可。这个指导思想一定要明确。

改革开放以来特别是近些年来，由于我们积极吸收外来资金，努力学习和借鉴国外先进技术和管理经验，促进了国民经济持续发展，增强了我国的综合国力和国际竞争力。通过摸索和实践，我们已经积累了不少利用外资的重要经验，包括把握有利时机、采取多种形式大胆引进外资，坚持利用外资同国内经济发展战略有机结合。现在，世界经济、科技和综合国力的竞争日益激烈，我国利用外资工作既面临新的机遇，也遇到新的挑战。我们要更加努力地完善全方位、多层次、宽领域的对外开放格局，把利用外资提高到新水平。要着眼于提高国民经济的素质和效益，增强综合国力和国际竞争力，坚持积极合理有效利用外资的方针。要在优化结构、注重质量和效益的基础上，保持外资稳定增长。要积极引导外资投向农业、高新技术产业、基础设施建设，兴办产品出口型项目。要加强对外商投资企业的引导和依法监管，不断改善投资环境。同时要正确处理对外开放和独立自主、自力更生的关系，切实维护国家经济安全。

另外一个方面，就是我们不仅要积极吸引外国企业到中国投资办厂，也要积极引导和组织国内有实力的企业走出去，到国外去投资办厂，利用当地的市场和资源。视野要放开一些，既要看到欧美市场，也要看到广大发展中国家的市场。发展中国家的生产力水平比发达国家低，对产品和技术要求相对也低一些，但市场十分广阔。在努力扩大商品出口的同时，必须下大力气研究和部署如何走出去搞经济技术合作。我们要进一步抓紧这方面的研究、部署和组织实施工作，争取在两三年时间内取得明显成效。关键是要有领导有步骤地组织和支持一批国有大中型骨干企业走出去，形成开拓国外投资市场的初步规模。这是一个大战略，既是对外开放的重要战略，也是经济发展的重要战略。

——摘自《江泽民文选》第二卷，第 91-94 页

第12章 社会主义经济增长和经济发展

12.1 社会主义经济增长

12.1.1 经济增长的内涵与特点

经济增长通常是指一个国家或地区在一定时期（通常为一年）内由于生产要素投入增加或者效率提高引起的商品或服务总量的增长情况，通常用GDP或人均GDP的增长情况来表示。用公式表示为：

$$G_n = \frac{Y_t - Y_{t-1}}{Y_{t-1}}$$

其中，G_n表示经济增长率，Y_t表示t时期GDP，Y_{t-1}表示t-1时期GDP。

从经济增长的含义看，经济增长具有速度性、稳定性和持续性三个特点，是速度性、稳定性和持续性三者的统一。

1. 速度性

经济增长必须保持一定的速度。在社会主义条件下，人民群众不断增长的物质和文化生活需要要求一定的经济增长来满足。不仅如此，由于人口规模过大，即使人口增长有所控制，人口也还是要以一定速度增长，面对规模庞大的人民群众日益增长的物质和文化生活需要，社会主义国家的经济增长必须有比人口增长更快的速度。最后，社会主义制度的优越性体现在它的生产力要比资本主义发展更快、更高，这也是社会主义最终战胜资本主义的物质前提。从这个意义上说，社会主义经济增长必须保持一定的速度，低速度就等于停步，甚至等于倒退。

由于经济增长是依靠各种资源投入的增加以及每一单位资源投入的产出增加来实现的，因此，经济增长的速度取决于两个基础：一个是资源投入基础；另一个是单位资源投入的产出，即效益基础。

2．稳定性

社会主义经济制度的建立，克服了资本主义的基本矛盾，因而消除了经济发生周期性波动的制度因素。但是这不等于说社会主义经济中不会出现波动，因为导致经济波动的原因除了制度因素外，还有非制度的因素。我国改革开放以来国民经济增长出现多次波动的事实就证明了这一点。

经济波动是指经济运行过程中扩张与收缩、景气与不景气的交替状况。经济增长的稳定性不是说经济增长没有波动，而是指经济增长过程不出现大起大落的不正常现象。对经济增长造成灾难性打击的是经济增长过程出现大起大落。“大起”的速度无国力基础，最终必然要“大落”，而速度的“大落”意味着生产力的破坏和浪费。强调经济增长的稳定性说到底就是要防止和克服经济增长过程的大起大落。正如美国学者格雷戈里和罗伯特所说：“经济增长的稳定性问题在实践中具有重要的意义。因为任何一个时点的经济潜力的损失都是不可弥补的。如果某一体制由于周期的不稳定，在各个时点上都未能发挥它的潜力。那就无法实现它在整个时期内的可能增长。”①

3．持续性

经济增长不仅要求有一定的速度和稳定性，而且要求有一定的时间，即经济增长的持续性问题。无论经济增长速度如何快，稳定性如何强，如果经济增长的时间短，那就说明这个经济增长缺乏持续性。

经济增长的持续性要求，经济增长必须处理好短期增长和长期增长、局部增长和全局增长的关系。只有这样，经济增长才可能是持续的。

① 转引自吴树青等. 政治经济学（社会主义部分）［M］. 北京：中国经济出版社，1997：260.

12.1.2 影响经济增长的因素

1. 劳动力

劳动力要素投入的增长是经济增长的必要条件，没有一定劳动力数量投入，经济增长是不可能的。另一方面，如果人口规模过大，反过来也会削弱经济增长。因此，经济增长有与其相应的最佳人口规模。这就是，在一个国家特定时期内，当资本、技术、土地等生产要素投入不变时，有一个能使经济增长最大的人口规模。我国经济增长碰到的突出问题是人口增长过快，从而造成了严重的就业压力，削弱了资本积累能力，使其他生产要素显得更为短缺，并最终成为经济增长的负担。

劳动力对经济增长的影响还表现在消费方面。在社会主义条件下，劳动者的消费不仅是社会再生产的条件，而且也是社会再生产的根本目的。改革开放以来，人民的消费不断增长，目前已基本达到小康水平。但是必须看到，我国目前人民的消费仍具有低收入国家的特征，消费对经济增长的贡献还不大。促进消费需求的稳步增长，是推进国民经济稳步增长的重要方面。

2. 资本

资本要素投入的增长也是经济增长必不可少的条件。资本要素投入的增长，取决于经济增长过程的资本积累和引进外资的程度。改革开放以来，我国的经济增长主要是依靠资本要素投入而形成的。

资本投入影响经济增长。同样，对资本投入的需求也是经济增长的重要方面。目前，我国的投资需求比较旺盛，成为经济增长的一个重要源泉。

3. 土地等自然资源

土地等自然资源要素对经济增长具有极大的制约性。马克思曾经指出："劳动生产率是同自然条件相联系的，外界自然条件在经济上分为两类：生活资料的自然资源，如土地、水等；劳动资料的自然资源，如河流、煤炭等。在经济发展初期，第一类自然资源具有决定性的意义，在较高发展阶段，第二类自然资源具有决定性的意义。"① 我国自然资源总量不足，人均自然资源更少，

① 马克思. 资本论（第1卷）[M]. 北京：人民出版社，1975：500.

改善自然资源的供给条件对于经济增长显得非常重要。

4. 科学技术

技术是经济增长的一个重要因素，在现代经济增长中，科学技术作为第一生产力发挥作用。长期以来，我国经济增长依靠劳动、资本等要素投入，而忽视了技术对经济增长的作用。目前，我国技术进步对经济增长的贡献不仅低于发达国家，也低于发展中国家的平均水平。加快科技进步已经成为我国经济增长的重要任务。

5. 制度和环境因素

制度与经济增长的关系在于制度对推动经济增长的技术、人力、资本等要素有重要影响。

发展经济学家刘易斯在对制度与经济增长的一致性的研究中得出结论：制度对经济增长的促进作用取决于制度把努力和报酬联系起来的程度，取决于制度专业化和贸易所提高的范围，以及制度允许寻求并抓住经济机会的自由。例如，一个国家的教育制度影响到该国的科技人员素质，进而影响到该国的技术水平与人力资源状况；专利保护制度影响到个人利益动机，关系到该国技术革新的程度；股份公司、有限公司和有助于扩大公司的法规，都促进了积累足够资本，实现体现在采用新技术的生产和交换过程中规模经济。

经济增长除制度因素外，还受外部环境因素的影响，包括和平安定的国际、国内环境；良好的投资环境、人文环境及国际经济环境等。

12.1.3　经济增长方式的转变

1. 经济增长方式转变的必然性

经济增长必须有其相应的方式。20 世纪 80 年代以前，我国实行的是高度集中的计划经济体制，排斥市场机制的作用，并选择了以重工业化为主要内容的赶超战略，片面追求高速度、高产值，导致经济效益低下，人力、物力、财力造成极大浪费。

改革开放以后，随着经济的快速增长和改革的不断深入，经济建设中片面追求增长的高速度和高产值，不注重降低成本，忽视经济效益的问题越来越突出。一讲经济增长便要增加投入，而一旦高投入超出了国力，经济便要调整；

调整又是紧缩投入，投入减少，速度下滑，效益下降，经济增长过程被打断。显然，要改变经济增长的不良循环，必须转变经济增长方式。

中国共产党第十四届五中全会通过的《中共中央关于制定国民经济和社会发展“九五”计划和2010年远景目标纲要》提出，实现我国未来宏伟目标的关键之一是经济增长方式必须由粗放型向集约型转变，中国共产党第十五次全国代表大会报告和决议中又重申要积极推进经济增长方式从粗放型向集约型转变。

2. 我国经济增长方式转变的途径

（1）建立健全市场机制，奠定增长方式的体制基础。

中国共产党第十四届五中全会通过的《中共中央关于制定国民经济和社会发展“九五”计划和2010年远景目标的建议》指出：“实现经济增长方式从粗放型向集约型转变，要靠经济体制改革，形成有利于节约资源、降低消耗、增加效益的企业经营机制，有利于自主创新的技术进步机制，有利于市场公平竞争和资源优化配置的经济运行机制。”

建立健全市场机制，主要做好以下方面的工作：第一，建立统一开放、竞争有序的市场体系，充分发挥市场配置资源的基础性作用。第二，进一步改革价格体制，创造资源合理流动的市场环境。第三，建立规范、有序、高效率的市场竞争机制。积极培育市场主体，深化国有企业改革，使其真正成为自主经营、自负盈亏、自我约束、自我发展的经济主体。完善立法体制，改革立法程序，为规范、有序的竞争提供法律保障。改善和加强对市场的管理和监督，建立正常的市场进入、市场竞争和市场交易秩序，规范各种竞争行为，创造公平竞争环境，保证公平交易、平等竞争，保护经营者和消费者的合法权益。

（2）建立现代企业经营机制，奠定经济增长方式转变的微观基础。

经济增长方式的转变与否，取决于能否形成有利于节约资源、降低消耗、增加效益的企业经营机制。而现代企业制度的基本特征是“产权清晰、权责明确、政企分开、管理科学”。建立了现代企业制度，企业就能成为真正的市场主体，也就会焕发其内在活力，提高整体素质，积极参与市场竞争，为经济增长方式的转变创造富有活力和生机的微观基础。

（3）转变政府职能。

政府职能转变的目标，就是真正实现政企分开。因此，要进一步明确政府的职能。政府在经济管理中的主要职能是制定和执行宏观调控政策，搞好宏观调控，保持经济总量的基本平衡，促进经济结构的优化，搞好基础设施的建设，创造良好的经济发展环境。同时，要培育市场体系，监督市场运行和维护平等竞争的市场秩序，调节社会分配和组织社会保障，控制人口增长，保护自然环境和生态环境，管理国有资产和监督国有资产经营，实现国家的经济和社会发展目标。把不应由政府行使的职能转给企业、市场和社会中介组织。

政府职能转变应该按照精简、统一、效能的原则，着手制定进一步改革和调整政府机构的方案，深化行政管理体制和机构改革。

(4) 加强和改善宏观调控。

加强和改善宏观调控，必须完善宏观调控体系，深化计划、财政、金融、投资等体制改革；另一方面，要建立起相互配合和制约、能够综合协调宏观经济政策和正确运用经济杠杆的机制。共同搞好总量平衡，结构优化，促进经济增长方式的转变，实现经济的持续、快速、健康发展。

(5) 加快科技产业化和科技成果的转化。

加快科技产业化和科技成果的转化，实现科技和经济的紧密结合，是经济增长方式转变的关键之一。具体要做好以下工作：第一，以市场为导向，深化经济体制和科技体制改革。进一步发展技术市场，建立公平、公正、公开的技术市场秩序，壮大技术中介组织和经纪人队伍。优化科研组织结构，合理分流科技人才。第二，加大科技投入。目前我国科技投入占国民生产总值的比重只有0.5%～0.7%，比发达国家的2%～3%和发展中国家的1.5%左右还低，成为制约我国经济增长方式转变的重要因素之一。因此，要采取多种方式，多渠道、多层次的增加科技投入，逐步使企业成为科技投入的主体。第三，建立以企业为主的技术进步机制，让企业成为技术开发、科技投入、技术改造和新技术、新产品开发与产业化的承载主体。第四，大力发展教育事业，提高劳动者的素质。

(6) 提高对外开放水平。

在搞好改革的同时，必须提高对外开放水平，为经济增长方式的转变创造有利条件。为此要深化外贸体制改革，提高国际竞争力；要抓紧建立统一规范对外开放战略体系；加大实施以质取胜和科技兴贸的力度，优化结构，实现出口产业的战略升级；提高外资引进及其运营质量，更好地为国民经济发展服务。

12.2 社会主义经济发展

12.2.1 经济发展的内涵

经济发展是指一个国家或地区伴随经济增长而出现的社会经济结构，包括投入结构、产出结构、分配结构、消费结构，以及社会福利、文教卫生、群众参与经济及社会发展的程度等在内的各种结构的优化、社会发展程度的提高、社会和个人福利的增进以及居民生活质量提高。显然，经济发展是一个比经济增长含义更广泛的范畴，不仅包括数量的增长，而且还包括国民经济质量的提高，经济结构的协调和优化。

经济发展同经济增长是两个既有联系又有区别的概念。从联系上看，经济发展的核心在于社会和个人福利的增进以及居民实际生活质量的提高。因此，经济发展必须以经济增长为物质前提。从一定意义上讲，没有经济增长就不会有经济发展，因为没有经济增长就不可能实现结构的优化，也不可能实现居民实际生活质量的提高和福利的增进。

另一方面，经济发展与经济增长是有区别的。表现在单纯的经济增长并不等于经济发展。如果经济增长是在低效益即过多的投入基础上达到的；或者经济增长是在损害经济结构优化的情况下达到的，如工农业结构及积累同消费结构遭到损害；或者经济增长带来的不是整个社会和居民的福利的普遍增进，而是出现了收入与分配上的极端不公，两极分化等，都只能说是有经济增长而无经济发展。

正确认识和处理经济发展和经济增长的关系，要求我们首先要注重经济增长，抓住有利时机把经济搞上去；同时更要注重经济发展，在产出不断增长的基础上，使社会经济结构不断优化，社会和个人的福利不断增进，居民实际生活质量不断提高。

12.2.2 经济发展战略

1. “三步走”发展战略

经济发展必须要选择和制定与之相适应的经济发展战略。在传统计划经济体制下，我国选择了一种强调数量增长和以粗放型为主的封闭经济发展模式，并先后于 1956 年、1964 年和 1978 年提出了三个现代化战略。尽管这三个战略的实施在特定历史条件下起过一定的积极作用，但随着时间的推移，它的弊端日益明显。主要表现在：农轻重比例严重不合理；高投入、高积累与低产出、低效益相联系；重积累、轻消费使人民得到的实惠不多；区域发展失衡；资源浪费严重；经济发展呈大起大落格局等。邓小平在剖析我国传统经济发展模式的弊端时明确指出："我国的现代化实际上从 1958 年开始到 1978 年的 20 年是被耽误了，主要是太急，政策偏'左'，结果不但生产力没有顺利发展，反而受到了阻碍。"①

在总结以往发展战略的经验教训的基础上，联系我国社会主义初级阶段的实际，邓小平同志提出了"分三步走"，基本实现现代化的台阶式发展战略。这就是："我国经济发展分三步走，本世纪走两步，达到温饱和小康，下个世纪用三十年到五十年时间再走一步，达到中等发达国家水平。"② 这一战略主要包含以下要点：

第一，战略目标是实现四个现代化，把我国建设成为社会主义强国。邓小平在 1979 年党的理论工作务虚会上明确指出："我们当前和今后相当长一个历史时期的主要任务是什么？一句话，就是搞现代化建设。能否实现四个现代化，决定着我们国家的命运，民族的命运。"③ 随后，邓小平又提出了现代化的量化指标，即到本世纪末（20 世纪）达到小康水平。他说："我们提出四个现代化的最低目标，是到本世纪末达到小康水平。所谓小康，从国民生产总值来说，就是人均达到八百美元。"④ 到了 20 世纪 80 年代，邓小平进一步规划了我国下一个世纪的发展目标。他说："更重要的是，有了小康这个基础，再过五十年，达到人均四千美元的水平，那时中国是个中等发达国家了。"⑤

第二，战略步骤是"分三步走"。邓小平在 1987 年在会见西班牙客人时明确提出了"分三步走"实现战略目标的台阶式发展战略。他说："从十一届三中全会开始，我们制定了一系列新的方针政策，实践证明是正确的。但我们毕竟是开步走。我们原定的目标是，第一步在 80 年代翻一番，人均国民生产

① 邓小平．邓小平文选（第 3 卷）[M]．北京：人民出版社，1993：227.
② 邓小平．邓小平文选（第 3 卷）[M]．北京：人民出版社，1993：251.
③ 邓小平．邓小平文选（第 2 卷）[M]．北京：人民出版社，1993：162.
④ 邓小平．邓小平文选（第 3 卷）[M]．北京：人民出版社，1993：64.
⑤ 邓小平．邓小平文选（第 3 卷）[M]．北京：人民出版社，1993：216.

总值500美元。第二步是到本世纪末再翻一番，人均达到1000美元。实现这个目标意味着我们进入小康社会。我们制定的目标更重要的是第三步，在下世纪用三十到五十年时间再翻两番，大体达到人均4000美元。做到这一步，中国就达到中等发达国家的水平。这是我们的雄心壮志。目标不高，做起来可不容易。”①

第三，战略重点是农业、能源和交通、教育和科学。因为农业是国民经济的基础，能源交通是支撑经济发展的基础产业，科学技术是第一生产力，不抓教育不行。

2. 实现全面建设小康社会奋斗目标的新要求

进入21世纪，特别是党的十七大以来，我们适应国内外形势的新变化，顺应各族人民过上更好生活的新期待，把握经济社会发展趋势和规律，坚持中国特色社会主义经济建设、政治建设、文化建设、社会建设的基本目标和基本政策构成的基本纲领，确立了全面建设小康社会目标的基础上对我国经济发展提出了新的更高要求。这就是：

第一，增强发展的协调性，努力实现经济又好又快发展。为此，必须在转变发展方式上取得重大进展，在优化结构、提高效益、降低消耗、保护环境的基础上，实现人均国内生产总值到2002年比2000年翻两番。这就要求，社会主义市场经济体制更加完善；自主创新能力显著提高，科技进步对经济增长的贡献大幅上升；居民消费率稳步提高；形成消费、投资、出口协调拉动经济增长的格局；城乡、区域协调相互发展机制和主体功能区布局基本形成；社会主义新农村建设取得重大进展；城镇人口比重明显增加。

第二，扩大社会主义民主，更好保障人民权益和社会公平正义。这就要求公民政治参与有序扩大；依法治国基本方略深入落实，全社会法制观念进一步增强，法治政府建设取得新成效；基层民主制度更加完善；政府提供基本公共服务能力显著增强。

第三，加强文化建设，明显提高全民族文明素质。这就要求社会主义核心价值体系深入人心，良好思想道德风尚进一步弘扬；覆盖全社会的公共文化服务体系基本建立，文化占国民经济的比重明显提高、国际竞争力显著增强，适应人民需要的文化产品更加丰富。

---

① 邓小平．邓小平文选（第3卷）［M］．北京：人民出版社，1993：226.

第四，加快社会事业发展，全面改善人民生活。这就要求现代国民教育体系更加完善，终身教育体系基本形成，全民受教育程度和创新人才培养水平明显提高；社会就业更加充分；覆盖城乡居民的社会保障体系基本建成，人人享受基本生活保障；合理有序的收入分配格局基本形成，中等收入者占多数，绝对贫困现象基本消除；人人享受基本医疗卫生服务；社会管理体系更加健全。

第五，建设生态文明，基本形成节约能源资源和保护生态环境的产业结构、增长方式、消费模式。这就要求循环经济形成较大规模，可再生能源比重显著上升；主要污染物排放得到有效控制，生态环境质量明显提高；生态文明观念在全社会牢固树立。

12.2.3　抓紧机遇，促进国民经济又好又快发展

实现未来经济发展目标，必须抓紧机遇，促进国民经济又好又快发展。只有这样，我国社会主义经济实力才能进一步增强，社会主义市场经济的强大生机和活力才能得到彰显。

当前，我国经济发展面临重要机遇。主要表现在：

第一，和平与发展是当今世界两大趋势，我国可以充分利用这一国际大环境专心致志地发展本国经济。

第二，国际经济秩序的演变为我国扩大对外开放提供了更大的空间。国际分工新格局的形成使国与国之间的经济联系越来越密切，不仅发展中国家的发展需要发达国家先进技术、管理与资本，而且发达国家的发展也依赖于发展中国家的市场。

第三，新技术革命进入一个新阶段，为我国缩短与西方发达国家的差距提供了条件。在当今世界，科技进步日益成为经济发展的决定性因素，一国的国际竞争力直接与其科技水平相关。因此，如果我们能抓紧这一有利时机，积极引进先进技术，同时加强技术创新，实现产业结构的高级化，就有可能加快经济发展。

第四，良好的国内政治经济形势为我国今后进一步加快发展奠定了坚实的基础。党的十一届三中全会以来，改革开放和现代化建设取得巨大成就，为进一步的经济发展与体制改革奠定了坚实基础，同时，人民生活水平不断提高，民主化进程不断加深，政治稳定，从而为改革开放和现代化建设创造了更为有利的政治条件。正如邓小平同志所说：“从根本上说，手头的东西多了，我们

在处理各种问题时就立于主动地位。”①

抓紧机遇，加快发展，关键要在加快经济发展方式、完善社会主义市场经济体制方面取得重大进展。要大力推进经济结构战略性调整，更加注重提高自主创新能力、提高节能环保水平、提高经济整体素质和国际竞争力。要深化对社会主义市场经济规律的认识，从制度上更好地发挥市场在资源配置中的基础性作用，形成有利于科学发展的宏观调控体系。具体来说，要做好以下几个方面的工作：

第一，提高自主创新能力，建设创新型国家。这是国家发展战略的核心，是提高综合国力的关键。要坚持走中国特色自主创新道路，把增强自主创新能力贯彻到现代化建设各个方面。认真落实国家中长期科学和技术发展规划纲要，加大对自主创新投入，着力突破制约经济社会发展的关键技术。加快建设国家创新体系，支持基础研究、前沿技术研究、社会公益性技术研究。加快建立以企业为主体、市场为导向、产学研相结合的技术创新体系，引导和支持创新要素向企业集聚，促进科技成果向现实生产力转化。深化科技管理体制改革，优化科技资源配置，完善鼓励技术创新和科技成果产业化的法制保障、政策体系、激励机制、市场环境。实施知识产权战略。充分利用国际科技资源。进一步营造鼓励创新的环境，努力造就世界一流科学家和科技领军人才，注重培养一线的创新人才，使全社会创新智慧竞相迸发、各方面创新人才大量涌现。

第二，加快转变经济发展方式，推动产业结构优化升级。这是关系国民经济全局紧迫而重大的战略任务。要坚持走中国特色新型工业化道路，坚持扩大国内需求特别是消费需求的方针，促进经济增长由主要依靠投资、出口拉动向依靠消费、投资、出口协调拉动转变，由主要依靠第二产业带动向依靠第一、第二、第三产业协同带动转变，由主要依靠增加物质资源消耗向主要依靠科技进步、劳动者素质提高、管理创新转变。发展现代产业体系，大力推进信息化与工业化融合，促进工业由大变强，振兴装备制造业，淘汰落后生产能力；提升高新技术产业，发展信息、生物、新材料、航空航天、海洋等产业；发展现代服务业，提高服务业比重和水平；加强基础产业基础设施建设，加快发展现代能源产业和综合运输体系。确保产品质量和安全。鼓励发展具有国际竞争力的大企业集团。

---

① 邓小平．邓小平文选（第3卷）［M］．北京：人民出版社，1993：377.

第三，统筹城乡发展，推进社会主义新农村建设。解决好农业、农村、农民问题，事关全面建设小康社会大局，必须始终作为全党工作的重中之重。要加强农业基础地位，走中国特色农业现代化道路，建立“以工促农、以城带乡”长效机制，形成城乡经济社会发展一体化新格局。坚持把发展现代农业、繁荣农村经济作为首要任务，加强农村基础设施建设，健全农村市场和农业服务体系。加大支农惠农政策力度，严格保护耕地，增加农业投入，促进农业科技进步，增强农业综合生产能力，确保国家粮食安全。加强动植物疫病防控，提高农产品质量安全水平。以促进农民增收为核心，发展乡镇企业，壮大县域经济，多渠道转移农民就业。提高扶贫开发水平。深化农村综合改革，推进农村金融体制改革和创新，改革集体林权制度。坚持农村基本经营制度，稳定和完善土地承包关系，按照依法、自愿、有偿原则，健全土地承包经营权流转市场，有条件的地方可以发展多种形式的适度规模经营。探索集体经济有效实现形式，发展农民专业合作组织，支持农业产业化经营和龙头企业发展。培育有文化、懂技术、会经营的新型农民，发挥亿万农民建设新农村的主体作用。

第四，加强能源资源节约和生态环境保护，增强可持续发展能力。坚持节约资源和保护环境的基本国策，关系人民群众切身利益和中华民族生存发展。必须把建设资源节约型、环境友好型社会放在工业化、现代化发展战略的突出位置，落实到每个单位、每个家庭。要完善有利于节约能源资源和保护生态环境的法律和政策，加快形成可持续发展体制机制。落实节能减排工作责任制。开发和推广节约、替代、循环利用和治理污染的先进适用技术，发展清洁能源和可再生能源，保护土地和水资源，建设科学合理的能源资源利用体系，提高能源资源利用效率。发展环保产业。加大节能环保投入，重点加强水、大气、土壤等污染防治，改善城乡人居环境。加强水利、林业、草原建设，加强荒漠化石漠化治理，促进生态修复。加强应对气候变化能力建设，为保护全球气候作出新贡献。

第五，推动区域协调发展，优化国土开发格局。缩小区域发展差距，必须注重实现基本公共服务均等化，引导生产要素跨区域合理流动。要继续实施区域发展总体战略，深入推进西部大开发，全面振兴东北地区等老工业基地，大力促进中部地区崛起，积极支持东部地区率先发展。加强国土规划，按照形成主体功能区的要求，完善区域政策，调整经济布局。遵循市场经济规律，突破行政区划界限，形成若干带动力强、联系紧密的经济圈和经济带。重大项目布局要充分考虑支持中西部发展，鼓励东部地区带动和帮助中西部地区发展。加大对革命老区、民族地区、边疆地区、贫困地区发展扶持力度。帮助资源枯竭地区实现经济转型。更好发挥经济特区、上海浦东新区、天津滨海新区在改革开放和自主创新中的重要作用。走中国特色城镇化道路，按照统筹城乡、布局合理、节约土地、功能完善、以大带小的原则，促进大中小城市和小城镇协调发展。以增强综合承载能力为重点，以特大城市为依托，形成辐射作用大的城市群，培育新的经济增长极。

第六，完善基本经济制度，健全现代市场体系。坚持和完善公有制为主体、多种所有制经济共同发展的基本经济制度，毫不动摇地巩固和发展公有制经济，毫不动摇地鼓励、支持、引导非公有制经济发展，坚持平等保护物权，形成各种所有制经济平等竞争、相互促进新格局。深化国有企业公司制股份制改革，健全现代企业制度，优化国有经济布局和结构，增强国有经济活力、控制力、影响力。深化垄断行业改革，引入竞争机制，加强政府监管和社会监督。加快建设国有资本经营预算制度。完善各类国有资产管理体制和制度。推进集体企业改革，发展多种形式的集体经济、合作经济。推进公平准入，改善融资条件，破除体制障碍，促进个体、私营经济和中小企业发展。以现代产权制度为基础，发展混合所有制经济。加快形成统一、开放、竞争有序的现代市场体系，发展各类生产要素市场，完善反映市场供求关系、资源稀缺程度、环境损害成本的生产要素和资源价格形成机制，规范发展行业协会和市场中介组织，健全社会信用体系。

第七，深化财税、金融等体制改革，完善宏观调控体系。围绕推进基本公共服务均等化和主体功能区建设，完善公共财政体系。深化预算制度改革，强化预算管理和监督，健全中央和地方财力与事权相匹配的体制，加快形成统一规范透明的财政转移支付制度，提高一般性转移支付规模和比例，加大公共服务领域投入。完善省以下财政体制，增强基层政府提供公共服务能力。实行有利于科学发展的财税制度，建立健全资源有偿使用制度和生态环境补偿机制。推进金融体制改革，发展各类金融市场，形成多种所有制和多种经营形式、结构合理、功能完善、高效安全的现代金融体系。提高银行业、证券业、保险业竞争力。优化资本市场结构，多渠道提高直接融资比重。加强和改进金融监管，防范和化解金融风险。完善人民币汇率形成机制，逐步实现资本项目可兑换。深化投资体制改革，健全和严格市场准入制度。完善国家规划体系。发挥国家的发展规划、计划、产业政策在宏观调控中的导向作用，综合运用财政、货币政策，提高宏观调控水平。

第八，拓展对外开放广度和深度，提高开放型经济水平。坚持对外开放的基本国策，把“引进来”和“走出去”更好结合起来，扩大开放领域，优化开放结构，提高开放质量，完善内外联动、互利共赢、安全高效的开放型经济体系，形成经济全球化条件下参与国际经济合作和竞争新优势。深化沿海开放，加快内地开放，提升沿边开放，实现对内对外开放相互促进。加快转变外贸增长方式，立足以质取胜，调整进出口结构，促进加工贸易转型升级，大力发展服务贸易。创新利用外资方式，优化利用外资结构，发挥利用外资在推动自主创新、产业升级、区域协调发展等方面的积极作用。创新对外投资和合作方式，支持企业在研发、生产、销售等方面开展国际化经营，加快培育我国的跨国公司和国际知名品牌。积极开展国际能源资源互利合作。实施自由贸易区战略，加强双边多边经贸合作。采取综合措施促进国际收支基本平衡。注重防范国际经济风险。

本章小结

1. 经济增长通常是指一个国家或地区在一定时期（通常为1年）内由于生产要素投入增加或者效率提高引起的商品或服务总量的增长情况，通常用GDP或人均GDP的增长情况来表示。经济增长要求快速、稳定和持续。

2. 经济发展是指一个国家或地区伴随经济增长而出现的社会经济结构，包括投入结构、产出结构、分配结构、消费结构，以及社会福利、文教卫生、群众参与经济及社会发展的程度等在内的各种结构的优化、社会发展程度的提高、社会和个人福利的增进以及居民生活质量提高。显然，经济发展是一个比经济增长涵义更广泛的范畴，不仅包括数量的增长，而且还包括国民经济素质的提高、经济结构的协调和优化。

3. 根据社会主义初级阶段的基本国情，邓小平提出了“分三步走”、基本实现现代化的台阶式发展战略。该发展战略的目标是实现四个现代化；战略步骤是“分三步走”；战略重点是农业、能源和交通、教育和科学。

4. 进入21世纪，我国经济发展面临有利的发展机遇。我们一定要牢牢抓住机遇，加快改革开放步伐，使我国经济上一个新台阶。

关键术语

经济增长　　经济增长方式　　粗放型增长方式
集约型增长方式　　经济发展　　经济发展战略
经济结构　　产业结构　　地区结构　　可持续发展

思考题

1. 经济增长与经济发展的联系和区别是什么？
2. 影响经济增长的因素有哪些？
3. 如何实现从粗放型经济增长向集约型经济增长转变？
5. 我国经济发展战略目标与措施是什么？

补充阅读

以科学发展观统领经济社会发展全局

以科学发展观统领经济社会发展全局，是党的十六届五中全会确立的重大指导方针，是顺利实现全面建设小康社会宏伟目标的客观要求。我们要深刻领会以科学发展统领经济社会发展全局的历史背景和重大意义，准确把握其提出的要求，切实增强贯彻落实科学发展观的自觉性和坚定性。

一、“五个坚持”：以科学发展观统领经济社会发展全局的基本含义

（一）坚持发展是硬道理

（二）坚持抓好发展这个党执政兴国的第一要务

（三）坚持以经济建设为中心

（四）坚持用发展和改革的办法解决前进中的问题

（五）坚持把经济社会发展纳入科学发展的轨道

二、“四个必然”：以科学发展观统领经济社会发展全局的重

要意义

（一）发挥社会主义优越性的必然要求

（二）遵循党的思想路线的必然结果

（三）始终做到“三个代表”的必然选择

（四）我们党艰辛探索和伟大实践的必然结论

三、“六个必须”：以科学发展观统领经济社会发展全局的原则和重点

（一）必须保持经济平稳较快发展

（二）必须加快转变经济增长方式

（三）必须提高自主创新能力

（四）必须促进城乡区域协调发展

（五）必须加强和谐社会建设

（六）必须不断深化改革开放

四、正确处理“八个关系”：以科学发展观统领经济社会全局的关键

（一）经济发展与社会发展的关系

（二）市场机制与宏观调控的关系

（三）发展中的平衡与不平衡关系

（四）公平与效率的关系

（五）改革、发展与稳定的关系

（六）政府与市场、社会的关系

（七）中央与地方的关系

（八）客观规律性与主观能动性的关系

——摘自金钊编著《科学发展观党员干部读本》，第 121-156 页

高等学校经济类创新规划教材

已出版：

- 政治经济学
- 国际贸易学
- 产业经济学
- 微观经济学
- 西方经济思想史
- 新编经济学导论
- 宏观经济学
- 区域经济学原理

欢迎广大教师和读者就系列教材的内容、结构、设计以及使用情况等，提出您宝贵的意见、建议和要求，我们将继续提供优质的售后服务。

武汉大学出版社（全国优秀出版社）